Johannes Angermüller
Nach dem Strukturalismus

Johannes Angermüller (Dr. phil.) ist wissenschaftlicher Assistent am Institut für Soziologie an der Universität Magdeburg.

JOHANNES ANGERMÜLLER

Nach dem Strukturalismus

Theoriediskurs und intellektuelles Feld in Frankreich

[transcript]

Bibliografische Information der Deutschen Bibliothek
Die Deutsche Bibliothek verzeichnet diese Publikation in der Deutschen Nationalbibliografie; detaillierte bibliografische Daten sind im Internet über http://dnb.ddb.de abrufbar.

Umschlaggestaltung & Innenlayout: Kordula Röckenhaus, Bielefeld
Lektorat & Satz: Johannes Angermüller
Druck: Majuskel Medienproduktion GmbH, Wetzlar
ISBN 978-3-89942-810-0

Gedruckt auf alterungsbeständigem Papier mit chlorfrei gebleichtem Zellstoff.

Besuchen Sie uns im Internet: *http://www.transcript-verlag.de*

Bitte fordern Sie unser Gesamtverzeichnis und andere Broschüren an unter: *info@transcript-verlag.de*

INHALT

VORWORT

Dieser Band untersucht, wie sich theoretische Texte mit ihren sozialen Kontexten verbinden, und auch dieser Text ist in bestimmten Kontexten entstanden. Mein Interesse an Theory geht auf ein Seminar über Derrida und Heidegger zurück, das Fredric Jameson im Frühjahr 1995 an der Duke University (Durham, NC) gehalten hat, sowie auf eine Reihe von Begegnungen mit Ernesto Laclau von der University of Essex. In Deutschland konnte ich diesen Fragen v. a. im Rahmen der „PostModerne"-Graduiertenkonferenzen, die ich mit Martin Nonhoff seit 1998 in Erlangen organisiert habe, im Frankfurter Arbeitskreis für politische Theorie und Philosophie (FrAK), sowie am Institut für Soziologie der Universität Magdeburg nachgehen, wo ich seit 1999 am Lehrstuhl für Makrosoziologie von Eckhard Dittrich arbeite. Der größte Teil der vorliegenden Studie, die auf Teile meiner Dissertation zurückgreift, wurde während eines Postdoc-Aufenthalts der Humboldt-Stiftung (2004-2006) am *Centre d'études des discours, images, textes, écrits et communication* (*Céditec*) der Université Val-de-Marne – Paris 12 verfasst. Unter den Kollegen des Céditec sind besonders zu erwähnen: Malika Temmar, auf deren Initiative ich 2001 mit dem Céditec in Kontakt gekommen bin, Dominique Maingueneau, der mir die Äußerungslinguistik nahe gebracht und mich zusammen mit Eckhard Dittrich in einem binationalen Promotionsverfahren betreut hat, Simone Bonnafous, die das Céditec seit seiner Gründung 1999 leitet, und Pierre Fiala, der mich in die Lexikometrie eingeführt hat. Weitere Gruppen, in denen ich mitwirke oder mitgewirkt habe, sind der von Guy Pariente geführte Lacan-Lesekreis am Hôpital Saint-Anne, der *Groupe de travail de l'analyse du discours* (GTAD) an der Maison des Sciences de l'Homme (MSH), geleitet von Isabelle Léglise und François Leimdorfer, und der *Groupe de l'analyse du discours philosophique* (GrADPhi), geleitet von Frédéric Cossutta.

Für Kommentare und Anregungen bedanke ich mich bei Thorsten Bonacker, Dietrich Busse, Robin Celikates, Pierre Fiala, Jacques Guilhaumou, Kjetil Jakobson, Laurent Jeanpierre, Miriam Jerade, Reiner Keller, François Leimdorfer, Jens Maeße, Annika Mattissek, Dominique Maingueneau, Martin Nonhoff, Ronny Scholz, Kirsten Sobotta, Jan Standke, Daniel Wrana, Alexander Ziem und nicht zuletzt bei Constance Marschan und Anne Angermüller, die mir mit der Fertigstellung des Manuskripts geholfen haben.

1 EINLEITUNG. THEORIEDISKURS UND INTELLEKTUELLES FELD

1.1 Der „Poststrukturalismus" – ein internationales Missverständnis?

Seit dreißig Jahren werden französische Theoretiker der 60er und 70er Jahre wie Michel Foucault oder Jacques Derrida im internationalen intellektuellen Diskurs als Vertreter einer theoretischen Tendenz in den Geistes-, Kultur- und Sozialwissenschaften diskutiert, die gemeinhin als „Poststrukturalismus" (bisweilen auch als [French] Theory, „Theorie der Postmoderne", „Dekonstruktion", seltener als „Konstruktivismus" oder „Antihumanismus") bekannt ist. Doch in Frankreich selbst ist das Etikett „Poststrukturalismus" nicht geläufig. Dass Theoretiker wie Michel Foucault, Jacques Derrida, Gilles Deleuze, Jacques Lacan, Louis Althusser, Julia Kristeva oder Roland Barthes im Umfeld der strukturalistischen, freudianischen und marxistischen Kontroversen der sechziger und siebziger Jahre des 20. Jahrhunderts in Frankreich breite Aufmerksamkeit genießen, dies wird von niemandem bestritten. Aber warum, so fragt man sich in Frankreich, werden diese Theoretiker, die, außer dass ihre theoretischen Projekte in den Jahren um 1970 den Zenit öffentlichen Interesses erreichen, wenig miteinander zu tun haben, von internationalen Beobachtern mit der seltsamen Präfix „post" versehen und zu einer Bewegung zusammengefasst, die von so unterschiedlichen Figuren wie Foucault und Derrida angeführt wird (vgl. Angermüller 2007c)? Ein Interview mit Michel Foucault, das 1983 in der US-amerikanischen Zeitschrift *Telos* unter dem Titel „Structuralism and Poststructuralism" erscheint, dokumentiert das Unverständnis des vermeintlichen Führers dieser intellektuellen Bewegung. Auf Drängen der nordamerikanischen Interviewführer, sich gegenüber dem „Poststrukturalismus" zu positionieren, entgegnet Foucault schließlich halb verwundert, halb irritiert, »dass hinter dem, was man Strukturalismus nannte, wohl ein gewisses Problem bestand, nämlich das des Subjekts und der Neuformierung des Subjekts. Doch sehe ich nicht, was das gemeinsame Problem jener ist, die man die Postmodernen oder Poststrukturalisten nennt« (Foucault 1994e: 447[542]).[1] [i] Welch eine Tragödie: ein Anführer einer Bewegung, der nichts von seiner Bewegung weiß!

Ungeachtet des Protests auch anderer Theoretiker aus Frankreich, die wie Derrida eine Identifikation seines theoretischen Projekts mit »›Postmodernismus‹, ›Poststrukturalismus‹ und die Kritik der ›Metanarrative‹« als »groben Irrtum« brandmarken (1999: 241f.[66]),[ii] verbreitet sich die Rede vom Poststrukturalismus in den 80er und 90er Jahren in der intellektuellen Debatte der angloamerikanischen Welt, in Mittel-, Süd- und Osteuropa, in Mittel- und Südamerika, in Ostasien, kurz: überall, nur nicht in Frankreich. So unterstreicht Slavoj Žižek »den zentralen, aber oft übersehenen Umstand, dass der Term Poststrukturalismus selbst, obwohl er eine Strömung französischer Theorie bezeichnet, eine angelsächsische und deutsche Erfindung ist. Der Term bezieht sich auf die Art, wie die angelsächsische Welt die Theorien von Derrida, Foucault, Deleuze etc. wahrnahm und situierte – in Frankreich verwendet niemand den Term ›Poststrukturalismus‹.« (1991: 142)[iii] Auch heute noch reichen die Reaktionen französischer Intellektueller typischerweise von Verwunderung bis Irritation, wenn sie ihre internationalen Kollegen vom „französischen Poststrukturalismus" reden hören. Und wenn François Dosse in einer größeren Darstellung über aktuelle Tendenzen in den französischen Kultur- und Sozialwissenschaften (*sciences humaines*) in Frankreich einen »poststrukturalistischen intellektuellen Raum« (Dosse 1995: 19[3])[iv] entstehen sieht, dann reiben sich internationale Leser die Augen, denn unter „Poststrukturalismus" fasst der französische Intellektuellenhistoriker gerade jene liberalen politischen Theoretiker und neokantianischen Moralphilosophen[2] der 80er Jahre, die

1 Alle Zitate basieren auf dem Wortlaut der originalsprachlichen Veröffentlichungen. Die in eckigen Klammern angegebenen Seitenzahlen verweisen auf entsprechende Textstellen in veröffentlichten Übersetzungen. Die im Text angegebenen Übersetzungen sind von mir in der Regel angepasst. Die Originalzitate finden sich in den mit römischen Ziffern bezeichneten Endnoten am Schluss der Arbeit. Zitierter Diskurs wird mit umgekehrten französischen Anführungszeichen, uneigentlicher Diskurs mit deutschen typografischen Anführungszeichen ausgezeichnet.

2 In vielen Fällen bezieht sich der folgende Text auf Personen, die weiblichen oder männlichen Geschlechts sein können. Da die deutsche Sprache

emphatisch für Menschenrechte, die liberale Demokratie und das freie, autonome Individuum eintreten und so einen Schlusspunkt unter das theoretische „Sektierertum“ und die politischen „Verantwortungslosigkeiten“ eines Jean-Paul Sartre, eines Michel Foucault oder eines Pierre Bourdieu zu setzen versuchen.

Ist die Rede vom „französischen Poststrukturalismus“ vielleicht das Produkt eines großen internationalen Missverständnisses? Dass die Texte von Foucault, Derrida & Co. in einer Vielzahl von Kontexten Verbreitung gefunden haben, ist eine Sache. Eine andere Sache ist, wie diese Texte in ihren verschiedenen Kontexten gebraucht, angeeignet, verstanden werden, und man kann sich fragen, »warum amerikanische Literaturwissenschaftler ungeachtet des Umstands, dass sich die Literaturwissenschaften in den beiden Ländern so stark unterscheiden, so viel Energie auf den Import französischer Wissenskultur verwendet haben?« (Duell 2000: 118)[v]

Den unterschiedlichen Wahrnehmungen, die diese Texte in ihren unterschiedlichen Rezeptionskontexten erfahren, kann im Rahmen einer reinen Textanalyse nicht Rechnung getragen werden. Notwendig ist eine Diskursanalyse, die die Verbindung von Text und Kontext reflektiert und dem Umstand Rechnung trägt, dass theoretische Texte in ihren unterschiedlichen Kontexten unterschiedlich gelesen werden. Ist das Phänomen des Poststrukturalismus nicht ein Paradebeispiel dafür, dass ein und derselbe Textkorpus einmal – und zwar in der internationalen Debatte – tendenziell als Ausdruck einer intellektuellen Gruppe, das andere Mal – in Frankreich – dagegen eher als das zeitgebundene Produkt intellektueller Einzelgänger wahrgenommen wird?

So versteht sich die vorliegende Monographie als eine Reaktion auf das Unbehagen, das sich angesichts des punktuellen und asymmetrischen Austauschs über Texte einstellt, von deren Entstehungskontexten man in der internationalen Debatte genauso abstrahiert wird wie im französischen Kontext von deren internationaler Rezeption (vgl. Angermüller 2004a). Bezeichnend ist die Reaktion feministischer Theoretikerinnen aus den USA, die sich nach Besuchen in Frankreich überrascht über das Fehlen der Theory-Debatte zeigen. So weist Claire Goldberg Moses darauf hin, dass französische Intellektuelle wie Julia Kristeva, Hélène Cixous und Luce Irigaray, die in der feministischen Bewegung

oft nur über geschlechtsspezifische Personenbezeichnungen verfügt, müsste es für Personenbezeichnungen wie „Produzent“, „Leser“ oder „Intellektueller“ im Folgenden korrekt heißen: „Produzierende“, „Leserinnen und Leser“ oder „Intellektuelle/r“, was die Lesbarkeit der Darstellung einschränken würde. Daher habe ich mich für die maskuline Version entschieden, die ich als eine inklusive Geschlechtskategorie verstehen will.

in Frankreich allenfalls randständige Figuren darstellen, in den USA oft als Repräsentantinnen des „französischen Feminismus“ wahrgenommen werden: »lasst uns zugestehen, dass der an amerikanischen Universitäten bekannte ›französische Feminismus‹ in den USA gemacht wurde.« (1998: 254, 257)[vi] Naomi Schor erinnert an die kritische Aufmerksamkeit, die die französischen Medien der so genannten *political correctness*-Bewegung und dem Multikulturalismus in den USA entgegenbringen. Die intellektuelle Faszination, die bestimmte französische Theoretiker auf die intellektuelle Linke in den USA ausüben, werde von diesen Begegnungen in Frage gestellt, und »was einmal ein loses Linksbündnis amerikanischer und französischer Intellektueller war, ist nun zerbrochen, genauso wie sich die französisch-amerikanischen Beziehungen auf der nationalen Ebene in einem (zyklischen?) historischen Tief befinden.« (Schor 1992: 32)[vii] Nimmt es Wunder, dass sich, in den Worten einer kanadischen Beobachterin, »einige von Anfang an beschwerten, dass unsere ›Literaturwissenschaft‹ eher ›französisch‹ als ›amerikanisch‹ aussehe. Aber es traf auch der umgekehrte Fall zu: ›Dekonstruktion‹ begann in vielerlei Hinsicht amerikanischer als französisch auszusehen.« (Comay 1991: 47)[viii]

Auch Beobachtern aus Frankreich ist das große Interesse an French Theory in den USA nicht entgangen. Für Joëlle Bahloul ist der französische Theorieexport in die USA mit einem Wandel der Perspektive verbunden, im Zuge dessen »die großen französischen Denker gemäß der intellektuellen angloamerikanischen Tradition wiederangeeignet wurden. [...] [M]an spricht in Berkeley und an bestimmten texanischen Universitäten mehr von Foucault, Derrida und Lévi-Strauss als in den ethnologischen Seminaren der École des Hautes Études en Sciences Sociales [...]. Ich für meine Seite war angesichts dieses poststrukturalistischen Umbruchs der 80er Jahre perplex.« (1991: 49, 52)[ix] Jean-Philippe Mathy diagnostiziert ein »seltsames Schicksal französischer Theorie« in den USA, denn »was ursprünglich ein Korpus sehr anspruchsvoller und häufig arkaner philosophischer und literaturwissenschaftlicher Texte aus einer fremden Kultur war, ist im Laufe des letzten Jahrzehnts zu einem der kontroversesten innenpolitischen Streitpunkte in der neueren amerikanischen Geschichte geworden, der die Auseinandersetzungen über den Multikulturalismus, über die Lage der amerikanischen Universitäten und selbst über die Zukunft des moralischen und gesellschaftlichen Zusammenhalts nach sich gezogen hat.« (2000: 31; vgl. Angermüller 2000b)[x]

Auch wenn sie in Frankreich vielleicht nicht das Aufsehen erregen, das sie anderswo unter dem Vorzeichen ihrer poststrukturalistischen Rezeption erzeugt haben, können Theoretiker wie Foucault, Deleuze, Lacan, Derrida und Barthes inzwischen auch in den französischen *sciences humaines* und in Teilen der Philosophie zu theoretischen Standardreferenzen gezählt werden. Die Seminare an dem von Jacques Derrida mitgegründeten Collège international de philosophie, die „Dekaden" von Cerisy-Pontigny, die zahlreichen Lesekreise im Umfeld der Lacan'schen Psychoanalyse, Zeitschriften wie *Multitudes* oder die ästhetischen und theoretischen Tendenzen im Umfeld der Gruppe *Fresh Théorie* (Alizart/Kihm 2005) zeugen von der verbreiteten Präsenz dieser Theoretiker, die seit der Jahrtausendwende wieder vermehrt Eingang in den allgemeineren intellektuellen Diskurs und auch in akademische Fachöffentlichkeiten finden. Einen ersten Versuch, die angloamerikanische Debatte über den „(Post-)Strukturalismus" einem französischen Publikum näher zu bringen, unternimmt François Cusset in der umfangreichen Monographie French Theory. Für Cusset markiert die nordamerikanische Rezeption französischer Theorien eine »massive, dauerhafte Übertragung und mehr als einen kurzlebigen Modeeffekt.« (2003: 285)[xi] Die Namen der französischen Theoretiker werden in der Folge »überkodiert, allmählich amerikanisiert, weitgehend entfranzösisiert [...], ohne dass das Land, aus dem sie stammen, sich jemals über das Ausmaß dieses Phänomens klar geworden ist.« (2003: 12)[xii] Auch in Frankreich scheint die Verbreitung, die die französischen Theoretiker der 60er und 70er Jahre im internationalen Kontext gefunden haben, nun allmählich auf die intellektuelle Tagesordnung zurückzuwirken. Dies gilt insbesondere für einige politische Philosophen, die wieder an jenes intellektuelle Kapitel anschließen, das mit der neoliberalen Wende der 80er Jahre beendet schien. Insbesondere die Seminare von Antonio Negri, der zusammen mit Michael Hardt mit einer politischen Theorie der Globalisierung hervorgetreten ist (Hardt/Negri 2004, 2000), von Jacques Rancière – 1965 einer der Koautoren von *Lire le Capital* (Althusser/Balibar/Establet/Rancière 1965) und heute einer der profilierten Kritiker der Ausgrenzung (*exclusion*) (vgl. 1995) – und von Alain Badiou sind in den letzten Jahren zu Orten geworden, an denen sich eine Wiederaufnahme des intellektuellen Moments der Nachkriegszeit abzeichnet. So wirken die theoretischen Leistungen dieser Zeit weiter fort und halten, in den Worten Badious, »bei Wahrung aller Verhältnisse den Vergleich mit den Beispielen des klassischen Griechenlands und des Deutschlands der Aufklärung [des philosophischen Idealismus des 19. Jahrhunderts, J.A.] aus.« (2005: 67)[xiii]

1.2 Strukturalismus und Poststrukturalismus in Theoriegeschichte und Intellektuellensoziologie

Dass Foucault, Derrida & Co. heute zu Standardreferenzen des theoretischen Diskurses der Geistes- und Sozialwissenschaften geworden sind, darüber werden heute keine kontroversen Auseinandersetzungen mehr geführt – nicht in den USA, wo sie sich als Galionsfiguren der Cultural Studies etabliert haben – nicht in Deutschland, wo die Invektiven gegen ihren „Nihilismus" und „Jungkonservatismus" inzwischen die vergilbte Patina der 80er Jahre tragen. Die theoretischen Projekte dieser Figuren sind heute in einer Vielzahl disziplinärer Zusammenhänge weitgehend etabliert. Doch wie lässt sich der spezifischen Konfiguration des intellektuellen Felds in einer Zeit Rechnung tragen, als eine Mode auf eine andere folgte? Die einschlägige Literatur gibt wenig Aufschluss über die spezifischen historischen Produktionskontexte, die in den 60er und 70er Jahren die intellektuelle Efferveszenz des Strukturalismus möglich machten. So scheint ein eigenartiges Ungleichgewicht zwischen der Theoriedebatte und Intellektuellengeschichte eine ausführliche Beschäftigung mit den historischen Kontexten dieses intellektuellen Phänomens bisher verhindert zu haben.

Auf der Seite poststrukturalistischer Theoriebildung („Theory") sind die Arbeiten in den letzten dreißig Jahren zu einem unüberschaubaren Bereich angeschwollen, der – zumindest in den nordamerikanischen Geisteswissenschaften – zunehmend den Charakter eines Felds mit eigenen Formen subdisziplinärer Arbeitsteilung aufweist. Diese Arbeiten haben die kanonischen Figuren des Poststrukturalismus als theoretische Fluchtpunkte in die Geistes-, Kultur- und Sozialwissenschaften eingeführt, was zur Entstehung von zahllosen Titeln nach der Art *Derrida, Foucault, Deleuze...* in/and/for... *Gay, Biblical, Science, Postcolonial... Studies, Identity, Problem...* geführt hat (vgl. Lamont/Witten 1988). So finden sich im Bibliothekskatalog der Harvard University (Stand: 12. Februar 2006), der auch nicht-englische Veröffentlichungen zu einem wesentlichen Teil erfasst, 652 Monographien, die „Foucault" im Titel tragen (davon 56% in Englisch, 15% in Französisch, 13% in Deutsch, 7% in Italienisch, 5% in Spanisch), 494 mit „Derrida" (davon 61% in Englisch, 15% in Deutsch, 14% in Französisch, 8% in Italienisch), 444 mit „Lacan" (davon 45% in Englisch, 40% in Französisch, 11% in Deutsch, 5% in Italienisch, 1% in Spanisch), 230 Bücher mit „Barthes" (davon 49% in Englisch, 33% in Französisch, 11% in Deutsch), 219 mit „Lévi-Strauss" (davon 47% in Englisch, 24% in Französisch, 13% in Italienisch, 9% in Deutsch), 201 mit „Deleuze" (davon 49% in Englisch,

26% in Französisch, 17% auf Deutsch, 8% in Italienisch), 119 mit „Althusser“ (davon 34% in Englisch, 26% in Französisch, 16% in Deutsch, 13% in Italienisch, 8% in Spanisch), 118 Bücher mit „Lyotard“ (davon 53% in Englisch, 20% in Deutsch, 14% in Französisch), 118 mit „Bourdieu“ (davon 51% in Englisch, 25% in Französisch, 18% in Deutsch), 94 mit „Kristeva“ (davon 77% in Englisch, 12% in Französisch, 5% in Deutsch), 89 mit „Baudrillard“ (davon 75% in Englisch, 15% in Deutsch, 3% in Französisch), 76 mit „Irigaray“ (davon 83% in Englisch, 5% in Deutsch, 4% in Italienisch, 4% in Französisch).

Die existierende Sekundärliteratur zu diesen französischen Theoretikern scheint in den meisten Fällen mehrheitlich auf Englisch zu sein, wobei Baudrillard und Irigaray fast ausschließlich ein angloamerikanisches Phänomen darstellen. Auch bei Foucault, Derrida, Lyotard und Kristeva bleibt der französische Anteil an der internationalen Sekundärliteratur in der Regel unter 15%. Die Autoren mit dem größten französischen Sekundärliteraturanteil sind Lacan (40%) und Barthes (33%). Zum Vergleich: „Habermas“ bringt es auf 509 Titel (davon 45% in Englisch, 37% in Deutsch, 6% in Italienisch, 4% in Französisch, 3% in Spanisch), „Luhmann“ auf 117 (davon 69% in Deutsch). Die Suche nach dem Syntagma „poststru*“ ergibt 234 Titel, davon 82% englische Titel und keinen Titel aus Frankreich!

Auch an theorieimmanenten Überblicken gibt es keinen Mangel. Breitere Darstellungen gibt es, um nur einige Beispiele zu nennen, in den USA von Jameson (1972), Lentricchia (1980), Kurzweil (1996), Culler (1982), Leitch (1983) und Berman (1988); in Großbritannien von Eagleton (1983), Norris (1982), Easthope (1988) und Sarup (1988); im deutschsprachigen Raum von Frank (1983), Schiwy (1985), Welsch (1987), Zima (1994), Münker/Roesler (2000), Bossinade (2000) und Stäheli (2000a) und in Italien von Ferraris (1984) und Tarizzo (2003).[3]

Weniger umfangreich ist hingegen die Literatur zu den intellektuellensoziologischen Kontexten dieser Theoretiker. Nicht nur wird in der poststrukturalistischen Theoriedebatte so gut wie nie der Versuch unternommen, die behandelten Theoretiker in ihre soziohistorischen Kontexte zu stellen (vgl. aber Turkle 1992; Starr 1995) – es macht sich hier vermutlich der verbreitete anti-historistische und anti-empirische Reflex bemerkbar, der einem großen Teil der poststrukturalistischen Debatte eigen ist (einen der wenigen Versuche einer „textualistischen“ Theorie-

3 Während diese Spezialisten der Theoriegeschichte an der Stelle des Terms „Poststrukturalismus“, der in USA bisweilen mit dem Dekonstruktivismus der *Yale School* assoziiert wird, häufig alternative Etiketten (z. B. „Theory“ oder „Cultural Studies“) vorziehen, findet das Etikett „Poststrukturalismus“ tendenziell in Einführungswerken und Anthologien Verwendung.

geschichtsschreibung unternimmt ffrench 1995). Auch für die Intellektuellengeschichte und -soziologie stellen die Theoretiker des Poststrukturalismus ein weitgehend unbeschriebenes Blatt dar. Oft bevorzugen die Historiker „abgeschlossene" Kapitel der französischen Intellektuellengeschichte (Charle 1990; Karady 1986; Ringer 1992; Sirinelli 1988) oder stellen die im engeren Sinne politische Dimension intellektueller Praxis in den Vordergrund, was eine Präferenz für „engagierte" Intellektuelle von Dreyfus bis Sartre (Bering 1982; Chebel d'Appolonia 1991; Collini 2006: 248ff.; Darke 1997; Dufay/Dufort 1993; Ory/Sirinelli 1992; Sirinelli 1995, 2005; Winock 1999), für das Verhältnis der Intellektuellen zur Kommunistischen Partei Frankreichs (PCF) (Bowd 1999; Christofferson 2004; Hazareesingh 1991; Judt 1986; Khilnani 1993; Matonti 2005; Verdès-Leroux 1983) oder für die Geschehnisse des Mai 68 (Brillant 2003; Combes 1984; Hamon/Rotman 1987; Reader 1993; Ross 2002)[4] erklären mag. So scheint die klassische Intellektuellensoziologie bisweilen ein Faible für »die heroische Intellektuellenfigur« (Leymarie 2001: 3)[xiv] zu pflegen, die Stellung zu den großen Sinn- und Wertfragen der Nation bezieht, was die unberechenbaren Brechungen, Resonanzen und Vernetzungen in dem weniger transparenten Raum transnationaler Öffentlichkeit oft in den Hintergrund treten lässt.[5] Doch mit dem klassischen Modell des engagierten Intellektuellen, das die politische Dimension intellektueller Praxis privilegiert und sich auf nationale Öffentlichkeitsräume beschränkt, wird man den intellektuellen Tendenzen und Ereignissen der 60er und 70er Jahre kaum gerecht. Zum einen verstehen sich die Theoretiker dieser intellektuellen Generation keineswegs als nur politische Intellektuelle, sondern profilieren sich gerade auch mit ihren theoretischen und ästhetischen Stellungnahmen (für Perspektiven, die auch ästhetische Probleme einschließen vgl. Mongin 1998; Ross 2002). Zum anderen lösen sie eine Debatte aus, die den Rahmen einer nationalen Öffentlichkeit bald überschreitet und in jene schwer überschaubare, entgrenzte Diskussion mündet, die heute oft mit dem Stichwort des Poststrukturalismus assoziiert wird.

Einen guten Zugang zum intellektuellen Kontext der Zeit bieten einige Intellektuellenbiographien (*Jacques Lacan*: Roudinesco 1993; *Michel Foucault*: Eribon 1994; Pestaña 2006; *Roland Barthes*: Calvet 1990; *Michel de Certeau*: Dosse 2002; *Jean-Paul Sartre*: Cohen-Solal 1989; *Raymond Aron*: Baverez 1993). Ebenfalls als nützlich erweist sich

4 Droz zählt allein im Jahr 1998 82 französische Titel zu 68 (2002).

5 Siehe aber Lamont (1987), Bourdieu (1990), Boltanski (1975). Mit Blick auf das 19. Jahrhundert auch Charle/Schwriewer/Wagner (2004), Charle (1996), Espagne/Werner (1988), Karady (1998), Schriewer/Keiner/Charle (1993).

eine Reihe von Monographien, die die intellektuellen Cluster um bestimmte intellektuelle Zeitschriften der Zeit behandeln (Hourmant 1997; Poel 1992; *Tel Quel*: Kauppi 1990; Forest 1995; *Critique*: Patron 2000; *Nouvelle Critique*: Matonti 2005; *Les Temps modernes*: Boschetti 1984; *Socialisme ou Barbarie*: Gottraux 1997; *Annales*: Dosse 1987; Raphael 1994). Doch so informativ sich diese Arbeiten erweisen, was die intellektuellen Kontexte einzelner historischer Persönlichkeiten oder bestimmter intellektueller Cluster angeht, so wenig tragen sie den übergreifenden intellektuellen Konfigurationen der Zeit Rechnung.

Zu den Darstellungen, die die zahlreichen intellektuellen Trends und theoretischen Projekte der 60er und 70er Jahre in ihren weiteren intellektuellen Kontext zu stellen versuchen, gehört François Dosse' *Histoire du structuralisme* [*Geschichte des Strukturalismus*] (1992), die einen materialreichen Überblick über die intellektuellen Tendenzen der Zeit gibt. Leider fehlt dieser Arbeit an zu vielen Stellen die inhaltliche und analytische Präzision, um ihrem Anspruch als Referenzwerk gerecht zu werden (vgl. hierzu etwa die Kritik Eribons 1994: 95-97). Im Gegensatz zu Dosse geht Rémy Rieffel in *La Tribu des clercs* [*Der Stamm der Schriftgelehrten*] (1993) ausführlich auf die Orte und Institutionen des intellektuellen Lebens in Frankreich ein, ohne jedoch der symbolischen Dimension intellektueller Praxis die ihr gebührende Aufmerksamkeit zu schenken. Schließlich muss ein monographischer Essay, Niilo Kauppis *French Intellectual Nobility* (1996), genannt werden, der sowohl gut informiert ist als auch von einer substanziellen Theoriebasis getragen wird. Kauppi lehnt sich an einen Theoretiker an, der die Reflexion der soziohistorischen Bedingungen intellektueller Praxis nicht nur als Kern seines theoretischen Projekts begreift, sondern mit diesem intellektuellensoziologischen Programm seit Mitte der 80er Jahre eine paradigmatische Figur des intellektuellen Diskurses in Frankreich geworden ist: Pierre Bourdieu.

Dass auch Bourdieu zu den Vertretern der intellektuellen Generation der 60er und 70er Jahre gezählt werden muss, versteht sich nicht von selbst. Doch können für eine solche Einordnung, die von so unterschiedlichen Beobachtern wie Dosse (1992), Ferry (1988b: 12) oder Kauppi (1996: 136) geteilt wird,[6] mindestens zwei Gründe angeführt werden: Erstens ist Bourdieu einer jener Pioniere, die am Boom der *sciences humaines et sociales* (Geistes- und Sozialwissenschaften) der 60er Jahre partizipieren und eine der wichtigen Schulen in den französischen So-

6 In diesem Kontext kann auch an die Versuche in den nordamerikanischen *humanities* erinnert werden, den poststrukturalistischen Kanon französischer Theoretiker um die (kritische) Figur Pierre Bourdieus zu erweitern (Guillory 1993; Modern Language Quarterly 1997).

zialwissenschaften nach dem Krieg aufbauen (neben Raymond Aron, Michel Crozier, Raymond Boudon und Alain Touraine). Und zweitens steht auch Bourdieus Soziologie unter dem Stern der Konjunktur der Sprach- und Zeichentheorie der Zeit. Dass Bourdieu »die Konstruktion einer Kulturtheorie nach dem *langue*-Modell der Saussure'schen Theorie« (Bourdieu 1986: 41)[xv] betreibt, zeigt sich besonders deutlich in seinen frühen ethnologischen Arbeiten (vgl. die „drei Studien" in Bourdieu 1972), die sich an Lévi-Strauss anlehnen. Auch die Einführung des Habitus-Begriffs, mit der Bourdieu die praktischen Leistungen der Akteure bzw. Sprecher gegenüber dem abstrakten Code von Sozialstruktur bzw. Sprache in Anschlag bringt (vgl. Bourdieu 1972: 174ff.), hebt das Saussure'sche Prinzip nicht auf, den sozialen Gegenstand als ein Universum zu betrachten, »in dem existieren sich unterscheiden heißt.« (Bourdieu 1992: 223[253]; vgl. Bourdieu 1979)[xvi]

Gleichwohl muss die Distanz betont werden, die Bourdieu gegenüber den meisten anderen Vertretern der strukturalistischen Generation einnimmt. Von dem visionären Gestus Althussers, dem reflexiven Schreibstil Derridas, den experimentellen Metaphern Deleuze' oder der apodiktischen Art Lacans hebt sich Bourdieu mit seinem emphatischen Plädoyer für theoretisch-empirische Sozialforschung ab. Sicher gibt es eine Reihe von Affinitäten, insbesondere zu Foucault, der die Berufung seines Kameraden von der École Normale Supérieure ans Collège de France unterstützt und Bourdieus Interesse an Fragen von Sprache, Macht und Leib teilt. Aber noch mehr als Foucault setzt Bourdieu auf eine Strategie der Verankerung in den akademischen Institutionen sowie auf ein theoretisch-methodisches Projekt, das die Forschungsbedürfnisse im akademischen Feld bedient. Als ein weiteres unterscheidendes Merkmal gegenüber den paradigmatischen Vertretern der Theoretikergeneration der Zeit kann der Umstand genannt werden, dass Bourdieus Bedeutung für den allgemeinen politisch-intellektuellen Diskurs erst in den 90er Jahren ihren Höhepunkt erreicht, als er sich im Zuge des Generalstreiks von 1995 oder der Gründung des globalisierungskritischen Netzwerks *Attac* zunehmend als politischer Intellektueller profiliert. Als letzter intellektueller Großmeister seiner Generation steht Bourdieus akademisch-wissenschaftlicher Ethos in Kontrast zu dem visionär-prophetischen Stil, der die intellektuellen Projekte der Jahre um 1970 gemeinhin auszeichnet.

Eine Soziologie der französischen Intellektuellen der Nachkriegszeit muss Bourdieu nicht nur als ein intellektuellensoziologisches Objekt berücksichtigen, sondern auch als Urheber eines Forschungsansatzes, der verbreitet Eingang in die Intellektuellensoziologie gefunden hat: der

Feldtheorie symbolischer Produktion.[7] Indem Bourdieu auf die symbolische Dimension sozialer Praxis hinweist, unterstreicht er die zentrale Rolle der Kategorie des Intellektuellen im gesellschaftlichen Raum. Die Intellektuellen agieren in einem strukturierten Terrain sozialer Beziehungen – dem Feld, in dem symbolische Produzenten um bestimmte Ressourcen konkurrieren. Bourdieu unterstreicht die relative Autonomie des Felds, das sich nur insofern als Feld konstituieren kann, als die Produktions- und Reproduktionsregeln im Feld selbst definiert werden.

Wenn gerade für die Intellektuellen gilt, dass »nichts realistischer ist als der Streit um Worte« (Bourdieu 2002b: 175[84]),[xvii] würde sich ein Ansatz in der Tat als fragwürdig erweisen, der soziale Strukturen als eine vorsymbolische Realität verstehen würde, die sich in den symbolischen Produkten niederschlägt. Um zu unterstreichen, dass die Differenzen, die das Feld konstituieren, *sowohl* soziale *als auch* symbolische Strukturen umfassen, führt Bourdieu das Homologiepostulat ein:

»Ausgehend von der Hypothese einer Homologie zwischen den zwei Strukturen kann die Forschung in einem Hin und Her zwischen den beiden Räumen [...] Erkenntnisse generieren, die sich sowohl aus den in ihren gegenseitigen Beziehungen gelesenen Werken als auch aus den Merkmalen oder Positionen der Akteure ergeben, die ebenfalls in ihren objektiven Beziehungen erfasst werden.« (Bourdieu 1992: 325[369f.])[xviii]

Das Feld bezeichnet demnach kein vorsymbolisches „Außen" sozialer Beziehungen, das sich in den symbolischen Produkten ausdrückt, aber auch keine von seinen sozialen Kontexten isoliertes „Innen" textueller Relationen, sondern eine Klassifikations- und Ordnungstendenz, die soziale und symbolische Praktiken gleichermaßen organisiert. Die Instanz, die zwischen den sozialen und symbolischen Strukturen des Felds vermittelt, ist der Habitus, der es den Individuen erlaubt, sich auf bestimmte Weise in sozialen und symbolischen Strukturen zu verorten. Mittels des Habitus definieren die Individuen ein praktisches Verhältnis zu den existierenden Strukturen des Felds. So stellt das Feld strukturierte Verhältnisse dar, die vom Habitus vermittelt werden. Der Habitus versetzt die Produzenten in die Lage, »mit unerwarteten und ständig veränderten Situationen« umzugehen. (Bourdieu 1972: 175)[xix]

---

7 Zahlreiche Intellektuellensoziologen verwenden Bourdieus Feldtheorie, u. a. Boltanski/Maldidier (1970), Boschetti (1984), Champagne (1990), Charle (1990), Fabiani (1988), Gottraux (1997), Heilbron (2004), Karady (1986), Kauppi (1996), Matonti (2005), Pinto (1995), Ringer (1992), Sapiro (1999), Viala (1985).

Das Homologiepostulat ist Bourdieus Antwort auf das Problem der Verbindung von symbolischen und sozialen Strukturen, von Text und Kontext. Indem Bourdieu zeigt, dass sich symbolische in sozialen Strukturen fortsetzen (und umgekehrt), sprengt er das Innen-Außen-Modell von Text und Kontext der klassischen Linguistik (Bourdieu 2001: 54). Doch ist das, was als Kritik der strukturalen Linguistik gedacht ist, nicht vielmehr die konsequente Ausweitung des Saussure'schen Differenzprinzips auf das Terrain sozialer Beziehungen selbst (vgl. die Diskussion von Kauppi 2000: 61ff.)? Wenn Bourdieu von einer rein differenziellen Konstitution des Felds ausgeht, muss er den sozialen Kontext nicht als einen übergreifenden „Text" begreifen, der die Strukturen der symbolischen Produkte in strikter Homologie fortsetzt?

Welche Probleme handelt sich Bourdieu mit der Homologieannahme ein (vgl. die Kritik am Homologiebegriff in Grignon/Passeron 1989: 25ff.)? Theoretisch kann Bourdieu ein objektivistischer Strukturbegriff vorgehalten werden, wenn er das Feld als eine Struktur fasst, in der »jede Position objektiv durch ihre objektive Relation gegenüber den anderen Relationen definiert ist« (Bourdieu 1992: 321[365]):[xx]

> »Indem der Soziologe die endliche und vollständige Menge der Merkmale konstruiert, die als wirksame Kräfte im Kampf um die Kräfte eingehen, [...] produziert er einen objektiven Raum, der – methodisch und eindeutig definiert (also reproduzierbar) – nicht auf die Summe aller partiellen Vorstellungen der Akteure [*agents*] zurückführbar ist.« (Bourdieu 1984a: 30[54])[xxi]

Gibt Bourdieus objektiver Strukturbegriff dem feldtheoretischen Beobachter nicht die – zweifelhafte – Ehre, sich seinem Gegenstand von einer Position zu nähern, von der die Totalität des Felds überblickt werden kann? Wenn der Soziologe wie ein über allen irdischen Verhältnissen schwebender Adler, die Gesamtheit des Felds zu überschauen vermag, wie kann er sich dann noch innerhalb des Felds verorten? Nimmt der Soziologe, der das intellektuelle Feld analysiert, damit nicht eine unmögliche Position ein: außerhalb insofern, als er die Strukturen des Felds objektiviert, und innerhalb insofern, als er mit einer Beschreibung der objektiven Verhältnisse des Felds unweigerlich selbst in das Spiel der sozialen Abgrenzungen und Distinktionen eingreift, wie dies auch Bourdieu immer wieder betont (1980: 61ff.[60ff.]; 2002a)?

Insofern Bourdieus Feldtheorie von einer Homologie sozialer und symbolischer Strukturen ausgeht, wirft sie theoretische Probleme auf. Das Homologiepostulat erlaubt es Bourdieu, den Strukturen des Felds in den symbolischen Produkten der Produzenten nachzugehen und sie wissenschaftlich zu objektivieren. Die symbolischen Produkte werden „verstanden“, wenn sie von den symbolischen Produzenten als strukturierte Produkte des Felds erkannt werden. Als »eine unbewusste Operation der Entzifferung« (Bourdieu 1972: 165f.)[xxii] wird die Lektüre von Texten vom Habitus vermittelt, der nicht nur symbolische und soziale Strukturen miteinander abgleicht, sondern auch zwischen Individuen, die mit dem gleichen Habitus ausgestattet sind, ein »unmittelbares ›Verstehen‹« (Bourdieu 1972: 166)[xxiii] ermöglicht. In diesem empirisch unwahrscheinlichen, gleichwohl theoretisch idealen Fall wird ein bestimmter Inhalt von einem Produzenten so kodiert, wie er schließlich vom Konsumenten dekodiert wird (siehe dazu Bourdieus Lektüretheorie 1992: 442ff. [502ff.]). So unterstellt Bourdieu, dass »das Verständnis der Formen formal und leer bliebe, würde es nicht häufig die Maske eines sowohl tiefer greifenden als auch dunkleren Verstehens bilden, das auf der mehr oder minder perfekten Homologie der Positionen und der Affinität der Habitūs aufbaut.« (Bourdieu 1988: 110[123])[xxiv] Es ist diese folgenreiche Annahme einer Homologie von sozialen und symbolischen Verhältnissen, die Bourdieu in den symbolischen Produkten der Intellektuellen nach den Strukturen des intellektuellen Felds suchen lässt. Mit diesem Zugang zum symbolischen Material, wie er auch in der Soziolinguistik verbreitet ist (vgl. Marcellesi 1971), gelingen Bourdieu facettenreiche Beobachtungen zum Zusammenhang von symbolischem Ausdrucksstil und Sozialstruktur – man denke etwa an seine Studien zu Heidegger (1988) und Flaubert (1992). Aber wenn sich in Texten die Spuren der sozialen Entstehungskontexte niederschlagen, müssen sie dann nicht wie in den guten alten Zeiten der klassischen Kommunikationstheorie als Behälter für einen gegebenen kommunikativen Inhalt gefasst werden, dessen Weg von Sender zu Empfänger es zu verfolgen gilt? So reiben sich gerade sprach- und zeichentheoretisch informierte Kommentatoren daran, dass Bourdieu Texte als mehr oder minder transparente Dokumente fasst, deren Sinn sich in unmittelbar Eindeutigkeit erschließen lasse (vgl. die Kritik von Kerleroux 1984). Aber auch Sozialwissenschaftlern wie Lahire erscheint es problematisch, dass Bourdieus Intellektuellensoziologie »im Wesentlichen eine Soziologie der Produzenten und weniger der Produktionen ist, und keiner existierenden Analyse ist es wirklich überzeugend gelungen zu zeigen, dass diese Soziologie der Produzenten die Ordnung der Produktionen in ihrer Spezifizität erfassen könne.« (Lahire 2001: 43)[xxv]

1.3 Für eine diskursanalytische Wissenssoziologie der Intellektuellen

Muss das Homologiepostulat intellektuelle Praxis nicht auf die Realisierung eines vorgängigen Codes, einer schon existenten Struktur sozialer Beziehungen reduzieren? Auch Bourdieu kann die Kontingenzmomente symbolischer Produktion nicht ausblenden. Spätestens in den *Regeln der Kunst* trägt er den Singularisierungsstrategien der symbolischen Produzenten Rechnung, die mit Hilfe spezifischer »Positionsnahmen« (*prises de position*) in ein existierendes Feld von Relationen eingreifen: »*Epoche machen* heißt notwendig, *eine neue Position jenseits der etablierten Positionen zu beziehen, im Vorfeld* dieser Positionen, *als Avantgarde*, und mit der Einführung der Differenz Zeit zu produzieren.« (Bourdieu 1992: 223[253], Hervorhebungen von P.B.)[xxvi] Dass die symbolische Produktion der Intellektuellen sozialen und institutionellen Zwängen ausgesetzt ist, heißt also nicht, dass ihre Positionen im Feld restlos determiniert sind. Das Feld muss als eine Struktur gefasst werden, dessen Objektivität beschränkt ist und das immer wieder nach institutioneller wie symbolischer Neuordnung verlangt.[8]

Doch insofern die symbolische Produktion von Intellektuellen als ein Paradebeispiel für erzwungene Innovation, Originalität und Singularität in einem institutionell hochgradig verfestigten Rahmen gefasst werden kann, erweist sich Bourdieus feldtheoretischer Theorierahmen durchaus als nützlich. Und mit Blick auf die spezifischen Bedingungen intellektueller Praxis in Frankreich drängt sich Bourdieus Ansatz regelrecht auf. So können mindestens drei Punkte genannt werden, die Bourdieus Feldtheorie als ein geeignetes Analyseinstrument für die Situation der Intellektuellen in Frankreich ausweisen.

Erstens ist der Zentrum-Peripherie-Gegensatz in Frankreich besonders ausgeprägt – so ausgeprägt, dass das intellektuelle Leben in Paris

8 Dass es die Intellektuellensoziologie weniger mit konstituierten Strukturen als mit konstituierenden Grenzen zu tun hat, kann mit anderen Tendenzen aus dem Bereich von Diskurs- und Kommunikationstheorie bekräftigt werden. So würden mit Luhmanns Systemtheorie die Kontingenzmomente wissenschaftlicher Kommunikation hervortreten, in der mit der Unterscheidung von wahr und unwahr operiert wird (Luhmann 1998b). Ausgehend von ethnomethodologisch inspirierten Ansätzen der Wissenschaftssoziologie (Hirschauer 2005; Knorr 1981; Latour 1996) könnte auf unauflösliche Entscheidungsdilemmata spezifischer Handlungskontexte hingewiesen werden. Und die Hegemonietheorie Laclau/Mouffes (Laclau 1990; Laclau/Mouffe 1985) würde die konstitutive Offenheit der Feldstruktur akzentuieren, in die Orte eingelassen sind, die nach kontingenten Akten diskursiver Artikulation verlangen (vgl. ausführlicher Angermüller 2007a).

vielfach als Synonym für das intellektuelle Leben in Frankreich gelten kann. Dieser Zentralismus setzt sich bis auf die Ebene des Habitus der Produzenten fort, die ihre wichtigsten intellektuellen Vorbilder, Konkurrenten oder Mitstreiter meist leicht geographisch lokalisieren können: auf der gerade zehn Mal zehn Kilometer großen Fläche zwischen der *Porte d'Orléans* und der *Porte de Clignancourt*, zwischen dem Park von Vincennes und dem Wald von Boulogne. Sicher gibt es wenige Orte, an denen sich so viele Akademiker, Künstler und freie Gelehrte auf so kleinem Raum konzentrieren wie im Großraum Paris (*Île-de-France*): ca. 600.000 Studierende (Ministère éducation nationale 2007), fast 80.000 Forscher des öffentlichen und privaten Sektors (das sind ca. 40% aller Forscher Frankreichs, vgl. Ministère éducation nationale 2005: 326), 60.000 Gymnasiallehrer, 16.000 Universitätslehrer (und das ohne die zahlreichen sonstigen Einrichtungen! Préfecture Ile-de-France 2006), dazu schätzungsweise mindestens eine gleich hohe Anzahl von Sekundar- und Hochschullehrern, die in Paris wohnen, aber in der Provinz arbeiten, sowie eine unüberschaubare Anzahl an Künstlern, Journalisten und freischaffenden Gelehrten. Nimmt es Wunder, dass die wissenschaftliche Kommunikation hier schneller abläuft als anderswo, wenn die persönlichen Beziehungen zwischen den Intellektuellen das gesamte affektive Spektrum von enger Freundschaft bis zu innig gepflegter Antipathie umfassen, wenn Tendenzen von außen – ganz gleich, ob aus dem nicht-französischsprachigem Ausland oder aus der französischsprachigen Provinz – bisweilen Jahrzehnte brauchen, um in Paris und damit auf nationaler Ebene Fuß zu fassen?

Zweitens zeichnen sich Intellektuelle in Frankreich durch eine relativ hohe Bereitschaft aus, sich landesweit in institutionell verfestigten Gruppen zu organisieren. In diesen Clans mit wechselseitig exklusiven Mitgliedschaften existieren die Produzenten nicht nur auf der symbolischen Vorderbühne, sondern agieren auch auf institutionellen Hinterbühnen. Erst durch den Eintritt in eine Gruppe kann das Individuum an Positionen, Ressourcen und Informationen gelangen. Und als Sprecher einer Gruppe hat es die Chance, symbolischen und institutionellen Einfluss auf nationaler Ebene zu gewinnen.

Drittens kann der Markt symbolischer Güter, also von Büchern, Zeitschriften und Kunstwerken, selbst symbolischen Produzenten der *sciences humaines* manchmal hohe Sichtbarkeit verschaffen. Staatliche Schutzregeln für Buch und Buchhandel, ein differenziertes System unabhängiger Buchläden und nicht zuletzt das Fehlen eines Systems anständiger Forschungsbibliotheken ermöglichen Auflagezahlen, die selbst jene aus dem angloamerikanischen Raum oft in den Schatten stellen. Auch die geistes- und sozialwissenschaftliche Buchproduktion erweist sich bisweilen als ökonomisch rentabel, denn ihre Leserschaft beschränkt sich nicht immer nur auf Fachkollegen.

Diese drei Kennzeichen – Zentralismus und Konzentration, Einbettung der Produzenten in kollektive Arbeitszusammenhänge und die Existenz eines entwickelten Markts symbolischer Güter – stellen einzigartige Bedingungen des intellektuellen Lebens dar. Damit soll keiner vermeintlichen *exception française* das Wort geredet oder zum Mythos des „französischen Intellektuellen“ beigetragen werden. Diese Punkte werden genannt, um die Präsenz des Felds zu unterstreichen, dessen Kräfte auf die intellektuelle Praxis wirken – eines Felds, dessen strukturierende Differenzierungsachsen (oben/unten, innen/außen) vergleichsweise wirkmächtig, stabil und transparent sind, eines Felds, in dem sich der Produzent den Beziehungen nicht entziehen kann, die er zu den anderen Produzenten eingeht. In Frankreich tritt das Feld den einzelnen Individuen gleichsam als Ganzes gegenüber. Es ist *da*, und zwar tagtäglich, in den verschiedenen Lebenssituationen, ganz gleich auf welcher Position und Stufe sich der Produzent befindet, weshalb er in Frankreich, wie es ein nordamerikanischer Beobachter ausdrückt, »zum Feld als einer Totalität sprechen muss.« (Lemert 1981: 651)[xxvii]

Doch ungeachtet ihrer vielfältigen empirischen Anschlussmöglichkeiten wirft Bourdieus Feldtheorie methodische Probleme für die Analyse der Texte von Intellektuellen auf. Erstens verlangt das Homologiepostulat, Texte als symbolische Differenzstrukturen zu betrachten, in denen sich die sozialen Unterscheidungen des Felds fortsetzen und abbilden (und umgekehrt). Dass Texte in unterschiedlichen Kontexten verschieden zitiert werden und je nach Kontext Verschiedenes meinen, kann jedoch nicht durch den Verweis auf eine zu Grunde liegende soziale Objektivität gelöst werden. Texte *sind* vieldeutig, ambivalent und nur ausnahmsweise klar, und auch die Texte der im Folgenden zu besprechenden Theoretiker machen hiervon bekanntlich keine Ausnahme. Zweitens reflektiert Bourdieus Intellektuellensoziologie nicht, dass Texte in *spezifischen* Kontexten geäußert werden. Sicher ist der soziohistorische Kontext – das Feld symbolischer Produktion – *eine* wichtige Größe für das Verstehen von Texten. Aber Texte verbinden sich auch mit anderen Kontexten. Von Kotexten über Paratexte bis zu Intertexten, von situativen über medial vermittelte zu kognitiven Kontexten reicht die Spanne an Kontexten, die in den diskursiven Prozess eingehen können. Drittens verlangt Bourdieus Feldtheorie, einen gegebenen Text als ein symbolisches Produkt *eines* bestimmten, im Feld positionierten Produzenten zu betrachten. Spricht in einem Text nur das Individuum, das ihn hervorgebracht hat? Oder verschlingen und überschneiden sich in den symbolischen Produkten der Intellektuellen nicht notwendig eine Vielzahl von

Bezügen und Zitaten, widersprüchlicher Perspektiven und Sprechrollen, die die Annahme eines ursprünglichen, verantwortlichen, einheitlichen Sinns der Aussage in Frage stellen? So kritisiert Lahire an Bourdieu nicht zu Unrecht, dass »die Produktion von (mündlichen oder geschriebenen) Diskursen gleichsam transparent und unabhängig von der Form abzulaufen scheint, so als ob sie sich leicht mit einigen vom Analysten in Worte zu verpackende Kennzeichen zusammenfassen ließen.« (Lahire 2001: 46f.)[xxviii]

Auch aus der Perspektive einer diskursanalytischen Intellektuellensoziologie wird theoretisches Wissen nicht in herrschaftsfreien Räumen produziert. Doch wäre ein struktur- oder akteurtheoretischer Zugriff auf den Diskurs dann problematisch, wenn er ein transparentes bzw. expressives Sprachverständnis unterstellte. Aus diskursanalytischer Sicht wird der Blick auf die sozialen Strukturen und den gemeinten Sinn der Akteure von den Texten verstellt, die sich durch eine opake Materialität auszeichnen. Mit Blick auf die Frage, wie sich theoretische Texte mit ihren sozialen Kontexten verbinden, reicht es daher nicht, zu fragen, unter welchen „vordiskursiven Bedingungen" die Texte entstanden sind, oder sie auf das zu beziehen, „was gemeint ist." Gefragt sind diskursanalytische Zugänge, die der Kontextualisierung der Formen des symbolischen Materials Rechnung zu tragen vermögen. Eine solche methodische Perspektive gilt es, in Anlehnung an die diskursanalytische Forschungstradition vorzustellen, die sich in Frankreich seit den 60er Jahren etabliert hat.

Wie Bourdieus Feldtheorie etabliert sich auch das Feld der französischen Diskursanalyse unter dem Eindruck der strukturalistischen Theoriekonjunktur. Zur Geschichte der Diskursanalyse in Frankreich existieren einige französischsprachige Darstellungen, die sich in der Mehrzahl an sprachwissenschaftlich informierte Leser richten (Maingueneau 1976, 1987, 1991; Mazière 2005; Sarfati 1997; Guilhaumou 2006: 11-42). Außerhalb Frankreichs werden in der Regel die mehr visionär-theoretischen Figuren wahrgenommen (z. B. Bublitz 2003; Fraser 1989; Howarth 2000; Mills 1997; Torfing 1999), insbesondere Michel Foucault, der in Frankreich jedoch – anders als Michel Pêcheux – keine diskursanalytische Schule gründet (vgl. Maingueneau/Angermüller 2007). Aktuellere theoretische Tendenzen wie Äußerungstheorie und Pragmatik (vgl. hingegen Williams 1999; Wrana 2006), das umfangreiche Repertoire textanalytischer Methoden (vgl. Charaudeau/Maingueneau 2002; Détrie/Siblot/Verine 2001; Moeschler/Reboul 1994), das differenzierte lexikometrische und computergestützte Instrumentarium (wie Lexico 3 oder Alceste vgl. Jenny 1997; Demazière/Brossaud/Trabal et al. 2006) und die zahlreichen empirischen Arbeiten (etwa die Analyse politischer, medialer oder intellektuell-wissenschaftlicher Diskurse[9]) werden in der internationalen Rezeption dagegen oft ausgeblendet. Als ein Hindernis für eine breitere internationale Aufmerksamkeit erweisen sich neben den Sprachbarrieren auch die Unterschiede der jeweiligen disziplinären Terrains. So nimmt die Linguistik in Frankreich wahrscheinlich eine zentralere Position im theoretischen Diskurs der Geisteswissenschaften ein als in Deutschland oder in der englischsprachigen Welt, wo der Diskurs über den Diskurs stärker von Sozial- und Kulturwissenschaftlern geführt wird. Eine der Aufgaben der vorliegenden Monographie ist es daher, in die sprachwissenschaftlich orientierte Diskursforschung einzuführen und diese auf die Probleme und Fragen der sozial- und kulturwissenschaftlichen Diskussion zu beziehen, wie dies in Frankreich etwa von Soziologen (Achard 1993; Leimdorfer 2007), Historikern (Robin 1973; Guilhaumou/Maldidier/Robin 1994) oder Spezialisten des politischen Diskurses (Fiala 1983; Seriot 1985; Bonnafous 1991) vorgenommen wurde.

Wie Bourdieu (vgl. 1982) versuchen auch die französischen Diskursanalytiker den Entwicklungen Rechnung zu tragen, die sich im Zuge der Krise des strukturalen Modells der Saussure'schen Linguistik ankündigen. So gewinnt seit Ende der 70er Jahre im Zuge der pragmatischen Wende die Frage des Gebrauchs von Texten in den Kontexten ihrer Äußerung (*énonciation*) an Bedeutung. Von den abstrakten Sätzen der strukturalen Linguistik werden nun die spezifischen, auf bestimmte Weise existierenden Aussagen (*énoncés*) der Diskurspragmatik unterschieden. Die Umstellung des strukturalen Begriffspaars *langue/parole* auf das äußerungstheoretische Begriffspaar *énonciation/énoncé* macht eine Reflexion der spezifischen Äußerungskontexte von Texten wie auch der heterogenen und instabilen Sinnkonstitution der Aussagen notwendig.

Unklarheiten und Fehldeutungen sind bei der Übersetzung theoretisch aufgeladener Begriffe fast unvermeidlich. Handelt es sich um eine heimtückische List der Sprache (*langage*), wenn sich gerade die Übertragung sprachwissenschaftlicher (*linguistique*) Terminologien aus der einen in die andere Sprache (*langue*) als undankbares Geschäft erweist? Die Wiedergabe von *énonciation* und *énoncé* durch „Äußerung" und

9 Wissensdiskurse bilden einen klassischen Gegenstand diskursanalytischer Forschung in Frankreich. Neben den wissenschaftshistorischen Entwürfen von Klassikern des Felds (Foucault 1966; Fichant/Pêcheux 1974) können eine Reihe von aktuellen Forschungsbereichen genannt werden, so etwa die Arbeiten der „philosophischen Diskursanalyse" (Cossutta 1995, 1989; Temmar 2000; Philippe 1995; Angermüller 2000a), die Arbeiten zum Diskurs der Sprachwissenschaften (Moirand 1988; Rabatel 2004; Rosier 2004; Béacco/Moirand 1995) sowie zum Diskurs von Bildungsinstitutionen (Dardy/Ducard/Maingueneau 2002).

„Aussage" ist aus der Not geboren, und zumindest von zwei drohenden Missverständnissen soll sie freigehalten werden. Eine idealistische Fehlinterpretation würde darin bestehen, die Äußerung als den Ausfluss einer ursprünglichen Innerlichkeit zu sehen. Die Äußerungstheorie setzt sich von Philosophien eines Subjekts oder eines Bewusstseins ab, das mit Hilfe der symbolischen Formen einen gemeinten Sinn auszudrücken versucht. Eine pragmatistische Fehlinterpretation würde die Äußerung dagegen als einen beobachtbaren Handlungsvollzug fassen, der die Aussage als ein faktisches Handlungsresultat zeitigt. Im Gegensatz zu Pragmatismus, Handlungstheorie und Sprechakttheorie, die einen direkten Zugang zum Handlungsgeschehen unterstellen, versteht sich die Äußerungstheorie als eine Diskurspragmatik, der allein die Formen zugänglich sind, über die sich die Äußerung in den Text einschreibt. Es gilt, kurz gesagt, den formalen Spuren nachzugehen, die das Sagen im Gesagten hinterlassen hat.

Die Theorie der Äußerung erfährt wichtige Impulse von international bekannten Theoretikern wie Michel Foucault (1969), Jean-François Lyotard (1988) und Jacques Lacan (vgl. Todorov 1970). Doch ist es der saussurianische Sprachwissenschaftler Emile Benveniste (1974), von dem die entscheidenden Anregungen ausgehen. Benveniste ist der Urheber der Theorie des „formalen Apparats der Äußerung", dessen Elemente („ich", „hier", „jetzt") auf Parameter des Äußerungskontexts verweisen (vgl. Bühler 1965). Neben diesen Anstößen aus dem Strukturalismus erhält die französische Äußerungstheorie auch Anregungen aus der logischen Semantik (Ducrot 1984; Nølke/Fløttum/Norén 2004) und nicht zuletzt von radikalpragmatischen Ansätzen aus dem angloamerikanischen Raum (Sprechakttheorie, Maximenansatz, Konversationsanalyse, vgl. Sperber/Wilson 1989; Moeschler/Reboul 1994).

Gegenüber der Diskursanalyse angloamerikanischer Provenienz, die unter Diskurs gemeinhin geregeltes Sprechen in interaktiven Situationen versteht, präferieren diskursanalytische Forschungsrichtungen in Frankreich traditionell verschriftete Diskurse und bestehen auf dem Primat der Form. Auch wenn der Formalismus, der von diskursanalytischen Pionieren wie Zellig Harris in den 60er Jahren oder von Michel Pêcheux in den 70er Jahren vertreten wurde, heute überwunden ist, haben auch die pragmatisch-enunziativen Entwicklungen der letzten dreißig Jahre den Fokus auf geschriebenes Material nicht in Frage gestellt, was ihre analytischen Instrumente gerade für die Analyse intellektueller Diskurse als besonders geeignet ausweist. Diese französische Variante der Diskurspragmatik nimmt ihren Ausgang von den formalen Spuren, den Niederschlägen und Abdrücken der Äußerung (*marqueurs*), die auf das verweisen, was in den Äußerungskontexten geschieht, ohne dass zu diesen ein unmittelbarer Zugang hergestellt werden kann (Culioli 2002). Texte stehen in einem Äußerungszusammenhang, der auf bestimmte Weise evoziert, organisiert und orchestriert wird, und zwar in und von den Texten selbst. Erkennt der Leser die in den Texten verstreuten formalen Äußerungsspuren, werden interpretative Prozeduren ausgelöst, die den Leser nach dem suchen lassen, was dem Text fehlt: die Äußerung und ihre Kontexte. Indem der Leser die in diesen sprachlichen Formen kondensierten Regeln ausführt, versucht er den Sinn der Texte zu verstehen und ein Wissen über den Äußerungszusammenhang aufzubauen, dem sie entstammen.

Gegenüber den diskursanalytischen Tendenzen, wie sie seit über vierzig Jahren in Frankreich praktiziert werden, setzt der äußerungstheoretische Zugriff auf den Diskurs, der im Folgenden skizziert werden soll, bestimmte eigene Akzente (vgl. aber Chartier 1987). Er führt eine kognitive Instanz ein – den Leser, dem es obliegt, Wiederholbares (Texte) mit Unwiederholbarem (Kontexten) zu verbinden. Im Unterschied zu Lektüre-Theorien semiotisch-strukturaler Provenienz (vgl. Eco 1997) leistet der Leser der Äußerungstheorie mehr, als nur vorgängige Codes zu aktualisieren. Er ist ein geschickter Interpretationskünstler, der sein spezifisches Wissen im Akt des Lesens kreativ zum Einsatz zu bringen versucht. Texte instruieren den Leser darüber, welche Weltausschnitte er in den Blick nehmen muss, um die Leerstellen des Texts zu füllen. Wie beispielsweise in wirkungsästhetisch orientierten Interpretationstheorien geht es um die »*Funktion*, die Texte in Kontexten ausüben, [die] *Kommunikation*, durch die Texte Erfahrungen vermitteln, die obgleich unvertraut, dennoch verstehbar sind, und [die] *Textverarbeitung*, durch die die ›Rezeptionsvorgabe‹ des Textes sowie die durch sie in Anspruch genommenen Vermögen und Kompetenzen des Lesers in den Blick kommen« (Iser 1994: vii). Im Unterschied zur historisch-hermeneutischen Rezeptionsästhetik (Jauss 1969) findet der Leseprozess nicht vor einem Geschichts- oder Erfahrungshorizont statt, der dem Leser mehr oder minder umfassend präsent sein muss. In Anlehnung an die Lesertheorien der Cultural Studies (Hall 1980; Fiske 1992) setzt die äußerungstheoretische Diskursanalyse aktive, diskursiv kompetente Individuen voraus, die einen Text mit dem, was sie in ihren jeweiligen Kontexten vorfinden, auf je eigene Weise verstehen. Das Individuum ist ein Leser-Philosoph, der in den Texten nach „seinem" Sinn sucht. Doch auch wenn Leser Texte verschieden lesen, gestaltet sich der interpretative Prozess nicht beliebig. Als Beauftragter des Texts ist der Leser bestimmten sprachlichen Zwängen unterworfen, die die Suche nach dem organisieren, was der Text ihm sagen will.

Texte aktivieren bei ihren Lesern also vielfältige Wissensbestände, und die vorliegende Arbeit stellt die Frage, wie sich das Wissen, das die Leser über das intellektuelle Feld und seine Produzenten haben (siehe Kapitel 2 und 3), an den Texten einiger Theorieproduzenzen ausfällt (siehe Kapitel 4 und 5). Eine solche Verbindung von intellektuellensoziologischen und sprachwissenschaftlichen Zugängen sieht sich in der Tradition der Wissenssoziologie, die die Produktion von Wissen in ihrem gesellschaftlichen Kontext untersucht. Ausgehend von Knoblauch können zwei Hauptphasen der Geschichte der Wissenssoziologie unterschieden werden: eine korrelationistische Phase vor dem zweiten Weltkrieg und eine integrationistische Phase nach dem Krieg (2005; vgl. Keller 2005). Demnach zielen in der ersten Hälfte des 20. Jahrhunderts die Pioniere der Wissenssoziologie im Anschluss an die Ideologietheorie von Karl Marx und die Religionssoziologie von Max Weber auf die sozialstrukturellen Bedingungen der Wissensproduktion. Eine Gesellschaft besteht aus bestimmten Klassen, in denen bestimmte Ideen, Werte und Weltanschauungen dominieren. Als Kronzeuge für diesen „korrelationistischen" Ansatz kann Karl Mannheim (1970) genannt werden, der die Standortgebundenheit gesellschaftlichen Wissens geltend macht. Nach dem zweiten Weltkrieg problematisieren die Wissenssoziologen der zweiten, „integrationistischen" Generation im Anschluss an Alfred Schütz und den nordamerikanischen Pragmatismus die Gegenüberstellung von Sozialstruktur und Wissensverteilung. So rücken Peter Berger und Thomas Luckmann (1990) den Akteur in den Mittelpunkt, der individuelle Sinnstiftungs- und gesellschaftliche Typisierungs- und Institutionalisierungsprozesse „integriert." Demgegenüber zeugen Entwicklungen seit den 80er Jahren wie die Cultural Studies, Akteur-Netzwerk-Ansätze sowie radikalkonstruktivistische und kognitivistische Forschungstendenzen von einer zunehmenden Entkernung des Akteurs, der sich symbolischen Deutungsvorgaben entwindet und vom Spiel der Differenz eingeholt wird (Bachmann-Medick 2006; Hörning/Reuter 2004). In Abgrenzung von sozialphänomenologischen Wissenssoziologen wie Knoblauch und auch Keller, der die Diskursanalyse mit seinen Augsburger Kollegen in der deutschen Wissenssoziologie etabliert hat (Keller 2003; Keller/Hirseland/Schneider et al. 2001, 2003), verstehe ich die neueren Tendenzen als Symptome einer dritten Phase des wissenssoziologischen Projekts. Im Rahmen einer Wissenssoziologie nach dem Strukturalismus, so könnte gesagt werden, partizipieren sie an der Dezentrierung des Akteurs der integrationistischen Wissenssoziologie, ohne in den objektivistischen Gesellschaftsbegriff der korrelationistischen Wissenssoziologie zurückzufallen.

Vor diesem Hintergrund bietet sich der äußerungstheoretische Ansatz der Diskursanalyse als eine sprachtheoretisch informierte Methode für eine „post-strukturalistische" Wissenssoziologie an. Gegenüber dem international etablierten Poststrukturalismus macht der Bindestrich das fortdauernde Erbe des Strukturalismus geltend. Statt zu deuten und zu interpretieren, d. h. den sinnhaften Inhalt von Texten verstehend rekonstruieren zu wollen, zielt die Analyse auf die Formen des symbolischen Materials. Texte drücken demnach keinen gemeinten Sinn aus. Ihr Sinn findet seinen Ursprung nicht in den sinnstiftenden Akten eines Individuums oder eines Bewusstseins. Als opake Materialität operieren Texte mit zeit- und ursprungslosen Formen, die je nach verfügbarem Kontext unterschiedlichste Sinneffekte hervorrufen. Nicht intersubjektiv geteilte Wissensinhalte konstituieren das soziale Band, sondern die Formen des Symbolischen als solche, die über die in ihnen kondensierten Regeln die interpretativen Prozesse der Diskursträger organisieren. Aber gegen den Strukturalismus führt die äußerungstheoretische Diskursanalyse die Äußerung und ihre Kontexte ins Feld. Die Welt ist kein Text. Das Soziale erschöpft sich nicht in einem Spiel symbolischer Differenzen. Das Individuum betätigt sich in einer Welt, in der Texte und Kontexte hybride Verbindungen eingehen. Das Individuum existiert im Diskurs.

Seit den 70er Jahren stehen Sozialwissenschaftler, in der Regel mit einem interaktionistischen Theoriehintergrund, in einem fruchtbaren Austausch mit den Sprachwissenschaften (Sacks 1992; Schütze 1975; Deppermann 1999). Umgekehrt suchen Sprachwissenschaftler, insbesondere im Bereich der Konversationsanalyse und kritischen Diskursanalyse, seit langem den Kontakt mit den Sozialwissenschaften (Busse 1987; Dijk 1985, 1988; Fairclough 1992; Jäger 2007; Kallmeyer/Klein/Meyer-Hermann et al. 1974; Link 1997; Mills 2003; Tannen 1990; Wodak 1996; Wodak/Meyer 2004). Ebenso lassen sich Literaturwissenschaftler im Bereich der Diskursanalyse von kultur- und sozialwissenschaftlichen Tendenzen inspirieren (Baßler 2005; Bogdal 1999; Fohrmann/Müller 1988). Vor dem Hintergrund der sprachtheoretischen Impulse, die nicht zuletzt von den poststrukturalistischen Debatten im Anschluss an Saussure oder Wittgenstein ausgegangen sind, verbindet sich mit der im Folgenden vorzustellenden diskursanalytischen Methodologie das Plädoyer, dieses Gespräch zwischen Sprach-, Kultur- und Sozialwissenschaften fortzuführen.

Auch wenn die äußerungstheoretische Diskursanalyse – in dem charakteristisch „französischen" Fokus auf die Formprobleme symbolischer Tätigkeit – einen (unmittelbaren) Zugang zu Situation und Handeln (zur „Äußerung") ausschließt und verschriftetes symbolisches Material gegenüber mündlichen Interaktionen bevorzugt, muss doch die theoretische Affinität festgehalten werden, die sie gegenüber bestimmten diskursanalytischen Ansätzen aus dem angloamerikanischen Raum aufweist, etwa gegenüber der ethnomethodologischen Konversationsanalyse. So ist auch die äußerungstheoretische Diskursanalyse von einem kritischen Gestus gegenüber Zugängen getragen, die „den" Diskurs zu totalisieren und vereinheitlichen suchen. Im Unterschied zu objektivistischen Ansätzen, die den Diskurs als einen Raum darstellen, in dem alle Elemente ihren funktionalen Platz einnehmen, begreift sie die diskursive Aktivität als einen dynamischen, unabgeschlossenen Prozess, aus dem heterogene Diskursordnungen ohne stabile Außengrenzen hervorgehen. So operiert der Diskurs mit Aussagen, in denen das ursprünglich Gemeinte, Intendierte, Bedeutete immer wieder von einem Gewimmel widersprüchlicher Stimmen und Sprechperspektiven eingeholt wird. Und im Unterschied zu verstehend-rekonstruktiven Zugängen, die den Diskurs unter Absehung seiner Formen von seinen Bedeutungsinhalten – von seinem „Was" – her aufschließen, zielt sie auf die Regeln und Einheiten – auf das „Wie." Vielleicht kann der dissonante Neologismus „enunziative Analyse" (*analyse énonciative*), der erstmals von Foucault ins Spiel gebracht wird (1969: 143[159]), daran erinnern, dass die Problematik von *énonciation* und *énoncé* einen Bruch gegenüber den rekonstruktiv-verstehenden Ansätzen von qualitativer Sozialforschung, verstehender Soziologie und historischer Hermeneutik darstellt. Die enunziative Analyse versteht sich als eine „formal-qualitative" Methode, die sich von positivistischen Repräsentationsstrategien des erklärenden Messens genauso distanziert wie von interpretativen Rekonstruktionsstrategien des beschreibenden Verstehens.

Indem die äußerungstheoretische Diskursanalyse die poststrukturalistische Kritik am autonomen Subjekt und an der geschlossenen Struktur unterschreibt, verhält sich das Plädoyer für eine äußerungstheoretische Diskursanalyse zu ihrem Untersuchungsgegenstand nicht neutral und bezieht gegenüber diesem unweigerlich selbst Position – etwa gegenüber jener textualistischen Orthodoxie um 1980, die Texte als autonome, von ihren soziohistorischen Kontexten abstrahierte Zeichensysteme begreift (vgl. die Kritik von Jameson 1981), oder gegenüber jenem in die Vergangenheit zurückgezogenen Historismus, der Texte als Dokumente eines vergangenen Kontexts begreift (vgl. die Kritik von Skinner 1988). Demnach enthalten Texte weder einen übergreifenden Sinn, noch bringen sie einheitliche theoretische Ideen zum Ausdruck. Ihre symbolische Effizienz liegt gerade in dem Fehlen eines einheitlichen Sinns, was die Texte in unterschiedlichen Kontexten anschlussfähig und verwertbar macht.

Statt eine Theoriegeschichte zu betreiben, die in die Texte eintaucht, um die Ideen sprechen zu lassen, betreibt diese Arbeit eine Genealogie des intellektuellen Diskurses, die nicht umhin kommt, sich in ihrem Gegenstand selbst zu verorten. So liefert die intellektuelle Diskursanalyse nicht nur eine analytische Methode, sondern skizziert auch eine Politik der Gegenwart. Als Vorbild kann hier wieder Michel Foucault dienen, wenn er für eine Vereinigung von Archäologie und Genealogie plädiert: »Die Archäologie wäre die Methode, die für die Analyse der lokalen Diskursivitäten geeignet ist, und die Geneaologie wäre das taktische Vorgehen, das ausgehend von den solchermaßen beschriebenen lokalen Diskursivitäten die sich auftuenden und aus der Unterwerfung befreiten [*désassujettis*] Wissensbereiche spielen lässt.« (Foucault 1997: 11f. [20])[xxix] In diesem Sinne sucht die vorliegende Arbeit das Diskursphänomen, das heute vielfach als Theory oder „Poststrukturalismus" geläufig ist, über die Dimension der Äußerung archäologisch aufzuschließen und zu seiner genealogischen Kritik beizutragen.

1.4 Inhaltsüberblick. Von Kontexten zu Texten

Diskurse verbinden Texte und Kontexte zu heterogenen Gebilden. Dass auch in dem theoretischen Diskurs, der Ende der 60er Jahre über den Strukturalismus geführt wird, Verschiedenes zusammenkommt, unterstreicht das vorliegende Buch mit seiner Aufteilung nach zwei Teilen, denen unterschiedliche, aber komplementäre methodologische Strategien entsprechen. Während der erste Teil (Kapitel 2 und 3) auf die sozialen und historischen Kontexte eingeht, die zeitgenössischen Lesern dieser theoretischen Texte verfügbar sind, werden im zweiten Teil mit den Methoden der Aussagenanalyse (Kapitel 4) bestimmte Textfragmente des theoretischen Diskurses analysiert (Kapitel 5). Mit diesen beiden gegenläufigen Untersuchungsrichtungen – dem horizontal-verräumlichenden Blick auf die soziosymbolischen Beziehungen zwischen den Produzenten im Feld und der Sezierung der vertikalen Geschichtetheit der einzelnen Einheiten des intellektuellen Diskurses – soll den beiden Komponenten des Diskurses Rechnung getragen werden: einerseits dem mit Bourdieus Feldtheorie zusammengetragenen Wissen, das die Leser über die Äußerungskontexte der Texte haben oder haben können, und andererseits den Texten, die über die Äußerung das Wissen der Leser auf vielfältige Weise mobilisieren und orchestrieren. Mit der Verschränkung unterschiedlicher Methoden soll der Heterogenität des Diskurses begegnet werden. Während sich der erste Teil auf rekonstruktive Methoden der empirischen Sozialforschung stützt, steht der zweite Teil der

Arbeit im Zeichen der formal-qualitativen Diskursmethodologie, die auf das im ersten Teil zusammengetragene Wissen zurückgreifen wird.

In Kapitel 2 werden im Anschluss an einen Kartierungsversuch des international geläufigen Poststrukturalismusdiskurses (2.1) die Unterscheidungs- und Konfliktlinien des französischen Felds inventarisiert, die die Rubrizierung der maßgeblichen Theoretiker um 1970 unter paradigmatische Etiketten wie des „Poststrukturalismus" unterlaufen (2.2). In Kapitel 3 wird die historische Dynamik eines nach unterschiedlichen Polen (Wissenschaft, Massenmedien, Ästhetik) aufgespannten Felds beschrieben. Nach einem Entwurf einer Theorie soziokulturellen Wandels (3.1) skizzieren die Kapitel 3.2 bis 3.4 den Wandel eines Felds, dessen institutionelle Verschiebungen immer wieder in symbolischen Konjunkturen artikuliert werden. Kapitel 4 stellt die analytischen Instrumente der französischen Diskursanalyse vor. Während 4.1 die Potenziale sprachwissenschaftlicher Instrumente für die empirische Sozialforschung diskutiert, liefert 4.2 eine kurze Geschichte der Diskursanalyse in Frankreich. 4.3 wirft einen genaueren Blick auf die französische Äußerungslinguistik, aus der in Abschnitt 4.4 einige methodische Vorgehensweisen für die Analyse theoretischer Texten abgeleitet werden. Kapitel 5 nimmt ausgehend von den Äußerungsspuren, über die die Texte ihre Kontexte mobilisieren, die komplex verschachtelten Sprechperspektiven auseinander, die die charakteristische Dicke (*épaisseur*) und Geschichtetheit (*feuilletage*) der Aussagen des Diskurses begründen (5.1). An ausgewählten Textausschnitten wird dann die Funktionsweise des intellektuellen Diskurses beschrieben. Ausgehend von Textbeispielen zum „Subjekt" (Lacan, 5.2), zum „Humanismus" (Althusser, 5.3), zum „Menschen" (Foucault, 5.4), zu „lebendiger Gegenwart" (Derrida, 5.5) und zur ästhetisch-politischen Avantgarde (*Tel Quel*, 5.6) wird gefragt, wie Texte auf ihre Äußerungskontexte zugreifen, verschiedene Diskursfiguren sprechen lassen und das Wissen ihrer Leser evozieren. Das Schlusskapitel (6) diskutiert die Konsequenzen des intellektuellen Phänomens, das sich unter dem Etikett des Poststrukturalismus in den internationalen Sozial-, Kultur- und Geisteswissenschaften etabliert hat. Die Arbeit schließt mit dem Plädoyer, die kritische Reflexion von Sinn, Subjekt und Struktur weiterzuführen und den Repräsentationsdilemmata unserer eigenen symbolischen Praxis Rechnung zu tragen, denen wir immer dann ausgesetzt sind, wenn wir lesen, sprechen und schreiben.

Erster Teil: Kontexte

2 STRUKTURALISMUS VERSUS POSTSTRUKTURALISMUS. DAS FELD UND SEINE PARADIGMATISCHEN EFFEKTE

2.1 Was ist Poststrukturalismus?

Bekanntlich bezeichnet „Poststrukturalismus“ einen theoretischen Diskussionszusammenhang in den Geistes- und Sozialwissenschaften, der theoretische Topoi wie den „linguistic turn“, die „Krise der Repräsentation“, die „Dezentrierung des Subjekts“ oder die „Kritik des Essentialismus“ zum Thema hat. Was charakterisiert diese interdisziplinäre und internationale Theoriedebatte, die sich immer wieder auf bestimmte Theoretikerinnen und Theoretiker aus Frankreich bezieht? Standardabhandlungen des Poststrukturalismus beginnen in der Regel mit einem Kanon von Theoretikern, der von Jacques Derrida – dem Philosophen der Dekonstruktion – und Michel Foucault – dem historischen Analytiker von Macht und Diskurs – angeführt wird. Es folgen die Theoretiker des näheren Umfelds: der Psychoanalytiker Jacques Lacan, die Philosophen des „Verlangens“ (*désir*) Gilles Deleuze und Jean-François Lyotard (letzterer wird auch als Theoretiker der Postmoderne geführt) sowie die Kultur- und Medientheoretiker Roland Barthes und Jean Baudrillard. Auch der marxistische Philosoph Louis Althusser und der Anthropologe Claude Lévi-Strauss werden in diesem Zusammenhang oft erwähnt, obgleich die Präfix „post“ hier gewöhnlich mit einem gewissen Ausdruck der Unsicherheit über den „nach-strukturalistischen“ Charakter dieser Theorien verwendet wird. Hinzu gesellen sich Theoretiker, die zur „zweiten Garde“ des Poststrukturalismus gehören: die psychoanalytische Zeichentheoretikerin Julia Kristeva, der Ethnograph des alltäglichen Lebens Michel de Certeau, der Wissenschaftshistoriker Michel Serres, der Medientheoretiker Paul Virilio, der Zeichentheoretiker Umberto Eco sowie bestimmte weitere Vertreter der „kontinentaleuropäischen“ Tradition wie Friedrich Nietzsche und Martin Heidegger, Georg Wilhelm Friedrich Hegel und Karl Marx, Sigmund Freud und Walter Benjamin, die oft in ihren „französischen" Brechungen wahrgenommen werden.

In den nordamerikanischen Geisteswissenschaften (*humanities*) beginnt die Kanonisierung der Theoretiker des Poststrukturalismus etwa zehn Jahre nach der Konferenz, die im Oktober 1966 an der Johns Hopkins Universität zur *structuralist controversy* stattfindet (Macksey/Donato 1970). Auf dieser Konferenz werden eine Reihe französischer Theoretiker (u. a. Jacques Derrida, Jacques Lacan, Roland Barthes und Gérard Genette) erstmals einem nordamerikanischen Publikum vorgestellt (vgl. die Sondernummer der *Yale French Studies* von Ehrmann 1970). Mit der von Derrida inspirierten Konjunktur der *Yale School of Deconstruction* um Paul de Man und Foucaults Aufenthalten an der University of California in Berkeley gewinnt ihre Rezeption in den nordamerikanischen Geisteswissenschaften bald eine Eigendynamik, und es beginnt ein breiter transatlantischer Theorietransfer. Im Zuge dieses Theorieimports werden bestimmte theoretische Texte aus Frankreich in das Feld der nordamerikanischen *humanities* übertragen. Da der französische universitäre Mainstream in dieser Übertragung weitgehend ausgefiltert wird, stehen die rezipierten Theoretikerinnen und Theoretiker aus Frankreich bald für „französisches" Denken schlechthin, auf das sich viele der jüngeren Produzenten der Zeit berufen, die die Theoretisierung, Intellektualisierung und Politisierung der *humanities* forcieren.

Die Literaturwissenschaftler der Zeit begreifen die Einführung kontinentaler europäischer Theorie in den geisteswissenschaftlichen Diskurs der USA als eine intellektuelle Herausforderung, die nach eigener theoretischer Kreativität verlangt. Es ist die Stunde der Übersetzer und Kommentatoren, die unter dem von Paul de Man geprägten Etikett der „Theory" (1986) eine den nordamerikanischen Rahmen bald überschreitende Diskussion führen. Insbesondere die Theory-Protagonisten, die zwischen den verschiedenen sprachlichen und disziplinären Räumen zu vermitteln wissen, werden zu intellektuellen Leitfiguren. Der wichtigste Brückenkopf ist der Literaturwissenschaftler Paul de Man, der mit Jacques Derrida wichtige Impulse für die Annäherung an die Philosophie gibt. Um de Man versammeln sich an der Yale University eine Reihe von Kollegen (vgl. Bloom/Man/Derrida et al. 1979). Auch Fredric Jameson, der eine marxistische Hermeneutik entwickelt, wird unter de Man rekrutiert. Einige von de Mans Schülern, die eine Theoretisierung der Literaturwissenschaften unter „kontinentaleuropäischen" Vorzeichen anstreben (vgl. Lentricchia 1980), stehen bei der Entstehung der verschiedenen *Studies*-Felder Pate, beispielsweise Gayatri Spivak, die Derridas *Grammatologie* übersetzt und mit Edward Said oder Homi Bhabha eine wichtige Rolle in der Postkolonialismus-Debatte spielt. Zu Stars des geisteswissenschaftlichen Diskurses werden in den 90er Jahren Judith Butler und Slavoj Žižek, die sich für Lacan und Hegel stark machen. Doch der theoretische Input aus Frankreich zeigt sich nicht nur in diesen eigenständigen Weiterentwicklungen, sondern auch in dem Einsickern des kontinentaleuropäischen Theorievokabulars in die (Cultural) Studies. Mit der Entstehung der Kulturstudien kündigt sich, wie John Guillory (1999) vorschlägt, ein Übergang von der „High Theory" (der Yale School) zur „Low Theory" (den Cultural Studies) an. Während die (High) Theory an der Ostküste um 1980 eher von den reflexiv-textualistischen Tendenzen der Yale School dominiert wird, stehen an der Westküste politisch-historische Fragen im Mittelpunkt, die nicht zuletzt auf Foucaults Aufenthalte an Berkeley zurückgehen.

Seit Mitte der 90er Jahre findet die Debatte um den Poststrukturalismus bzw. Theory zunehmend auch in Europa Eingang, was eine dritte Phase der Poststrukturalismusdiskussion einläutet. Über den Umweg der USA werden die französischen Theorien der 60er und 70er Jahre nun auch im Bereich der politischen Theorie und Philosophie diskutiert, wie sich an den späteren Werken Butlers, Žižeks und Derridas ablesen lässt. In Großbritannien arbeiten das Birmingham Center for Cultural Studies unter der Führung von Stuart Hall (Hall/Hobson/Lowe et al. 1980) und die Essex-Schule um Ernesto Laclau und Chantal Mouffe (Laclau 1996, 1990; Laclau/Mouffe 1985) schon seit den 70er Jahren an kultur- und politiktheoretischen Erweiterungen der Ideologie- und Subjektproblematik nach Althusser, Lacan und Derrida. Auch in Frankreich etabliert sich im Laufe der 90er Jahre eine Debatte im Bereich der politischen Philosophie, die von Ex-Althusserianern wie Etienne Balibar (1992) und Jacques Rancière (1995) sowie von Alain Badiou (1998; 2003) bestimmt wird. Im mediterranen Raum sind es v. a. die Theoretiker des *Empire* und der *Multitude* Antonio Negri und Michael Hardt (2004; 2000, vgl. auch die von Yann Moulier Boutang gegründete Zeitschrift *Multitude*) sowie Giorgio Agamben (1995), die auf die inneren Grenzen liberal verfasster Gesellschaften und die Fragen der Biopolitik und Souveränität im postnationalen Zeitalter hinweisen. Auch im deutschsprachigen Raum entwickelt sich im Anschluss an die poststrukturalistischen Impulse eine rege Diskussion, die von der Foucault'schen Gouvernementalitätsproblematik (Bröckling/Krasmann/Lemke 2000) bis zu dekonstruktivistischen Positionen reicht (Hark 1996; Bublitz 2003). Vor dem Hintergrund der Rezeption von Diskurstheorie (Angermüller 2004b; Marchart 2005; Nonhoff 2006) und Cultural Studies (Hepp/Winter 1999; Reuter/Wieser 2006) werden in den Sozialwissenschaften geschlossene Containermodelle von Gesellschaft problematisiert (Bonacker 2003; Angermüller 2007a). Überschneidungen sind dabei sowohl mit der Systemtheorie (Stäheli 2000a, b) und der Kritischen Theorie (Frankfurter Arbeitskreis für Politische Philosophie und Theorie 2004; Bonacker 2000) zu konstatieren. Vielleicht ist es zu früh, von einer dritten Rezeptionsphase des Poststrukturalismus zu reden; klar ist jedoch, dass sich unter dem Zeichen von französischen Theorien der 60er und 70er Jahre ein internationaler und interdisziplinärer Theoriezusammenhang entwickelt hat, der auch auf politische Aktivisten und kulturelle Produzenten außerhalb der Universitäten ausstrahlt und mit der intellektuellen Bedeutung von Marxismus und Psychoanalyse der 60er Jahre vergleichbar ist.

Diskussionshöhepunkte	um 1970 in Frankreich	um 1980 in den USA	seit Mitte der 90er Jahre in Europa
geläufige Etiketten	*structuralisme, marxisme, psychanalyse*	(High) Theory, (Cultural) Studies, Yale: *poststructuralism*	Poststrukturalismus, Dekonstruktivismus, (radikaler) Konstruktivismus
wichtigste Vertreter	Lacan, Althusser, Foucault, Lévi-Strauss, Deleuze, Derrida, Lyotard, Barthes, Certeau, Kristeva, Baudrillard	——→ Paul de Man, Judith Butler, Gayatri Spivak, Fredric Jameson, Edward Said, Homi Bhabha	——→ ——→ Slavoj Žižek, Ernesto Laclau, Chantal Mouffe, Giorgio Agamben, Anonio Negri, Jacques Rancière, Alain Badiou, eventuell Niklas Luhmann
(imaginäre) Gegner	Humanismus	(europäische) Moderne, Essentialismus, BinärOppositionen	„Alteuropa", autonomes Subjekt, Container-Gesellschaft
Leitwissenschaft	Linguistik	Literaturwissenschaft (v. a. *English*)	politische Philosophie und Theorie, in Deutschland: Gehirnforschung
beteiligte Disziplinen	*sciences humaines* (gegen Philosophie)	*humanities* (ohne Sozial-, Sprachwissenschaften, Philosophie)	Geistes-, Kultur- und Sozialwissenschaften, Philosophie
„Paradigma"	–	Poststrukturalismus	

Abbildung 1: Phasen der Poststrukturalismus-Diskussion

Abbildung 1 fasst die Diskursmomente zusammen, die sich im Diskurs von „Strukturalismus" und „Poststrukturalismus" aufgeschichtet haben. Die heuristische Funktion dieser Kartierung ist zu unterstreichen, werden unter dem Schirm des Poststrukturalismus doch recht verschiedene theoretische Fragen und Probleme verhandelt. Besonders in der nordamerikanischen Debatte wird als imaginäres Gegenprojekt des Poststrukturalismus oft die „Moderne“ (*modernity*) geführt. Als Codewort für ein „europäisches“ Davor verweist „Moderne“ in diesem Kontext einmal auf „Modernismus“ (die hochkulturellen Tendenzen um 1900-1940), das andere Mal auf „Modernisierung“ (im Sinne der politischen Aufklärung bzw. Differenzierung neuzeitlicher Gesellschaften, vgl. 3.1). Gegen die Ordnung, Einheit und Struktur der Moderne führt der nordamerikanische Poststrukturalismus die Kontingenz, den Pluralismus und die Heterogenität der Postmoderne ins Feld, die er zu theoretisieren versucht. Standarddarstellungen des Poststrukturalismus würden ferner auf die Kritik des sprechenden Subjekts und die Problematisierung rekonstruktiven Verstehens abheben. Seine Vertreter begreifen Sprache nicht als Ausdruck gemeinten Sinns, sondern als einen nie vollständig kontrollierbaren Überschuss materialer Differenzen und Praktiken. Und schließlich – dies gilt v. a. für die europäische Diskussion – problematisiert der Poststrukturalismus einen geschlossenen Strukturbegriff. Eine Ordnung, in der alle Elemente ihren funktionalen Platz haben, gilt es zu dezentrieren – sei es durch die Temporalisierung von Struktur, sei es durch den Aufweis randständiger bzw. ausgeschlossener Elemente, die für die Struktur konstitutiv sind. Als theoriegeschichtliche Bewegung erscheint der Poststrukturalismus, zumindest in der nordamerikanischen Debatte, als ein Danach („Post-“) ohne Davor („Strukturalismus“). Auch wenn Northrop Fryes Archetypentheorie (1957) oder der *New Criticism* bisweilen der imaginären Abgrenzung dienen, hat in den nordamerikanischen Geisteswissenschaften ein Strukturalismus, der durch den Poststrukturalismus überwunden werden könnte, nie existiert. Auch im nicht-französischen Europa werden diejenigen, die in Frankreich als Strukturalisten bekannt sind, bald unter dem Etikett des Poststrukturalismus rezipiert.[1] Ein genauerer Blick auf die zur Diskussion stehenden Theoretiker würde vermutlich als problematisch erscheinen lassen, wenn erklärte Vertreter des (französischen) Strukturalismus als imaginäre Andere des Poststrukturalismus geführt werden, wie etwa Lévi-Strauss oder Althusser, bei denen die Poststrukturalisten mit ihrer Kritik an Fundamenten, Zentren und Ursprüngen offene Türen einrennen. Eine theoretisch-inhaltliche Bestimmung des Poststrukturalismus gestaltet sich nicht zuletzt deshalb schwierig, da sich der Poststrukturalismus oft weniger auf der Basis gemeinsamer Annahmen, sondern um bestimmte Streitpunkte – etwa um die Frage der „Repräsentationskrise“ oder der

1 Beispielsweise sieht Bossinade den Poststrukturalismus Mitte der 60er Jahre in Frankreich aufkommen und betont den Einfluss von 1968 (2000: 3ff.), wobei unklar bleibt, wie 1968 auf die „poststrukturalistischen“ Werke Lacans und Derridas gewirkt haben soll, die schon Mitte der 60er Jahre erschienen sind.

Differenz versus Identität-Problematik – gebildet hat (Butler/Laclau/Žižek 2000). Die Frage ist dann nicht, was das Gemeinsame dieser unter dem Etikett des Poststrukturalismus versammelten Bewegung ausmacht, sondern eher, warum die verschiedenen Positionen der Debatte mit einem gemeinsamen Begriff belegt werden. Ist das Phänomen des Poststrukturalismus nicht ein Beispiel für eine Bewegung, deren Einheit ein imaginärer Effekt ihrer Benennung ist? Der Paradigmenbegriff wird einem vielschichtigen und transversalen Diskursphänomen wie dem Poststrukturalismus kaum gerecht, vereinheitlicht und homogenisiert er doch das theoretische Wissen in den Geistes- und Sozialwissenschaften. Gleichwohl kann gefragt werden, wie bestimmte Texte von ihren Lesern Produzentengruppen oder -bewegungen zugerechnet werden. Anstatt ein kohärentes Paradigma des Poststrukturalismus zu bestimmen und von anderen Paradigmen abzugrenzen, soll die Frage gestellt werden, welche paradigmatischen Effekte die Kontexte hervorrufen, in denen theoretische Texte gelesen werden. Wie sich theoretische Texte mit ihren Produktionskontexten verbinden, wird dann der Gegenstand von Kapitel 5 sein.

Die vorliegende Arbeit wird eine theoretisch-inhaltliche Bestimmung des „Poststrukturalismus“ nicht vornehmen – weder im feldtheoretischen noch im diskursanalytischen Teil. Was folgt, ist keine Theoriegeschichte des Poststrukturalismus, sondern gewissermaßen seine „Vorgeschichte“, die in Frankreich in den 60er und 70er mit dem Schlagwort des „Strukturalismus“ beginnt. Die Untersuchung beginnt mit dem Problem, das die Fehlstelle in der Abbildung 1 unten links aufwirft – dem Umstand, dass diese theoretischen Tendenzen im französischen Feld in der Regel nicht als Aspekte eines übergreifenden Paradigmas wahrgenommen werden. Wie kommt es, dass die Theoretiker, die in der internationalen Debatte als kanonische Vertreter des Poststrukturalismus gelten, in Frankreich vielleicht als Ausdruck einer zeittypischen Tendenz, nicht aber als programmatische Repräsentanten einer Bewegung gelesen werden?

2.2 Warum es in Frankreich keinen Poststrukturalismus gibt. Foucault, Derrida & Co im intellektuellen Feld

In Frankreich selbst ist das Etikett Poststrukturalismus, wie es im internationalen intellektuellen Diskurs gebraucht wird, unbekannt. Sehr wohl bekannt sind dagegen Foucault, Derrida & Co., die den Höhepunkt öffentlicher Aufmerksamkeit in der strukturalistischen Debatte der 60er Jahre erleben. Gleichwohl sind „Strukturalismus“ und „Poststrukturalismus“ keine austauschbaren Begriffe ein und desselben Theoretikerkanons. Die Benennung dieses intellektuellen Phänomens wird durch den Umstand erschwert, dass beide Bezeichnungen mit unterschiedlichen Perspektiven auf die implizierten intellektuellen Diskursräume einhergehen. So legt die Rede vom Poststrukturalismus gewöhnlich eine intellektuelle Bewegung nahe, die von diesen Theoretikern angeführt wird und sich seit den späten 60er Jahren in den Geistes-, Kultur- und Sozialwissenschaften durchsetzt, wohingegen sich die Rede vom Strukturalismus auf eine kurze theoretische Diskussion Mitte der 60er Jahre bezieht, in der sich diese Intellektuellen kontrovers verorten. In den folgenden Abschnitten wird zu klären sein, wie sich diese Theoretiker vor dem Hintergrund der strukturalistischen Diskussion im intellektuellen Diskursraum in Frankreich verstreuen.

Wenn die Texte eines Derridas oder eines Foucaults in unterschiedlichen Kontexten unterschiedlichen Paradigmen zugeordnet werden, dann können textimmanente Zugänge zum theoretischen Diskurs nur von begrenztem Nutzen sein. Es gilt, den paradigmatischen Wirkungen nachzugehen, die aus den Lektüren eines gegebenen Texts in seinen verschiedenen Kontexten erwachsen können. Pierre Bourdieus Intellektuellensoziologie trägt dem Umstand, dass Texte in verschiedenen Kontexten verschieden gelesen werden, durch den Verweis auf die unterschiedlichen Positionen, Ressourcen, Karrieren ihrer Produzenten im intellektuellen Feld Rechnung. Im Rahmen seiner Feldtheorie symbolischer Produktion hebt Bourdieu die sozialen Zwänge hervor, die auf die symbolischen Produzenten in ihren Feldern wirken, wie beispielsweise im Feld der Avantgardekunst (vgl. die *Règles de l'art* 1992), der Eliteausbildung (*Noblesse d'Etat* 1989), der Philosophie (*Méditations Pascaliennes* 1997b; *L'Ontologie politique de Martin Heidegger* 1988) oder der (Natur-)Wissenschaft (1997a). Weitere Felder werden in Artikeln besprochen (1966; 1971; 1973; 1976; 1981; 1984b; 1987; 1990; 1991; 1996; 1999; Bourdieu/Boltanski 1975; Bourdieu/de Saint Martin 1987).

Auch wenn Bourdieu keine Standarddefinition eines Felds anbietet, so lassen sich aus seinen Arbeiten doch folgende Kennzeichen herauslesen. Als Mikrokosmos in einem Makrokosmos (dem sozialen Raum) bildet das Feld ein strukturiertes Terrain, auf dem die symbolischen Produzenten um die höchsten Profite (etwa symbolische und institutionelle Anerkennung oder ökonomische Sicherheit) konkurrieren. Der Unterscheidungskampf ist keine Auseinandersetzung unter Gleichen. Ausgestattet mit unterschiedlichen Ressourcen bzw. Kapitalien betreten die symbolischen Produzenten das Feld, indem sie ihre symbolischen Produkte (d. h. Texte, Werke, Stellungnahmen...) auf dem Markt symbolischer Güter platzieren, dadurch ihr eingesetztes Kapital vermehren und ihre Konkurrenten dominieren. Ein Feld zeichnet sich durch relative Autonomie aus, d. h. durch eigene, im Feld selbst definierte Regeln, an denen sich die Legitimität der symbolischen Produkte und der Erfolg der symbolischen Produzenten im Feld bemessen. Mit der Zeit gehen die das Feld strukturierenden Unterscheidungen und Regeln in den Habitus der Produzenten ein. Dieses verinnerlichte, relativ stabile und mehr oder minder unbewusste System von Dispositionen garantiert die Homologie des Raums sozialer Positionen und des Raums der Lebensstile, Geschmäcker und symbolischen Ausdrucksformen. Der Habitus strukturiert die Wahrnehmung und das Handeln der Produzenten, indem er diese auf die im Feld existierenden Strukturierungen hin abgleicht. Als vermittelnde Instanz zwischen Feldstruktur und individuellem Handeln erlaubt der Habitus den Produzenten, die soziale Signifikanz der kulturellen Praktiken und symbolischen Produkte der Anderen zu entschlüsseln und auch für neue Handlungssituationen spontan angemessene Reaktionen und Lösungen hervorzubringen.

Das Feld zeichnet sich nicht nur durch vertikale, im ungleichen Kapitalvolumen der Produzenten begründete Hierarchien aus; es kommen horizontale Unterschiede hinzu, die aus der spezifischen Zusammensetzung des Kapitals der Produzenten resultieren. So dominiert in den von Bourdieu im Allgemeinen mit „links“ identifizierten Feldregionen kulturelles Kapital (insbesondere Bildung), „rechts“ dagegen ökonomisches Kapital oder institutionelle Macht, was sich in den oberen Etagen des Felds als ein potenzieller oder offener Konflikt zwischen einer „geistigen“ (kulturellen) und einer „weltlichen“ (ökonomisch-institutionellen) Fraktion der herrschenden Klasse manifestiert. Diese Opposition geht tendenziell mit unterschiedlichen normativen Präferenzen und Strategien der Produzenten einher. Am „geistigen“ Pol gründet sich die Stellung der Produzenten im Feld auf den „eigentlichen“ Regeln des Felds – auf Regeln, die die intellektuelle, wissenschaftliche, ästhetische Deutungshoheit betreffen und damit die Autonomie des Felds gegenüber anderen Feldern anzeigen. Die Produzenten der „geistigen“ Regionen des Felds neigen daher zu Strategien, die auf „reine“ symbolische Dominanz abheben, wie etwa symbolische Projekte mit Avantgarde-Anspruch. Ihre Pendants am „weltlichen“ Pol dagegen, die über die institutionellen und ökonomischen Mittel verfügen, um über die Karrieren anderer zu entscheiden, sind tendenziell konservativeren Werthierarchien verhaftet. Angesichts eines Mangels an „eigentlicher“ kultureller Legitimität neigen sie zu heteronomen Strategien des Anzapfens feldexterner Macht- und Ressourcenstrukturen. Bourdieus eigene normative Präferenzen werden deutlich, wenn er autonome gegenüber heteronomen Produktionsstrategien vorzieht und die Verteidigung autonomer Produktionsbedingungen als die originäre Aufgabe des Intellektuellen begreift.

Mit der Theorie der habituellen Vermittlung von Struktur und Praxis bezieht Bourdieu Position für eine Soziologie symbolischer Produzenten, die die ungleiche Kapitalverteilung unterstreicht, und gegen eine Soziologie symbolischer Produkte. Gegenüber einer „internen Lektüre" der symbolischen Produkte, die von den sozialen Kontexten ihrer Produktion abstrahiert, weist Bourdieu auf die sozialen Zwänge und Kräfteverhältnisse hin, die auf die symbolischen Produzenten wirken, und zwar ganz gleich, ob diese sich an „autonomen" oder an „heteronomen" Produktionsstrategien orientieren. Aber auch einer „externen Lektüre", die die Bedeutung symbolischer Produkte auf ihre sozialen Entstehungskontexte zurückführt, erteilt Bourdieu eine Absage, macht sie Texte doch zu einer bloßen Funktion ihrer Kontexte. Als Ausweg schlägt Bourdieu ein Vorgehen vor, das über ein ständiges Hin und Her zwischen interner und externer Lektüre die Strukturen des Felds rekonstruiert und damit die Trennung von sozialem Kontext und symbolischem Text zu überwinden sucht (Bourdieu 1992: 288[328]).

Vor diesem Hintergrund soll in den folgenden Abschnitten gefragt werden, wie sich die nach-Sartre'schen Intellektuellen angesichts zahlreicher symbolischer und institutioneller Unterscheidungs- und Konfliktlinien im intellektuellen Feld verstreuen. Doch weicht die folgende feldtheoretische Untersuchung vom klassischen Modell Bourdieus in einem wichtigen Punkt ab. Während Bourdieu in erster Linie auf die sozialstrukturelle Konfliktlinien und Ressourcenungleichheiten im Feld und ihre Vermittlungen durch den Habitus abhebt, geht es im Folgenden um die Wissensbestände, über die die Produzenten des Felds verfügen (können), wenn sie schreiben oder lesen. Dieses Wissen könnte im Prinzip auch im Rahmen einer rekonstruktiv verfahrenden Wissenssoziologie (z. B. Berger/Luckmann 1990) beschrieben werden. Gegen Berger/Luckmanns Wissenssoziologie spricht die privilegierte Rolle, die sie alltäglichem Wissen zukommen lässt, der Fokus auf intersubjektiv geteiltes Wissen und die nachgeordnete Bedeutung geschriebener Dokumente. Gerade mit Bourdieu, bei dem die intellektuellensoziologische Problematik einen zentralen Stellenwert einnimmt, können hingegen die antagonistischen Konstellationen eingefangen werden, die Spezialisten des geschriebenen Worts in Spezialdiskursen eingehen. Daher versteht sich der erste Teil als eine wissenssoziologisch gewendete Feldtheorie, die Hypothesen zum Wissen über die institutionellen Positionen der Produzenten im Feld liefert. Der zweite, diskursanalytische Teil wird auf dieses Wissen zurückkommen, wenn Texte mit Blick auf die Frage untersucht werden, wie es über seine formalen Spuren aktiviert wird.

Theoretische Konfliktlinien. Strukturalisten und Ex-, Nicht- und Anti-Strukturalisten

Die 60er und 70er Jahre sind eine Zeit rasch wechselnder Trends und Moden, die die symbolischen Produzenten ständig zu neuen Abgrenzungen, Allianzen und Kehrtwendungen zwingen und den symbolischen Produzenten hohe Sichtbarkeit im intellektuellen Diskurs verschafft, die mit Theorieprojekten den erhöhten intellektuellen Orientierungsbedarf im Feld zu bedienen vermögen. Nach dem Sartre'schen „Pontifikat" der 40er und 50er Jahre (Boschetti 1984) kündigt sich in den 60er Jahren eine theoretische Konjunktur im Kielwasser der Saussure'schen Zeichentheorie an. Während Linguisten und Semiotiker (wie Émile Benveniste, A.J. Greimas oder Roman Jakobson) in der weiteren intellektuellen Debatte oft nur in den theoretisch-intellektuellen Brechungen ihrer Vermittler wahrgenommen werden, nutzen Produzenten aus den Kultur- und Sozialwissenschaften (*sciences humaines*) sprachwissenschaftlich informierte Mittel, um der Philosophie und den traditionellen Geisteswissenschaften (*humanités*) eine rigorose Wissenschaft des sozialen und kulturellen Lebens entgegenzusetzen. Als entscheidend für die hegemoniale Dominanz der strukturalen Zeichentheorie stellt sich ihre Nähe zu anderen intellektuellen Projekten heraus, insbesondere zur Psychoanalyse, die Lacan im Anschluss an Freud etabliert, und zum Marxismus, der u. a. von Jean-Paul Sartre und Louis Althusser in die akademische Debatte eingeführt wird. Diese unterschiedlichen Strömungen stehen quer zu den traditionellen Disziplinen und reichen weit in die nicht-akademischen Regionen des intellektuellen Felds hinaus, was Boudon veranlasst, von einer »freudianisch-marxistisch-strukturalistischen (FMS) Bewegung« (1980) zu sprechen.[2]

1966 ist das Jahr, in dem die meisten der Werke, die zum Umfeld des Strukturalismus gerechnet werden, veröffentlicht werden: Nach Roland Barthes' *Mythologies* [*Mythen des Alltags*] (1957), Claude Lévi-Strauss' *Anthropologie structurale* [*Strukturale Anthropologie*] (1958), Roman Jakobsons *Essais de linguistique générale* (1963) und *Lire le Capital* [*Das Kapital lesen*] des Althusser-Kreises (Althusser/Balibar/Establet et al. 1965) erscheinen nun Jacques Lacans *Écrits* [*Schriften*] (1966) und Michel Foucaults *Les Mots et les choses* [*Die Ordnung der Dinge*] (1966), die beide eine Auflage von jeweils über 100.000 Exemplaren erreichen, der erste Band von Émile Benvenistes *Problèmes de*

2 So gut wie keine Rolle in dieser Diskussion spielen jedoch Jean Piagets genetischer Strukturalismus, der funktionalistische Strukturalismus in den Sozialwissenschaften von Émile Durkheim bis Talcott Parsons oder Noam Chomskys Transformationsgrammatik.

linguistique générale [*Probleme der allgemeinen Sprachwissenschaft*] (1966), A.J. Greimas' *Sémantique structurale* [*Strukturale Semantik*] (1966), Pierre Machereys *Pour une théorie de la production littéraire* [*Zur Theorie der literarischen Produktion*] (1966) sowie in kurzem zeitlichen Abstand Jacques Derridas *Grammatologie* (1967a), *Qu'est-ce que le structuralisme?* [*Einführung in den Strukturalismus*] (Ducrot/Todorov/Sperber et al. 1968), Gilles Deleuze' kritischer Kommentar zum Strukturalismus *Différence et répétition* [*Differenz und Wiederholung*] (1968), Julia Kristevas *Σημειωτικη* (1969), Tel Quels Sonderband *Théorie d'ensemble* (1968), Jean Baudrillards *Pour une critique de l'économie politique du signe* (1972), Pierre Bourdieus *Esquisse d'une théorie de la pratique* [*Entwurf einer Theorie der Praxis*] (1972) und Jean-Joseph Gouxs *Freud, Marx: économie et symbolique* [*Freud, Marx, Ökonomie und Symbolik*] (1973).

Als imaginäre Andere dieser Theoretiker erkennt der zeitgenössische Leser dieser Texte möglicherweise Subjekt- und Bewusstseinsphilosophien – den „Humanismus", zu denen zum einen die konservative, institutionelle Philosophie bzw. humanistische Gelehrsamkeit alter Schule (vertreten etwa durch Paul Ricœur, 1961; aber auch durch weniger eminente Figuren wie Dufrenne 1968; Gusdorf 1988) zu zählen sind, zum anderen vorhergehende Avantgarde-Philosophien wie die Jean-Paul Sartres (1960), weniger dagegen Merleau-Ponty, der für einige der Strukturalisten (z. B. Foucault und Bourdieu) eine Mittlerfunktion zwischen Existenzialismus und Strukturalismus ausübt. Humanistische Intellektuelle machen vielfach Anleihen im deutschen Idealismus des 19. und 20. Jahrhunderts, dessen Texte zumeist erst nach dem Krieg ins Französische übersetzt werden. Auch für viele strukturalistisch inspirierte Theoretiker spielt der deutsche Idealismus noch eine wichtige Rolle: neben Nietzsche insbesondere die drei „H": Hegel, Husserl, Heidegger. Doch ungeachtet der wichtigen Rolle bestimmter Philosophen (wie Derrida, Deleuze, Althusser) kann die Debatte über den Strukturalismus die Defensivposition nicht verdecken, in die die Philosophie als Disziplin gerät. So treten die Strukturalisten gegenüber der rein konzeptuellen Arbeit des Philosophen tendenziell für eine Analytik ein, die sich auch den Problemen empirischer Forschung stellt. Spiegelt sich in dem Angriff, die die Strukturalisten auf die geschichtsphilosophischen „Spekulationen" eines Sartre oder eines Ricœur unternehmen, die Bürokratisierung und Technisierung der französischen Gesellschaft nach dem Krieg wider, wie es Crozier nahe legt (1963)? Oder markiert die Konjunktur des Strukturalismus den Übergang vom humanistischen Pädagogen zum forschungsorientierten Teamarbeiter, wie es Bourdieu vorschlägt (1989: 482ff.[409ff.])?

Doch dürfen die inhaltlichen Unterschiede zwischen denen nicht übersehen werden, die langfristig mit den Mitteln der strukturalistischen Differenztheorie arbeiten (Lévi-Strauss, Derrida, Bourdieu, Lacan), und denen, die dem Strukturalismus nur zeitweise die Stange halten (Foucault, Barthes, Kristeva, Baudrillard). Auch müssen die unterschiedlichen Symbol- bzw. Zeichenbegriffe genannt werden – etwa klassische Differenztheorien (Lévi-Strauss, Derrida), logisch-operationale Formmodelle (Greimas), eine möglicherweise an Peirce angelehnte Zeichentheorie (Lacan) oder diskurspragmatische Ansätze (Foucault 1969). Schließlich fallen auch die Philosophen auf, die wie etwa Deleuze, Lyotard und Certeau dem Strukturalismus niemals anhängen, aber die strukturalistische Kritik am Humanismus teilen. Im Nachhinein wird der intellektuelle Beobachter die Hochphase des („szientifischen") Strukturalismus auf den kurzen Zeitraum um 1966 datieren, der mit den Geschehnissen des Mai/Juni 68 sein Ende findet (Morin 1986: 75) – auch wenn dessen intellektueller Fallout – etwa in Form der Verlangens-Philosophien (Lacan, Lyotard, Deleuze) – bis Anfang der 80er Jahre niedergeht, als sich mit den *nouveaux philosophes* und der Offensive (neo-)liberaler politischer Theorien eine neue Logik intellektueller Öffentlichkeit ankündigt (vgl. 3.4).

Schon ein oberflächlicher Blick auf den Diskurs der Zeit zeigt also, dass der Strukturalismus keine Bewegung ist, die sich um ein einheitliches theoretisches Programm formiert. Er ist vielmehr ein Ereignis, das eine Generation unterschiedlich orientierter Theoretiker definiert. Dass das Etikett „Strukturalismus" von den entsprechend erfassten Theorieproduzenten allenfalls mit Einschränkungen angenommen (etwa von Althusser) oder abgelehnt wird,[3 xxx] spricht nicht gegen seine symbolische Effizienz (vgl. Auzias 1967; Benoist 1980; Crémant 1969; Furet 1967; Wahl 1973).[4 xxxi] Auch die folgenden Konfliktlinien, die den intel-

3 Lévi-Strauss, der den Terminus erst ab 1972 verwendet, bietet folgende ironische Definition des „Strukturalismus" an: »Gewöhnlich versteht man hierunter eine Pariser Mode, wie sie alle fünf Jahre auftaucht, und die ihre fünfjährige Spur hinterlassen hat.« (zit. nach Ory/Sirinelli 1992: 206, Fußnote 1) Für Foucault ist »der Strukturalismus eine Kategorie, die für die anderen existiert, für die, die nicht dazugehören. Von außen kann man sagen, dass der, der und der Strukturalisten sind. Man muss Sartre fragen, wer die Strukturalisten sind, da er glaubt, dass die Strukturalisten eine kohärente Gruppe bildeten (Lévi-Strauss, Althusser, Dumézil, Lacan und ich), eine Gruppe, die eine Art Einheit darstellt, aber diese Einheit, glauben Sie mir, nehmen wir nicht wahr.« (1994b: 665[849])

4 Boudon berichtet etwa von jener politischen Veranstaltung, auf der »ein einflussreiches Mitglied einer wichtigen politischen Partei einen Vortrag zum Thema ›Marxismus und Humanismus‹ gehalten hat. Er wies die Inkompatibilität zwischen Strukturalismus und Humanismus nach und

lektuellen Diskurs im Frankreich der 60er und 70er Jahre charakterisieren, nicht aber die poststrukturalistische Rezeption, lassen sich nicht allein aus den Texten herauslesen. Es ist die diskursive Verbindung mit diesen Kontexten, die die spezifische Wirksamkeit der Texte im intellektuellen Diskurs begründen.

Politische Positionierungen im Spannungsfeld von 68 und KP

Angestoßen von der Diskussion um Lévi-Strauss' differenztheoretische Anthropologie etabliert sich Anfang der 60er Jahre die Rede eines „Strukturalismus" als eines Gegenentwurfs zu Sartres Existenzialismus. Die Auseinandersetzung zwischen Sartre und Lévi-Strauss wird verbreitet als ein Konflikt zwischen Diachronizität und Synchronizität, Dialektik und Differenz, subjektiver Praxis und objektiver Struktur, politischem Engagement und reflexiv-distanzierter Beschreibung wahrgenommen. Doch zwingen die Geschehnisse von 68 auch die Vertreter der strukturalistischen Generation zunehmend zu politischen Stellungnahmen, die die Vielfalt der herrschenden politischen Meinungen deutlich machen. Die politische Meinungsbildung der Zeit zeichnet sich durch hohe Dynamik aus, etwa bei Foucault, der nach einem kurzen Intermezzo bei der Kommunistischen Partei in den frühen 50er Jahren und einer liberalen Phase in den 60er Jahren, sich ab 1969 dem Maoismus annähert und in der Gefangenenbewegung aktiv wird. Es ist Foucault, der dem Modell des „totalen" Intellektuellen nach dem Vorbild Sartres nun das Modell des „spezifischen" Intellektuellen gegenüberstellt. Noch dramatischere Kehrtwendungen erlebt die von Philippe Sollers geführte Zeitschrift *Tel Quel*, die vom unpolitischen Ästhetizismus des *Nouveau Roman* im Zuge der sich ankündigenden Studentenunruhen zur Kommunistischen Partei Frankreichs (PCF) überwechselt, sich ab 1971 dem Maoismus annähert und dann in einem Themenheft über die USA (1977) die Vorzüge des liberalen Individualismus entdeckt. Nicht alle reagieren auf 68 mit einer Akzentuierung einer linken Orientierung. Barthes etwa, der in den 50er Jahren Brecht hochhält, steht wie Lévi-Strauss, Bourdieu und Derrida den Ereignissen eher distanziert gegenüber. Emphatisch auf die Seite der Studenten schlagen sich dagegen Althusser, Deleuze, Certeau, Lyotard und nach seiner Ernennung ans Collège de France (1969) auch Foucault. Dem linken Pol des politischen Spektrums können durchgängig Althusser und Deleuze zugerechnet

schloss daraus, dass die strukturalistische Partei das Spiel der Chinesen gegen die Sowjets betreibe.« (Boudon 1968: 10) werden. Lévi-Strauss, Barthes, Derrida und der Jesuitenpater Certeau müssen als gemäßigt links gelten. Lacan, der mit dem Katholizismus und in den 1930er Jahren sogar mit der extremen Rechten sympathisiert, bleibt Zeit seines Lebens in einer kritischen Distanz zur Linken (wie zur Politik überhaupt).

Die Studentenfrage scheidet die Intellektuellen der späten 60er Jahre wie einige Jahre zuvor noch die KP (vgl. Verdès-Leroux 1983). Doch wie die Fälle Althussers und *Tel Quels* bezeugt, übt die KP auch über 68 hinaus Einfluss auf das intellektuelle Feld aus, der erst mit dem Scheitern der Union der Linken (1977) zu Ende geht. Dass die Theoretiker im Umfeld des Strukturalismus etablierte symbolische oder institutionelle Hierarchien in Frage stellen, verheißt um 1970 keine besonderen Distinktionsgewinne. Erst im Rückblick, vor dem Hintergrund der neoliberalen Wende der 80er Jahre, kann die mehrheitlich linke Orientierung dieser Produzenten als ein distinktives Merkmal aufgefasst werden. Wie die in den Texten formulierte Vielfalt an theoretischen Positionen so unterstreicht auch die Unterschiedlichkeit der zur Schau getragenen politischen Meinungen die Verstreuung dieser Produzenten im intellektuellen Raum. Als einheitliche Bewegung können sie nur wahrgenommen werden, wenn ihre symbolischen Produkte keiner allzu genauen Prüfung ausgesetzt werden. Sicher stützen sich die Leser nicht immer auf eine „genaue" Lektüre der Texte, um zu verstehen, wie die Produzenten zueinander stehen. So verfügen die Leser in der Regel über eine Reihe von nicht-textuellen Informationen, die in der einen oder anderen Weise in den interpretativen Prozess eingehen, beispielsweise zur Stellung der Produzenten in sozialen Beziehungsnetzwerken (2.2.3), zum disziplinären Gegensatz zwischen den *sciences humaines* und der Philosophie (2.2.4), zu den Ausbildungswegen (2.2.5) und den institutionellen Positionen der Produzenten (2.2.6).

Schulen, Clans, Netzwerke

Auch die „Person" des Intellektuellen, die in theoretischen Texten in der Regel nicht explizit thematisiert wird, spielt im intellektuellen Diskurs eine wichtige Rolle. So stehen die Produzenten des Felds in Netzwerken, Schulen oder anderen Vereinigungen in persönlichen Beziehungen zu anderen Produzenten (Trebitsch 1992). Diese Netzwerke, die sich durch relativ exklusive Mitgliedschaften und eine Hierarchie zwischen dem „Clanführer" und seinen „Schülern" auszeichnen, reichen über Disziplingrenzen hinweg und verfügen in der Regel auch über Standbeine in den Städten der Provinz. Doch während sich an den Universitäten relativ dauerhafte Netzwerke ausbilden und bisweilen zu theoretisch integrierten Schulen verstetigen können – bürokratische Regeln, institutionelle Hierarchien und pädagogische Beziehungen zwischen Professoren und Studierenden definieren einen stabilen Rahmen für die Reproduktion der symbolischen Produzenten –, bietet der diffuse intellektuelle Raum, in dem sich viele Theoretiker des Strukturalismus in Frankreich bewegen, tendenziell weniger günstige Bedingungen für die Ausbildung eingeschworener Arbeitszusammenhänge. Wie zu zeigen sein wird (Abschnitt 2.2.6), befinden sich diese Produzenten tendenziell in Distanz zum institutionellen Zentrum, zu den traditionellen Pariser Universitäten, die über die Vergabe der Diplome die Reproduktion der akademischen Produzenten kontrollieren. Die institutionelle Schwäche dieser Produzenten erweist sich in der spezifischen Situation um 1970, als sich neue intellektuelle Trends und Moden fast jährlich abwechseln, jedoch als Stärke, denn nun können sie unbelastet von persönlichen Abhängigkeiten und institutionellen Loyalitäten ein kompromissloses intellektuelles Profil aufbauen.

Unter den akademischen Intellektuellen der strukturalistischen Generation dominiert die Figur des „Einzelgängers" (*solitaire*), der sich von den „Platzhirschen" (*patrons*) der Universitäten und ihren Klans subalterner Schüler abhebt (Clark 1971; Cohen 1978: 70-72). Doch auch einigen der Sprecher der strukturalistischen Generation gelingt der Aufbau von Schulen. Zu einem Brennpunkt für eine große Anzahl theoretischer Entwicklungen wird die *École Freudienne*, die Lacan 1964 nach seinem Ausschluss aus der *International Psychoanalytical Association* (IPA) gründet. In der *École Freudienne* vereinigt sich die Offenheit einer anti-institutionellen Bewegung mit der Dogmatik einer in messeartigen Auftritten vorgestellten Doktrin (Roudinesco 1993). Eine zweite Schule wird von Louis Althusser angeführt, der als *caïman* („Repetitor", später *maître de conférences*, d. h. „Akademischer Rat") den philosophischen Elitenachwuchs der École Normale Supérieure (ENS) betreut. In der exklusiven, abgeschirmten Umgebung der ENS versammelt Althusser einige junge Geisteswissenschaftler wie Pierre Macherey, Roger Establet, Etienne Balibar, Régis Debray, Jacques Rancière, Jacques Alain Miller, Jean-Claude Milner, Robert Linhart (Rieffel 1993: 432), die teilweise (wie z. B. Michel Pêcheux) eigene Schulen an den Universitäten etablieren werden.

Im Gegensatz zu Lacan und Althusser bleiben Foucault und Lévi-Strauss als Professoren am Collège de France singuläre Gestalten, die zwar über eine erhebliche Medienpräsenz und über durchaus gute Kontakte in die institutionelleren Bereiche des französischen Wissenschaftssystems verfügen, aber keine größeren Schülerstämme aufbauen. Eine Rolle spielt hier sicher, dass das Collège de France keine Diplome oder Doktorate vergibt und das angebotene Seminarthema jedes Jahr verändert werden muss. Eine institutionell gefestigte Schule – die *École de Paris* – bildet sich dagegen um A.J. Greimas, der seit 1965 Universitätsprofessor in Paris ist. Aus Gründen des technischen Charakters seiner Theorie ist sie im weiteren intellektuellen Raum jedoch kaum präsent. Auch um Barthes sammeln sich an der EHESS Literaturwissenschaftler, Medienwissenschaftler und Zeichentheoretiker, die zu einem engeren (z. B. Todorov, Genette, Greimas, Metz, Burgelin, Brémond) bzw. weiteren Zirkel (Sollers, Kristeva, Wahl, Faye, vgl. Rieffel 1993: 430ff.) gehören; die Gruppe, die sich um Sollers bzw. *Tel Quel* versammelt, nimmt dagegen den Charakter einer straff geführten Kampftruppe »mit Papismus, Exkommunikationen, Tribunalen« (Deleuze 1977: [4])[xxxii] an, deren zahlreiche Positionswechsel immer wieder für Aufsehen sorgen. Angesichts ihrer zahlreichen theoretischen Kehrtwendungen bilden Barthes und Sollers keine eigenen Schulen aus. Ansätze von Netzwerkbildung können hingegen im Umfeld von Derridas Seminar an der École des Hautes Études (Jean-Joseph Goux, Sarah Kofman, Hélène Cixous, Jean-Luc Nancy) verzeichnet werden, das in den 90er Jahren von einem großen internationalen Publikum besucht wird.

Es sind diese unterschiedlichen Positionen – von akademisch etablierten, aber eher solitären Figuren wie Foucault und Lévi-Strauss auf der einen, und von akademisch marginalen, aber schulstiftenden Figuren wie Lacan und Althusser auf der anderen Seite –, die die Wahrnehmung einer gemeinsam auftretenden Bewegung erschweren – zumindest aus der Perspektive eines Beobachters, der mit der diskursiven Kompetenz ausgestattet ist, wie sie im intellektuellen Feld der Zeit typischerweise vorausgesetzt werden kann. Vielleicht hat ein solcher Beobachter aus dem Feuilleton oder vom Hörensagen auch von den unterschiedlichen persönlichen Beziehungen gehört, die diese Theoretiker untereinander unterhalten: dass Jacques-Alain Miller, der Lacans Seminare herausgibt, Lacans Tochter Judith heiratet, deren Mutter wiederum Georges Batailles Ehefrau Sylvia ist; dass Julia Kristeva Ende 1965 gleich nach ihrer Ankunft aus Bulgarien Philippe Sollers heiratet; dass Sylviane Agacinski, ab 1994 Ehefrau des sozialistischen Premierministers Lionel Jospin, 1984 ein Kind von Jacques Derrida zur Welt bringt; dass Lacan in den 60er Jahren sein Seminar eine Zeitlang mit Unterstützung Althussers an der ENS stattfinden lässt; dass Foucault mit Barthes eine enge freundschaftliche Bindung pflegt und auch mit Althusser gut steht, gegenüber Derrida, dessen Tutor an der ENS er Anfang der 50er Jahre für kurze Zeit war, nach einem Streit Anfang der 70er Jahre aber Funkstille herrscht. Auch dieses Hintergrundwissen spielt eine Rolle im Diskurs, in dem sich symbolische und nicht-symbolische Elemente verbinden.

Disziplinäre Gegensätze zwischen *sciences humaines* und Philosophie

Nach dem Algerienkrieg (1960) beginnt eine beispiellose Ausweitung des höheren Bildungswesens. Hiervon profitieren insbesondere die *sciences humaines (et sociales)*, für die viele Vertreter der strukturalistischen Generation als theoretische Impulsgeber fungieren. Der Aufschwung der *sciences humaines*, die gemeinhin Disziplinen wie die Anthropologie und die Geschichte, die Sozialwissenschaften (*sciences sociales*: Soziologie, Ethnologie, Geographie, Politikwissenschaft und Wirtschaftswissenschaft) sowie die Verhaltenswissenschaften (*sciences du comportement*: Psychologie, Psychiatrie, Psychoanalyse) umfassen (vgl. Pêcheux 1969b), verstärkt den Konflikt mit den kanonischen Disziplinen der *humanités*, insbesondere der Philosophie und den *lettres*. Im Gegensatz zu den *sciences humaines* sind die *humanités* stärker mit den Schulen (*lycées*) verzahnt, die eine pädagogische Orientierung stützen (Fabiani 1988: 9). Seit Napoleon I. verfügt die Philosophie mit der École Normale Supérieure (ENS, Rue d'Ulm) über einen zentralen institutionellen Ort für die Reproduktion der Produzenten. Während die ENS zunächst Gymnasiallehrer für Philosophie ausbildet, wandelt sie sich im Laufe des 19. Jahrhunderts zu einer Kaderschmiede für den universitären Nachwuchs des gesamten geisteswissenschaftlichen Spektrums.

Im Vergleich zu anderen westlichen Wissenschaftssystemen sind die französischen *sciences humaines* bis in die Nachkriegszeit eher wenig entwickelt. Außer vielleicht in der Geschichte, die sich, wie nicht zuletzt der Erfolg der *Annales*-Schule bezeugt, schon früh eigenständig entwickelt (Raphael 1994: 79ff.), dominiert im 19. Jahrhundert an vielen *facultés* der Typ des „Lehnstuhltheoretikers" mit geringer Forschungsneigung und starker Verankerung im Sekundarsystem (vgl. Karady 1986: 271). Erst Ende des 19. Jahrhunderts beginnen auch die Universitäten, sich als Orte eigenständiger Forschung zu profilieren. Ein bekanntes Beispiel ist der ex-*normalien* Emile Durkheim, der die innovativen Forschungstendenzen der *Nouvelle Sorbonne* um 1900 inkarniert. Nach dem Tod ihres Anführers zerfällt die Durkheim-Schule, und die Soziologie muss nach dem zweiten Weltkrieg wieder von Null anfangen (Pollak 1978; Karady 1976). Erst die massive Ausweitung des Hochschulsystems in den 60er Jahren bietet den sozial- und kulturwissenschaftlichen Disziplinen die Chance, sich dauerhaft als selbständige Wissenschaften gegenüber den etablierten Geisteswissenschaften zu behaupten. Auch transdisziplinäre Strömungen wie Marxismus und Psychoanalyse, die von Sartre und Lacan in die weitere intellektuelle Debatte eingeführt werden, können sich nun in akademischen Kontexten etablieren.

Der Gegensatz zwischen den „modernen“ Disziplinen der *sciences humaines* und den „kanonischen“ Disziplinen ist nicht nur eine Frage disziplinärer Traditionen, sondern insbesondere auch der akademischen Qualifikationswege. So sind in den *sciences humaines* staatliche Prüfungen, wie die für den Eintritt in die ENS notwendigen *concours* oder die *agrégation*, die zur Anstellung in den *lycées* (Gymnasien) und *facultés* berechtigen (vgl. Chervel 1993), die Ausnahme. In den *sciences humaines* verlaufen wissenschaftliche Karrieren meist unabhängig von der Lehre in der Sekundarstufe und von Staatsexamen. Gerade in den Sozialwissenschaften stehen Forschungsleistungen im Vordergrund, die durch die Promotion zertifiziert werden.

In den 60er Jahren stellt die zunehmende Bedeutung von universitärer Forschung gegenüber der Lehre im Sekundarsystem den konzeptuellen Wissenstyp des humanistisch-philosophischen Pädagogen immer mehr in Frage. So überrascht es nicht, dass sich infolge der Bildungsexpansion, die an der Philosophie weitgehend vorbeigeht, die spannungsvolle Beziehung zwischen *sciences humaines* und Philosophie verschärft. Doch spielt die Philosophie, die im Laufe der 60er Jahre einen unübersehbaren Prestigeverlust erleidet, in den *sciences humaines* gleichsam im Untergrund weiter eine Rolle, denn viele der theoretischen Pioniere der neuen Disziplinen sind *normaliens*, die der Philosophie den Rücken gekehrt haben. Ex-Philosophen wie Foucault, Bourdieu, Lévi-Strauss, Oswald Ducrot, Michel Pêcheux bringen von der ENS eine philosophische Kultur und konzeptuelle Kreativität mit, die ihnen in einer Zeit hoher institutioneller Dynamik hilft, die theoretischen Linien für neue Forschungsfelder abzustecken. Den *normaliens*, die wie Althusser und Derrida der Philosophie die Stange halten und dezidiert heterodoxe Projekte entwickeln, sind hingegen mit dem Stallgeruch einer Disziplin behaftet, in der reproduktiv ausgerichtete Karrierewege (wie die *agrégation*) und konservative Wissensideale vorherrschen (Bourdieu 1983). Es ist diese institutionelle Kluft, die etwa Foucault und Derrida verhandeln, als sie sich Anfang der 70er Jahre zur Frage des Wahnsinns in der Philosophie Descartes’ überwerfen. In diesem erbitterten Streit reagiert Foucault auf den Vorwurf Derridas, Descartes zu verfehlen (siehe das Kapitel „Cogito et l’histoire de la folie“ in Derrida 1967b), mit einem Angriff auf Derridas „schulmeisterliche Textkritik“ (*explication de texte*) (siehe den Annex in der zweiten Auflage von 1972 von 1961). Dieser spannungsvolle Gegensatz zwischen neuen und kanonischen Disziplinen verstärkt die Distanz zwischen Philosophen (Derrida, Althusser, Deleuze, Lyotard), Ex-Philosophen (Foucault, Bourdieu, Lévi-Strauss) und Nicht-Philosophen (Baudrillard, Barthes, Kristeva, Greimas, Benveniste).

Alternative Ausbildungswege. Eliteakademiker versus bunte Lebensläufe

Die diskursive Kompetenz, die notwendig ist, um die höchsten symbolischen Positionen im Feld einzunehmen, lässt sich nur unter besonderen Umständen erwerben. Während die Wissenschaftler, die in Bourdieus Terminologie durch die „kleine Tür", d. h. über universitäre Standardlaufbahnen in das akademische Feld eintreten (1989), die erhöhten Ansprüche an theoretische Innovation um 1970 nur selten erfüllen (Ausnahmen bestätigen die Regel, z. B. Baudrillard und Lyotard), dominieren nun Intellektuelle sowohl von ganz oben als auch vom Rand – akademische Produzenten, die entweder durch die „große Tür" der ENS das intellektuelle Feld betreten oder aus dem Feld freier Kulturschaffender und selbständiger Gelehrter kommen. Die Karriereverläufe dieser Produzenten können nach zwei Typen unterschieden werden. Während Typ 1 mit unumstrittener akademischer Legitimität ausgestattet ist und die Regeln des akademischen Diskurses und des institutionellen Apparats so gut beherrscht, dass er sich mit begrenzten und kontrollierten Regelverstößen distinguieren und damit die Regeln symbolischer Produktion in einem bestimmten Ausmaß verändern kann, umfasst Typ 2 *hommes de lettres*, Autodidakten und Produzenten mit defizitärer akademischer Kapitalstruktur, die in einer Situation sich ständig verändernder Moden mit ihrem besonderen Lebensweg, ihrer individuellen Kreativität und ihrer theoretischen Beweglichkeit punkten. Zu Typ 1 können Foucault, Derrida, Deleuze, Althusser, Bourdieu und Genette gezählt werden, die *normalien*-Karrieren durchlaufen, sowie Lévi-Strauss, Benveniste und Greimas, zu Typ 2 dagegen Lacan, Barthes und Sollers, die im Bereich der Philosophie, *lettres* oder *sciences humaines* ohne akademische Titel ausgestattet sind. Ebenfalls vom akademischen Normallebenslauf weichen Kristeva, Todorov und Greimas ab, die aus dem Ausland kommen, sowie Lévi-Strauss, Certeau und Foucault, die sich lange im Ausland aufhalten. Vor dem Hintergrund der erhöhten Aufnahmefähigkeit der Forschungsinstitutionen können auch diese Produzenten akademische Positionen in Frankreich erringen.

Eine besondere Rolle spielen unter den Vertretern von Typ 1 einige Philosophen und Ex-Philosophen der École Normale Supérieure (Rue d'Ulm). Ihre breite philosophische Kultur und konzeptuelle Sicherheit, ihre effiziente Arbeitsweise und nicht zuletzt ihre improvisatorischen Fähigkeiten helfen ihnen, sich in einem intellektuellen Diskurs zu etablieren, der schnell verfasste, theoretisch innovative Großentwürfe mit hoher öffentlicher Aufmerksamkeit belohnt. Angeführt von der ENS der *Rue d'Ulm* in Paris, in der die Philosophie, die Literatur- und die Naturwissenschaften dominieren, rekrutiert das Ausbildungssystem der ENS ihre „Schüler" (*élèves*) in einem kompetitiven nationalen Auswahlwettbewerb (*concours*). Mit dem Eintritt in die ENS ist ein Stipendium für das Studium sowie in der Regel Unterkunft verbunden, aber keine reguläre Ausbildung, denn ihre Diplome müssen die *normaliens* seit Anfang des 20. Jahrhunderts an den Universitäten erwerben. Infolge der gemeinsamen vierjährigen Unterbringung entstehen unter den *normaliens* gewöhnlich zahlreiche gemeinsame Bande, die bisweilen ein ganzes Leben anhalten. Die entscheidenden Spuren graben sich in den intellektuellen Habitus der Produzenten schon in den arbeitsintensiven zweijährigen Vorbereitungsklassen der *khâgne* und *hypokhâgne* ein (Bourdieu 1981). Diese Vorbereitungsklassen spielen nach Karady eine »ambivalente Rolle« (1986: 322):[xxxiii] Die Unterwerfung unter einen quasi-militärischen Drill, der auf die Reproduktion eines Kanons (und weniger auf die Produktion langfristig angelegter empirischer Forschung) zielt, unterstützt grundsätzlich die Ausbildung von reproduktiv orientierten symbolischen Produzenten, die sich gut mit der Vergangenheit ihrer Disziplin auskennen, die philologische Arbeitsweise beherrschen und deren Stärke in der Wiedergabe von Ideen anderer liegt, aber bisweilen auch das schnelle »Zusammenbrauen von Ideen« mit »einer gewissen Dosis Eklektizismus« paart, was sich später »gerade in den Geistes- und Sozialwissenschaften in gewissen Aufsehen erregenden theoretischen Arbeiten verkörpern wird.« (Rieffel 1994: 219f.)[5] [xxxiv]

Die Dominanz der *normalien*-Absolventen über das akademische Feld befindet sich seit Ende des 19. Jahrhunderts im Niedergang.[6] Be-

5 So spiegelt sich in Kauppis Darstellung die Faszination genauso wie die Abneigung, die den *normaliens* bisweilen von den Konkurrenten im Feld entgegengebracht wird. Für Kauppi ist ein *normalien*-Habitus das Resultat »eines spezifischen, elementaren intellektuellen Trainings: extreme Anmaßung, eine pedantische Sorge für den Stil, Hass auf verbale Improvisation, häufige lateinische und griechische Zitate, ein konzeptueller Denkstil, der Gebrauch französischer Klassiker, exzessive Abstraktion und so weiter. Als eine Gegenreaktion konnten Intellektuelle – wie es viele Vertreter der *sciences humaines*-Intelligentsia der 1960er Jahre taten – die wissenschaftliche Methode romantisieren, indem sie beispielsweise quantitative Geschichte, deduktive Modelle und statistische Methoden entwickeln und ihnen übermäßiges Vertrauen schenken.« (Kauppi 1996: 21)

6 So können zum *normalien*-Netzwerk auch einflussreiche Größen in den Verlagen (Jean-François Revel bei Seuil, Roger Caillois bei Gallimard, Michel Prigent bei PUF), in Zeitungen und Magazinen (Pierre-Henri Simon und Thomas Ferenczi bei *Le Monde*, Maurice Clavel und Jacques Julliard beim *Nouvel Observateur*, Jean-François Revel bei *L'Express*, dann bei *Point*, Jean d'Ormesson bei *Figaro*, Alain-Gérard Slama bei *Point*, dann *Figaro*) gezählt werden (Rieffel 1994: 225).

setzen die Normaliens um 1890 76% der Stellen an der Sorbonne und 63% an den *facultés* der Provinz, so fällt ihr Anteil bis 1930 auf 58% an der Sorbonne und 41% in der Provinz ab (Karady 1986: 362). Mit dem Beginn der Bildungsexpansion, die die Universitäten in die Lage versetzt, eigenen Nachwuchs heranzuziehen, ist der Abstieg der ENS besiegelt. Dieser Statusverlust wird solange nicht manifest, als es noch keinen Stellenmangel an den Universitäten gibt, wo es den *normaliens* noch in den 60er Jahren »gelingt, eine richtige Hegemonie über die wichtigsten Stellen der Disziplinen zu bewahren.« (Karady 1986: 362)[xxxv] Doch auch wenn die Ausweitung der Studienplätze an den Universitäten deutlich stärker ausfällt als an den *Grandes Écoles* und sich so die symbolische Exklusivität der akademischen Elite verstärkt, geht der relative Anteil der *normaliens* an den höchsten akademischen Positionen weiter zurück. Darüber hinaus hat die ENS mit neu gegründeten Konkurrenzinstitutionen wie der ENA (École Nationale d'Administration) zu kämpfen. Der sich abzeichnende Prestigeverlust treibt einige *normaliens* immer wieder zu einer »Flucht nach vorn, namentlich durch einen Wechsel der Disziplin.« (Karady 1986: 322)[xxxvi] Die *normaliens* des Typs 1, deren besondere diskursive Kompetenz es ihnen erlaubt, auch an nicht-akademische Regionen des intellektuellen Felds anzudocken, ohne ihre akademische Legitimität zu gefährden, sind hierfür prominente Beispiele. So sind, wie Kauppi unterstreicht, gerade die *normaliens* dafür prädestiniert, »intellektuelle Radikalität und akademische Respektabilität« (1996: 138)[xxxvii] zu verbinden.

Nach dem zweiten Weltkrieg bezeugen die Karrieren des Typs 2 von der Verlagerung des Gravitationsschwerpunkts vom ästhetischen zum akademischen Pol, der nun viele der einst freischaffenden *hommes de lettres* anzieht. Auch nach dem Übertritt in das akademische Feld ändern die Produzenten von Typ 2 tendenziell häufiger ihre theoretischen Positionen, und oft fällt ihnen der Wechsel zwischen akademischen und nicht-akademischen Kontexten leichter. Als exemplarischer Fall kann Lacan genannt werden, dessen sprachliche Ausdrucksweise sich mit akademischen Normen bricht. Die Unabhängigkeit von etablierten akademischen Traditionen, die angesichts der Umbrüche im Hochschulwesen in eine unübersehbare Legitimitätskrise geraten, erlaubt es Lacan, konzeptuelle Arbeit ohne institutionelle Beschränkungen zu betreiben (je nach Beobachterstandpunkt könnte auch gesagt werden, dass auf Grund seiner Inkompatibilität mit den akademischen Institutionen Lacans konzeptuelle Arbeit persönliche Spekulationen eines fantasiereichen Autodidakten sind). Barthes und Sollers können demgegenüber als Beispiele für Produzenten angeführt werden, deren Stärke weniger in der Entwicklung eigener theoretischer Projekte als in der Verbreitung und

Popularisierung der theoretischen Inhalte anderer Produzenten liegt. Betätigen sie sich anfangs als Essayisten und Literaturkritiker, so werden sie im Laufe der 60er Jahre zum Inbegriff von Modetheoretikern des *Tout-Paris*, die immer wieder neue Trends aufstöbern und diese einem breiteren intellektuellen Publikum zugänglich machen.

Was die beiden Produzententypen vereint, ist ihr anti-professoraler Ethos. Mit einem Ausdrucksstil, der bisweilen literarische Qualitäten aufweist (Foucault), mit feuilletonistischer Frische daherkommt (Barthes) oder umgangssprachlichen Witz verrät (Lacan), markieren sie ihre Distanz zum grauen akademischen Betrieb. Umgeben von einer Aura kreativer Einzigartigkeit pflegen sie dezidiert heterodoxe Profile in einer Situation, in der sich ohne eine Rhetorik der Opposition und Marginalität in einer breiteren intellektuellen Öffentlichkeit kaum Resonanz erzielen lässt.

Periphere Institutionen gegen akademisches Zentrum

1530 hebt der Renaissancekönig François der Erste das Collège de France aus der Taufe, das als Konkurrenzinstitution zu der als traditionell geltenden Sorbonne konzipiert ist (Charle 1986). Am Ende des 18. Jahrhunderts gründet Napoleon die École Normale Supérieure gegen die traditionellen *facultés* und die klerikalen Bildungseinrichtungen, um die neuen republikanischen Gymnasiallehrer (*professeurs de lycée*) auszubilden. 1868 entsteht unter Duruy die École Pratique des Hautes Études, die helfen soll, den wahrgenommenen Bildungs- und Forschungsrückstand des französischen *faculté*-Systems gegenüber dem Nachbarn östlich des Rheins aufzuholen (Revel 1996; Karady 1986). Und ab 1939 formiert sich das Centre National de la Recherche Scientifique (CNRS), um den traditionell mehr an Lehre orientierten *facultés* eine ausgewiesene Forschungsinstitution an die Seite zur stellen (vgl. Druesne 1975). Diese Gründungen sind, wie Koppetsch bemerkt, von keiner langfristigen Strategie getragen: »Wann immer der Bedarf an bestimmten Experten entstand, wurde er durch die Gründung einer weiteren Spezialschule [...] beantwortet« (2000: 94; vgl. Weisz 1983: 18-29; Schriewer 1972: 20-95; Moody 1978; Charle 1994).

Seit Jahrhunderten stehen diese „peripheren Institutionen" in latentem oder offenem Konflikt mit dem „akademischen Zentrum" (Rieffel 1993: 425ff.), den *facultés* mit der Université de Paris („Sorbonne") an der Spitze, die eine »Schlüsselstellung in der Gesamtheit einnahm und von der die Karriere von Professoren wie Studenten abhing.« (Baverez 1993: 295)[xxxviii] Im Bereich der *lettres* (nicht jedoch in den freien Professionen Recht und Medizin) ist bis ins 19. Jahrhundert die Hauptfunktion der *facultés* die Abnahme von Prüfungen; einen umfassenden akademischen Lehrbetrieb gibt es in der Regel nicht. So »existiert keinerlei Trennung und kein Bruch zwischen den Karrieren in den Gymnasien und in den akademischen Fakultäten.« (Karady 1986: 271)[xxxix] Volluniversitäten, die nicht nur eine »Verlängerung des Staates« (Koppetsch 2000: 99) darstellen, gibt es in Frankreich erst seit 1968, als die *facultés* der Provinz endgültig zu Universitäten mit relativer Autonomie zusammengefasst werden und die Pariser Sorbonne in ein gutes Dutzend Einzeluniversitäten aufgeteilt wird. 1968 markiert damit einen tiefgreifenden Wandel im akademischen System, im Zuge dessen die französischen Universitäten ihre moderne institutionelle Form erhalten. Die Konjunktur des Strukturalismus kann als symbolischer Ausdruck dieses institutionellen Umbruchs gelten.

Als Folge des raschen Wachstums der Hochschulen gerät das „akademische Zentrum" – also die akademischen Institutionen, die wie die Pariser Universitäten die Reproduktion der akademischen Produzenten über die Vergabe von Diplomen und Stellen kontrollieren – in den Jahren um 1970 in eine Krise, insbesondere was ihre symbolische Deutungshoheit für den breiteren intellektuellen Diskurs angeht. „Periphere Institutionen" wie das Collège de France, die École Normale Supérieure (ENS), die 1947 gegründete 6. Sektion der École des Hautes Études, die 1975 in die École des Hautes Études en Sciences Sociales, EHESS umbenannt wird (vgl. Mazon 1988; Revel 1996), sowie Reformuniversitäten wie die von Vincennes und Nanterre profitieren von diesem Vakuum und werden zu exponierten Orten für die Produktion profilierter und ambitionierter Theorieprojekte.[7] [xl]

7 Am Collège de France lehren u. a. Lévi-Strauss, Foucault, Barthes, Bourdieu. An der ENS lehren u. a. Louis Althusser, Alain Badiou und kurze Zeit auch Jacques Derrida. An der EHESS forschen und lehren u. a. Jacques Derrida, Roland Barthes, Pierre Bourdieu, Gérard Genette, Michel de Certeau, Oswald Ducrot. An Nanterre lehren u. a. Etienne Balibar, Jean Baudrillard und Henri Lefèbvre. Zur Gründungskommission der Universität von Vincennes, »Verkörperung der Moderne, der Avantgarde und also eine Bastion des Anti-Akademismus«, gehören Speerspitzen der akademischen Linken, u. a. Roland Barthes, Georges Balandier, Jacques Derrida, Georges Canguilhem, Jean-Pierre Vernant, Emmanuel La Roy Ladurie. In das von Michel Foucault aufgebaute Philosophieinstitut werden Michel Serres, Jean-François Lyotard, Jacques Rancière, Gilles Deleuze, Alain Badiou, François Châtelet berufen. Auch Hélène Cixous, Luce Irigaray und Nicos Poulantzas lehren an Vincennes. »Sehr schnell wird Vincennes als eine ›wilde‹ Universität wahrgenommen, die den Rahmen der etablierten Ordnung bricht und dem innerem Zwist zwischen Maoisten, Trotzkisten und Kommunisten ausgeliefert ist.« (Rieffel 1993: 439)

Der Gegensatz von „akademischem Zentrum" und „peripheren Institutionen", der das akademische Feld in Frankreich auch heute noch unterschwellig strukturiert, impliziert weniger ein Gefälle des Volumens des wissenschaftlichen Kapitals als dessen unterschiedliche Zusammensetzung. In Bourdieus Worten »stehen die Inhaber der weltlichen Macht (d. h. genauer gesagt jene, die die Reproduktionsinstrumente kontrollieren), die häufig eine geringe intellektuelle Reputation haben, den Inhabern anerkannten symbolischen Kapitals gegenüber, die oft über keinerlei institutionellen Einfluss verfügen.« (1989: 383[326f.])[xli] Während die Produzenten des „akademischen Zentrums" tendenziell über ein höheres „institutionell-weltliches" Kapital verfügen, d. h. durch die Besetzung von Stellen, die Rekrutierung von Nachwuchs von *maîtrise* (Diplom-, Magisterabschluss) über *thèse* (Promotion) zu *thèse d'Etat* (Habilitation), die Leitung von Forschungsgruppen, die Einrichtung von Studiengängen, die Mitgliedschaft in Aggregations- und Promotionskommissionen Einfluss auf die Karrieren anderer Produzenten im akademischen Feld ausüben, ist es für Produzenten „peripherer Institutionen" leichter, „symbolisch-theoretisches" Kapital aufzubauen. Die „peripheren Institutionen" können nicht als minderwertige Orte des wissenschaftlichen Lebens qualifiziert werden. Es sind *grands établissements*, die in der Regel weiter in den allgemeinen intellektuellen Diskurs hineinreichen als die in der Forschung oft weniger profilierten Universitäten.

So überrascht es nicht, wenn fast alle der zur Diskussion stehenden Theoretiker sich in der „institutionellen Peripherie" des Felds positionieren. Kann damit also doch von einer Gemeinsamkeit dieser Theoretiker im Sinne des Poststrukturalismus gesprochen werden? Sicher markiert auch in Frankreich ein oppositioneller Gestus den Theoriediskurs im Umfeld des Strukturalismus, der bisweilen als „intellektuelle Linke" (*gauche intellectuelle*, Furet 1967: 5) gehandelt wird. Doch mehr als in den USA, wo der Poststrukturalismusdiskurs seinen Ausgang von etablierten Universitäten wie Yale, Berkeley oder Columbia nimmt, basiert die oppositionelle Haltung dieser Theoretiker in Frankreich auf einem Konflikt mit den akademischen Institutionen, die nicht immer die geeignetsten Orte für theoretische Innovation und profilierte Forschung sind.[8][xlii] Die Positionierung in der institutionellen Peripherie ist eines der Merkmale, die diese Theoretiker miteinander teilen, wobei es nicht

---

8 Vergleiche die Bemerkung, die Derrida gegenüber einer amerikanischen Kollegin über sein Verhältnis zu den französischen Universitäten macht: »Hier [in den USA, J.A.] befinden sich die Leute, die ich kenne, an den Universitäten. In Frankreich ist es fast andersherum: Ich habe sehr wenige Beziehungen mit Kollegen und Professoren der Universität.« (Salusinszky 1987: 19)

entscheidbar ist, ob es soziale Zwänge oder freie Entscheidungen sind, die diese Theoretiker in Distanz zum akademischen Zentrum treten lassen. Sicher gehen die Ausgrenzungsmechanismen der akademischen Institutionen (deren Prestige um 1970 freilich einen Tiefpunkt erlebt) mit den mehr oder minder bewusst gewählten Abgrenzungsstrategien der Theorie-Produzenten Hand in Hand. So war die »strukturalistische Welle zu einem erheblichen Ausmaß der Rivalität geschuldet, die diese Institutionen und die Universität gegenüberstellte.« (Pavel 1993: 12)[xliii]

Vermutlich ist Foucault der Theoretiker seiner Generation, der dem „akademischen Zentrum" am nächsten steht. In Foucaults Fall gehen relative Nähe zur Sorbonne und ministerialen Stellen mit einer steil aufwärts gerichteten akademischen Karriere einher, wie sie einige der zeitgenössischen *normaliens* (noch) erleben. So habilitiert er sich früh mit einer *thèse d'Etat* (1961), wird nach einer Reihe von Auslandsaufenthalten (Schweden, Deutschland, Polen, Marokko) bald Universitätsprofessor in der Provinz (Clermont-Ferrand) und leitet Ende der 60er Jahren den Aufbau des Philosophieinstituts an der Universität von Paris 8 (Vincennes). Und schließlich wird er Professor am prestigereichen Collège de France, das ihm hohe Sichtbarkeit im Theoriediskurs, aber nur wenige Studenten verschafft. Habilitiert sind weiterhin Kristeva sowie Greimas. Die Tatsache, dass die Kommilitonen Foucaults von der ENS – Derrida, der erst an der ENS, dann an der EHESS tätig ist, und Bourdieu, Forschungsdirektor an der EHESS, dann Professor am Collège de France – nicht habilitiert sind, kann wohl als eine eigene Art des Protests gegen die institutionelle Reproduktionslogik der Universitäten gedeutet werden. Als „Repetitor" (*caïman*) bzw. „Akademischer Rat" (*maître de conférences*) an der ENS fehlt auch Althusser lange die Berechtigung für höhere Prüfungen; seine Schüler rekrutiert und bindet er durch den Aufbau persönlicher Nähe. Dass Barthes ohne akademische Bildungstitel schließlich Professor am Collège de France wird, erlebt die „seriöse" Wissenschaft bisweilen als institutionellen Alptraum (Picard 1965; Pinto 1991: 70). Barthes ist einer der letzten *hommes de lettres*, denen es im Zuge der akademischen Stellenexplosion gelingt, Positionen in den höheren Wissenschaftsinstitutionen zu besetzen, ohne eine klassische Qualifizierungslaufbahn zu absolvieren. Andere Protagonisten der strukturalistischen Kontroverse wie Lacan und Sollers halten an ihrem Selbständigenstatus fest. Lacan ist ausgebildeter Arzt, der eine florierende psychoanalytische Praxis betreibt. Sollers hingegen, der einen betriebswirtschaftlichen Abschluss inne hat, lebt von seinen Texten und Romanen.

Die genannten Beispiele unterstreichen die erhöhte Durchlässigkeit, die „periphere" Institutionen bisweilen gegenüber „bunten" Lebensläufen und defizitären akademischen Titelhaltern an den Tag legen. Statt auf die Reproduktion eines klassischen Kanons „großer" Werke zu zielen, wie dies die *agrégation* verlangt, verlangen Institutionen wie die EHESS oder das Collège de France innovative theoretische Orientierungen und aktuelle Forschungsthemen, was ihre systematische Nähe[9] [xliv] zu gewissen heterodoxen Forschungsrichtungen unterstreicht. Die relative Offenheit dieser Institutionen manifestiert sich auch in der überdurchschnittlichen Anzahl an internationalen Kooperationen und Kontakten. Eine signifikante Anzahl von Immigranten (Kristeva, Todorov, Greimas) und Franzosen nach langen Auslandsaufenthalten (Certeau, Foucault) werden von den „peripheren Institutionen" aufgenommen, in denen ihre speziellen Karriereverläufe zur Geltung kommen. Und nicht zuletzt dienen die „peripheren Institutionen" denjenigen als Sprungbrett in den internationalen Diskurs, die seit den 70er Jahren zweite Standbeine in den USA aufbauen. Was wäre aus Foucaults nordamerikanischer Rezeption ohne seine ausgedehnten Aufenthalte in Kalifornien geworden? Hätte sich der Poststrukturalismusdiskurs jemals international etabliert, wenn Derrida nicht Gastprofessuren an der University of California, Irvine oder an der Columbia University wahrgenommen hätte?

Von den Ausführungen in diesem Abschnitt bleiben die zahlreichen Konfliktlinien festzuhalten, über die sich die symbolischen Produzenten im intellektuellen Feld verstreuen. Abgesehen von einer weit verbreiteten Humanismus-Kritik ist weder ein geteiltes theoretisches Programm noch eine gemeinsame disziplinäre Basis zu erkennen. In politischer Hinsicht dominiert die extreme Linke und die linke Mitte, aber dies gilt auch für die anderen intellektuellen Cluster der Zeit, und die zahlreichen Schattierungen und Variationen reichen aus, um die Unterschiede größer als die Gemeinsamkeiten erscheinen zu lassen. Problematisch ist die Unterstellung einer einheitlichen Bewegung bzw. eines theoretischen Paradigmas nicht zuletzt, wenn die Einbettung dieser Theoretiker in unterschiedliche Beziehungen und Netzwerke berücksichtigt wird: Si-

9 Kauppi unterstreicht die Ambivalenz des Terms „marginal", wenn er auf die strukturale Nähe von peripheren Institutionen und akademischen Außenseitern hinweist: »Was bedeutet dies [„marginal", J.A.] in diesem Kontext? Zunächst, dass im Gegensatz zur dominanten Universität von Paris zu dieser Zeit keine Abschlüsse erforderlich waren, um die Vorlesungen der École Pratique des Hautes Études zu besuchen. Wenn wir die Bedeutung des para-akademischen Intellektuellen, der künstlerischen Zirkel und verschiedenen Clans, Salons, Zeitschriften usf. berücksichtigen, wo die aktuellen kulturellen Helden geboren wurden, können wir sagen, dass die [6.] Sektion [und spätere EHESS, J.A.] strukturell so positioniert war, dass sie *face-to-face*-Kontakte zwischen Hochschullehrern und Schriftstellern begünstigte und so die Kluft zwischen akademischen und literarischen Netzwerken überbrückte.« (Kauppi 1996: 72)

cher gibt es zahlreiche Verbindungen zwischen den Lacan- und Althusser-Schulen, aber was würde etwa einen Foucault mit einem Derrida und einem Baudrillard verbinden? Ein Eindruck von Einheit kann allenfalls auf Grund ihrer institutionellen Positionierung an der Peripherie des wissenschaftlichen Felds aufkommen, auch wenn Professoren (wie Foucault) und freie Gelehrte (wie Lacan) dann unter einer Kategorie rubriziert werden müssen. Aber ist es nicht eine Ironie des internationalen Erfolgs dieser Theoretiker, dass gerade der Poststrukturalismus-Diskurs, der von den institutionellen Kontexten dieser Theorien abstrahiert, diese Produzenten als eine (mehr oder minder) einheitliche Bewegung auffasst, wohingegen es aus französischer Sicht doch gerade ihre institutionellen Orte sind, die gewisse Gemeinsamkeiten nahe legen?

Dass die Zusammenfassung dieser Theoretiker unter ein gemeinsames Paradigma umso unklarer erscheint, je näher die symbolischen Produkte betrachtet werden, darauf wird der diskursanalytische Teil der Arbeit zurückkommen (Kapitel 5). Gleichwohl zeichnet sich diese Theoretikergruppe durch ein gemeinsames Merkmal aus. Alle stehen sie für die intellektuelle Efferveszenz der 60er und 70er Jahre, weshalb sie im Folgenden als Mitglieder einer intellektuellen Generation der Zeit gefasst werden. Unter „intellektueller Generation" wird im Anschluss an Sirinelli (1986) eine Gruppe von Intellektuellen verstanden, die sich über den Bezug auf bestimmte historische Ereignisse auf unterschiedliche Weise im intellektuellen Diskurs positionieren. Dieser Generationsbegriff muss nicht in einem biologisch-demographischen Sinne verstanden werden. So können Intellektuelle mit dem gleichen Alter (z. B. Sartre und Lacan) unterschiedlichen Generationen angehören. Einer intellektuellen Generation gehört an, wer symbolisch, über die Produktion von Texten, in einem öffentlichen Diskursraum investiert ist, der um bestimmte historische Ereignisse organisiert ist. Im Falle der existenzialistischen Generation ist das etwa die Rezeption bestimmter Philosophen wie Husserl und Heidegger, die Erfahrung des Faschismus, KP und kalter Krieg, während der Diskurs der strukturalistischen Generation eher von 68, der Massenkultur und dem Wertewandel sowie den Diskussionen um interdisziplinäre Referenzfiguren wie Saussure, Freud, Marx und Nietzsche geprägt wird.

Gegenüber der Rede von einem Paradigma bietet der Begriff der Generation den Vorteil, dass er der Heterogenität der eingenommenen Positionen Rechnung tragen kann. So können die wenigsten Vertreter dieser Generation eindeutig als Strukturalisten geführt werden, aber für alle ist die theoretische Efferveszenz der Zeit ein Ereignis, auf das sie in der einen oder anderen Weise Bezug nehmen und das es dem historischen Beobachter erlaubt, sie zu einem intellektuellen Kollektiv mit changierenden Etiketten zusammenzufassen, etwa als „*sciences humaines*-Theoretiker", „freudianisch-marxistisch-strukturalistische Bewegung" (Boudon 1980), „Anti-Humanisten" (Ferry/Renaut 1988b), „intellektuelle Linke" (Furet 1967: 5) oder „Samurai" (Kristeva 1990). Und auch prononcierte Kritiker des Strukturalismus wie z. B. Paul Ricœur (1961) oder Raymond Boudon (1968) müssen dann insofern Beachtung finden, als sie zur diskursiven Formierung dieser Generation beitragen.

Die intellektuelle Generation des Strukturalismus wird nicht in disziplinär-akademischen Fachöffentlichkeiten formiert, auch nicht in der Linguistik, die die intellektuelle Debatte über den Strukturalismus eher mit Vorsicht aufnimmt (Ducrot 1968). Diese Intellektuellen schreiben sich in interdisziplinäre Traditionen ein, die wie Marxismus oder Psychoanalyse auch über semi- oder außer-akademische Standbeine verfügen. Als Intellektuelle mit einem »globalen und systematischen Orientierungsanspruch« (Furet 1967: 12)[xlv] lassen sie unter dem leeren Signifikanten der Saussure'schen Linguistik eine »Atmosphäre herzlicher Verbindung« (Angenot 1984: 158)[xlvi] zwischen Semiotikern, Psychoanalytikern und Marxisten entstehen. In der Tradition der politischen Aufklärungsbewegungen des 18. Jahrhunderts werden Foucault, Derrida & Co. gemeinhin als „Moderne" (*modernes*) (Aron 1984; Ferry/Renaut 1988a) oder auch als „Modernisten" im Sinne der ästhetischen Avantgardebewegungen des frühen 20. Jahrhunderts angesehen. So werden sie als »Erben der surrealistischen Bewegung« (Boudon 1980: 9)[xlvii] oder in Analogie zur »symbolistischen Agitation« (Crémant 1969: 52)[xlviii] gehandelt, aber nie als „postmodern" (im Sinne von „nach/anti-modern [istisch]", vgl. auch Compagnon 2005). Die strukturalistische Generation nimmt wie ihre intellektuellen Vorläuferbewegungen von Aufklärung bis Modernismus den klassischen Ort der kritischen Intellektuellen ein – einen in das institutionelle Terrain eingelassene Gegen-Ort zu Gesellschaft, von dem aus Kritik an der herrschenden institutionellen Ordnung geübt werden kann.

3 Strukturwandel intellektueller Öffentlichkeit in Frankreich

Im vorangehenden Kapitel wurden einige Elemente des Wissens zusammengetragen, das die Leser theoretischer Texte über die symbolischen und sozialen Verhältnisse im Feld um 1970 haben (oder haben können). Doch entwickeln die Leser in der Lektüre dieser Texte nicht nur mehr oder weniger stabile Annahmen und Vorstellungen über die synchronen Verhältnisse zwischen den Produzenten im Feld. Sie werden auch ein Wissen über den diachronen Entstehungszusammenhang dieser Texte im Feld aufzubauen versuchen. Dieses Kapitel macht einen Periodisierungsvorschlag, mit dem der Wandel des intellektuellen Felds in Frankreich beschrieben werden soll.

3.1 Von Moderne zu Postmoderne. Das intellektuelle Feld seit der Aufklärung

„Moderne“ und „Postmoderne“ sind knifflige Begriffe, die auf unterschiedliche Diskussionskontexte in den Sozial- und Kulturwissenschaften verweisen. Das Problem wird dadurch erschwert, dass die Rede von der Postmoderne im angloamerikanischen Raum eher als in Frankreich oder Deutschland etabliert ist. In der Tat scheint die Moderne-Postmoderne-Diskussion mit einer terminologischen Verwirrung behaftet zu sein, die von der unterschwelligen Konkurrenz zwischen unterschiedlichen Repräsentationsangeboten historischer Zeitlichkeit herrührt.

Eine erste Semantik ist aus sozialwissenschaftlichen Diskussionen hervorgegangen. Hier bezeichnet „Moderne“ gemeinhin den Prozess der funktionalen Differenzierung und der Aufteilung von Gesellschaft, den die klassische Soziologie mit den Schlagwörtern der „Rationalisierung", der „Arbeitsteilung" und der „Modernisierung" einzufassen sucht. Gegen das lineare Modell der klassischen Modernisierungstheorie kann angeführt werden, dass der Prozess gesellschaftlicher Differenzierung seit der zweiten Hälfte des 20. Jahrhunderts ins Stocken gekommen ist und heute, nach dem Ende des Systemgegensatzes, sogar in vielerlei Hinsicht die gegenläufige Tendenz einer Entdifferenzierung und Entgrenzung von Gesellschaft konstatiert wird (Lash 1990). Mit dem Übergang zur Postmoderne lösen sich die Grenzen, die für die Gesellschaft der Moderne konstitutiv sind, wieder auf. Zum einen schwinden die räumlichen Grenzen zwischen einem Innen und einem Außen von Gesellschaft, was zur Problematisierung des Durkheim'schen Gesellschaftsbegriffs beiträgt (Latour 1984) und eine Konjunktur „post-sozietaler" Begriffe des Sozialen (Urry 2000) wie der „Weltgesellschaft" (Luhmann 1998a) oder der „Globalisierung" (Robertson 1992) auslöst; zum anderen werden die funktionalen Grenzen zwischen differenzierten Teilbereichen der Gesellschaft unscharf, insbesondere zwischen Ökonomie und Kultur (Jameson 1991; Baudrillard 1972; Harvey 1989).

Aus dieser Perspektive entsteht das intellektuelle Feld in Frankreich im 18. Jahrhundert im Kontext einer Differenzierung des sozialen Raums. Demnach konstituiert sich das intellektuelle Feld, indem es seine Autonomie gegenüber heteronomen Mächten wie Hof und Kirche behauptet. Die Ausdifferenzierung einer bürgerlichen Öffentlichkeit findet seine symbolische Entsprechung in der Konjunktur der politischen Aufklärung (Habermas 1990). Im 19. Jahrhundert kristallisiert sich allmählich eine Aufteilung des Felds nach zwei verschiedenen Polen heraus: zwischen einem Pol von Produzenten, die für die beschränkten Märkte spezialisierter Fachöffentlichkeiten (Wissenschaft) produzieren, und einem medial-kulturellen Pol von Produzenten, die sich über Zeitungen und Romane an ein breites Publikum wenden.[1] Seit dem letzten Drittel des 19. Jahrhunderts geht diese bipolare Struktur des Felds in eine tripolare Struktur über, die einen akademischen, einen hochkulturellen und einen massenkulturellen Pol umfasst mit ihren »drei Subkategorien intellektuellen Kapitals: akademisches, literarisches und journalistisches Kapital.« (Kauppi 1996: 14)[xlix] Es überrascht nicht, dass der Hoch-Massenkultur-Gegensatz gerade in Frankreich besonders ausgeprägt ist,

1 Bourdieu unterscheidet hier „beschränkte" und „große" Produktion (1992: 201ff.[227ff.]). Eine ähnliche Unterscheidung trifft Boudon, wenn er einem Markt I von Peers und Spezialisten einen diffusen Markt III von massenmedialen Publizisten gegenüberstellt. Im Markt II überkreuzen sich demnach beide Logiken (1980).

konzentrieren sich doch nirgendwo mehr freischaffende Künstler, *hommes de lettres* oder nicht-akademische Schriftgelehrte als in Paris, was einen Teil der Produzenten in die Lage versetzt, ausschließlich für Konsumenten zu produzieren, die selbst auch Produzenten sind.[2] In Kontrast zu Deutschland, wo nach der Gründung der Humboldt'schen Universität eine Schicht von akademisch verankerten Bildungsbürgern entsteht, bieten die traditionellen *facultés* der zunehmenden Zahl an kulturellen Produzenten im Allgemeinen weder ein existenzielles Auskommen noch statten sie sie mit dem nötigen symbolischen Prestige aus, um im öffentlichen Diskurs sichtbar Position zu beziehen.

Diese Situation ändert sich erst ab Anfang der 1960er Jahre, als die Universitäten unmittelbar nach dem Ende des Algerienkriegs »eine dominante Instanz« werden, und »die Akademiker die Schriftsteller verdrängt haben.« (Ory/Sirinelli 1992: 205)[l] Es verschärft sich die »strukturelle Spannung [...] zwischen einer niedergehenden literarischen Kultur, die durch den *homme de lettres* verkörpert wird und ein relativ wenig kodifiziertes Feld sozialer Aktivität darstellt, und einer kodifizierteren Kultur, der Wissenschaft und einer aufsteigenden wissenschaftlichen Kultur.« (Kauppi 1996: 27)[li] 1968 werden die Universitäten in ihrer heutigen Form gegründet, in denen die vormals starke Fraktion unabhängiger *hommes de lettres* und Privatgelehrter alsbald aufgeht. Die Ausdifferenzierung des intellektuellen Felds in drei relativ autonome Subfelder (Wissenschaft, Medien, Kunst) erreicht damit um 1970 ihren Höhepunkt, bevor sich ab Mitte der 70er Jahre Symptome einer Entdifferenzierung des intellektuellen Felds manifestieren. Mit dem Übergang zu einer zweipoligen Struktur, die von dem Gegensatz zwischen einer konsolidierten Normalwissenschaft und einer massenmedialen Großindust-

2 Charles Zahlen signalisieren zwischen 1872 und 1881 einen starken Anstieg von Schriftstellern und *hommes de lettres* (von 3826 auf 7372) und von Künstlern (von 22.615 auf 40.235), der im Bereich der anderen intellektuellen Berufe (Sekundarschullehrer: 1876: 7.396, 1886: 9.751; Hochschullehrer: 1872: 488, 1880: 503) keine Entsprechung findet und neben dem Bereich der bürgerlichen Professionen (Ärzte, Juristen) einen großen, eher diffusen Pool symbolischer Produzenten mit hohem kulturellen und geringem ökonomischen Kapital entstehen lässt (Charle 1988: 132). Eine analoge Entwicklung – ein starker Anstieg um 1880 und dann Stagnation bzw. Rückgang um 1890 – lässt sich auch mit Blick auf die Anzahl der veröffentlichten literarischen Titel konstatieren (vgl. Charle 1975). Als Zentrum für unabhängige Intellektuelle und selbständige Kulturschaffende weist Paris auch eine hohe Zahl an Klein- und Kleinstbetrieben gerade im Bereich von Luxusgütern, Kunsthandwerk und künstlerisch-kulturellen Dienstleistungen auf (Lash/Urry 1993: 58). Demgegenüber ist eine Schwäche der akademischen Elite zu verzeichnen (Ringer 1992: 74[92]), deren Ursprünge ins Mittelalter zurückreichen.

rie geprägt ist, findet das Jahrhundert der Intellektuellen in den 1980er Jahren sein Ende (Abbildung 2).

Epoche	Zeitraum	Strukturierung des intellektuellen Felds
Erste Moderne	18. Jahrhundert 19. Jahrhundert	bipolar: Hof, Kirche versus intellektuelle Salons, *philosophes* Staat versus Printmedien
Zweite Moderne	1870er-1970er	tripolar: Wissenschaft, Kunst, Print- und Audiomedien
Postmoderne	seit 1980er	bipolar: Wissenschaft versus audiovisuelle Massenmedien

Abbildung 2: Sozialer Wandel als Differenzierung und Entdifferenzierung des sozialen Raums

Ein zweiter, alternativer Periodisierungsansatz geht auf kulturwissenschaftliche und ästhetische Diskussionen zurück, wie sie bevorzugt in den Literaturwissenschaften, den Cultural Studies, der Architektur- und Kunsttheorie geführt werden (Foster 1983; Hutcheon 1989). Während von „Postmoderne“ und „Moderne“ gesprochen werden soll, wenn es um die sozialwissenschaftliche Theorie funktionaler Differenzierung geht, sollen mit Blick auf die ästhetische Debatte die Termini „Postmodernismus“ und „Modernismus“ vorgezogen werden, die eine „kulturelle Logik“ (Jameson 1991), „politische Zeichenökonomien“ (Baudrillard 1972) oder „Repräsentationsregime“ (Lash 1990) bezeichnen.

Modernismus und Postmodernismus stellen unterschiedliche Repräsentationslogiken symbolischer Produktion dar. Der exklusive Kunstbegriff des Modernismus wird erstmals gegen die realistischen Gesellschaftsromane eines Balzac oder eines Flaubert von den Ästhetizisten des *L'Art pour l'art* (Symbolismus, *parnassiens…*) ins Feld geführt (Bourdieu 1992). Diese modernistische „Kunst für Künstler“ verliert den Auftrag, über und für die Gesellschaft zu sprechen (Bürger 1987). Vor diesem Hintergrund kann das politische Engagement Emile Zolas während der Dreyfus-Affäre mit den gestiegenen Autonomieansprüchen legitimer Kunst erklärt werden, die Publikumsautoren wie Zola dazu zwingt, ihre ästhetische Autonomie gegenüber der Gesellschaft zu markieren – etwa durch die Betonung politischen Engagements (Charle 1990). Seinen Höhepunkt erfährt der Modernismus mit der historischen Avantgarde (Kubismus, Dadaismus, Konstruktivismus…) und den Tendenzen der 30er Jahre (Surrealismus…), die der Kunst einen gleichsam aus dem gesellschaftlichen Raum herausgelösten Ort zuweisen. Die spätmodernistischen Theoriekonjunkturen des Existenzialismus und des Strukturalismus zeugen demgegenüber von Autonomisierungstendenzen am wissenschaftlich-akademischen Pol. Angesichts eines Aufschwungs von „Forschung für Forscher“ greifen modernistische Autonomiefiguren auf den konzeptuell-theoretischen Bereich über. Das Ergebnis sind die reflexiven Epistemologien, wie sie etwa im Umfeld des Strukturalismus vorgebracht werden. Theoriebildung wird zur Produktion von Texten über Texte, was das schöpferische „humanistische“ Subjekt aushöhlt. Der Übergang zum Postmodernismus markiert erneut einen historischen Bruch. In der gebotenen Kürze kann hier nur vorgebracht werden, dass nun die „Globalisierung“ intellektuellen Wissens forciert wird und aus einstmals relativ getrennten Theorietraditionen Hybridkulturen entstehen. Es setzt sich allmählich ein *international style* durch, wie ihn nicht zuletzt Poststrukturalismus und Theory repräsentieren.

Epoche	Zeitraum	Symbolische Konjunktur
Realismus	ca. 1830-1870	„Gesellschaftsromane“ (Balzac)
Frühmodernismus	ca. 1870-1900	*L'art pour l'art* intellektuelles Engagement (Zola)
Hochmodernismus	ca. 1900-1925 ca. 1925-1945	Historische Avantgarde (Picasso) Surrealismus (Breton)
Spätmodernismus	ca. 1945-1960 ca. 1960-1975	Existenzialismus (Sartre) Strukturalismus (Foucault)
Postmodernismus	ca. 1975-1990 seit ca. 1990	Theorieexport Frankreich – USA Theoriereimport USA – Europa

Abbildung 3: Kultureller Wandel von modernistischer zu postmodernistischer Repräsentation

Während die Semantik von Moderne und Postmoderne (Abbildung 2) die sich wandelnden institutionellen Orte intellektueller Öffentlichkeit in einem sich differenzierenden bzw. entdifferenzierenden gesellschaftlichen Raum zum Thema hat, ordnet die Semantik von Modernismus und Postmodernismus (Abbildung 3) die unterschiedlichen symbolischen Tendenzen und Konjunkturen, die die intellektuelle Öffentlichkeit zu bestimmten Zeitpunkten dominieren. Mit diesem doppelten Periodisierungsversuch können die je eignen Historizitäten der institutionellen und symbolischen Ordnungen des Felds registriert werden, die sich im intellektuellen Diskurs überlagern. Die historische Verortung des Strukturalismus vor der Postmoderne ist ein *ex post*-Sortierungsvorschlag. Keinesfalls gehören diese Semantiken zum Wissen, auf das die zeitgenössischen Leser der 60er und 70er Jahre zurückgreifen können. Mit ihnen soll ein heuristischer Rahmen abgesteckt werden, den es im Folgenden mit historischem Fleisch zu füllen gilt.

3.2 Der Aufschwung der *sciences humaines* der 1960er und 1970er Jahre

Das Jahrhundert der Intellektuellen beginnt in der Dreyfus-Affäre, die ab 1898 eine neue soziale Kategorie entstehen lässt – die Intellektuellen, die sich im Namen einer spezifischen kulturellen Kompetenz im politischen Raum symbolisch betätigen (Bering 1982; Charle 1990). Als Sprachrohr für den *peuple* vertreten die Intellektuellen die staatsbürgerlichen Ansprüche der Gruppen auf gleichberechtigten Einschluss in den politischen Verband. Die Figur des Intellektuellen ist eng mit den spezifischen Bedingungen der französischen Öffentlichkeit und des französischen Bildungssystems verbunden. Während in Deutschland oft eher von „Bildungsbürgern" (Ringer 1969), in Großbritannien von *professions* oder *men of letters* (Eagleton 1994; Collini 2006), in Russland und der Sowjetunion von der *intelligentsia* (Konrád/Szelényi 1981) gesprochen wird (vgl. Charle 1995), ist der Begriff des Intellektuellen in die politische Semantik des französischen Republikanismus eingelassen.

In der öffentlichen Resonanz, die ein Romanautor wie Emile Zola mit seinem Plädoyer für den General Dreyfus erfährt, spiegelt sich, wie in der genetischen Perspektive Bourdieus argumentiert werden kann, eine Neuordnung des intellektuellen Felds in Frankreich, das eine nach den Hauptpolen Wissenschaft, Hochkultur (wie z. B. der Avantgarde-Kunst) und Massenkultur (wie dem Journalismus) ausdifferenzierte Struktur erhält. Symbolische Produzenten werden diese relativ ausdifferenzierten Produktionsregionen bis zur Entdifferenzierung des Felds in den 80er Jahren immer wieder auf „sensationelle" oder „provokante" Weise überkreuzen und kurzschließen. Die Verbindung vormals getrennter Bereiche des intellektuellen Felds löst symbolische Konjunkturen aus, in denen breite intellektuelle Öffentlichkeitsräume erschlossen werden.

Auf dem dreipolig differenzierten Terrain des intellektuellen Felds in Frankreich folgen ab Anfang des 20. Jahrhunderts zahlreiche symbolische Konjunkturen aufeinander, in denen akademisches Wissen eine zunehmende Bedeutung spielt. Nach der reinen Ästhetik des Hochmodernismus kündigen sich mit dem Surrealismus erste theoretische Profilierungen an. Beispielsweise finden Erkenntnisse aus der Psychoanalyse Eingang in die ästhetische Praxis finden oder die Psychoanalyse wird von ästhetischen Bewegungen beeinflusst (vgl. den Fall Lacan). Auch das Cluster, das sich Ende der 1930er Jahre um das *Collège de sociologie* (Hollier 1995; Moebius 2006) bildet, unterstreicht die wachsende Durchlässigkeit zwischen ästhetischen und theoretischen Avantgarde-Bewegungen. Im *Collège de sociologie* treffen Schriftsteller wie Georges Bataille und Pierre Klossowski auf forschungsorientierte Gelehrte wie den Ethnologen Michel Leiris, den Philosophen Alexandre Kojève und den Kulturwissenschaftler Roger Caillois, die die wichtige Funktion der ästhetischen Tendenzen des Hochmodernismus für die anschließenden Theoriekonjunkturen des Spätmodernismus unterstreichen.

Die spätmodernistische Theoriekonjunktur des Strukturalismus markiert den Höhepunkt von Produzenten, die wie Jean-Paul Sartre zwar noch nicht an den Universitäten verankert sind, aber zahlreiche Beziehungen zu akademischen Philosophen (wie Maurice Merleau-Ponty) pflegen. Das Beispiel Sartres, der seine Karriere als Philosophielehrer am Gymnasium beginnt, bevor er zu einem selbständigen Schriftsteller wird, zeugt von der Nähe der existenzialistischen Generation zum sekundären Bildungssystem und zum freien Markt von Privatgelehrten und Kulturschaffenden (vgl. Pavel 1993: 12). In Sartres intellektuellem Projekt vereinigen sich ästhetische Produkte, die wie seine Romane und Theaterstücke ein breites, aber diffuses Publikum erreichen, mit einem an eine akademische Fachöffentlichkeit gerichtetem philosophischen Projekt, dessen Legitimität sich auf Sartres *normalien*-Status sowie auf die Rezeption von noch weitgehend unübersetzten deutschen Philosophen wie Husserl, Hegel und Heidegger gründet (vgl. Boschetti 1984). Mit Sartre beginnt das Zeitalter der „Theorie-Propheten", deren öffentliche Wirkung auf der symbolischen Kurzschließung von Regionen des intellektuellen Felds beruht, die bis dato getrennt existierten, und ein intellektuelles Modell etablieren, das »existenzielle Philosophie, Avantgarde-Literatur und Literaturwissenschaft« verbindet (Pinto 1995: 120).[lii] Die Überbrückung relativ autonomer Kreisläufe setzt eine hohe diskursive Kompetenz voraus, über die nur wenige Produzenten des Felds verfügen. Sartre bindet die Aufmerksamkeit der intellektuellen Öffentlichkeit durch permanente Brüche mit den existierenden symbolischen Konfigurationen im Feld. Zu den spektakulärsten Lagerwechseln gehören sicher seine politischen Stellungnahmen, die ihn von dem RMP über die KP zum Maoismus führen.

Mit dem Übergang zur intellektuellen Dominanz Foucaults (bzw. zur strukturalistischen Hegemonie) verschiebt sich der Ort intellektueller Praxis weiter in das akademische Feld hinein, an dessen institutioneller „Peripherie" sich die meisten Vertreter der strukturalistischen Generation verorten. Das entscheidende Ereignis ist die Bildungsexpansion, in deren Folge zahlreiche Positionen im akademischen Feld entstehen und vormals freie Kulturschaffende nun in wissenschaftliche Institutionen eingebunden werden (vgl. Bourdieu 1989: 483[409]). Bekanntlich ist die Ausdehnung des höheren Bildungswesens eine Entwicklung, die in allen westlichen Ländern der Zeit stattfindet, aber in keinem Land sind die Folgen für die Verhältnisse im Feld wie für die intellektuelle Diskussion so einschneidend wie in Frankreich. Wegen des bis 1962 andauernden Algerienkriegs beginnt die heiße Expansionsphase mit Verzögerung, dann aber wächst das Feld spektakulär.

Nicht alle Disziplinen und Institutionen profitieren von diesem Aufholprozess gleichermaßen. Nach der Einrichtung einer ersten *licence* („B.A.“) für Soziologie bzw. Ökonomie 1958 bzw. 1959 erleben die Sozialwissenschaften beispiellose Wachstumsraten, hinter denen die klassischen Disziplinen (*lettres*, Philosophie, Theologie…), aber auch Jura und Medizin vielfach zurückbleiben. Darüber hinaus ist das Wachstum der Universitäten stärker als das der Eliteschulen (ENS, ENA, Polytechnique…). Die inneren Verwerfungen, die infolge dieser ungleichzeitigen Ausdehnung entstehen, werden durch Reformen verstärkt, in deren Folge die französische Universität Ende der 60er Jahre ihre moderne institutionelle Gestalt findet. Während der Aufbau der Humboldt'schen Universität in Deutschland einst von der Theoriekonjunktur der idealistischen Philosophie begleitet wurde, fällt die institutionelle Ausgestaltung der französischen Universität mit der Theoriekonjunktur des Strukturalismus zusammen.

Eine Reihe von Daten belegen erstens das absolute Wachstum des akademischen Felds und damit eine Aufwertung des akademischen gegenüber dem kulturellen Pol und zweitens die Zunahme innerer Spannungen, die sich in intellektueller Hinsicht in einer Vielzahl theoretischer Moden, in politischer Hinsicht in der Krise vom Mai 68 entladen. Die starke Zunahme neuer Positionen macht eingelebte Traditionen und institutionelle Hierarchien brüchig. Der intellektuelle Orientierungsbedarf unter den symbolischen Produzenten steigt und visionäre theoretische Projekte von den institutionellen Rändern des Felds erleben hohe Resonanz. In diesem Zusammenhang weist Boudon auf einen *push effect* hin, der »einige intellektuelle Produzenten, die sich auf eine streng akademische und ›gelehrte‹ Produktion festgelegt hatten« dazu bringen, sich an dem diffusen und schnelllebigeren Markt des intellektuellen *Tout-Paris* jenseits disziplinärer Fachzeitschriften auszurichten (Boudon 1980: 472).[liii]

In Zahlen ausgedrückt erleben die Bildungsausgaben in Frankreich zwischen 1958 und 1967 eine Steigerung von 1.84% auf 3.4% des Bruttosozialprodukts bzw. von 9.62% auf 16.32% des nationalen Haushalts

(Cohen 1978: 23). Der explosive Charakter dieser Entwicklung wird noch deutlicher, wenn die absoluten Ausgaben betrachtet werden. Nach Fourastié (1979: 115) steigen die inflationsbereinigten Ausgaben (auf der Basis des Franc von 1938) zwischen 1947 und 1971 von 8,26 Milliarden Francs auf 80,33 Milliarden Francs, was die schon beachtlichen Steigerungsraten der Vergangenheit in den Schatten stellt (1872: 0,64 Milliarden Francs; 1912: 2,73 M.F.; 1938: 6,62 M.F.). Das Hochschulsystem partizipiert an dieser Entwicklung ab Ende der 50er Jahre, als die Studierendenzahlen exponentiell zu steigen beginnen, und zwar von ca. 150.000 (1956) auf ca. 361.000 (1966) und ca. 674.000 (1973) (Prost 1981: 265). Im Bereich der *lettres* und *sciences humaines* verläuft der Anstieg besonders steil, und zwar von ca. 40.000 (1956) auf über 150.000 Studierende (1966). Ebenfalls einen deutlichen Anstieg erleben die Naturwissenschaften (von 40.000 auf 130.000); in den Rechtswissenschaft findet demgegenüber nur eine Verdopplung und in der Medizin ein kleiner Anstieg statt (Cohen 1978: 22). Durch die Besetzung zahlreicher neuer Positionen gewinnen die Universitäten an absolutem Gewicht gegenüber „peripheren" Einrichtungen wie der École Normale Supérieure (ENS) oder dem Collège de France. Unter den peripheren Institutionen profitiert v. a. die sechste Sektion der École Pratique des Hautes Études (EPHE), deren Umbenennung in École des Hautes Études en Sciences Sociales (EHESS, 1975) die Eigenständigkeit dieser für den Aufschwung der *sciences humaines* zentralen Institution gegenüber den stärker mit der Sorbonne und der ENS verbundenen anderen Sektionen der EPHE dokumentiert. Auch das Centre National de la Recherche Scientifique (CNRS) kann sich nun als eine Ergänzung zu den stärker auf Lehre orientierten Universitäten etablieren. Eine besondere Rolle spielen überdies Universitätsneugründungen wie Vincennes (Paris 8, seit 1980 in Saint-Denis angesiedelt) und Nanterre (Paris 10), deren Experimentalcharakter – an Vincennes/Saint-Denis ist das Abitur keine Zugangsvoraussetzung – eine gewisse Nähe zu den peripheren Institutionen wie der EHESS verrät.

Die Etablierung der *sciences humaines et sociales* in den 60er Jahren hat unübersehbare Folgen für die „politische Ökonomie" des intellektuellen Diskurses, für die Zeitschriften und Verlage. Die Sprachrohrfunktion, die die *Nouvelle revue française* bzw. *Les Temps modernes* für die ästhetischen Tendenzen der 20er und 30er Jahre (André Gide) bzw. für den Existenzialismus der 40er und 50er Jahre ausgeübt hatten, wird nun von einem System neuer Zeitschriften abgelöst, das von der Vielgestaltigkeit der intellektuellen Tendenzen und Schulen der Zeit zeugt. Eine wichtige Rolle für die Formierung der strukturalistischen Theoriegeneration spielen die folgenden drei Zeitschriften: *Critique* (erscheint bei Minuit), die 1946 von Georges Bataille und Pierre Prévost unter Mitarbeit von Maurice Blanchot, Michel Leiris, Alexandre Kojève und Alexandre Koyré gegründet wird (Patron 2000), *Esprit* (gegründet 1932 von Linkskatholiken um Emmanuel Mounier, Winock 1975) und *Tel Quel*, die 1959 von Philippe Sollers bei Seuil lanciert wird (Forest 1995; Kauppi 1990). Zum weiteren intellektuellen Umfeld dieser Debatte können überdies *Arguments* (1956 gegründet von u. a. Edgar Morin, Kostas Axelos, Jean Duvignaud und Roland Barthes) und *Communications* (1961 gegründet von Roland Barthes, Georges Friedmann und Edgar Morin bei Seuil) gezählt werden. Für den Althusser-Kreis spielen die zahlreichen Zeitschriften der Kommunistischen Partei wie *La Pensée, La Nouvelle critique, Les Cahiers pour l'analyse* und *Les Lettres françaises* eine wichtige Rolle. *La Psychanalyse, L'Inconscient, Scilicet* und *Topique* sind mit dem Lacan-Kreis assoziiert. Die *Actes de la recherche en sciences sociales* (ARSS, gegründet 1975) bildet den organisatorischen Kern der Bourdieu-Schule, und *L'Homme* wird von Lévi-Strauss, Pierre Gourou und Emile Benvéniste geleitet.

Die Entstehung zahlreicher neuer intellektueller Organe und fachwissenschaftlicher Zeitschriften wird von einem Umbruch im wissenschaftlichen Verlagswesen begleitet, in dem neben Gallimard – dem respektablen Verlagshaus des geisteswissenschaftlichen Establishments wie auch einiger intellektueller Avantgarde-Bewegungen (André Gide, Jean-Paul Sartre) –, zwei weitere Verlage eine führende Rolle spielen (vgl. Kauppi 1992): Le Seuil und Minuit, die beide in den 40er Jahren gegründet werden (vgl. Lottman 1982: 180ff.). Le Seuil wird zum Hausverlag der neuen *sciences humaines*. Seine Innovation besteht in der Einführung des Taschenformats für akademische Werke, mit dem für bestimmte Werke hohe Auflagen erreicht werden (z. B. für die *Ecrits*, 1966, von Lacan, die mehr als 100.000 verkauft werden, oder Barthes' *Mythologies* von 1957). Auch der Gallimard-Verlag, der diese Strategie für seine *sciences humaines*-Reihe kopiert, erreicht so spektakuläre Auflagenerfolge (wie z. B. das ebenfalls mehr als 100.000 Mal verkaufte *Les Mots et les choses* von Foucault 1966). Der kleine Verlag Minuit setzt dagegen gewöhnlich weniger auf unmittelbare Bestsellererfolge als auf den langfristigen Erfolg von Werken, die sich an ein exklusiveres Lesepublikum mit höherer kultureller Definitionsmacht richten. Minuit ist nicht nur der Verlag des *Nouveau Roman* (zu dem Alain Robbe-Grillet, Nathalie Sarraute, Claude Simon, Michel Butor, Robert Pinget, Claude Ollier gezählt werden können, vgl. Ricardou 1990; Britton 1992), sondern auch von voraussetzungsvollen Theorieentwürfen, deren langfristige Bedeutung sich nicht immer auf Anhieb zeigt, z. B. Derridas *De la Grammatologie* (1967), Bourdieus *Distinctions* [*Die feinen Unter-*

schiede] (1979), Deleuze et Guattaris *Mille Plateaux* [*Tausend Ebenen*] (1980) oder *Le Différend* [*Der Widerstreit*] von Jean-François Lyotard (1983).

Zu den Institutionen, die von der Bildungsexpansion nicht profitieren, gehört die École Normale Supérieure (ENS). Besetzen die *normaliens* 1890 noch 76% der Lehrstühle an der Sorbonne und 63% an den *facultés* der Provinz, so fällt ihr Anteil bis 1930 auf 58% an der Sorbonne und 41% in der Provinz ab (Karady 1986: 362). Einen letzten Höhepunkt erlebt die ENS unmittelbar nach dem zweiten Weltkrieg, als die zukünftigen Sprecher der strukturalistischen Generation wie Derrida und Bourdieu, Deleuze und Foucault Stipendiaten der ENS (Rue d'Ulm) werden, Althusser als *caïman* an der ENS eine Gruppe junger marxistischer Philosophen (zu der Étienne Balibar, Jacques Rancière, Pierre Macherey gehören) versammelt, und Ex-Kommilitonen der ENS wie Sartre und Merleau-Ponty das intellektuelle Leben dominieren. In den 60er Jahren zeichnet sich das Ende der institutionellen Dominanz der ENS ab. Erstens rekrutieren die Universitäten zunehmend eigenen Nachwuchs, gerade in den neuen, schnell wachsenden Bereichen der *sciences humaines*, in der die philosophisch-literarische Kultur eines *normalien*-Gelehrten weniger gefragt ist als die Fähigkeit zu theoretisch-methodischer Projektarbeit in Forschungsteams. Zweitens tritt die 1945 gegründete École Nationale d'Administration (ENA), die eine technokratische Führungselite für Politik und Verwaltung ausbildet, zunehmend in Konkurrenz zur mehr philosophisch-intellektuell geprägten ENS, die ihren Absolventen nur begrenzte ökonomische Perspektiven bietet (Bourdieu 1987). Die letzte politische Führungsgestalt, die aus der ENS hervorgeht, ist der spätere Staatspräsident Georges Pompidou. Und drittens tun sich seit den 70er Jahren insbesondere in den Medien zunehmend Alternativkarrieren auf, die den mühsamen Weg von den Vorbereitungsklassen der *khâgne und hypokhâgne* bis zur *thèse d'Etat* umgehen, aber ein ungleich größeres Publikum versprechen. Dass gerade in der strukturalistischen Theoriekonjunktur dennoch bestimmte Philosophen bzw. Ex-Philosophen der ENS eine führende Rolle spielen, hängt mit den spezifischen Opportunitätsstrukturen im französischen Feld der 60er Jahre zusammen, die einige *normaliens* zu theoretischen Impulsgebern für neu entstehende Forschungsfelder werden lassen: »Der unglaubliche Erfolg der Sozial- und Geisteswissenschaften in Frankreich von den späten 50er zu den frühen 70er Jahren hat mit dem Umstand zu tun, dass Philosophen mit zwei Kulturen ein großes Publikum erreichen konnten, kulturelle Helden werden konnten und die höchsten Positionen monopolisieren konnten, wohingegen jene, die in spezifischen Bereichen ausgebildet waren, ›trockene‹ Akademiker mit langsamen konservativen Regungen und Gedanken blieben.« (Kauppi 1996: 88)[liv]

Während die Bildungsexpansion das strukturelle Gewicht der Universitäten im intellektuellen Feld auf lange Sicht erhöht, ist eine unmittelbare Wirkung dieses Booms eine Krise der universitären Hierarchien und Loyalitäten. Die gesellschaftlichen und politischen Hintergründe der „Ereignisse von 68“, die eine politische Generation weit über das intellektuelle Feld hinaus definieren wird, sind ausführlich erforscht (vgl. etwa Prost 1981: 295ff.; Mouriaux/Percheron/Prost et al. 1992). Einige Gründe für die explosive Stimmung, die sich im Zuge der Bildungsexpansion unter den Studierenden ergibt, sollen dennoch rasch skizziert werden. So kündigen sich, erstens, Anzeichen einer Bildungsinflation an, die zu einer Abwertung einst knapper Universitätstitel sowie zu einer Erhöhung der Abbrecherquoten an den Universitäten (bis auf über 75%) führt (Bourdieu 1978). Zweitens verstärkt sich die Disparität zwischen Eliteschulen (*Grandes Écoles*), die den Zugang durch nationale Eingangsprüfungen (*concours*) kontrollieren, und den Universitäten, an denen der Nachweis der Hochschulreife (*baccalauréat*) ausreicht. Während sich etwa die Studierendenzahlen an den *facultés de lettres* zwischen 1960 bis 1978 mehr als vervierfachen, erleben die meisten Eliteschulen, an denen schon Anfang der 60er Jahre nicht einmal mehr 10% der Studierenden eingeschrieben waren, allenfalls eine Verdopplung (bzw. einen Anstieg von 30.000 auf 46.000 zwischen 1958/59 und 1966/67, Cohen 1978: 16). Drittens erfolgt das Wachstum des Universitätssystems zunächst ohne Anpassung der administrativen Strukturen. Die Fakultäten, die bis zu ihrer Zusammenfassung zu Gesamtuniversitäten 1968 noch weitgehend selbständig sind, werden in der Regel lediglich von einem Dekan (*doyen*) geführt, dem zwei Referenten (*assesseurs*) sowie ein schlecht ausgestattetes Sekretariat zugeordnet sind. Diese Dekane, die gegenüber dem Minister weisungsgebunden sind, können die zunehmende Unzufriedenheit unter Studierenden wie Universitätsmitarbeitern nicht auffangen (Prost 1997: 143, 149). Viertens werden die Universitäten von einer folgenreichen Studienreform erschüttert. So verordnet der zuständige Minister Christian Fouchet 1966 eine komplette Neustrukturierung des Studiums nach drei strikt definierten Zyklen (*cycles*) und eine Spezialisierung nach bestimmten Zweigen, die die Universitäten nicht umsetzen können.[3] [lv] Schließlich ist, fünftens,

3 »Jedem Fach (Soziologie, Geschichte, etc.) wurde eine bestimmte Stundenanzahl für jeden Stoffbereich und jedes Jahr in allen Einzelheiten vorgegeben. Die Prüfungen wurden *à la française* bestimmt: Die Universitäten hatten keinen Spielraum und die Reform schrieb ihnen für jedes Fach die Art der verschiedenen Tests, ihre Dauer und die Art der Notenermitt-

die hohe räumliche Konzentration der französischen Studierenden anzuführen, von denen 1914 43%, in den fünfziger Jahren ca. ein Drittel und 1968/69 immer noch 29% in Paris studieren, und dies in der Regel zusammengedrängt in dem kleinen Viertel des *Quartier Latin* (Cohen 1978: 31; Charle 2002: 1370f.).

Im Mai/Juni 1968 entladen sich die Spannungen in eruptiven Ereignissen: Besetzung der Sorbonne durch die Studierenden, landesweiter Generalstreik, Zusammenbruch der öffentlichen Ordnung, zeitweise Flucht des Präsidenten. Als Reaktion wird bis zum November unter der Federführung von Edgar Faure eine weitere Reform beschlossen, die den französischen Universitäten ihre heutige Gestalt verleiht: Die *facultés* werden nach deutschem Vorbild zu Volluniversitäten zusammengelegt und mit begrenzter Autonomie versehen. Das Lehrstuhlsystem verschwindet. Das Institut des persönlichen Assistenten wird abgeschafft. Der Nachwuchs wird generell von Kollegialgremien rekrutiert, was die innuniversitäre Machtverteilung dezentralisiert (vgl. Bessert-Nettelbeck 1981). Die universitäre Verwaltung wird gestärkt, und es werden Rektoren (*présidents*) eingesetzt, die über wirkliche Handlungsmacht verfügen. Und die zu einem bürokratischen Monster angewachsene Sorbonne wird in vier Einzeluniversitäten (1, 3, 4, 7) zerlegt und um neun Neugründungen mit je unterschiedlichen Profilen erweitert, die über Paris und die Vororte verteilt werden. So haben Nanterre (Paris 10) oder Vincennes (Paris 8), an denen die *sciences humaines et sociales* stark etabliert sind, bald den Ruf linker Universitäten; sie stehen den „rechten" Universitäten (Paris 4 bzw. „Sorbonne", Paris 3 bzw. „Sorbonne Nouvelle") gegenüber, in denen eher die klassischen Disziplinen (wie *lettres*, Philosophie und Recht) dominieren. Prost bringt die Bedeutung dieser Entwicklungen damit auf den Punkt, dass »die Ereignisse von 1968 paradoxerweise die Geburt wirklicher Universitäten in Frankreich bedeuten.« (Prost 1997: 154)[4][lvi]

Das Jahr 68 markiert nicht nur den Höhepunkt einer »Wachstumskrise« (Prost 1997: 122), in die die akademischen Institutionen wegen

lung vor. Das Grund- und Hauptstudium wurde somit mit der gleichen Präzision definiert wie die Lehre im Sekundarsystem.« (Prost 1997: 140)

4 Die Unruhen von 68 erfassen in erster Linie die Universitäten und weniger die *Grandes Écoles*, die relativ ruhig bleiben und kaum von der einsetzenden Reformdynamik erfasst werden. Über einschneidende Reformprojekte wird hier erst unter dem Eindruck der Identitätskrise dieser Institutionen nachgedacht, was in den 90er Jahren neue, „weichere" Aufnahmeprozeduren neben den *concours* treten lässt: die ENS führt ein spezielles Programm für internationale Studierende ein, die *Sciences Po* kooperiert mit ausgewählten Gymnasien in den Vororten der *banlieue*, und in der ENA wird eine grundlegende Umgestaltung des Lehrprogramms diskutiert.

der halsbrecherischen Expansion geraten waren. Es stellt auch einen Einschnitt in die intellektuelle Debatte dar, in der nach dem „szientifischen" Strukturalismus der Jahre um 1966 nun mehr dynamisch-aktivistische Projekte wie die Philosophien des „Verlangens" (*désir*, etwa bei Lacan, Lyotard, Deleuze, Foucault) oder auch Sartres Philosophie in den Vordergrund treten (Nora/Gauchet 1988; Morin 1986). Für den intellektuellen Diskurs ist 68 aber nur einer der Wendepunkte in einer Zeit, in der sich neue Moden und Trends gleichsam jährlich abwechseln (vgl. Passeron 1986). Diese „heiße" Phase intellektueller Efferveszenz wird von den Jahren 1965/1966 (Foucaults *Les Mots et les choses*, Althussers *Pour Marx* und *Lire le Capital*) sowie 1975/1976 (Veröffentlichung von Solschenyzins *Archipel Gulag*, Auftauchen der *nouveaux philosophes*) eingerahmt.

Die institutionelle Krise der Universitäten geht nun Hand in Hand mit einem intellektuellen Aufbruch an der Peripherie des akademischen Felds. Die soziologische Basis der neuen theoretischen Tendenzen liegt im akademischen Nachwuchs, in den neuen semi-akademischen bzw. „anakademisierten" Schichten, aber auch in den vielen aufgestiegenen Leitern neuer Institute oder Forschungsgruppen. Es sind die massenhaft stattfindenden Positionswechsel, die ein allgemein verbreitetes Verlangen nach intellektueller Orientierung erzeugen und die Seminare Lacans, Barthes' und Foucaults zu Treffpunkten des intellektuellen *Tout-Paris* machen. Das Ausmaß der stattfindenden Positionswechsel und die damit einhergehenden Verwerfungen verdeutlichen folgende Zahlen. Stellen bis zum zweiten Weltkrieg die Professoren noch die große Mehrheit unter den Hochschullehrern dar (Cohen 1978: 71), entstehen nach 1945 die subalternen Statuskategorien von *assistants* („Wissenschaftliche Assistenten") und *maîtres assistants* („Oberassistenten"). Gerade in den *lettres* und *sciences humaines* nehmen letztere in den sechziger Jahren dramatisch zu. Noch 1950 liegt das Verhältnis zwischen Professoren und *assistants/maîtres assistants* bei 379 zu 132, d. h. Professoren machen 74,2% aller Hochschullehrer aus. 1960 steht das Verhältnis noch bei 603 zu 371, was einem Professorenanteil von 61,9% entspricht, und bis 1971 hat es sich vollständig umgekehrt, und 1840 Professoren stehen 4882 *assistants/maîtres assistants* gegenüber (27,4%) (Prost 1997: 141). Diese Entwicklung erhöht nicht nur den Innovationsdruck auf alle Gruppen, sondern setzt auch die persönlichen Verhältnisse zwischen Professoren und Assistenten in den Instituten einer hohen Belastungsprobe aus, deren »mandarinales Modell nach dem Vorbild der liberalen Professionen« (Baverez 1993: 295)[lvii] die vielen neuen jungen Wissenschaftler nicht mehr einzubinden vermag. Bezeichnend ist der Fall Raymond Arons, der seine Erfahrungen an der Sorbonne plastisch rekapituliert:

»Ein einziger Assistent half mir 1955; ein Dutzend kümmerten sich um die Studenten zehn Jahre danach. Die Aufblähung der Universitätsangehörigen, sowohl der Studierenden als auch der Lehrenden, wurde von Jahr zu Jahr gravierender. Der Vorlesungssaal Descartes war voll, als ich meine Vorlesung gab; ich las für Hunderte von Zuhörern, die ich nicht kannte. Am Ende des Jahres 1967 entschied ich mich, die Sorbonne zu verlassen und nicht-kumulierender Forschungsleiter an der sechsten Sektion der École Pratiques des Hautes Études [der späteren EHESS, J.A.] zu werden, weil ich das Gefühl hatte, dass das Gebäude aus allen Nähten platzte, dass wir von einem am Ende seiner Kräfte stehenden System gelähmt und unserer Kräfte beraubt wurden.« (Aron 1983: 342)[lviii]

Doch auch auf dem Höhepunkt ihrer öffentlichen Sichtbarkeit bleiben die Vertreter der neuen Theorietendenzen an den Universitäten eine kleine Minderheit. So erinnert etwa Maingueneau daran, dass auf einer Tagung in *Cerisy* von 1966, die gemeinhin als Meilenstein auf dem Weg zur akademischen Etablierung der *Nouvelle Critique* und strukturalistischer Tendenzen in den Literaturwissenschaften gezählt wird, von den 28 veröffentlichten Beiträgen gerade einmal zwei (Gérard Genette und Jean Ricardou) für den „formalistischen" (strukturalistischen) Ansatz eintreten (Maingueneau 2003: 17f.). Die hohe Präsenz dieser Theoretiker im intellektuellen wie im akademischen Diskurs der Zeit führt nicht zu ihrer dauerhaften Verankerung in den Universitäten. Zwar untergräbt »der totale Zusammenbruch der konservativeren philologischen Methoden« (Angenot 1984: 162)[lix] die akademische Reputation v. a. der älteren Geisteswissenschaftler, die sich nun oft aus dem breiteren akademischen Diskurs zurückziehen; doch wird das „lokale" Klima an den Universitäten weiter von diesen Wissenschaftlern bestimmt, die teilweise noch Jahrzehnte das Gros der Studierenden ausbilden. Die Theoriestars der Zeit etablieren sich hingegen meist in der institutionellen Peripherie des akademischen Felds, das zwar relativ hohe Freiräume für innovative Forschung bietet, aber wenig Gelegenheit bietet, die eignen Ideen in die universitäre Lehre einfließen zu lassen, akademischen Nachwuchs heranzubilden und Einfluss auf die Reproduktion der akademischen Institutionen zu nehmen. Die dominante Stellung, die diese Theorievisionäre im intellektuellen Diskurs gewinnen, drückt kein soziales Kräfteverhältnis aus. Von ihrer Präsenz im intellektuellen Diskurs lassen sich keine Annahmen über die Anzahl der Produzenten im Feld ableiten, die sich in diesem oder jenem Lager verorten. Die hohe öffentliche Aufmerksamkeit, die die Theoretiker der strukturalistischen Generation in den 60er und 70er Jahren genießen, erklärt sich vielmehr durch die Artikulation eines erhöhten Bedarfs an allgemeiner intellektueller Orientierung, an zeitgemäßen Untersuchungsgegenständen, an gegenstandsbezogenen

Forschungsmethoden, den die Theoretiker der strukturalistischen Generation mit unterschiedlichen Theorieprojekten bedienen.

3.3 Die Bildung der intellektuellen Generation des Strukturalismus

Es wurde darauf hingewiesen, dass die Theoretiker, die international als Poststrukturalisten geführt werden, aus der Perspektive ihres eigenen Felds eine zu heterogene Gruppe darstellen, als dass man sie als Vertreter eines theoretischen Paradigmas oder einer intellektuellen Bewegung fassen könnte. Obgleich diese Theoretiker in Frankreich nicht als Poststrukturalisten bekannt sind, genießen sie als je Einzelne um 1970 erhebliche Aufmerksamkeit. Aus diesem Grund sollen sie als eine intellektuelle Generation gefasst werden. Eine intellektuelle Generation fasst symbolische Produzenten zusammen, die sich a) (auf je eigne Weise) auf bestimmte Ereignisse des intellektuellen Diskurses beziehen; b) mit je unterschiedlichen Projekten in den (breiten) intellektuellen Diskurs eintreten und c) zwischen denen, wie Sirinelli vorschlägt, Beziehungen der „Soziabilität" bestehen, was nicht nur »Sympathie und Freundschaft, sondern auch Rivalität und Feindschaft« (Sirinelli 1988: 12)[lx] einschließt.

Eine intellektuelle Generation besteht in der Regel aus verschiedenen Alterskohorten. Die Generation des Strukturalismus kann nach drei Altersgruppen unterschieden werden: nach einer „Senioren"-Gruppe, zu der Jacques Lacan (1901-1981) und Claude Lévi-Strauss (*1908) gezählt werden können; nach der Kohorte von ca. 1920 mit Roland Barthes (1915-1980) und Louis Althusser (1918-1990); nach der Kohorte von ca. 1930 mit Michel Foucault (1926-1984), Jacques Derrida (1930-2004), Pierre Bourdieu (1930-2002), Jean Baudrillard (1929-2007), Gilles Deleuze (1925-1995), Jean-François Lyotard (1924-1998), Michel de Certeau (1925-1986), Gérard Genette (*1930) und nach einer „Junioren"-Kohorte mit Philippe Sollers (*1936), Tzvetan Todorov (*1939) und Julia Kristeva (*1941). Diese Kohorten machen unterschiedliche politische Erfahrungen (vgl. Winock 1985: 28ff.; Sirinelli 1990). Die älteren erleben, wie noch die Angehörigen der existenzialistischen Generation, Krieg und Besatzung. Während Lévi-Strauss und Althusser als Soldaten am zweiten Weltkrieg teilnehmen, dann emigrieren bzw. in Kriegsgefangenschaft geraten, steht Lacan zeitweise mit den Rechtsintellektuellen der Vorkriegszeit (wie Charles Maurras, Pierre Drieu la Rochelle, Céline, Robert Brasillach) in Kontakt (die nach dem Krieg keine Rolle mehr im intellektuellen Leben spielen). Besonders die Mitglieder der Kohorte mit dem Geburtsdatum um 1920 werden Zeugen des mythischen Ansehens, das die Kommunistische Partei Frankreichs (PCF) unmittelbar nach dem Krieg genießt (Althusser und für kurze Zeit auch Foucault sind Mitglieder der KP, vgl. Sirinelli 1986). Der Algerienkrieg wird dagegen besonders die Kohorte um 1930 prägen: Bourdieu wird 1955 in Algerien stationiert, wo er 1958-1960 unterrichtet (Bourdieu 1958); Althusser und Derrida sind in Algerien geboren und Lyotard engagiert sich in der Anti-Kolonialismusbewegung (vgl. Rioux/Sirinelli 1991). Doch die Ereignisse, die sich für alle gleichermaßen (aber nicht für andere Generationen) als prägend erweisen, sind die theoretische Efferveszenz der 60er Jahre („Saussure“, „Freud“, „Marx“) und die politischen Verwerfungen im Zuge von „68“. Diese Ereignisse sind die gemeinsamen Bezugspunkte, die ihren intellektuellen Karrieren neue Richtungen verleihen werden.

Es können auch Produzenten zur intellektuellen Generation des Strukturalismus gezählt werden, die sich primär an akademische Fachöffentlichkeiten richten, ohne sich in die weitere intellektuelle Debatte einzubringen, etwa strukturale Linguisten wie Emile Benveniste (1902-1976) und A.J. Greimas (1917-1992), Epistemologen wie Gaston Bachelard (1884-1962) und Georges Canguilhem (1904-1995) oder der Kulturhistoriker Georges Dumézil (1898-1986), die Impulse für die Intellektuellen der strukturalistischen Generation geben (man denke an die Einflüsse von Greimas auf Barthes, von Bachelard auf Althusser oder von Canguilhem auf Foucault), aber selbst kaum außerhalb akademischer Fachöffentlichkeiten bekannt sind. Auch andere Intellektuelle werden von der Konjunktur des Strukturalismus und 1968 geprägt, aber sie werden nicht (bzw. noch nicht) mit eigenen Projekten im intellektuellen Diskurs sichtbar. Dies ist insbesondere der Fall für die zahlreichen Schüler und Kommentatoren (etwa von Lacan oder Althusser, die die zwei großen Schulen der Zeit aufbauen), auch wenn sicher viele Grenzfälle genannt werden können wie z. B. Toni Negri (geboren 1933), Jacques Rancière (*1940) und Alain Badiou (*1937), die Althusserianer Pierre Macherey (*1938), Etienne Balibar (*1942), Michel Pêcheux (1938-1982) oder der Derridianer Jean-Joseph Goux (*1943).

Parallel zur strukturalistischen Generation existieren weitere intellektuelle Netzwerke, Schulen und Gruppen, die sich um Zeitschriften bilden und mit denen es mehr oder minder enge Kontakte gibt. Im akademischen Feld können etwa die Historiker wie Lucien Febvre und Marc Bloch genannt werden, die sich seit den 1920er Jahren um die Zeitschrift *Annales* gruppieren. Das Verhältnis der *Annales*-Historiker zu den Kultur- und Medienwissenschaftlern des Strukturalismus war, wie sich an der in den 60er Jahren einsetzenden Strukturalismus-Debatte von *Annales* ablesen lässt, von einer konstruktiv-wohlwollenden Gesprächsatmosphäre geprägt (Delacroix/Dosse/Garcia 2005: 186ff.). Raphael qualifiziert das Gespräch zwischen beiden Seiten als »ein Stück Wissenschaftsdiplomatie der *Annales*-Redaktion, die damit ihre Strategie des Dialogs zwischen Geschichtswissenschaften und Sozialwissenschaften fortsetzte und zugleich auch tiefsitzende Vorbehalte der Historikerschaft gegen solche Formen abstrakter Theorie, ahistorischer Modelle und empirieferner Gesamtdeutung überdeckte« (1994: 280). Insbesondere in der sechsten Sektion der EPHE, der späteren EHESS, die traditionell von Historikern aus dem *Annales*-Umfeld geleitet wird (und zwar 1947-1956 von Lucien Febvre, 1956-1972 von Fernand Braudel, 1972-1977 von Jacques Le Goff, 1977-1985 von François Furet, Rieffel 1993: 430), kreuzen sich die Wege mit Barthes, Derrida oder Bourdieu, die unter Braudels Leitung rekrutiert werden und sich in einer institutionellen Wahlverwandtschaft mit vielen *Annales*-Historiker befinden.

Eine weitere Gruppe sind die Theoretiker und Philosophen, die sich wie Henri Lefebvre, Cornelius Castoriadis oder André Gorz für einen antibürokratischen Sozialismus und die *autogestion*-Bewegung einsetzen (Hirsh 1981). Mit Claude Lefort führt Castoriadis die kleine Zeitschrift *Socialisme ou barbarie*, die die autoritären Systeme des Realsozialismus einer kritischen Reflexion unterzieht (Gottraux 1997). Auch wenn diese Zeitschrift ihr Erscheinen 1965 einstellt, leben ihre theoretischen Ideen gleichsam im intellektuellen Untergrund fort, um ab Ende 70er Jahre im Zuge des Aufstiegs der liberalen politischen Theorie eine Renaissance zu erleben. Eine weitere Gruppe bildet sich ab Anfang der 70er Jahre um Pierre Bourdieu und die von ihm geleitete Zeitschrift *Actes de la recherche en sciences sociales* (ARSS). Auch wenn Bourdieu zum Umfeld des Strukturalismus gezählt werden kann, entwickelt sich die von ihm geführte Gruppe in den 80er Jahren zu einem intellektuellen Phänomen für sich. Auch die Mathematik und die formale Logik spielen im intellektuellen Diskurs der Zeit eine gewisse Rolle, was angesichts der verbreiteten Privilegierung von Form über Inhalt und der Distanz, die die *sciences humaines* im Namen einer rigorosen Wissenschaft des sozialen Lebens zu den humanistischen Geisteswissenschaften einnehmen, kaum überrascht. So beziehen sich Lacan, Sollers und der postlacanianische Philosoph Alain Badiou immer wieder auf die Mengenlehre (*théorie d'ensemble*) sowie auf eine Gruppe anonymer Mathematiker, das unter dem Namen *Bourbaki* bekannt ist. A.J. Greimas und Oswald Ducrot stützen sich auf formale Logiker wie beispielsweise Robert Blanché. Am Schnittpunkt von Philosophie und Literatur entstehen im Umfeld des Feminismus einige Tendenzen, die international bisweilen als „French Feminism" diskutiert werden, in Frankreich jedoch weder für den Mainstream-Feminismus noch für die theoretischen Tendenzen der Zeit repräsentativ sind (Moses 1998; Duchen 1986; Galster 2004). Zu diesen Feministinnen gehören etwa Luce Irigaray, die eine Theorie weiblichen Sprechens formuliert, oder Hélène Cixous, die in ihren zahlreichen Theaterstücken und Romanen die Geschlechterfrage diskutiert. Im ästhetisch-kulturellen Feld können schließlich die Literaten genannt werden, die sich wie Georges Bataille und Maurice Blanchot vom *Collège de sociologie* (1937-1939) kennen und nach dem Krieg die Zeitschrift *Critique* gründen. *Critique* nimmt die theoretischen Projekte von Lévi-Strauss, Foucault oder Lacan im Allgemeinen positiv auf, und in *Critique* widmen Foucault und Derrida Literaten wie Bataille und Blanchot Essays (Patron 2000). Um die Zeitschrift *L'Internationale situationniste* tun sich einige ikonoklastischen Performanzkünstler zusammen, die von den medientheoretischen Reflexionen Guy Debords (1992) inspiriert werden (Martos 1989). Der *Nouveau Roman* kann vielleicht als das literarische Äquivalent zu den strukturalen Tendenzen in den *sciences humaines* gelten. Im Gegensatz zur „ontologischen" Literatur eines Blanchot oder Bataille können die Autoren des *Nouveau Roman* als Vertreter der *écriture*-Tendenzen der zeitgenössischen Kunst genannt werden, die wie auch das *Oulipo*-Projekt oder die *supports-surfaces*-Gruppe (u. a. Daniel Dezeuze, Bernard Pagès, Claude Viallat) das symbolische Material „spielen" lassen und so transzendentale Tiefe („Referent", „Sinn", „Wirklichkeit") problematisieren. Wie Derrida und Deleuze publizieren viele der Vertreter des *Nouveau Roman* bei Minuit. Neben Barthes macht sich auch Jean Ricardou, der als theoretischer Brückenkopf zur *Nouvelle Critique* fungiert (1990) und der Zeitschrift *Tel Quel* angehört, für den *Nouveau Roman* stark.

Keiner dieser Gruppen gelingt es, ein dem Strukturalismus vergleichbares Ereignis bzw. einen über verschiedene Regionen des intellektuellen Felds erstreckenden Diskussionszusammenhang zu etablieren. Es sind die Theoretiker aus dem Umfeld des Strukturalismus, die akademische, ästhetische und politische Logiken des intellektuellen Diskurses zu kreuzen und so die entscheidenden Knotenpunkte im intellektuellen Diskurs zu besetzen wissen. Anders als die Cluster, die sich um Zeitschriften, Institutionen und/oder Leitfiguren herum gruppieren, verfügen die Theoretiker der strukturalistischen Generation über kein identifizierbares Zentrum (wenngleich vielleicht eine Troika theoretischer Führungsfiguren – Lacan, Althusser, Foucault – ausgemacht werden kann, zu der auch Lévi-Strauss gezählt werden kann). Diese Verstreuung im intellektuellen Raum ermöglicht eine Art hegemonialer Arbeitsteilung, mit der verschiedene Regionen des intellektuellen Raums verbunden werden können. Demnach ist die Theoriekonjunktur des Strukturalismus das Ergebnis der Kombination *unterschiedlicher* Faktoren, die die institutionelle Peripherie des akademischen Felds zu einem hegemonial zentralen Ort des intellektuellen Diskurses werden lassen. Ist es nicht diese gegenläufige Verbindung von symbolischer Dominanz und institutioneller Dominiertheit, die zur Einnahme einer kritischen Funktion im öffentlichen Diskurs prädestiniert? So erweisen sich die Gegensätze zwischen Strukturalisten und Nicht-Strukturalisten, zwischen ihren unterschiedlichen politischen Positionen, zwischen Philosophen, Ex-Philosophen und Nicht-Philosophen, zwischen den Schulen und Netzwerken, denen sie angehören, zwischen Eliteakademikern und Autodidakten und zwischen ihren verschiedenen institutionellen Orten mit Blick auf die Präsenz dieser Generation im intellektuellen Diskurs als komplementäre Positionen in einem ausgreifenden Diskussionszusammenhang.[5] [lxi] Ganz gleich, ob sie sich auf antagonistische oder freundschaftliche Weise gegenübertreten, ihre wechselseitigen Bezüge wirken als Resonanzverstärken für die symbolische Präsenz eines jeden Einzelnen.

Der explizite Bezug – die Zitation bzw. Nennung eines Kollegen – scheint dabei Ausdruck einer intellektuellen Hackordnung zu sein, die ungefähr mit dem biologischen Alter korreliert. Oben steht demnach Lacan, der sich nur selten auf die Kollegen seiner Generation stützt, während bei Foucault ein paar indirekte Hinweise auf Lacan zu finden sind (Foucault 1994a). Es folgen Althusser, Deleuze und Derrida, die sich bisweilen auf Lacan und Foucault beziehen (Deleuze 1986; Althusser/Balibar/Establet et al. 1965; Althusser 1993) bzw. sich von diesen abgrenzen (Derrida 1967b). Bekannt ist der Stellungskrieg Bourdieus gegen die Philosophie, der klare Demarkationslinien gegen Derrida (Bourdieu 1979: 578ff.[773ff.]) und gegen Althusser (Bourdieu 1975) zieht. Barthes kann als der theoretische „Durchlauferhitzer" seiner Generation betrachtet werden, der andere theoretische Projekte (Greimas, Derrida...) vulgarisiert. Dass etwa Sollers einen symbolisch untergeordneten Status einnimmt, kann an der exponierten Art abgelesen werden, mit der Foucault, Derrida und Barthes den von ihm herausgegebenen Band *Théorie d'ensemble* (Tel Quel 1968) anführen. Entsprechendes gilt für Jean-Joseph Goux, der ausführlich Derrida referiert, und für einige der Althusser-Schüler.

Ab Mitte der 70er Jahre gerät das intellektuelle Modell des Strukturalismus, in dem sich akademische Legitimitätsansprüche mit politi-

5 So weist Kauppi auf die folgenreiche Verbindung von *normaliens* mit akademischen Außenseitern hin, »die nicht gemäß der lokalen intellektuellen Etikette und ihrer Rituale erzogen wurden. Diese Kombination erwies sich als explosiv, da die nicht-*normalien/nes* darauf aus waren, die Regeln zu brechen, und die *normalien/nes* waren teilweise bereit, diese Revision zu legitimieren.« (Kauppi 1996: 74)

schen und ästhetischen Ambitionen verbinden, in eine Krise. War die Generation des Strukturalismus in den 60er Jahren aus dem Konflikt mit universitären und existenzialistischen Humanismen hervorgegangen, so zerbricht die strukturalistische Hegemonie um 1980 wieder. Im Zuge dieser Krise durchlaufen die intellektuellen Projekte der 60er und 70er Jahre nicht nur einen rapiden Alterungsprozess; es ändern sich auch einige fundamentale Regeln, die das Spiel intellektueller Abgrenzungen und die symbolische Präsenz im intellektuellen Diskurs organisieren. Mit dem Übergang zu diesem neuen Diskursregime, für das sich der Begriff des „Neoliberalismus" aufdrängt (Winock 1985: 32), endet das »goldene Zeitalter der ›großen Intellektuellen‹« (Winock 1985: 22)[lxii] und das »politische Prophetentum.« (Hourmant 1997: 7)[lxiii] Nun »duckt sich der Intellektuelle, zieht sich in die Institution zurück, schließt sich in die Zeitschrift seiner Kaste, seines Spezialgebiets, seines Rangs ein.« (Hamon/Rotman 1985: 207)[lxiv] Die Intellektuellen treten den Rückzug in die akademischen Institutionen an oder sie unterwerfen sich den heteronomen Produktionslogiken des zunehmend industrialisierten Markts der Massenmedien.

3.4 Die neoliberale Wende der 1980er Jahre

Deutet sich Mitte der 70er Jahre eine Abschwächung theoretischer Ambitionen an, wenn sich Barthes, der einst den „Tod des Autors" propagiert hatte, nun Fragen individueller literarischer Erfahrung zuwendet und zunehmend seinen Pessimismus zur Schau stellt (1975; 1977), wenn Philippe Sollers 1982 die Zeitschrift *Tel Quel* einstellt, um wieder als reiner Schriftsteller tätig zu sein, oder wenn Althusser ausführlich das Genre der „Selbstkritik" (Althusser 1974, 1976) bedient (vgl. Wood 1991)? Deutet sich am Ende der 70er Jahre nicht eine Neuordnung des Verhältnisses zwischen intellektueller und politischer Macht an, wenn sich, wie Fabiani (1979: 299f.) bemerkt, Philippe Sollers und Raymond Aron nun in den gleichen politischen Initiativen wieder finden, um den Totalitarismus zu verurteilen, Roland Barthes mit Giscard d'Estaing beim Frühstück gesehen wird, und 1978 der erste Lacanianer in ein (bürgerliches) Kabinett eintritt (Fabiani 1979: 299f.)? Um 1980 wird die Krise manifest, in die die Theoretiker des „Anti-Humanismus" geraten. Sie verlieren nun einige ihrer wichtigsten Figuren: Lacan, der Ende der 70er Jahre sein Sprachvermögen verliert und 1981 stirbt, Barthes, der 1980 bei einem Autounfall umkommt, Althusser, der 1980 in einem Anfall geistiger Umnachtung seine Frau umbringt und bis zu seinem Tod 1990 in einer psychiatrischen Anstalt verbringt, die Althusser-Schüler

Nicos Poulantzas und Michel Pêcheux, die 1979 und 1983 Selbstmord begehen, Foucault, der 1984 nach seinen Aufenthalten an der nordamerikanischen Westküste an Aids stirbt. Etwas später sterben Certeau (1986), Deleuze (1995) und Lyotard (1998). Auch Jean-Paul Sartre und Raymond Aron, die als Sprecher der Generation der existenzialistischen Konjunktur fungiert hatten, ereilt nun der Tod (1980 bzw. 1983). Nach der Wahl François Mitterands 1981 verhandeln die Medien lautstark die Gründe für das „Schweigen der Intellektuellen" (vgl. „Le silence des intellectuels de gauche" von Philippe Boggio in Le Monde vom 27./28. Juli 1983, Sirinelli 1990). Die Funktion des kritischen Intellektuellen wird nun noch ausnahmsweise wahrgenommen (etwa von Bourdieu, der mit seiner Kritik am Neoliberalismus in den 90er Jahren wieder an das intellektuelle Modell eines Sartre oder eines Foucault anknüpft), und rechtsliberale Stimmen, die es bis in die 70er Jahre nur gelegentlich (z. B. Raymond Aron) gegeben hatte, beherrschen zunehmend die mediale Öffentlichkeit (Le Débat 1988).

Die Jahre um 1980 markieren einen generationalen Wandel wie auch einen tiefgreifenden Umbruch in den symbolischen Produktionsregeln des intellektuellen Felds und im Verhältnis des intellektuellen Felds zu heteronomen Instanzen, wie zu Ökonomie und Politik. Mit der neoliberalen Wende verändern sich die Verhältnisse zwischen den Polen des Felds massiv und dauerhaft. Angesichts eines verschwindenden Pols freischaffender Produzenten, der Konsolidierung des akademischen Pols und der Industrialisierung auf Seiten des medial-journalistischen Pols bildet sich das dreipolig strukturierte „modernistische" Feld in eine zweipolige Struktur um, die schon die vormodernistische Konfiguration des Felds ausgezeichnet hatte. In der „Postmoderne" verläuft die antagonistische Grenze des intellektuellen Felds zwischen, auf der einen Seite, „Experten" und „Beratern" mit Zugang zu politischen Entscheidungsträgern sowie „Medienintellektuellen", die ohne eine spezifische akademische Kompetenz in den Diskurs eintreten und deren Legitimität einzig auf ihrer massenmedialen Präsenz beruht, und auf der anderen Seite akademischen Forschern, die sich ausschließlich an spezialisierte Fachöffentlichkeiten richten. Damit hat »die relative Autonomie [des Felds] beträchtlich abgenommen, und zwar insofern, als es seine Instanzen der Weihe nicht mehr in sich selbst hat und auch nicht mehr selbst hervorbringt.« (Debray 1979: 120[95])[lxv] Ist es dieser Verlust an intellektueller Autonomie, der die „neoliberale Postmoderne" in den Augen vieler französischer und europäischer Intellektueller zu einem Synonym für Reaktion und Niedergang macht?[6]

Nach der Wachstumskrise der 60er Jahre zeigt das akademische Feld in Frankreich unübersehbare Zeichen einer Konsolidierung. So pendelt sich nach dem starken Anstieg der Nachkriegszeit die Zahl der in den *lettres* und *sciences humaines* beschäftigten Wissenschaftler nach dem Stellenstopp von 1971/72 dauerhaft zwischen 220.000 und 230.000 ein (Prost 1981: 397), was auf Seiten von Studierenden und Wissenschaftlern zu einer verbreiteten Enttäuschung von Karriere- und Aufstiegserwartungen führt. Die Auflagen der intellektuellen Zeitschriften mit akademischem Anspruch sinken zwischen 1968 und 1980 von 8.000 auf 5.000 im Falle von *Tel Quel*, bei *Esprit* von 12.000 auf 10.500, bei *Les Temps modernes* von 10.000 auf 7.000 (Kauppi 1990: 82[102]). Auch die typische Auflagenzahl von fachspezifischen Forschungsmonographien geht wieder auf das Niveau von vor den 60er Jahren zurück, und zwar von 2.200 Anfang der 80er Jahre auf 700 Exemplare Ende der 90er Jahre (A.L. 1999: 131). Barluet diagnostiziert in den 80er Jahren relative Einbrüche auf dem wissenschaftlichen Buchmarkt, besonders im Kernbereich der *sciences humaines et sociales* (2004). Auerbach dagegen sieht in der Entwicklung der 80er Jahre eher eine Normalisierung, die von einer ausgeprägten Krisenrhetorik begleitet wird (2006).[7] [lxvi] Fakt ist, dass den Verlagen mit Ausnahme von Bourdieu nur noch wenige sechsstellige Auflageerfolge gelingen. Zum Sinnbild der Probleme des wissenschaftlichen Verlagswesens werden die Presses Universitaires de France

6 Auf einen inhärenten Abbau normativer Ansprüche in der Postmoderne zu schließen, wäre falsch. Als Beispiel kann die die gleichzeitig ablaufende Diskussion über den Poststrukturalismus in den USA angegeben werden, die vor dem Hintergrund zunehmender Autonomie in den *humanities* stattfindet und von einem deutlichen Linksruck begleitet wird (Angermüller 2004a).

7 In einem Interview mit dem *Nouvel Observateur* erklärt Pierre Nora: »N.O. – Welches Publikum hatten ihre Buchreihen 1970? P. Nora – Ein doppeltes: ein universitäres und ein allgemeineres. Beide sind dabei zu verschwinden. Der kulturelle Sockel, auf dem sich die beiden Öffentlichkeiten vereinigten, ist zerbrochen. Ganze Disziplinen sind wieder in Isolierung verfallen wie die Linguistik und sogar die Psychoanalyse. Andere sind zusammengebrochen, wie die Soziologie, mit der Ausnahme des Phänomens Bourdieu. Die Geschichte widersteht dieser Tendenz noch, aber eine in Frankreich so klassische Disziplin wie die Literaturwissenschaft ist mit Mann und Maus untergegangen: außer Starobinski, Bénichou, Fumaroli keine Überlebenden. Man hätte glauben können, dass das ›Ende der Ideologien‹ die Gemüter befreit hätte; es hat sie eingeschlossen. Es wird überdies von einem sehr deutlichen Niedergang intellektueller Autoritäten zugunsten von Persönlichkeiten, die man nicht erwartete, begleitet.« (Nora 1999: 132-134)

(P.U.F.), die in den 90er Jahren in schweres Fahrwasser geraten, etwa weil die Auflagen von Flaggschiffen wie der *Que sais-je?*-Reihe in den 90er Jahren von 5.800 auf 4.100 Exemplare fällt (Crignon 1999: 129). Während die Gründung neuer Verlage im Bereich der *sciences humaines* noch um 1979/1980 einen Höhepunkt erlebt (und zwar mit ca. 80 Gründungen), um bis 1987 auf unter 30 abzufallen (Bouvaist 1998: 132), wird das Verlagswesen insgesamt zunehmend von Großverlagen und Multimediakonzernen dominiert, die ihr Vertriebswesen Ende der 70er Jahre auf großindustrielle Produktionsmethoden umstellen und »eine wahrhaftige Kolonisierung des Verlagswesens durch Finanzinvestoren« auslösen (Bouvaist 1986: 100).[lxvii] Die *sciences humaines* werden dadurch von zwei Seiten in die Zange genommen: von spezialisierten Kleinverlagen ohne nennenswertes außerakademisches Publikum und von Großverlagen, die Essays, Pamphlete und Feuilletonbeiträge gegenüber Texten mit hohem konzeptuellen Anspruch bevorzugen (vgl. Bourdieu 1999).

Diese Entwicklung wie auch der Übergang zu „Normalwissenschaft" (Kuhn 1968) mindern die Anreize zur Entwicklung von Projekten mit größeren theoretischen Innovationsansprüchen. Nun sind die institutionellen Terrains abgesteckt, und es konsolidieren sich lang angelegte Forschungszusammenhänge, deren Akzent mehr auf methodischer Solidität als auf dem Entwurf neuer theoretischer Visionen liegt. Es endet auch die Dynamik, die die Besetzung von neuen Positionen im akademischen Feld bis Anfang der 70er Jahre auszeichnet. Nicht nur treten kaum noch neue Produzenten in das Feld ein; auch die schon etablierten Produzenten müssen zunehmend mit den erreichten Positionen Vorlieb nehmen und sehen ihre Aufstiegserwartungen enttäuscht. Es nimmt kein Wunder, dass der Anteil der *assistants* wieder abschmilzt: von 49% (1967) auf 37% (1976); die große Anzahl der Promotionen des Jahres 1977 steht hiermit in direktem Zusammenhang (Cohen 1978: 134f.). In der Philosophie ist die Alterung der Disziplin besonders auffällig. So sinkt bis 1986 der Anteil der unter 35-Jährigen unter den Hochschullehrern auf unter 1%, der der unter 45-Jährigen auf 19,5% (Pinto 1987: 142). Wegen des Ungleichgewichts zwischen der sinkenden Zahl freier Positionen und der wachsenden Zahl nachrückender Akademiker nimmt die Exklusivität der akademischen Institutionen zu, und es verhärten sich die Grenzen zwischen innen (Wissenschaftler mit Stellen) und außen (Wissenschaftler ohne Stellen) wie auch zwischen oben (Wissenschaftler mit Einfluss auf die Karrieremöglichkeiten anderer) und unten (Wissenschaftler ohne entsprechenden Einfluss).[8] [lxviii] Außerdem bilden die Uni-

8 Bourdieu beschreibt die institutionellen Mechanismen, die zur Ausbildung von dauerhaften Abhängigkeitsverhältnissen im akademischen Feld füh-

versitäten nun auch für den Bereich der *sciences humaines* eigenen Nachwuchs aus, was die Absolventen der ENS auf ihre klassischen Disziplinen (Philosophie, *lettres*) zurückwirft und mit dem Problem der Arbeitslosigkeit konfrontiert. Und schließlich kann sich das akademische Zentrum, in dem in den 60er Jahren mit Abstand die meisten Stellen geschaffen worden waren, nun auch wieder symbolisch gegenüber der institutionellen Peripherie behaupten. Nachdem die Fakultäten 1968 zu Volluniversitäten zusammengefasst wurden, etablieren sich die Universitäten als eigenständige Bildungs- und Forschungsinstitutionen neben dem System der *Grandes Écoles* und dem CNRS (Musselin 2001). Dass mit dem Rahmengesetz (*loi d'orientation*) von 1968 das Lehrstuhlsystem mit persönlich zugeordneten Assistenten abgeschafft wird, es im akademischen Mittelbau bald nur noch unbefristete Arbeitsverhältnisse gibt (Friedberg/Musselin 1989: 43) und die institutionelle Macht auf ein System von Kommissionen verteilt wird und so tatsächlich ihren Monopolcharakter verliert (1989: 25), verhindert nicht, dass die Beziehungen zwischen den Wissenschaftlern bald wieder stärker von persönlichen Abhängigkeiten und institutionellen Hierarchien geprägt sind. Vor diesem Hintergrund überrascht es nicht, wenn Anfang der 80er Jahre wieder zunehmende »Zeichen der Unterordnung«, eine »Betonung der disziplinären Aspekte der Rekrutierung« sowie bisweilen sogar eine »Verstärkung der mandarinalen Macht« (Bessert-Nettelbeck 1981: 311) diagnostiziert werden (vgl. Cohen 1978: 168f.).

Viele der formellen oder informellen Netzwerke, die die Vergabe von Stellen regeln, erhalten im Zuge der Bildungsexpansion als Forschungszentren (*laboratoires, centres…*) eine offizielle institutionelle Gestalt.[9] [lxix] Den theoretischen Impulsgebern aus dem Umfeld des Struk-

ren: »Wo immer Macht wenig oder gar nicht institutionalisiert ist, beruht der Aufbau *dauerhafter* Herrschafts- und Abhängigkeitsverhältnisse auf der interesse- und zielgeleiteten *Erwartung* von etwas Zukünftigem, die das Verhalten desjenigen, der mit der erwarteten Sache rechnet, dauerhaft […] modifiziert; und auch auf der Kunst des *Wartenlassens*, nämlich des Fertigkeit, immer wieder *Hoffnungen* zu wecken, aufrechtzuerhalten oder zu nähren: durch Versprechungen und durch das Geschick, die Erwartungen nicht zu enttäuschen, zu dementieren oder hoffnungslos erscheinen zu lassen, zugleich durch die Fähigkeit, die Ungeduld zu bremsen und im Zaum zu halten, den Aufschub, die stete Enttäuschung von Hoffnungen und vorweggenommenen Befriedigungen zu ertragen und zu akzeptieren, welche in den Versprechungen und ermutigenden Äußerungen des Garanten mehr oder minder explizit anwesend sind und doch immer wieder hinausgezögert, verschoben und ausgesetzt werden.« (1984a: 118ff.[156])

9 Unter dem Pseudonym Frank beschreibt ein Anonymus das französische Wissenschaftssystem vor 1968 als von patronalen Clustern organisiert: »Disziplinen waren nach Gruppen oder Clusters organisiert, die aus An-

turalismus gelingt der Übergang von informellen Gruppen und diffusen intellektuellen Öffentlichkeiten in formell strukturierte Forschungszusammenhänge in der Regel jedoch kaum. Eine Ausnahme ist Bourdieu. Anders als etwa Lévi-Strauss, Foucault oder Barthes setzt Bourdieu von Anfang an auf die Institutionalisierung und Verschulung seines Forschungsprojekts. Seit 1968 leitet er (mit Unterstützung Raymond Arons) das von ihm gegründete Centre de sociologie de l'éducation et de la culture an der EHESS, später das Centre de sociologie européenne. Durch seine Berufung an das Collège de France 1982 etabliert sich Bourdieu zum wichtigsten, wenn auch wohl kontroversesten Vertreter der französischen Soziologie. Sein Kreis, dessen Einfluss weit in die Universitäten hineinreicht, hat alle Merkmale eines klassischen um einen Patron versammelten Zirkels (Clark 1971): klar definierte Innen-Außen-Grenzen zwischen der von Bourdieu inspirierten Soziologie und dem Rest der Disziplin,[10][lxx] eine theoretische Sprache mit hohem Wiedererkennungseffekt, Einheit der Gruppe nach innen (Korpsgeist) und außen (öffentliche Auftritte um gemeinsame Projekte, wie die Bestsellerstudie *La Misère du monde*, Bourdieu 1993), eine eigene Zeitschrift (*Actes de la recherche en sciences sociales*, ARSS, bei Seuil), Buchreihen wie *Le Sens commun* bei Minuit oder *Liber* bei Seuil sowie die in neun Sprachen übersetzte Rezensionszeitschrift *Liber* (1989-2002) und nicht zuletzt eine Arbeitsteilung zwischen dem theoretischen „Kopf" und den »Schülern, die sich bevorzugt Arbeiten mit weniger Anspruch widmen und auf eine Untersuchung der impliziten oder expliziten Hypothesen des Meisters zielen.« (Clark 1971: 31)[lxxi] Eigene theoretische Ambitio-

führern bestanden, die gerade die prestigereichen Positionen an der Sorbonne besetzten und von ihren Schülern umgeben waren. Andere Mitglieder des Clusters befanden sich in weniger wichtigen Institutionen, etwa in den Universitäten der Provinz, Gymnasien oder Forschungsinstituten. Diese Individuen hingen für ihr Fortkommen, und oft auch für die Mittel, um ihre Forschung zu betreiben, von den Anführern und ihrem Einfluss im System ab. So beeinflussten einige mächtige Anführer nicht nur die Angelegenheiten in ihren Instituten, sondern auch in ihren Disziplinen und in dem umgebenden Netzwerk von Forschungszentren, Forschungsinstituten, Zeitschriften, Regierungsberatungskommissionen und Drittmittelforschungsgremien. Sie konnten somit die Aktivitäten und Möglichkeiten, innovative Arbeit zu produzieren, von so gut wie allen Mitgliedern ihrer Disziplin kontrollieren.« (Frank 1977: 263f.)

10 Bekannt ist etwa Bourdieus legendärer Konflikt mit Touraine: »›Zwischen Touraine und mir gibt es eine unversöhnliche Trennung. Diese Opposition ist wissenschaftlicher Natur. In der Soziologie können Leute nicht koexistieren, deren Ansätze sich gegenseitig ausschließen. Wenn ich Recht habe, dann ist das, was er macht, keine Soziologie. Er oder ich.‹« (Hamon/ Rotman 1985: 45f.)

nen der Schüler führen in der Regel zur Trennung (etwa im Fall von Luc Boltanski, der seit 1984 ein eigenes Forschungslabor an der EHESS leitet, oder auch Jean-Claude Passeron, Christian Baudelot und Robert Castel), und bisweilen werden die Konflikte in der Gruppe als Spektakel mit breiter medialer Beteiligung aufgeführt (siehe etwa Verdès-Lerouxs Polemik gegen Bourdieus „soziologischen Terrorismus", 1998).

Doch nicht nur am akademischen Pol des intellektuellen Felds, auch am massenmedialen Pol ändern sich um 1980 die Verhältnisse (vgl. Lemieux 2003). Zum einen erleben audiovisuelle Medien (Fernsehen, Video, später Internet), Werbeindustrie und Massenkultur einen Boom, womit sich das Kraftzentrum im intellektuellen Feld weiter in Richtung des massenmedialen Pols verschiebt. Zum anderen halten im Mediensektor neue Produktionsmethoden Einzug und gerade das Fernsehen und die großen Verlage werden zunehmend von Kapitalgesellschafen und den Finanzmärkten beherrscht. Es beginnt, was Régis Debray den „Medienzyklus" (*le cycle média*) nennt, in dem »1) diejenigen, die das Denken verbreiten, von den Produzenten getrennt werden, und 2) diejenigen, die es verbreiten, nicht nur den Umfang, sondern auch die Art der Produktion bestimmen.« (1979: 136[108])[lxxii]

Dieser Umbruch geht mit einem politischen Klimawandel einher, der sich an den öffentlichen Kontroversen um die 1974 erschienene Übersetzung von Alexander Solschenizyns *Archipel Gulag* festmachen lässt (Jennings 1993). Nun werden die Schattenseiten totalitärer Systeme zu einem Thema der politisch-intellektuellen Öffentlichkeit, vor dessen Hintergrund liberal-konservative Positionen leichter Gehör finden. Sicher ist die Existenz von sibirischen Arbeitslagern in der Sowjetunion schon lange bekannt, aber erst Mitte der 70er Jahre muss in der intellektuellen Debatte Position zu dieser Frage bezogen werden, die zwei neuen Typen intellektueller Produzenten diskursive Sichtbarkeit verschafft: Erstens den neuen „Medienintellektuellen", die massenmediale Präsenz gewinnen, ohne sich zuvor in einem Feld außerhalb der Massenmedien etabliert zu haben. Die paradigmatische Figur des neuen Medienintellektuellen ist Bernard-Henri Lévy (*1948), ein *normalien*, um den sich Mitte der 70er Jahre eine Gruppe von Essayisten (André Glucksmann, Maurice Clavel, Michel Le Bris, Christian Jambet und Guy Lardreau) unter dem Etikett der *nouveaux philosophes* schart (Lévy 1976; Quadruppani 1983). Die *nouveaux philosophes* unterscheiden sich von ihren intellektuellen Vorgängern nicht nur mit ihrer anti-kommunistische Rhetorik und ihrem raunend-apokalyptischen vorgebrachten „Neorationalismus" (Morin 1986: 77), sondern auch mit einer Strategie, die primär auf die Gewinnung massenmedialer Aufmerksamkeit setzt (Boudon 1980: 22). Diese Produzenten treten in die massenmediale Öffentlichkeit ein, ohne den beschwerlichen Weg akademischer Qualifikationen beschritten zu haben, und bisweilen gehen sie soweit (vgl. die Karrieren Alain Finkielkrauts oder Pascale Bruckners), »den normalen Phasenablauf vollkommen umzudrehen, indem sie ihre Laufbahn als Journalisten oder Essayisten beginnen und später Hochschullehrer werden.« (Pinto 1992: 100f.)[lxxiii] Auch andere *normaliens* (z. B. Régis Debray, Guy Hocquenghem, André Comte-Sponville, vgl. Rieffel 1994: 225) ziehen nun schnelle massenmediale Aufmerksamkeit den längerfristig angelegten Projekten vor, die mit dem Aufbau von akademischer Legitimität in der Regel verbunden sind. Während diese Feuilletonisten manchmal im Namen wissenschaftlicher Erkenntnisse (man denke an die „Soziologie" Pascale Bruckners) oder als Verteidiger abendländischer Werte auftreten, machen sie sich tedenziell für Fragen und Probleme von theoretischen Traditionen stark, die im akademischen Feld schon lange als überholt gelten. Beispielsweise propagiert Alain Finkielkraut das Programm einer traditionellen akademischen Philosophie, die sich mit Fragen der Moral, der Ethik und des Sinns des Lebens beschäftigt (1987). Diese Intellektuellen veröffentlichen nicht in kleinen exklusiven Verlagen wie Minuit, die sich an einen begrenzten Kreis von Peers richten, sondern in großen Publikumsverlagen wie Grasset, die auf schnelle Bestsellererfolge zielen. Während sich ein Sartre oder ein Foucault der Medien bedient, um akademischen oder ästhetischen Spezialdiskursen oder politischen Bewegungen eine Stimme zu verleihen (vgl. James 2005), sind die Medien für die neuen Medienintellektuellen sowohl Ausgangs- wie Endpunkt. Zum Sinnbild der neuen Ära wird *Apostrophes* (1975-1990) – einer von Bernard Pivot moderierten Sendung des Abendprogramms, in der neu erscheinende Bücher aus dem Bereich der Geisteswissenschaften besprochen werden und die zum Phänomen der *nouveaux philosophes*. Entsprechend ändert sich der Ort des medienintellektuellen Diskurses: selbständige intellektuelle Zeitschriften wie *Les Temps modernes* geben ihre Deutungsmacht an Publikumsmagazine mit Millionenauflage wie den *Nouvel Observateur* ab, in dem junge Akademiker veröffentlichen, »die zwar mit dem unvermeidlichen Sesamöffne-dich (der *Agrégation*) ausgestattet sind, aber keinerlei Neigung zeigen, das rituelle Programm (die Promotion) zu absolvieren.« (Hamon/Rotman 1985: 233; Pinto 1984)[lxxiv] Die Intellektuellen dieses neuen „Medienzyklus" vertreten einen Typus, der sich von der vorherigen Generation intellektueller Produzenten mit einer liberalen bis konservativen Grundtendenz und einem Hang zum moralisierenden Lehnstuhlphilosophieren abhebt. Es nimmt kein Wunder, dass Vertreter der vorangehenden Generation wie Gilles Deleuze das »literarische und philosophische

Marketing« und das »substanzlose Denken« dieser Intellektuellen als eine »fatale Reaktion« brandmarken (Deleuze 1977: [2f.]).[lxxv]

Neben den Medienintellektuellen, deren öffentliche Bedeutung allein auf ihrer massenmedialen Präsenz beruht, tritt nun ein weiterer, akademischerer Typus auf den Plan: liberale Politikwissenschaftler und politische Philosophen. Gegen die „Systemkritiker" und das „Sektierertum" der 60er und 70er Jahre führen diese Theoretiker einen liberalen Wertekonsens ins Feld, der seinen Ausgangspunkt von dem Respekt für die unveräußerlichen Freiheitsrechte des Individuums nimmt. Zu der neuen intellektuellen Generation werden politische Philosophen wie Marcel Gauchet, Jean-Pierre Dupuy, Pierre Manent, Bernard Manin, Philippe Raynault, Pierre Rosanvallon gezählt, die, wie Thomas Pavel (1989a: 2) betont, einen »erneuerten Sinn moralischer und politischer Verantwortlichkeit« vertreten und es möglich machen, dass man in Paris wieder über »Gelehrsamkeit, Geschichte und Philologie, auch über Ethik und Axiologie« reden könne (1989a: 144).[lxxvi] Ein Ausdruck dieser Tendenz ist die Polemik, die von Luc Ferry und Alain Renaut gegen den „Antihumanismus" des „68er-Denkens" gerichtet wird (Ferry/Renaut 1988b; vgl. Pavel 1989b). Die beiden rechtshabermasianischen Philosophen stellen Foucault, Althusser, Derrida, Lacan, Bourdieu/Passeron und Deleuze als Vertreter eines „68er-Denkens" vor, das in Kontrast zu den »Tugenden der ›Subjektivität‹« der 80er Jahre stehe, die sich in »den um die Moral der Menschenrechte wieder gefundenen Konsens oder in der zunehmenden Forderung, sogar auf der Linken, nach einer Autonomie des Individuums oder der Gesellschaft gegenüber dem Staat« manifestieren (Ferry/Renaut 1988b: 16).[lxxvii] Auch die durch die Veröffentlichung von Victor Farías' Buch über Heideggers Naziverstrickungen (1987) entfachte Kontroverse wirft einen Schatten auf die von den drei „H" (Hegel, Husserl, Heidegger) geprägten Nachkriegstendenzen der »Ära des Verdachts« (Pavel 1990: 174),[lxxviii] die die Ideologiekritik, die Dezentrierung des Subjekts oder die Herausarbeitung versteckter Strukturen auf ihre Fahnen geschrieben hatten. Wie die „Entdeckung" des totalitären Charakters der Sowjetunion in der Debatte um Solschenizyns *Archipel Gulag* so lässt sich auch die „Entdeckung" von Heideggers Nazivergangenheit als einen Hinweis auf die veränderten hegemonialen Konstellationen im intellektuellen Feld lesen, in dem nun im Namen einer Kritik am „Totalitarismus" und am „Antihumanismus" der „68er" ein neues Modell intellektueller Praxis etabliert wird.

1980 wird unter der Leitung von Pierre Nora und Marcel Gauchet die Zeitschrift *Le Débat* gegründet, die sich als ein Organ dieser neuen intellektuellen Generation versteht (mit Beiträgen etwa von François Furet, Mona Ozouf, Jacques Revel, Pierre Rosanvallon, Hervé Le Bras,

Jacques Julliard, Luc Ferry, Gilles Lipovetsky, Paul Yonnet, Alain Finkielkraut, Simon Nora, Alain Minc, Nicolas Tenzer).[11] Der Ort, die Rhetorik und der Habitus der neoliberalen Intellektuellen unterscheiden sich markant von dem Modell des engagierten Intellektuellen, wie es von Zola über Sartre bis zu Foucault vertreten wird: »Den ›Liberalen‹ sind herdenartige Demonstrationen in der Regel zuwider; sie pflegen einen Umgang bürgerlicher Art, der eher auf das persönliche Heim als auf kollektive Orte gerichtet ist.« (Winock 1985: 27)[lxxix] Im Gegensatz zu Sartre oder Foucault sehen sich die neoliberalen Intellektuellen nicht mehr in einem antithetischen Verhältnis zur politischen Macht, sondern als ethisch informierte Impulsgeber, Berater und Experten für eine technokratische Verwaltungselite. In elitären *think tanks* wie der Ende 1982 gegründeten Fondation Saint Simon finden Intellektuelle wie François Furet, Pierre Rosanvallon, Jean-Claude Casanova, Luc Ferry, Jacques Julliard oder Emmanuel Le Roy Ladurie Kontakt zu Regierungsvertretern, zum Unternehmertum und zu großen Medienkonzernen (Rieffel 2002). Ist es eine Überraschung, dass einer dieser liberalen Intellektuellen, Luc Ferry, sich von 2002 bis 2004 als Erziehungsminister im Kabinett Chirac/Raffarin wiederfindet und Pierre Rosanvallon als Nachfolger von Pierre Bourdieu 2004 ins Collège de France einzieht?

Angesichts der Rückkehr zur Ordnung, wie sie von den Medienintellektuellen und politischen Theoretikern der 80er Jahre propagiert wird, verschwinden die meisten der theoretischen Projekte der 60er und 70er Jahre aus der öffentlichen Debatte. Mit der Ausnahme von Bourdieu, der sich mit seiner Unterstützung für den Generalstreik von 1995 und für Attac als Kritiker des Neoliberalismus profiliert, und den politischen Philosophen, die wie Etienne Balibar, Jacques Rancière und Alain Badiou seit den 90er Jahren die neoliberale Ordnung als ein Ausgrenzungsregime theoretisieren, tritt die intellektuelle Generation des Strukturalismus von der öffentlichen Bühne ab. Das intellektuelle Erbe dieser Generation wird zunächst anderswo angetreten, zunächst in den britischen Kulturstudien und nordamerikanischen Literaturwissenschaften und spätestens seit den 90er Jahren im Rest der Welt.

---

11 Als Vorbild wird u. a. Raymond Aron bemüht, der als Kolumnist des konservativen *Figaro* lange den liberalkonservativen Gegenpart zu Sartre gespielt hatte (Manent 1985). Aron hatte beim Aufbau der Soziologie in den 60er Jahren eine wichtige institutionelle Rolle gespielt, doch ohne in den Debatten der Zeit ein differenziertes theoretisches Profil zu entwickeln. Arons Werk besteht in erster Linie aus politischen Essays und Überblickswerken (etwa über die Soziologie in Deutschland), die in den eher technokratischen Kaderschmieden der Sciences Po oder der ENA gelehrt werden, wo intellektuelle Ambitionen nicht an oberster Stelle stehen.

Zweiter Teil: Texte

4 Zur Methodologie und Methode der Diskursanalyse

4.1 Umrisse einer formal-qualitativen Methodologie der Wissenssoziologie

Ausgehend von Bourdieus Feldtheorie symbolischer Produktion wurden im vorangehenden Teil die Konstellationen zwischen den symbolischen Produzenten des Felds in Frankreich betrachtet, vor deren Hintergrund eine bestimmte Produzentengruppe mit theoretisch ambitionierten Projekten um 1970 breitere Resonanz im intellektuellen Raum erzielt. Dass intellektuelle Praxis in erster Linie symbolische Praxis ist, bedarf keiner eingehenden Begründung; auch Bourdieu unterstreicht die Rolle symbolischer Produkte für die Ausformung sozialer Verhältnisse zwischen den symbolischen Produzenten. Aber wie können die symbolischen Produkte mit Blick auf die Kontexte analysiert werden, in denen sie sozial wirksam werden?

Die klassische Wissenssoziologie bietet zwei gegenläufige alternative Perspektiven an (vgl. Knoblauch 2005). Eine erste, korrelationistische Tendenz geht von den sozialen Strukturen aus und fragt, wie sich diese in den symbolischen Produkten niederschlagen. So stellen sich nach Karl Marx die realen Verhältnisse in der Ideologie wie in einer Camera Obscura auf den Kopf (Marx 1843). Karl Mannheim geht den Konstellationen nach, aus denen die einzelnen Wissenselemente ihre gesellschaftliche Relevanz beziehen (Mannheim 1970: 380ff.). Auch Bourdieu setzt die korrelationistische Wissenssoziologie fort, indem er eine Homologie sozialer und symbolischer Strukturen unterstellt (Bourdieu 1979: 189ff.[277ff.]). Eine zweite, integrationistische Perspektive geht dagegen von den Akteuren aus und fragt, wie sie intersubjektiv geteilten Sinn herstellen (vgl. Schütz 2004), der in sozialen Institutionen sedimentiert wird (vgl. Berger/Luckmann 1990). Diskurse werden dann als Wissensbestände gefasst, die sich in der Gestalt von Texten symbolisch materialisieren können (Keller 2005).

Wie im Anschluss an die Diskurstheorie von Laclau und Mouffe (Laclau 1990; Laclau/Mouffe 1985), die die Subjekt- und Strukturkritik der französischen Diskursanalyse in die sozialwissenschaftliche Theoriebildung eingeführt haben, argumentiert werden kann, neigen beide Perspektiven, struktur- wie akteurtheoretische Ansätze der Wissenssoziologie, zu einem reduktionistischen Diskursverständnis, werden die symbolischen Produkte in der Tendenz doch einmal auf kausale Objektivitäten („Gesellschaft"), das andere Mal auf den gemeinten Sinn expressiver Subjektivitäten („Akteure") zurückgeführt. Im Ergebnis werden symbolische Produkte auf mehr oder minder transparente Behälter für sinnhafte Inhalte eines Senders reduziert, die darauf warten, vom Empfänger verstanden zu werden. Gegen den Objektivismus der korrelationistischen Tendenz lässt sich mit der Diskurstheorie von Laclau/Mouffe somit die konstitutive Offenheit des Sozialen in Anschlag bringen. Demnach kann sich das Terrain sozialer Beziehungen zu keiner Struktur schließen, in der alle Elemente ihren funktionalen Platz finden. Das Soziale konstituiert sich um Orte des Mangels, die nach kontingenten Praktiken symbolischer Artikulation verlangen. Auch bei Bourdieu lassen sich Umrisse eines Modells artikulatorischer Praxis erkennen, wenn er die Innovationszwänge betont, denen die symbolische Produktion der Intellektuellen unterliegt. In diesem Sinn lassen die vorangehenden feldtheoretischen Untersuchungen den symbolischen Innovationsdruck auf die Produzenten hervortreten, der sich infolge institutioneller Verwerfungen im Feld aufbaut und in symbolischen Konjunkturen entlädt.

Schwerer tut sich Laclau/Mouffes Essentialismuskritik mit der akteurtheoretischen Position. Zwar machen Laclau/Mouffe überzeugend klar, dass Sinn das Produkt transindividueller symbolischer Mechanismen und nicht sinnstiftender Bewusstseinsakte ist. Aber in ihren gegenstandsbezogenen Ausführungen bleiben auch Laclau/Mouffe dem transparenten Symbol- und Textverständnis ihrer sozialwissenschaftlichen Kollegen weitgehend verhaftet, ganz so als ob die Werke, Reden, Bücher symbolischer Produzenten über mehr oder weniger feste Bedeutungskerne verfügen, die von den Interpreten in unmittelbarer Evidenz erschlossen werden können (vgl. ausführlicher Angermüller 2007d). Die methodologische Großzügigkeit, der sie, wie viele ihre Kollegen aus der Wissenssoziologie, der Analyse des symbolischen Materials widerfahren lassen, rührt nicht von den faktisch begrenzten interpretativen Fähigkeiten des Analysten, den „richtigen" Sinn aus den Texten herauszulesen. Es ist vielmehr die Materialität, Heterogenität und Nicht-Einheitlichkeit des Gegenstands selbst, der unmittelbarem Sinnverstehen entgegensteht. Bekanntlich sehen Laclau/Mouffe einen konstitutiven Mangel an eindeutigem Sinn in bestimmten Signifikanten, die infolge hegemonialer Praxis entleert wurden. Demgegenüber betonen die folgenden diskursanalytischen Untersuchungen, dass sich *alle* Einheiten des Diskurses durch einen Mangel an (einheitlichen) Sinn auszeichnen. Als kleinste konstitutive „Einheiten" des Diskurses stellen die Aussagen instabil geschichtete Bündel von Bedeutungsebenen und Sprechperspektiven dar, die einen ursprünglichen, vom „Subjekt" intendierbaren und rekonstruierbaren Sinn der Aussage sprengen.

Wenn sich Diskursanalyse nicht nur theoretisch, sondern auch empirisch bewähren soll, dann darf sie sich nicht um die Auswertung von Texten drücken, und einige der gegenwärtig im deutschen Sprachraum diskutierten Projekte, die die Diskursanalyse in der sozialwissenschaftlichen Forschungspraxis verankert haben, machen eine Reihe von Vorschlägen in diese Richtung. Stellvertretend für ein inzwischen breites Spektrum (u. a. Angermüller/Bunzmann/Nonhoff 2001; Bublitz/Bührmann/Hanke et al. 1999; Bührmann/Diaz-Bone/Rodriguez et al. 2007; Diez 1999; Eder 2006; Feministische Studien 1993; Glasze 2007; Kerchner/Schneider 2006; Landwehr 2001; Mattissek 2005; Sarasin 2001; Schöttler 1988; Viehöver 2001; Wrana 2006) möchte ich kurz drei alternative methodologische Lösungen gegenüberstellen: eine strukturale, eine hermeneutische und eine hegemonietheoretische Diskursanalyse (vgl. ausführlicher Angermüller 2005c; Nonhoff 2004).

Der Reiz der strukturalen Methode, die Foucault in der *Ordnung der Dinge* (Foucault 1966) einsetzt, wird gemeinhin darin gesehen, dass sie durch die Entdeckung bestimmter systematischer Regelmäßigkeiten der großflächigen Organisation des Diskurses Rechnung zu tragen sucht. In den deutschen Sozialwissenschaften wird dieses Programm von Rainer Diaz-Bone vertreten. Am Beispiel des Diskurses über Genres der Populärmusik weist Diaz-Bone die Ordnungsstrukturen nach, die bestimmte subkulturelle Diskurse über Lebens- und Musikstile wie Techno und Heavy Metal auszeichnen. Die Analyse des Textkorpus (Artikel einschlägiger Musikzeitschriften) zielt auf die Entschlüsselung der strukturierenden Regeln, die zwischen Diskurs, kulturell-habituellen Praktiken und sozioökonomischer Struktur vermitteln. Im Ergebnis strebt Diaz-Bone ein Tableau an, das die distinktiven Elemente des Diskurses durch deren wechselseitige Beziehungen definiert, und zwar unabhängig von den Sinnstiftungsleistungen der einzelnen Akteure (vgl. Link 1982).

Ein Beispiel für einen „hermeneutischen" Zugang ist die wissenssoziologische Diskursanalyse, die sich am Wissensbegriff von Berger und Luckmann orientiert. Als ihr wichtigster Vertreter kann Reiner Keller

(2005) gelten, der sich von der Foucault'schen Diskursanalyse eine Überwindung des »mikrosoziologisch-situativen Bias« der qualitativen Soziologie erhofft, aber gleichzeitig das methodisch-praktische Potenzial von letzterer hervorhebt (Keller 2003: 79ff.). Auch andere qualitative Sozialforscher wie Schwab-Trapp (1996) versuchen mit Foucault die „großflächige" Organisation des Diskurses einzufangen. Keller und Schwab-Trapp begreifen Diskursanalyse als ein Instrument, mit dem sich intersubjektiv geteiltes Wissen rekonstruieren lässt, und zwar insbesondere mit Blick auf gesamtgesellschaftlich relevante Debatten, wie die massenmedialen Kontroversen über Ökologie oder das historische Erbe des Nationalsozialismus, die sie als diskursive Gesamtheiten zu kartieren versuchen. Der soziale Akteur und die Handlungssituation treten damit vergleichsweise in den Hintergrund. Der Fokus liegt auf den intersubjektiv geteilten Wissensvorräten, die das Sprechen der Akteure mehr oder minder bewusst organisieren.

Als hegemonietheoretischen Ansatz lässt sich schließlich Martin Nonhoffs umfangreiche Studie zum Diskurs der Sozialen Marktwirtschaft anführen (2006). In Anlehnung an die Hegemonietheorie von Laclau/Mouffe geht Nonhoff der Karriere des Signifikants der „sozialen Marktwirtschaft" im politischen Diskurs Westdeutschlands nach. Während der Signifikant „soziale Marktwirtschaft" immer größere Bereiche des politischen Spektrums umfasst, erfährt er eine charakteristische Entleerung (Nonhoff 2001). Im Laufe dieses Prozesses versammeln sich immer mehr Elemente des Diskurses unter dem Schirm dieses entleerten Signifikanten, der damit zu einem universalen Platzhalter wird. Während es für Laclau/Mouffe im Wesentlichen zwei Formen hegemonialer Artikulation gibt (Differenz und Äquivalenz), differenziert Nonhoff den Prozess der Hegemoniebildung nach bis zu neun Strategien, mit denen der politische Raum organisiert werden kann (vgl. Angermüller 2004b).

Diesen drei Zugängen ist das Anliegen gemein, die mikrosoziologischen Verengungen des Diskurses auf die Handlungssituation durch die Erschließung des symbolischen Haushalts einer Gesellschaft zu überwinden. Auch wenn sich diese Zugänge auf theoretischer Ebene durch unterschiedliche Akteur- und Sinnbegriffe auszeichnen, teilen sie mit der sozialwissenschaftlichen Standardforschungspraxis das Primat von Signifikat über Signifikant. Sie zielen auf die Rekonstruktion der Inhalte, Themen und Deutungen, ohne den symbolischen Formen Rechnung zu tragen, von denen sie getragen werden. Insbesondere Keller und Diaz-Bone stützen sich auf qualitative Forschungsstrategien, wie sie etwa die *Grounded Theory* (Glaser/Strauss 1998) vorschlägt, um intersubjektiv geteilte und institutionell stabilisierte Deutungsmuster herauszuarbeiten.

Doch implizieren qualitative Methoden in der Regel einen rekonstruktiv-interpretativen Zugriff auf das symbolische Material (vgl. ausführlicher Angermüller 2006b). Als rekonstruktiv können qualitative Methoden insofern gelten, als sie Texte als Spuren, Protokolle oder Dokumente einer sozialen Wirklichkeit begreifen, die es im Forschungsprozess zu rekonstruieren gilt. Diese Wirklichkeit ist ein intersubjektiv geteilter Zusammenhang, an deren Konstruktion und Rekonstruktion soziale Akteure genauso wie wissenschaftliche Beobachter partizipieren. Rekonstruktive qualitative Forschung lässt den in den Texten aufbewahrten Wirklichkeitszusammenhang anschaulich werden und bringt das Material zum Sprechen. Als interpretativ kann die Sozialforschung dann gelten, wenn sie Texte mit Blick auf den gemeinten Sinn betrachtet. Texte drücken demnach das von ihren Urhebern mehr oder minder bewusst Gemeinte aus, das die Leser verstehend nachvollziehen können. Nicht alle qualitativen Methodologien zeichnen sich durch eine interpretativ-rekonstruktive Tendenz aus. Beispielsweise distanzieren sich bestimmte Richtungen angloamerikanischer Provenienz, wie die ethnomethodologische Konversationsanalyse, von dem starken Sinn- und Kulturbegriff, wie er in der deutschen Debatte traditionell stark gemacht wird.

In den deutschsprachigen Sozialwissenschaften ist die Verbindung von Diskurstheorien (à la Foucault oder Laclau/Mouffe) mit rekonstruktiv-interpretativen Methoden inzwischen recht verbreitet, und bisweilen machen auch die Linguisten der kritischen Diskursanalyse Anleihen in der qualitativen Methodendiskussion. Diese Verbindung wirft jedoch verschiedene Probleme auf:

- *„Das-Subjekt-ist-tot-es-lebe-das-Subjekt!"-Problem.* Offenbar verspricht man sich von rein differenztheoretischen Diskurstheorien eine Alternative zu dem deskriptiven „Klein-Klein" der interaktionistisch orientierten Sozialforschung. Eine Verbindung von strukturalen Diskurstheorien mit qualitativen Methoden lässt aber ungeklärt, wie sich die diskurstheoretische Kritik am sprechenden und handelnden Subjekt mit Methodologien vertragen soll, die die Handlungs- und Deutungspotenziale der Akteure hervorheben (vgl. Angermüller 2005a).
- *Das Adlerblick-Problem.* Ansätze, die Diskurstheorie und qualitative Methoden verbinden, tendieren oft zu totalisierenden Idealen „des" Diskurses, was einen allwissenden Beobachter mit einem vollständigen Überblick über das diskursive Geschehen einer sozialen Kollektivität verlangt. Der totalisierende Darstellungsanspruch dieser Diskursanalysen ist umso erstaunlicher, als qualitative Methodologien

doch gerade die Teilnehmerperspektive, den Blick von unten, privilegieren.

- *Das Blackbox-Problem.* Die Auswertung des textualen Materials (Verstehen, Kodieren, Theoriegenerierung...) wird von vielen qualitativen Forschern im Sinne einer geheimnisvollen Kunstlehre betrieben, was gerade von Sozialphänomenologie und Objektiver Hermeneutik offensiv in Anschlag gebracht wird: man „versteht" das symbolische Material halt. Texte werden dadurch zu instrumentellen Hüllen eines ursprünglichen Sinns, der dem kompetenten Leser in spontan-unmittelbarer Evidenz zugänglich ist. Aber muss der diskursanalytischen Methode nicht auch eine Theorie zu Grunde liegen, die den systematischen Zusammenhang symbolischer Formen und verstandenem Sinn klärt?

Gerade mit Blick auf intellektuelle Diskurse erweisen sich diese Probleme als eher störend (vgl. Hirschauer 2001). So würde im Bereich intellektuellensoziologischer Forschung ja jede interpretative Rekonstruktion eines Deutungsmusters genau das betreiben, was jene symbolischen Produzenten machen, die den Gegenstand der Intellektuellensoziologen bilden: sich darüber streiten, was andere wohl wie gemeint haben, um sich auf diese Weise von anderen Produzenten zu unterscheiden und eine eigenes Profil aufzubauen. Ein diskursanalytischer Zugang zu den theoretischen Texten legt es dagegen nahe, die Frage einzuklammern, wie die zirkulierenden Texte „wirklich" von den Akteuren verstanden oder wie sie von dem Forscher „richtig" gedeutet und rekonstruiert werden können (vgl. Nassehi/Saake 2002). Dass wir in der Regel verstehen (oder zu verstehen meinen), was gemeint ist, wenn wir uns im Alltag unterhalten, eine Zeitung lesen, eine Email schreiben oder mal eine umfassende Geschichte der westlichen Philosophie verfassen, das soll damit nicht in Abrede gestellt werden. Aber auch wenn wir uns im Alltag gewöhnlich zu verstehen scheinen, müssen wir als diskursanalytische Beobachter nicht den interpretativ-rekonstruktiven Methodologien der qualitativen Sozialforschung folgen.

Alternativ zur qualitativen Standardforschung möchte ich die diskursanalytischen Strömungen aus Frankreich im Sinne einer „formal-qualitativen" Forschungslogik vorstellen (im Sinne der „quasi-qualitativen" Forschung nach Paillé 1996; Angermüller 2005b). Formal-qualitative Tendenzen der Semiotik, Argumentation, Stilistik, Narratologie, Logik, Rhetorik und auch der linguistisch orientierten Konversations- und Rahmenanalyse untersuchen gemeinhin komplexe symbolische Gegenstände, bei denen positivistische Forschungslogiken des Messens, Korrelierens und Erklärens schnell an ihre Grenzen stoßen. Sie ist sicher nicht quantitativ. Aber anders als die qualitative Sozialforschung hat sie keinen rekonstruktiv-interpretativen Empiriebegriff.

Theorie und Praxis der „französischen Diskursanalyse“ sind unter deutschen wie internationalen Sozialwissenschaftlern bislang kaum geläufig (vgl. Angermüller 2001). Zu den Rezeptionsbarrieren sind nicht nur die bekannten Probleme der sprachlichen Kommunikation und Übersetzung zu zählen, sondern insbesondere auch der Umstand, dass die Diskursanalyse in Frankreich, vermutlich stärker als in Deutschland, von sprachwissenschaftlichen Modellen informiert wird. Dieser Umstand macht eine einfache Übertragung theoretischer Konzepte und methodischer Praktiken von dem einen in den anderen Zusammenhang zu einer Herausforderung. Gerade zwischen den deutschsprachigen Sozial- und Sprachwissenschaften war der Austausch über die Diskursproblematik bisher oft von Dissonanzen und gegenseitiger Nichtbeachtung geprägt (siehe aber noch Kallmeyer/Klein/Meyer-Hermann et al. 1974; Schütze 1975). Dies ist umso bedauerlicher, als der Schwerpunkt der beiden Disziplinen traditionell auf sich ergänzenden Fragen liegt.

So existiert in Deutschland seit den 80er Jahren eine linguistische Diskursanalyse, die wie in Frankreich die traditionelle Verengung auf Satz und Text zu überwinden versucht (vgl. Bluhm/Deissler/Scharloth et al. 2000). Schon die Textlinguistik der 70er Jahre distanziert sich von der strukturalistischen oder generativistischen Privilegierung des abstrakten Satzes, indem sie auf die satzübergreifende Organisation sprachlicher Einheiten hinweist. Seit den 80er Jahren wird in der deutschen Sprachwissenschaft eine Reihe weiterer Ansätze vorgebracht, die auf die eine oder andere Weise die linguistischen Kontexte sprachlicher Aktivität stark machen, so etwa den historischen Sinnzusammenhang in der hermeneutischen Linguistik von Fritz Hermanns (1995), die institutionell situierte Handlungsqualität und Zweckcharakteristik von Sprache in der funktionalen Pragmatik (Ehlich 1986; Rehbein 2001) und Pragmalinguistik (Sobotta 2004), die kommunikative Handlungssituation in der historischen Semantik Dietrich Busses (1987; Böke/Jung/Niehr 2000), die textübergreifende Organisation des Diskurses in der korpusanalytischen Linguistik (Jung 1994), soziohistorische Machtkonfigurationen in der kritischen Diskursanalyse Siegfried Jägers (2007) und das wechselseitige Bedingungsverhältnis von situativem, institutionellem bzw. sozialem Kontext und Diskurs in der kritischen Diskursanalyse Wiener Provenienz (Wodak/Cillia/Reisigl et al. 1998). Der Übergang von Text zu Kontext wurde in den 90er Jahren von der Frameanalyse Klaus-Peter Konerdings (1993), der nach-Grice'schen Diskurspragmatik (Sperber/Wilson 1989) sowie der Argumentationsanalyse Martin Wengelers (2003) eingefordert. Die kontextuelle Dimension hat insbesondere die *frame*-Semantik stark gemacht, wie sie die linguistische Diskursanalyse neuerdings im Anschluss an die kognitive Linguistik vertritt (vgl. Busse 2006; Ziem 2006).

In Anlehnung an sprachwissenschaftliche Analysestrategien streicht die formal-qualitative Methodologie, auf deren Basis der intellektuelle Diskurs analysiert werden soll, folgende Punkte hervor:

- *Materialität der Form.* Die Analyse privilegiert die opake Materialität symbolischer Formen. Die Formen sind keine sekundären Verpackungen eines primären Sinninhalts; sie bilden eine materiale Oberfläche ohne ein vorgängiges Dahinter (Sinn, Intention, Wissen, Deutung, Interesse...). Die Zeichen und Praktiken des Diskurses erweisen sich insofern als „material", als sie keinen stabilen inhärenten Sinn aufweisen. Sinn ist ein Effekt, der im Zusammenspiel der materialen Elemente des Diskurses mit dem Kontext im interpretativen Prozess entsteht. Wie die hermeneutische Wissenssoziologie und die qualitative Sozialforschung so unterstreicht auch die formal-qualitative Diskursanalyse die Sinnhaftigkeit ihrer Gegenstände. Doch operiert der Diskurs aus formal-qualitativer Perspektive gleichsam mit zu viel Sinn, als dass man auf „seinen" Sinn zugreifen könnte. Weil „der" Sinn sich weder subjektiv noch intersubjektiv kontrollieren lässt und ständig über das Gemeinte hinausschießt, betont die formal-qualitative Methodologie die opake Materialität ihres Materials, dessen Sinn sich weder in unmittelbarer Evidenz aufdrängt noch in subjektiver oder intersubjektiver Verständigung rekonstruieren lässt. Aus diesem Grund arbeitet der formal-qualitative Ansatz der Diskursanalyse nicht mit Deutungen, Interpretationen bzw. Kodes, sondern mit den graphischen Formen des Texts, wobei er den Moment der Interpretation möglichst auf das Ende des Forschungsprozesses verschiebt.
- *Bruch zwischen Objekt und Theorie.* Formal-qualitative Ansätze akzentuieren den epistemologischen Bruch zwischen Objekt und Theorie.[1] [lxxx] Die Produktion von Erkenntnis ist ein aktiver Konstruk-

1 Vgl. Bachelards Plädoyers für eine Epistemologie des Bruchs (vgl. auch Canguilhem 1977; Cavaillès 1976). Bachelards Gegner sind die »Kontinuisten der Kultur« (1971: 185), die das allmähliche Entstehen (*émergence*) der Kultur beschreiben, indem sie einen geteilten historischen Sinn (*sens commun*) und gegenseitige „Einflüsse" festzuhalten suchen (1971: 187ff.). Bachelard beharrt auf den »Fallstricken der Sprache« (1971: 192), die die Möglichkeit, den historischen Gegenstand verstehend („von innen") nachzuvollziehen, als begrenzt erscheinen lassen. So definiert sich die Position des wissenschaftlichen Analysten durch eine Reihe von Brüchen, und zwar »zwischen den Schwierigkeiten von damals und den Schwierigkeiten der Gegenwart«; zwischen »der alltäglichen und der wissenschaftlichen

tionsprozess, der Elemente aus dem Objektdiskurs herausnimmt und in den Theoriediskurs überführt, ohne die Distanz zwischen beiden einzuebnen. Das, was die Kategorien und Relevanzen des Objektdiskurses ausmacht, wird durch die Kategorien und Relevanzen des Theoriediskurses „gebrochen". In dieser diskontinuierlichen Übersetzung von Objekt- zu Theoriediskurs wird neues Wissen hervorgebracht, d. h. Wissen, das im Objekt nicht schon vorhanden ist. Die Frage ist dann nicht, ob das gewonnene theoretische Wissen den Gegenstand „objektiv" beschreibt, sondern wie der Theoriediskurs in den Objektdiskurs eingreift, diesen ordnet und transformiert.

- *Reduktion von Komplexität.* Ein weiteres distinktives Merkmal formal-qualitativer Forschung ist ihr analytisches Vorgehen. Indem sie ihren Gegenstand in seine kleinsten konstitutiven Elemente und strukturierenden Mechanismen zerlegt, zielt sie auf die „Erklärung" eines komplexen Gegenstands durch seine konstitutiven Elemente. Die Mannigfaltigkeit der empirischen Erscheinungen soll, zumindest dem Ideal nach, auf einige wesentliche Produktionsregeln reduziert werden. Statt um die Rekonstruktion sozial geteilter Wissensvorräte („was?"), geht es der Diskursforschung um die Regeln, mit denen der diskursive Prozess erklärt werden kann („wie?)". Diese Regeln verlaufen quer zu individuellen oder kollektiven Erfahrungszusammenhängen, weshalb sie sich aus der Teilnehmerperspektive nur schwer erschließen lassen. Die Strategie der analytischen Reduktion von Komplexität hat zur Konsequenz, dass sich formal-qualitative Forschung ihrem Gegenstand nicht als einer singulären sinnhaften Ganzheit nähert, sondern als einen Steinbruch begreift, aus dem verallgemeinerbare analytische Modelle gewonnen werden sollen.

Der zentrale Unterschied zwischen qualitativen und formal-qualitativen Ansätzen liegt in den jeweils zu Grunde liegenden Konstruktionsbegriffen. Qualitative Ansätze hängen in der Regel einem interpretativ-hermeneutischen bzw. sozialphänomenologischen Konstruktionsbegriff an. Als soziale Realität gilt demnach, was die Akteure als real definieren. Indem sie sich im sozialen Prozess verständigen, deuten sie ihre Welt. Für formal-qualitative Ansätze, die dem radikalen Konstruktivismus nahe stehen, sind hingegen Welt *und* Akteure konstruiert. Dass Individuen ihr Handeln, Sprechen und Verstehen mehr oder minder beherrschen, gilt ihnen als (notwendige) Fiktion. Verantwortlichkeit bzw. Intentionalität wird in einem komplexen, symbolisch vermittelten Kon-

Sprache« wie in der Wissenschaftssprache selbst, die er »in einem Zustand permanenter semantischer Revolution« sieht (1971: 192).

struktionsprozess zugeschrieben, den die Individuen nicht vollständig kontrollieren.

Die Einordnung der in Frankreich dominierenden Tendenzen der Diskursanalyse als „formal-qualitativ" soll Nähe wie Distanz zur qualitativen Standardsozialforschung unterstreichen. Zwar ist eine gewisse Überlappung zwischen beiden zu konstatieren, insbesondere was ihre Fragen und Gegenstände angeht; aber es müssen ihre unterschiedlichen methodologischen Prämissen festgehalten werden. Während die qualitative Sozialforschung auf die Rekonstruktion handelnd erzeugter Sinnstrukturen zielt, begreift die formal-qualitative Diskursanalyse auch „Sinn" und „Akteur" als Effekte symbolischer Praxis.

Das Plädoyer für eine formal-qualitative Methodologie ist nicht zuletzt vor dem Hintergrund des spezifischen wissenssoziologischen Gegenstands dieser Untersuchung zu sehen. Alltägliche Handlungssituationen, wie sie von qualitativen Ansätzen privilegiert werden, spielen im intellektuellen Diskurs gewöhnlich eine untergeordnete Rolle. Der intellektuelle Diskurs hat es meist mit geschriebenen Texten zu tun, die in unterschiedlichen Kontexten von Lesern mit unterschiedlichen diskursiven Kompetenzen auf unterschiedliche Weise gelesen, zitiert, verwertet werden können.[2] Die Produzenten schreiben Texte, ohne zu wissen, wer sie in welchen Situationen wie lesen wird. Und oft kennen auch die Leser allenfalls den Namen des Verfassers und wissen nichts oder wenig über die spezifische Entstehungssituation des Texts. Mit dem Rückgriff auf die analytischen Ressourcen der französischen Diskursanalyse, namentlich auf Tendenzen im Umfeld der Äußerungslinguistik, soll ein diskursanalytischer Ansatz skizziert werden, der der Vielzahl möglicher Kontexte Rechnung trägt, mit denen sich ein gegebener Text verbinden kann. Wie eine Flaschenpost, von der man nicht weiß, wer sie auf die Reise geschickt hat und bei wem sie ankommen wird, ist der Text auf einer unendlichen Suche nach seinen Äußerungskontexten.

4.2 Eine Geschichte der Diskursanalyse in Frankreich. Von diskursiver Formation zu enunziativer Heterogenität

Diskursanalyse steht für eine Vielzahl unterschiedlicher Ansätze (vgl. Angermüller 2007b). Als kleinster gemeinsamer Nenner kann die Annahme gelten, dass die Bedeutung von Zeichen nicht ein für allemal ge-

2 Das Feld der Analyse wissenschaftlich-akademischen Diskurses ist noch im Entstehen begriffen (z. B. Allori 1998; Hyland 2006).

geben ist, sondern je nach Kontext bestimmt werden muss und dass sprachliche Aktivität über die Ebene von Zeichen und Satz hinausgeht. Während die angloamerikanische Debatte unter dem Eindruck von Pragmatismus und analytischer Philosophie *discourse* traditionell als die Organisation symbolischen Handelns, insbesondere in situationsgebundenen Konversationen und Interaktionen, begreift, bildet sich in Frankreich seit den 60er Jahren eine Tradition heraus, die unter *discours* die Organisation sprachlicher Korpora, insbesondere von geschriebenen Texten, versteht. Auch quantifizierende Instrumente der Korpuslinguistik spielen in der französischen Diskursanalyse traditionell eine wichtige Rolle (vgl. Lebart/Salem 1994). So werden etwa im Umfeld des Forschungslabors Saint-Cloud seit den 60er Jahren lexikometrische Methoden entwickelt, mit denen die vielfältigen Gebrauchskontexte von „Stichwörtern" (*mots-pivots*) inventarisiert werden können (Tournier 1975).

Die Anfänge der Diskursanalyse in Frankreich stehen unter dem Einfluss zweier formalistischer sprachwissenschaftlicher Tendenzen, und zwar des Distributionalismus, der von dem nordamerikanischen Linguisten Zellig Harris inspiriert wird, und des Strukturalismus Ferdinand de Saussures. Seinen Namen erhält die Diskursanalyse von Harris, der der behavioristischen Sprachtheorie Leonard Bloomfields nahe steht und die amerikanischen Sprachwissenschaften (nicht zuletzt als Lehrer Noam Chomskys) dauerhaft beeinflusst. In der erstmals 1952 erschienenen Schrift *Discourse analysis* (Harris 1963) betrachtet Harris die sprachliche Organisation jenseits des einzelnen Satzes (im Französischen *énoncé*), und entsprechend definiert er Diskurs als die satzübergreifende Organisation von Texten. Wie Bloomfield legt Harris die Betonung auf die sprachlichen Formen, deren Regelmäßigkeiten mit Prozeduren des Vergleichs und des Austauschs festgestellt werden. Harris geht den syntaktischen und transformativen Verknüpfungen nach, die aus Sätzen einen Diskurs machen. Die Frage ist, wie formale Elemente über den Satz hinausreichen und syntaktische Ordnungen bilden. Mit welchen Bedeutungen Diskurse operieren, spielt für Harris dagegen keine Rolle. Harris' bedeutungsfreie Diskursanalyse, die eine wichtige Impulsgeberin für die Transformationsgrammatik ist, wird in den 60er Jahren von Sumpf und Dubois (1969) propagiert. Auch in Michel Pêcheuxs *Automatische Diskursanalyse* (Pêcheux 1969a) hinterlässt sie noch ihre unübersehbaren Spuren, und seit den 70er Jahren inspiriert sie bestimmte lexikometrische Instrumente etwa die Software *Alceste* von Max Reinert. In empirischen Umsetzungen von Harris' Methode treten die aufwändigen Analysen der syntaktischen und transformativen Beziehungen zwischen den graphischen Formen eines Korpus oft gegenüber der lexikometrischen Bestimmung ihrer Verteilungen und Kookkurrenzen in den Hintergrund (vgl. Robin 1973).

Während Harris' distributionalistische Methode die syntaktischen Verknüpfungen zwischen den Sätzen eines Korpus in den Vordergrund stellt, zielen die semiotischen Analysen Saussure'scher Provenienz auf die semantischen Werte von Zeichen. Die Saussure'sche Linguistik ist die zweite Impulsgeberin für die Entstehung der Diskursanalyse in Frankreich. Auch Saussure vertritt einen formalistischen Zugang, wenn er die Sprache (*langue*) als ein System von Differenzen ohne positiven Term beschreibt (Saussure 1962). Saussure zielt auf die Reduktion der Vielfalt sprachlicher Erscheinungen auf eine angebbare Anzahl distinktiver Elemente und grammatikalischer Regeln. Im Übergang vom Sprachsystem (*langue*), also der Gesamtheit grammatikalisch möglicher Sätze, zur aktualisierten *parole* werden die kleinsten konstitutiven Einheiten der Sprache selektiert und zu Sätzen kombiniert, deren Bedeutung von ihrer Differenz von allen anderen möglichen Elementen einer Sprache abhängt. Bedeutung ist also nicht dem isolierten Zeichen eigen, sondern resultiert aus dessen Position in einem System von Differenzen. Anders als Harris interessiert sich Saussure für die Bedeutung von Zeichen. Zeichen weisen eine duale Struktur auf: Signifikat (*signifié*, der „Begriff") und Signifikant (*signifiant*, das „Lautbild"), wobei Saussure das Verhältnis zwischen beiden als arbiträr ausweist. Saussure kennt weder den Terminus des Diskurses noch den der Diskursanalyse, doch indem er die Linguistik als einen Teilbereich einer allgemeinen Wissenschaft des sozialen Lebens – der Semiologie – fasst, unterstreicht er die weitere Bedeutung des Modells der formalen Linguistik für die Sozial- und Geisteswissenschaften. Zu seinen wichtigsten französischen Epigonen gehört Emile Benveniste, der eine Vielzahl von Sprachen mit der Methode von Differenz und Austausch vergleichen wird. In der Nachfolge des dänischen Saussurianers Louis Hjelsmlev entwickelt auch A.J. Greimas eine allgemeine Semiotik, die die Bedeutung von Zeichen als ein Produkt semiotischer Operationen fasst. Und eine Reihe von Kultursemiotikern der 60er Jahre verwendet das differenztheoretische Modell Saussures, um die kulturelle Logik moderner Gesellschaften zu entschlüsseln (Barthes 1967; Baudrillard 1968).

Das Feld der Diskursanalyse in Frankreich etabliert sich Ende der 60er Jahre, als sich im Zuge der intellektuellen Konjunktur von Strukturalismus, Psychoanalyse und Marxismus zwei Philosophen den Fragen von Zeichen- und Gesellschaftstheorie zuwenden (Pêcheux 1969a; Foucault 1969): Michel Pêcheux, der theoretische Anregungen der Gesellschafts- und Subjekttheorien Althussers und Lacans aufnimmt, wird zum theoretischen Kopf einer Schule, die zahlreiche Sprachwissenschaftler der 70er Jahre prägt. Auch Michel Foucault, der in der internationalen Rezeption wohl bekanntere Diskurstheoretiker, wendet sich Mitte der 60er Jahre der Diskursproblematik zu (1966). Doch obgleich Michel Foucault ein ungleich breiteres intellektuelles Publikum erreicht, bleibt sein Einfluss auf das französische Feld der Diskursanalyse eher diffus (vgl. Maingueneau/Angermüller 2007). Dass Foucault keine Schule gründet, liegt vermutlich nicht nur an seiner Scheu vor langfristigen disziplinären und theoretischen Festlegungen, sondern auch daran, dass er nach der *Ordnung der Dinge* (1971) keine Arbeiten mehr zum Bereich Diskursanalyse vorlegt. Während Pêcheux und Foucault nur wenige methodische Instrumente für die empirische Forschungspraxis anbieten, liegt ihre Leistung in der Positionierung des diskursanalytischen Projekts in den intellektuellen Debatten über Subjekt und Ideologie. Im Sinne von Saussures Vision einer allgemeinen Semiologie des sozialen Lebens definieren sie als Ziel diskursanalytischer Praxis die Entdeckung der Regeln, die die Produktion und Verbindung der Aussagen des Diskurses organisieren. Und mit Althusser und Lacan teilen sie die Frage nach dem institutionellen Ort diskursiver Praxis (Foucault) und der Position des Subjekts im Diskurs (Pêcheux). Ausgehend von dieser theoretischen Grundlegung entwickelt sich in der Folge das Feld der Diskursanalyse, das neben sozialwissenschaftlich interessierten Sprachwissenschaftlern (Maingueneau 1976; Henry 1977; Marandin 1979; Courtine 1981; Charaudeau 1997) auch sprachwissenschaftlich informierte Historiker (Robin 1973; Guilhaumou/Maldidier/Robin 1994) und Soziologen (Leimdorfer 1992; Achard 1993; Jenny 1997; Chateauraynaud 2003) umfasst.

Im Laufe der 70er Jahre konsolidiert sich das Feld der Diskursanalyse, das eine Wendung zu empirischer Forschung erfährt. Insbesondere aus dem Bereich der politischen Diskursanalyse gehen einige größere Studien hervor, die ein wachsendes Repertoire von textanalytischen und korpuslinguistischen Instrumenten bemühen (Robin 1973; Seriot 1985). Auch auf theoretischer Ebene kündigen sich Weiterentwicklungen an. Insbesondere ist eine zunehmende Problematisierung des geschlossenen Strukturbegriffs und der internen Analyse à la Harris und Saussure zu konstatieren. Gemäß Pêcheuxs Periodisierungsvorschlag durchläuft die Diskursanalyse der Zeit drei Phasen. Demnach fasst die DA 1 (um 1970) den Diskurs als eine geschlossene Maschine, die vollständig autonom operiert. Die DA 2 (um 1975) entdeckt das Davor und das Außen, das den Diskurs überwölbt, und die DA 3 (um 1980) stellt ein Behälter-Modell des Diskurses in Frage und löst die Grenze zwischen Innen und Außen auf: Nun tritt die Diskursanalyse in eine „dekonstruktive“ Phase ein, indem die innere bzw. abwesende Grenze des Diskurses zum Thema wird (Pêcheux 1990). Das Infragestellen eines Containermodells von Diskurs bleibt nicht ohne Folgen für das analytische Vorgehen. Der DA 1 geht es um die Frage, wie sich die Elemente des Diskurses zu einer abgeschlossenen Ganzheit zusammensetzen; ihr Analyseobjekt sind autonome Texte, deren satzübergreifende Organisation es zu beschreiben gilt (vgl. Harris und Saussure). Die DA 2 weist auf das hin, was woanders stattgefunden hat und von außerhalb in die Texte hineinragt (vgl. das Problem der diskursiven Formation, des Interdiskurses und des Vorkonstrukts bei Pêcheux). Für die DA 3 wird die Annahme eines stabil umgrenzten Diskurses problematisch, weshalb es weder natürliche Textkorpora noch eindeutig definierte Diskurseinheiten geben kann. Nun tritt die Heterogenität der Aussagen eines Diskurses in den Vordergrund, dessen Grenze zum Außen ständig neu verhandelt werden muss. Und erst jetzt muss zwischen Texten und Diskursen systematisch unterschieden werden: Während DA 1 Diskurse als die satzübergreifende Organisation von autonomen Texten verstanden hatte, hatte DA 2 die institutionellen Orte entdeckt, an denen Texte mit spezifischen Bedeutungen ausgestattet werden, und das „Vorkonstruierte", das als unverhandelbares „Vorwissen" von den Texten mobilisiert wird. So begreift die DA 3 Texte als formal-materiale Operationsflächen, in die sich diskursive Praktiken einschreiben.

Diese schrittweise Entgrenzung des Diskurses geht mit dem Niedergang des strukturalen Modells einher, und es tritt zunehmend die pragmatische Dimension sprachlicher Aktivität in den Vordergrund. Die pragmatische Wende, die sich seit Ende der 70er Jahre in der französischen Sprachwissenschaft ankündigt, wird von der Rezeption angloamerikanischer Tendenzen unterstützt, etwa von Wittgensteins Sprachphilosophie und von Austins Sprechakttheorie. So fragen etwa Récanati (1979a) und Berrendonner (1981), wie sprachliche Ereignisse hervorgebracht werden und unter dem Blickwinkel ihrer Performativität, Reflexivität und Opazität beschrieben werden können. Mit dieser pragmatischen Wende ist ein grundsätzlicher Perspektivenwechsel verbunden, und zwar von der Analyse formaler Strukturen („Texten") zur Analyse des Gebrauchs von Sprache in ihren spezifischen Äußerungskontexten („Diskurs"). Für die Diskursanalyse, wie sie sich in Frankreich seit den 70er Jahren entwickelt hat, ist die Unterscheidung von Diskursen und Texten fundamental. Letztere gelten als Abstrakta, die erst in Verbindung mit ihrem Gebrauchskontext „vollständig" werden. Aus diesem Grund verstehen sich die meisten Diskursanalytiker in der einen oder anderen Form als Diskurspragmatiker. Der Gegenstand der Analyse ist nicht das System der Zeichen (*langue*), sondern die Gebrauchsregeln, über die sich symbolische Formen in spezifische Kontexte einschreiben.

Es charakterisiert die französische Diskussion über die Diskurspragmatik, dass sie die anti-subjektivistische Haltung ihrer strukturalistischen Vorläufer meist nicht in Frage stellt. So wird sprachliche Aktivität nicht als symbolisches Handeln (mit einem sprechenden Subjekt als Sinnstiftungszentrum im Hintergrund), sondern als die Produktion von Ereignissen gefasst, die nicht notwendig intentionaler Kontrolle unterstehen (vgl. Moeschler/Reboul 1994).

Doch deuten sich erste Ansätze für eine pragmatische Wende nicht in den Sprachwissenschaften, sondern im Feld der Diskursanalyse selbst an. Es ist Michel Foucaults diskursanalytische Werkphase (1966-1971), die zwischen 1966 und 1969 einen Bruch mit dem strukturalen Modell vollzieht. Dass es sich bei der Diskurspragmatik um eine Problematik handelt, die für die französische Diskursanalyse von Anbeginn entscheidend ist, kann an einem Vergleich zwischen der historischen Studie *Die Ordnung der Dinge* (1966) und der stärker theoretisch orientierten *Archäologie des Wissens* (1969) abgelesen werden.

Keine Arbeit Foucaults kommt dem Forschungsdesiderat der Strukturalisten umfassender und systematischer nach als *Die Ordnung der Dinge*. Diesem Werk liegt eine Theorie der *epistamai* zu Grunde. Eine *epistēmē* (von griechisch *επιστημη* „Wissen“) bezeichnet den spezifischen Modus, der das Denk- und Sagbare in einer Gesellschaft zu einem historischen Zeitpunkt systematisch und übergreifend organisiert. Unter diesem Begriff, der wie Saussures *langue* strukturale Generierungs- und Kodierungsinstanzen umfasst, verhandelt Foucault historische Denksysteme, die den Diskurs der Wissenschaften und ihrer Vorläuferformationen übergreifend organisieren. Gemäß Foucaults historischer *epistēmē*-Konzeption folgen auf das Zeitalter der Ähnlichkeit (bis Ende des 16. Jahrhunderts) das klassische Zeitalter der Repräsentation (17./18. Jahrhundert) und dann, im 19. Jahrhundert, das Zeitalter des Menschen. Foucaults *epistēmē*-Theorie sucht das Wissen einer Epoche auf einen spezifischen Code bzw. eine kulturelle Grammatik zurückzuführen. Der Vorteil dieser Methode liegt auf der Hand. So bringt eine *epistēmē* den Horizont des Denk- und Sagbaren auf eine griffige Formel: „Ähnlichkeit“, „Repräsentation“, „Mensch“. Wie Saussures *langue*, so bezeichnet auch Foucaults *epistēmē* ein grammatisches Prinzip, einen generativen Code, der das Wissen einer soziohistorischen Formation auf systematische Weise organisiert. Die historische Gesamtheit des Denk- und Sagbaren wird demnach als das Produkt einer übergreifenden *epistēmē* begriffen, deren Regeln und Gesetze es zu entziffern gilt.

Die *Archäologie* wurde oft als die theoretische Ausarbeitung der historischen Analysen verstanden, die Foucault in *Die Ordnung der Dinge* vornimmt. Doch steht die *Archäologie* in einem fundamentalen Gegensatz zum Werk von 1966. Foucault stellt nun den Gegensatz zwischen einem struktural-semiotischen und einem diskursanalytischen Vorgehen in den Mittelpunkt seiner Betrachtungen:

»Die Frage, die eine Untersuchung der Sprache [*langue*] mit Blick auf eine beliebige Diskurstatsache stellt, ist stets: nach welchen Regeln ist eine gegebene Aussage konstruiert worden, und, hieraus folgend, nach welchen Regeln könnten andere gleichartige Aussagen konstruiert werden? Die Beschreibung der Ereignisse des Diskurses stellt eine völlig andere Frage: Wie kommt es, dass eine gegebene Aussage erschienen ist und keine andere an ihrer Stelle? [...] es geht darum, die Aussage in der Enge und Singularität ihres Ereignisses zu fassen, die Bedingungen ihrer Existenz zu bestimmen, ihre Grenzen so genau wie möglich zu fixieren, ihre Korrelationen mit den anderen Aussagen, die mit ihr verbunden sein können, aufzustellen, zu zeigen, welche anderen Formen der Äußerung sie ausschließt.« (Foucault 1969: 39f.[42f.])[lxxxi]

An die Stelle des diskursgrammatikalischen Verständnisses der epistēmē tritt nun »die Instanz des Aussageereignisses.« (Foucault 1969: 41 [44])[lxxxii] An die Stelle des aktualisierbaren Satzes (*phrase*) der strukturalen Linguistik tritt eine spezifisch geäußerte Aussage (*énoncé*), die er als »elementare Einheit des Diskurses« (Foucault 1969: 107[117])[lxxxiii] fasst. Die Verschiebung von einem strukturalen zu einem enunziativ-pragmatischen Diskursverständnis hat weit reichende Konsequenzen für Theorie und Methode der Diskursanalyse. Die Regeln, die Foucault in der *Archäologie* beschreibt, konstituieren keine übergreifende und vorgängige *epistēmē* mehr, die abstraktes Wissen generiert. Die Regeln, denen Foucault in der *Archäologie* nachgeht, organisieren nun das tatsächliche, singuläre, spezifische Erscheinen von Aussagen:

»Eine Aussage existiert außerhalb jeder Möglichkeit wiederzuerscheinen; und das Verhältnis, das sie mit dem unterhält, das äußert, ist nicht mit einer Menge von Gebrauchsregeln identisch. Es handelt sich um ein singuläres Verhältnis: Und wenn unter diesen Bedingungen eine identische Formulierung ein zweites Mal erscheint, handelt es sich wesentlich um dieselben Wörter, sogar um denselben Satz, aber nicht zwangsläufig um dieselbe Aussage.« (Foucault 1969: 118[130])[lxxxiv]

Das Auftauchen einer Aussage lässt die Regel, auf deren Basis sie hervorgebracht wird, nicht unberührt. Wie bei Wittgenstein konstituiert sich die Regel erst in ihrer Anwendung als Regel. Ihre Existenz hängt somit untrennbar an der spezifischen Aussage, deren Äußerung die Regel organisiert. Es geht darum, *dass* Aussagen geäußert werden. Aussagen sind nun nicht mehr „richtig“ (wenn sie die *epistēmē* aktualisieren) oder

„falsch" (und damit außerhalb des Diskurses). Die Frage ist, »auf welche Weise die Aussagen existieren, was es für sie bedeutet, sich manifestiert zu haben, Spuren hinterlassen zu haben und vielleicht für eine eventuelle Wiederverwendung zu verbleiben, was es für sie heißt, dass sie und keine andere an ihrer Stelle erschienen sind.« (Foucault 1969: 143 [159])[lxxxv]

Im Licht der zahlreichen diskurspragmatischen Fortentwicklungen, die sich seit den 70er Jahren andeuten (s. u.), erscheint der Foucault'sche Ansatz im Rückblick als eigentümlich hybrid. So begreift Foucault eine *énonciation* als eine »Singularität« (1969: 133[148]), wohingegen sich das *énoncé* durch seine »wiederholbare Materialität« auszeichne (1969: 133f.[148f.]).[lxxxvi] Courtine hat zu Recht darauf hingewiesen, dass Foucaults Definition der Aussage von heute geläufigen Terminologien abweicht, steht doch nur sein Begriff der Äußerung (*énonciation*) »dem nahe, was die Diskursanalyse heute darunter versteht [...]; die Aussage (*énoncé*) wird [von Foucault] hingegen mit der Wiederholung [von Semiotik und Strukturalismus, J.A.] assoziiert.« (Courtine 1981: 45)[lxxxvii] Die bekanntere Definition der Aussage geht auf Oswald Ducrot zurück, der dem »abstrakten linguistischen Sein« (Ducrot 1984: 95) des Satzes (*phrase*: »eine Erfindung jener eigenartigen Wissenschaft der Grammatik«) das gegenüberstellt, »was dem Linguist beobachtbar ist: die Aussage [*énoncé*], die als spezifische Manifestation betrachtet wird, als *hic et nunc*-Vorkommnis.« (1984: 174)[lxxxviii] Vor diesem Hintergrund vermischt sich in Foucaults Aussagentheorie noch ein strukturales Zeichenverständnis mit sprechakttheoretischen Überlegungen, die Foucault, ohne dies explizit zu machen, im Anschluss an Austin anstellt (Foucault 1969: 110ff.[120ff.]):

»Zu wiederholbar, um sich vollständig in den raum-zeitlichen Koordinaten ihres Erscheinens aufzugehen, [...], zu sehr mit dem verbunden, was sie umgibt und stützt, um eben so frei wie eine Form zu sein [...], ist sie [die Aussage. J.A.] mit einer bestimmten modifizierbaren Schwere ausgestattet, einem Gewicht, das von dem Feld herrührt, in dem sie platziert ist, einer Konstanz, die verschiedene Aneignungen erlaubt, einer zeitlichen Permanenz, die nicht die Trägheit einer einfachen Spur aufweist.« (1969: 138[152f.])[lxxxix]

Ungeachtet dieser eigentümlichen Kreuzung von Zeichen und Sprechakt kann die von Foucault skizzierte enunziative Diskursanalyse als Vorbild für die weiter unten durchzuführenden Untersuchungen dienen. Demnach sind die kleinsten Einheiten des Diskurses die in Äußerungen (*énonciations*) hervorgebrachten Aussagen (*énoncés*), d. h. die gleichsam zu Fakten des Diskurses geronnenen diskursiven Akte, auf die durch weitere Akte verwiesen werden kann. Es geht nicht um abstrakte, grammatikalisch korrekte Sätze, sondern um Aussagen, die wirklich geäußert sein müssen, um zu existieren. In der Tat lassen sich ohne die Reflexion der Singularität tatsächlich getätigter Äußerungen die Kontexte nicht erfassen, in denen Aussagen ihre spezifischen Bedeutungen erhalten. Gerade der situationsübergreifenden Organisation des Diskurses kann auf diese Weise Rechnung getragen werden: Während die *Ordnung der Dinge* die Produktion von Wissen als Aktualisierung von Zeichen fasst, die qua vorgängig gegebenem Regelapparat (*epistēmē*, *langue,* Code…) und unabhängig von ihren spezifischen Kontexten über eine stabile semiotische Bedeutung verfügen, unterstreicht die *Archäologie des Wissens* die spezifischen Kontexte, Felder und Formationen, ohne die sich die Bedeutungen von Aussagen nicht bestimmen lassen. Ist es nur ein terminologisches Versäumnis, wenn im Werk von 1966 an keiner Stelle die Rede von Diskurs ist? In der Tat kann der Diskurs erst durch die Aufgabe des struktural-semiotischen Rahmens von 1966 zum Gegenstand von Foucaults Überlegungen werden. Erst ab 1969 geht es um mehr als um die Hervorbringung isolierter Zeichenabstrakta. Diskursive Aktivität wird nun als die Verbindung von Aussagen zu diskursiven Ordnugen oder Formationen begriffen.

Erst die theoretische Verschiebung zur Problematik der Äußerung macht die Analyse von Diskurs möglich. Die Diskursanalyse muss in der einen oder anderen Form „Aussagenanalyse" (*analyse énonciative*) betreiben (1969: 143[159]). Im Gegensatz zur *Ordnung der Dinge*, deren analytisches Ziel in der Entdeckung eines Codes des historisch Sag- und Denkbaren liegt, richtet sich die Aufmerksamkeit nun auf die spezifische Organisation bestimmter Aussagen. Der diskursanalytische Beobachter muss nun keine Adlerposition mehr einnehmen, von der aus die Gesamtheit der symbolischen Manifestationen einer Gesellschaft auf einen übergreifenden Code zurückgeführt werden kann; sie nimmt ihren Ausgangspunkt „von unten" – von der komplexen Materialität je spezifischer Aussagen:

»Die enunziative Analyse ist somit eine historische Analyse, aber sie enthält sich jeder Interpretation: Sie befragt die gesagten Dinge [*choses dites*, d. h. Aussagen, J.A.] nicht mit Blick auf das, was sie verstecken, was in diesen und gegen diese gesagt worden war, das Nicht-Gesagte, das sie verdecken, das Wuchern der in ihnen wohnenden Gedanken, Bilder oder Fantasmen, sondern sie fragt, ganz im Gegenteil, nach der Art und Weise, wie sie existieren, was es für sie heißt, manifestiert worden zu sein, Spuren hinterlassen zu haben und vielleicht dort für einen eventuellen Wiedergebrauch zu verbleiben, was es für sie heißt, dass sie – und nichts anderes an ihrem Ort – erschienen sind.« (Foucault 1969: 143[159])[xc]

Die enunziative Analyse zielt weder auf die Dechiffrierung eines zu Grunde liegenden Regelapparats noch auf die interpretative Rekonstruktion von Sinn. Sie beansprucht, die Aussagen des Diskurses in ihrer „Positivität" zu betrachten, als „gesagte Dinge", hinter deren opaker Oberfläche kein Sinn darauf wartet, verstanden zu werden. Und so ist es nur folgerichtig, wenn Foucault sein diskursanalytisches Projekt in seiner Inauguralvorlesung am Collège de France als »fröhlichen Positivismus« (*positivisme heureux*) (1971: 72[44]) qualifiziert.

Doch während Foucault auf diese Weise die Distanz zu interpretativ-rekonstruktiven Wissenszugängen unterstreicht, gibt er wenige Hinweise, wie eine enunziative Analyse von Aussagen aussehen kann. Die in der *Ordnung der Dinge* geleisteten empirischen Untersuchungen operieren ja weder mit dem Aussagen- noch mit dem Diskursbegriff, der erst in der *Archäologie* eingeführt wird. Aufschlussreich sind in diesem Zusammenhang Foucaults Hinweise auf die Frage, wie man sich die Verbindung von Aussagen zu „diskursiven Formationen" vorstellen kann. Anders als das von einer *epistēmē* organisierte Wissen konstituieren Aussagen keine transparenten Wissens- und Repräsentationsräume. Drei Kennzeichen markieren den Unterschied von „diskursiven Formationen" von 1969 gegenüber den Wissenssystemen oder *epistamai* von 1966.

- Erstens hebt Foucault den dynamischen Charakter einer „diskursiven Formation" hervor. Anders als im Deutschen oder Englischen kann die französische *formation discursive* auch einen aktivischen Sinn haben, und zwar als „Werden", „Bildung", „Formierung". In der Äußerung von Aussagen formiert sich die Formation, die zugleich einen (unabgeschlossenen) Prozess und ein (offenes) System von Elementen darstellt. Eine solche sich formierende Formation befindet sich in einem permanenten historischen Fluss, der stabile übergreifende Ordnungsprinzipien unterspült.
- Zweitens verbinden sich in einer diskursiven Formation heterogene Elemente, d. h. Aussagen, die unterschiedliche Äußerungsmodalitäten und Existenzfunktionen aufweisen. Eine diskursive Formation bildet keine einheitliche Struktur, in der alle Elemente über einen gleichen Wert verfügen und auf einer gleichen Diskursebene geäußert werden. Befehle und Wertungen koexistieren mit Beschreibungen; direkte Rede ist mit indirekter Rede verschachtelt; Ironie wechselt sich mit buchstäblicher Rede ab. Die Aussagen machen ein Gewimmel unterschiedlicher, ja widersprüchlicher Stimmen und

Sprechperspektiven hörbar, die die charakteristische Unreinheit der Formation begründen.

- Drittens ist die Unvollständigkeit der Formation festzuhalten, deren Elemente sich zu keiner in sich integrierten Struktur schließen. In einer Formation schließen sich verstreute Aussagen zu einem Bündel zusammen, in dem zahlreiche Elemente unter- oder undefiniert bleiben und das keine stabilen Innen/Außen-Grenzen unterhält. Und da die Formation weder von einem bestimmbaren Ursprung ausgeht noch auf ein natürliches Ende zustrebt, wohnt jeder Abbildung ein arbiträrer Moment inne. Kein Ausschnitt vermag das Ganze zu repräsentieren, da sich nicht bestimmen lässt, wo das Ganze anfängt und aufhört. Es ist die konstitutive Offenheit der Formation, die den Versuch einer Gesamtschau, eines Tableaus, in dem alle Elemente des Diskurses ihren funktionalen Platz einnehmen, als utopisch ausweist.

Obgleich Foucault die Instrumentarien für eine methodische Umsetzung fehlen, stellt die Problematik der diskursiven Formation ohne Zweifel eines der bleibenden Vermächtnisse von Foucaults diskursanalytischem Projekt dar. Anfang der 70er Jahre nimmt Michel Pêcheux diesen Begriff auf, um die Analyse der satzübergreifenden Organisation von Texten (DA 1) für eine Reflexion des Davor und des Außen zu öffnen (DA 2). Im Kontext der Pêcheux'schen Diskursanalyse wird die Problematik der diskursiven Formation nicht nur mit einigen analytischen Instrumenten unterfüttert; sie erfährt auch eine theoretische Neuorientierung durch die marxistische Philosophie Louis Althussers. Althusser wendet sich gegen eine deterministische („kausal-expressive") Klassentheorie, die von der Ökonomie als letzter Instanz ausgeht. Nach Althusser haben Institutionen („Staatsapparate") eine Eigenlogik, die nicht auf den Klassenantagonismus reduziert werden kann. In seinem bekannten Aufsatz über die „ideologischen Staatsapparate" unterscheidet Althusser repressive Institutionen (Verwaltung, Regierung, Armee, Polizei etc.) und ideologische Staatsapparate (Kultur, Schule, Religion, Politik etc.) (Althusser 1995: 106f.). Während erstere mit (der Androhung von) nackter Gewalt dafür sorgen, dass Individuen an dem ihnen zugewiesenen Platz in der Sozialstruktur verbleiben, arbeiten letztere mit Ideologie. Unter Ideologie versteht Althusser eine symbolische Ordnung, die »das imaginäre Verhältnis der Individuen zu ihren wirklichen Existenzbedingungen repräsentiert.« (1995: 216)[xci] Indem Althusser die Materialität von Ideologie betont (in Abgrenzung »von ›Ideen‹ ohne reelle und materielle Stützung« 1995: 108),[xcii] wendet er sich gegen ein Verständnis von Ideologie als falsches Bewusstsein. Die Ideologie spielt den Individuen, die in ihr leben, kein „falsches" Bild „wirklicher" Verhältnisse vor. Sie organisiert vielmehr das, was dem Individuum als fraglos gegeben und spontan evident erscheint und aus freien Stücken befolgt wird. Die Ideologie gehört zu den wesenhaften Eigenschaften des Individuums, das erst zum Subjekt wird, wenn es von der Ideologie interpelliert wird:

»Ich unterstelle also, dass die Ideologie ›wirkt‹ oder ›funktioniert‹, indem sie unter den Individuen Subjekte ›rekrutiert‹ (sie rekrutiert sie alle) oder die Individuen in Subjekte ›verwandelt‹ (sie verwandelt sie alle) durch jene sehr präzise Operation, die ich *Interpellation* nenne, die man sich gerade nach der Art der banalsten (oder nicht banalsten) Interpellation vorstellen kann, wie sie immer wieder durch die Polizei vorgenommen wird: ›He, Sie da.‹« (Althusser 1995: 226)[xciii]

Althussers Ideologiebegriff steht für den Übergang von DA 1 zu DA 2 Pate, definiert er doch das Verhältnis von Diskurs („Ideologie") zu den Institutionen (bzw. zu den „repressiven und ideologischen Staatsapparaten") und der sozialstrukturellen Position des Individuums (bzw. „Subjekts"). Im Diskurs werden demnach die Beziehungen zwischen den Individuen symbolisch geordnet – ein Prozess, der von den zu Subjekten interpellierten Individuen nicht bewusst reflektiert und kontrolliert werden muss. So ist der Eintritt in die Ideologie – die Versubjektivierung der Individuen – kein Prozess der ideellen Selbstentfaltung; er vollzieht sich auf der Ebene materialer Praktiken und institutioneller Verhältnisse.

Althussers Ideologie- und Subjekttheorie bildet den gesellschaftstheoretischen Hintergrund, vor dem sich Pêcheux dem Problem der diskursiven Formation zuwendet. In Analogie zu Althussers Ideologiebegriff definiert Pêcheux eine diskursive Formation als ein Ensemble von Aussagen, die von einem bestimmten institutionellen Ort aus hervorgebracht werden. Gemäß der bekannten Definition von Haroche, Henry und Pêcheux kreuzen sich in „ideologischen Formationen", die jeweils in Verhältnis zu bestimmten Klassenpositionen stehen,

»eine oder mehrere in sich verbundene *diskursive Formationen*, die bestimmen, *was gesagt werden kann oder muss* (artikuliert in der Form einer Kampfrede, einer Predigt, eines Pamphlets, eines Exposés, eines Programms etc.) von einer gegebenen Position aus in einer gegebenen Konjunktur: der zentrale Punkt ist hier, dass *wir es nicht nur mit der Natur der verwendeten Wörter zu tun haben, sondern auch (und vor allem) mit Konstruktionen, in denen sich diese Wörter verbinden*, insofern als diese Konstruktionen die Bedeutung, die die Wörter annehmen, bestimmen: wie wir am Anfang bemerkt haben, wechseln die Worte ihren Sinn je nach den Positionen, die von jenen eingenommen werden, die sie gebrauchen; man kann jetzt genauer sagen: die Worte ›wechseln ihren Sinn‹, indem sie von einer zu einer anderen diskursiven Formation übergehen.« (Haroche/Henry/Pêcheux 1971: 201f.)[xciv]

Nach Pêcheux et al. trägt die diskursive Formation dem Umstand Rechnung, dass von bestimmten institutionellen Positionen bestimmte Dinge gesagt werden können und müssen. Diskursive Formationen markieren ein institutionelles organisiertes Terrain, das quer zu ideologisch-sozialstrukturellen Kampflinien verläuft.

Auch in Foucaults *Archäologie* werden die Aussagen einer Formation in keinem regelfreien Raum hervorgebracht, aber die Unterschiede zu Pêcheuxs Formationsbegriff sind markant: Erstens arbeitet Foucault mit einem Regelbegriff, der nur positive Aussagen kennt. Foucaults Frage ist, *wie* eine Aussage geäußert wird und im Diskurs existiert. Von einer „zensierten" Aussage könnte man demnach nur dann sprechen, wenn sie tatsächlich, etwa im Modus des Verbots oder des Tabus, geäußert wird. Pêcheux et al. legen hingegen ein Regime nahe, in dem bestimmte Aussagen geäußert werden können und müssen und andere nicht. Zweitens verbinden sich in Foucaults Diskurs Aussagen mit unterschiedlichen Äußerungsmodalitäten, während Pêcheux et al. ein homogenes Verständnis von Formationen an den Tag legen, die von bestimmten Textsorten („Kampfrede, Predigt…") geprägt werden. Drittens vollziehen Pêcheux et al. Foucaults äußerungstheoretische Wende nicht mit. Bei Pêcheux et al. dient die diskursive Formation dazu, soziohistorisch und institutionell homogenisierte Diskursregionen abzugrenzen, innerhalb derer sich die strukturale Methode anwenden lässt.

Foucault führt den Formationsbegriff somit ein, um das strukturale Modell zu überwinden, wohingegen Pêcheux den Formationsbegriff verwendet, um das strukturale Modell zu retten. Pêcheux kettet den Begriff der diskursiven Formation an ein diskursanalytisches Projekt nach Saussure'schem Vorbild. Ungeachtet der mit dem strukturalen Modell verbundenen Probleme, derer sich Pêcheux im Laufe der 70er Jahre zunehmend bewusst werden wird, gelingen Pêcheux zwei wichtige Erweiterungen, die die sozialwissenschaftliche Relevanz dieses Begriffs unterstreichen:

Erstens organisieren diskursive Formationen die Subjektivität der Diskursträger. Schon Foucault hatte den Diskurs als ein »Feld von Regelmäßigkeiten für verschiedene Subjektpositionen« (1969: 74[82])[xcv] definiert, ohne jedoch auf den Zusammenhang von Subjektivität und Diskurs genauer einzugehen. In *Les Vérités de La Palice* widmet sich Pêcheux diesem Problem ausführlicher, das er Althusser folgend im Sinne einer »nicht-subjektivistischen Theorie des Subjekts« (Pêcheux 1975: 122[91f.])[xcvi] zu lösen versucht. Pêcheux begreift die Versubjektivierung des Individuums – des in den Diskurs eintretenden „Trägers", wie bisweilen auf Deutsch zu lesen ist – als einen „Münchhausen-Effekt", infolge dessen die durch den Eintritt in den Diskurs induzierte unmittelbare Sinnevidenz als nichthintergehbarer Ursprung des Subjekts erfahren wird:

»[B]eim Subjekt handelt es sich um einen (Vorstellungs-)Prozess im Innern des vom Netz der Signifikanten konstituierten Nicht-Subjekts, und zwar in dem von J. Lacan definierten Sinn: das Subjekt ist von diesem Netz – ›Gattungs- und Eigennamen‹, *shifting*-Effekte, syntaktische Konstruktionen etc. – so ›eingenommen‹, dass es daraus, im spinozistischen Sinn des Ausdrucks, als ›Ursache seiner selbst‹ hervorgeht.« (Pêcheux 1975: 141[108])[xcvii]

Pêcheux folgt hier insofern Althussers Lacan-Interpretation, als er Subjektivität als eine durch den Gebrauch von Zeichen erzeugte Illusion innerer Einheit fasst. Die Versubjektivierung des Individuums stellt sich als die Aneignung einer Subjektposition dar, die schon vor dem Eintritt des Individuums definiert ist. Der Diskurs rekrutiert seine Subjekte, indem er leere symbolische Orte (z. B. Namen) bereitstellt, von denen sich die Individuen ansprechen lassen. Demnach werden die Individuen zu diskursiv sichtbaren Subjekten in einem »Prozess der Interpellation/Identifikation, der an dem leer gelassenen Ort das Subjekt hervorbringt.« (Pêcheux 1975: 143[110])[xcviii] Für Pêcheux wird Subjektivität nicht von innen, sondern von der soziosymbolischen Ordnung organisiert, in die das Individuum eintritt. Über seine Überlegungen zu Subjektivität öffnet Pêcheux sein diskursanalytisches Projekt klassischen Fragen der Gesellschaftstheorie. So ist der symbolische Ort, den die Individuen im Diskurs einnehmen, immer auch ein sozialer. Er stellt die Adresse für die Position des Individuums in der sozialen Ordnung bezeichnet, auf die andere Subjekte des Diskurses im sozialen Prozess Bezug nehmen können.

Zweitens bringen Pêcheux und seine Mitstreiter neben diesen subjekt- und gesellschaftstheoretischen Erweiterungen einige analytische Instrumente in die Diskussion, mit denen gezeigt werden soll, wie das institutionelle Außen und Davor in die diskursive Formation hineinreichen. Sie werfen die Frage auf, wie Aussagen ein als unhinterfragbar ausgezeichnetes Wissen mobilisieren. Als Beispiele können die Analyse der Phänomene des Vorkonstrukts (*préconstruit*) bzw. der Präsupposition (*présupposition*) genannt werden. Unter Vorkonstrukt versteht man das, was in der Aussage von anderswo aufgegriffen und als unverhandelbares Wissen dargestellt wird, also z. B. die in Aussage (1) *Als einer ihrer theoretischen Pioniere trägt Michel Pêcheux in den 70er Jahren maßgeblich zur Etablierung der Diskursanalyse in Frankreich bei* implizierte Tatsache T1, *dass* sich die französische Diskursanalyse in den 70er Jahren etabliert hat. Vorkonstrukte operieren oft mit Nominalkonstruktionen (wie „Etablierung von X"), die auf eine anderswo geäußerte Aussage (2) verweisen („X wird von Y etabliert"), und für (1) gilt (2) eben deswegen als vorkonstruiert, weil die Frage, wo, wie und durch wen (2) geäußert wurde, in (1) keine Rolle mehr spielt. In (2) sind die Produktionsbedingungen ausgelöscht, und es ist diese Auslöschung von Sprecher und Kontext, die das Vorkonstrukt als die Aussage einer anonymen Institution oder als ein allgemein geteiltes Wissen ausweist. Anders als rekonstruktiven Zugriffen geht es hier nicht um die Inhalte vorkonstruierter Produkte (Was?), sondern um die Regeln ihrer Produktion (Wie?). Dieser Ansatz beschränkt sich auf eine Analyse der diskursiven Organisation von vorkonstruiertem Wissen und assertiertem Sinn; ob das Vorkonstrukt von den Individuen tatsächlich akzeptiert oder zurückgewiesen wird, ist nicht Gegenstand der Untersuchung. Oder anders ausgedrückt: Das vorkonstruierte Wissen (2) ist kein enzyklopädisches Wissen, das gleichsam unabhängig von (1) in den Köpfen der Gesellschaftsmitglieder existiert; es ist untrennbar mit (1) verbunden.

Während das Vorkonstrukt auf die Frage verweist, wie das „institutionelle Außen" des Diskurses zum Gegenstand wird, lässt sich mit dem Begriff der Präsupposition das von einer Aussage Vorausgesetzte in den Blick nehmen. Demnach operieren Aussagen nicht nur mit einem semantischen Inhalt, sondern auch mit je nach Kontext unterschiedlichen Sets an impliziten Annahmen und unmittelbaren Schlüssen. So präsupponiert die Aussage (1) etwa, dass es sich bei Michel Pêcheux um einen Wissenschaftler handelt, der während der Etablierung der Diskursanalyse in Frankreich theoretische Texte produziert. Dass Pêcheux in den 70er Jahren folgenreiche Theorietexte schreibt, wird nicht explizit gesagt, kann aber angesichts des Umstands, dass die Diskursanalyse ein wissenschaftliches Feld bildet und wissenschaftliches Wissen in der Regel verschriftetes Wissen ist, aus dem Gesagten geschlossen werden. Oft steht präsuppositionales Wissen in engem Zusammenhang mit dem Kontext der Aussage. Es ist dann beispielsweise wichtig zu wissen, in welcher Sequenz (1) erscheint. In der Gesprächssituation folgt eine Aussage etwa auf bestimmte andere Aussagen. Auch der Leser eines geschriebenen Texts kann die Aussagen in den Zusammenhang mit anderen zuvor gelesenen Aussagen bringen. So wird das präsuppositionale Wissen nach (1') *Michel Pêcheuxs Diskurstheorie orientiert sich an Althussers Ideologietheorie* ein anderes sein als nach (2') *Nach dem Studium der Philosophie wendet sich Michel Pêcheux sprachtheoretischen Fragen zu*, nämlich einmal: „Althusser spielt eine wichtige Rolle für die

Diskursanalyse in Frankreich", das andere Mal: „Pêcheux ist ursprünglich kein Linguist". Gerade für die Argumentationstheorie erweist sich die Entdeckung der präsuppositionalen Struktur von Aussagen als folgenreich, kann die argumentative Verbindung zweier Aussagen doch nun als eine Verbindung mit Gesagtem genauso wie mit Nicht-Gesagtem beschrieben werden

Im Kontext der Pêcheux-Schule ist es besonders Paul Henry, der im Anschluss an Gottlob Frege auf die präsuppositionalen Regeln des Diskurses hinweist. Henry unterstreicht die Autonomie dieser Regeln gegenüber dem „Subjekt", das er im Sinne der Lacan'schen Psychoanalyse nicht als »Zentrum, Quelle, Einheit einer Innerlichkeit«, sondern als einen »Effekt der Sprache« fasst (Henry 1977: 21).[xcix] Nach Henry bergen die Versuche, die präsuppositionalen Bedeutungen der Aussage sprechakttheoretisch aufzuschließen, die Gefahr, das sprechende Subjekt wiedereinzusetzen.

»Indem man Präsupposition und Sprechakt verbindet, setzt man das Subjekt als Quelle dieses Akts aber wieder ein, selbst wenn man davon ausgeht, dass dieses Subjekt ein universelles, seine Tätigkeit regulierendes Subjekt verinnerlicht oder wenn man aus der Gesellschaft eine Instanz macht, die die Bedeutungen für dieses Subjekt juridisch regiert.« (Henry 1977: 82)[c]

So plädiert Henry in Abgrenzung von Ducrot, den er als Schüler John Austins einordnet, aber auch in Abgrenzung von Noam Chomsky für eine nicht-subjektivistische Fundierung der Diskursanalyse: »Bei Foucault gibt es auf der enunziativen Ebene in der Tat kein Subjekt, sondern eine Subjektposition, die von verschiedenen Individuen besetzt werden kann.« (Henry 1977: 84)[ci]

Eine methodische Analyse der Subjektpositionen in einer diskursiven Formation wird jedoch auch von Henry, Pêcheux & Co. nicht vorgenommen. Überdies untergräbt der Übergang von DA2 zu DA3 die theoretische Belastbarkeit des Begriffs der diskursiven Formation. Nun rücken die Probleme, die mit der „Heterogenität" des Diskurses zusammenhängen, in den Blick, etwa seine Unabgeschlossenheit und seine geschichtete Dicke (im Sinne von *épaisseur* oder *feuilletage*). Nun macht sich die Einsicht breit, dass sich der Diskurs nicht in natürlich abgegrenzte Regionen aufteilen lässt. An die Stelle einer konstituierten Formation von Elementen, die sich durch einen geschlossenen Korpus abbilden lässt, tritt eine „abwesende Grenze" (*frontière absente*), die die Schließung des Diskurses unterläuft. In diesem Sinn argumentiert Courtine für eine DF [eine diskursive Formation], die »sich selbst gegenüber heterogen ist«. In Anlehnung an die Lacan'sche Psychoanalyse betrachtet er »die Schließung einer diskursiven Formation [als] fundamental instabil; sie besteht nicht aus einer ein für allemal gezogenen Grenze, die Innen und Außen trennt, sondern schreibt sich zwischen verschiedene DF als eine Grenze ein, die sich je nach den Einsätzen des ideologischen Kampfs verschiebt.« (Courtine/Marandin 1981: 24)[cii] Mit der Umstellung von einem Behältermodell des Diskurses zu einem offenen diskursiven Terrain, das sich um seine interdiskursiven Grenzen, den inneren Brüchen und Verwerfungen formiert, werden Verfahren fragwürdig, die die diskursive Formation als eine homogene, geschlossene Gesamtheit fassen. Denn wenn der Diskurs keine stabilen Innen/Außen-Grenzen aufweist, ist es unmöglich, die Formation in repräsentativen Stichproben darzustellen oder natürlichen Korpora abzugrenzen. Die Konstitution des Korpus wird zu einem Konstrukt des Forschungsprozesses, das die zu erzielenden Ergebnisse in erheblichem Maße präjudiziert. Bedeutet dies nicht, dass korpuslinguistische Verfahren, wie Courtine es nahe legt, »die diskursiven Rauhheiten glätten, die in jedem Diskurs aufstehenden Spalten vernähen, auf der einen Seite zurechthobeln, auf der anderen Seite verspachteln und verstopfen, aus jedem Diskurs einen vollen Körper und eine plane Oberfläche machen« (Courtine/Marandin 1981: 23)?[ciii] Statt *die* Bedeutung einer Aussage zu bestimmen, wendet sich Pêcheux nun ihrer komplexen vertikalen Schichtung zu. Eine Aussage kann nun eine andere verstecken, sich komplex mit anderen verschachteln und enunziative Sequenzen bilden (Pêcheux 1981: 143f.).

Die Fokussierung von Pêcheuxs DA 3 auf die heterogenen Einheiten des Diskurses macht die Krise der formalistischen Modelle Saussures und Harris' augenfällig. Auch andere Autoren akzentuieren nun die Heterogenität eines Diskurses, der in einem strukturalen Rahmen nicht mehr beizukommen ist.

- *Heterogenität im Sinne einer Überlagerung verschiedener Sinnquellen.* Schon Benveniste macht die Annahme stark, dass die Aussage ihren Sinn aus verschiedenen Sinnquellen bezieht. Dem „semiotischen" Sinn, »der auf sich selbst verweisende und in gewisser Weise in sich selbst beinhaltete Sinn« (1974: 21), stellt Benveniste einen „semantischen" Sinn zur Seite, der »aus der Verkettung, der den Umständen entsprechenden Aneignung und der Anpassung der verschiedenen Zeichen untereinander resultiert« (1974: 21). Demnach arbeiten Zeichen sowohl mit einem abstrakt-stabilen als auch einem lokal-dynamischem Sinn. Diese Idee setzt sich in Ducrots Unterscheidung von Bedeutung (die *signification* von durch die *langue* aktualisierten Sätzen) und Sinn (der *sens* konkret geäußerter Aussagen) fort (Ducrot 1984: 95).

- *Heterogenität im Sinne einer Verbindung von Text und Kontext.* Während die diskursanalytischen Tendenzen der 50er und 60er Jahre unter dem Kontext eines Satzes zumeist seine benachbarten Sätze fassen, die sich zu einem „Diskurs“ (d. h. Text) verbinden, finden seit den 70er Jahren auch „extrasprachliche“ Aspekte des Kontexts Eingang in die Analyse. So erfasst Benveniste mit dem „formalen Apparat der Äußerung“ („ich, hier, jetzt“) etwa die raumzeitlichen oder personalen Koordinaten des Äußerungskontexts. Ducrot holt den Kontext ein, indem er Sinn als das Produkt der Verbindung einer linguistischen Komponente mit dem Äußerungskontext begreift (Ducrot 1984), wohingegen Maingueneau mit dem Konzept der Szenographie die Trennung zwischen Text und Kontext auflöst. Für Maingueneau organisieren Texte ihre Kontexte, die von der Äußerung zugleich vorausgesetzt und validiert werden (1993). Dieser Öffnung für Fragen des Kontexts liegt die Annahme zu Grunde, dass Zeichen nicht saturiert sind und erst in Verbindung mit dem Kontext, auf den sie auf bestimmte Weise zugreifen, vervollständigt werden.
- *Heterogenität als Selbstreflexivität der Aussage.* Als Produkt der Äußerung stellt die Aussage die Spur einer Aktivität dar, auf die die Aussage zurückverweist. Nach Récanati setzt die Aussage ein Repräsentierendes (*représentant*) x mit einem Repräsentiertem (*représenté*) y in Verhältnis, wobei »das Repräsentierende sich in dem Moment, in dem es etwas repräsentiert, selbst reflektiert« (Récanati 1979a: 21)[civ]: Dieser „sui-referenziale“ Charakter der Aussage, den die Diskurspragmatik auch als

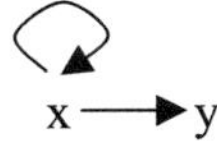

darstellt, begründet die Opazität der Aussage. Die Reflexivität der Aussage wird sichtbar, wenn auf den Akt der Äußerung als ein Fakt Bezug genommen wird.
- *Heterogenität im Sinne der Nicht-Einheit von Sprache.* In welchen Fällen manifestiert sich die Heterogenität der Aussage? Récanati weist auf die pragmatischen Paradoxe (z. B. *Ich bin tot*) hin, »Fälle des Widerspruchs zwischen dem, was eine Aussage sagt, und dem, was ihre Äußerung zeigt« (1979a: 206). Dagegen betrachtet Authier-Revuz die Fälle, in denen die »Nicht-Koinzidenz« der Sprache – »alles das, was das Nicht-Eine der Kommunikation markiert: Unverständnis, Beunruhigung, Mangel, Missverstehen, Ambivalenz« – mit »meta-enunziativen Kommentaren« oder »Äußerungsschleifen« (*boucles énonciatives*) repariert wird (z. B. in der Form „p, das heißt

q", „p, um nicht q zu sagen"...) (Authier-Revuz 1995: iif.). Mehrdeutigkeit und Missverstehen sind keine Unfälle einer Sprache, die sich grundsätzlich durch Transparenz und kommunikativen Erfolg auszeichnet. Mit Culioli ist »Verstehen ein spezieller Fall des Missverstehens.« (Culioli 2002: 28)[cv]

- *Heterogenität im Sinne der Koexistenz verschiedener Äußerungsmodalitäten.* Wie Foucault in der *Archäologie* unterstreicht (Foucault 1969), bilden sich Formationen aus Aussagen, die in verschiedenen Äußerungsmodalitäten existieren – eine Idee, die Austin mit der Unterscheidung der verschiedenen *forces* vorbereitet, in denen Sätze geäußert werden können. Ein klassisches Beispiel für das Erscheinen von Heterogenität ist die indirekte Rede, in der sich zitierende und zitierte Rede verschachteln, was, wie Rosier nachweist, auf verschiedene Weise im Text markiert wird: typographisch, attributiv, enunziativ (1999: 139). Aber auch andere Phänomene wie Ironie und Verneinung können als orchestrierte Ensembles von Stimmen verstanden werden, die je spezifische Distanzen zum Sprecher (*locuteur*) eingehen (s. u. zur Polyphonie bei Ducrot).

Angesichts dieser zahlreichen, aus unterschiedlichen Lagern kommenden Einwände gegen ein homogenisierendes Diskursverständnis ist es kaum verwunderlich, dass die mit Pêcheux assoziierte Theorie der diskursiven Formation zu einer Problematik wird, der der visionäre Charme der theoretischen Pioniere der Diskursanalyse anhaftet, ohne jemals in empirische Forschung umgesetzt worden zu sein. Mit Pêcheuxs Tod (1982) scheint nicht nur die diskursive Formation aus der diskursanalytischen Debatte auszuscheiden, sondern auch eine Phase der Konsolidierung und Spezialisierung anzubrechen. Während einige der Pêcheux nahe stehenden Kollegen sich auf ihre disziplinären Verankerungen besinnen und bestimmte diskursanalytische Perspektiven in die Linguistik (Fuchs 1981b), die Geschichte (Guilhaumou/Maldidier/Robin 1994) oder die Soziologie (Achard 1995) einführen, bleibt die Linguistik in Frankreich eine wichtige Impulsgeberin für die diskursanalytische Forschung. Aber Pêcheuxs Tod markiert auch einen folgenreichen Umbruch in der theoretischen Basis diskursanalytischer Forschung, die sich von der internen Analyse à la Harris und Saussure verabschiedet und den Weg für einige neuere „post-strukturale" Ansätze frei macht, insbesondere im Bereich der Äußerungslinguistik, die sich in verschiedene Richtungen auffächert. Während das Interesse an der horizontalen Organisation des Diskurses schwindet, verstärkt sich der Fokus auf die vertikale Dimension des Diskurses, auf die verschiedenen Sinnebenen, -quellen und -dimensionen, die die Heterogenität der Aussage ausmachen. Während sich der Diskurs entgrenzt, verdicken und verdichten sich seine Aussagen.

4.3 Diskurs als Aussage und Äußerung. Das Feld der Äußerungstheorie

Im Licht der Krise der strukturalen Linguistik nimmt das Problem der Äußerung Ende der 70er Jahre in der sprachwissenschaftlichen Theorie und Praxis einen zunehmend zentralen Platz ein (Maingueneau 1981; Cervoni 1987; Fuchs 1981a). In der Diskursanalyse und der Linguistik zeichnet sich nun eine „pragmatische Wende" ab. Unter dem Etikett der Pragmatik versammeln sich Ansätze, die in der einen oder anderen Form die Ereignisdimension des Diskurses reflektieren und die strikte Trennung von Text (als linguistischem Objekt) und Kontext (als außerlinguistischem Objekt) in Frage stellen. So geht es in pragmatischer Perspektive nicht mehr um abstrakte, von ihren Äußerungskontexten isolierte Texte, sondern um im Diskurs geäußerte, gebrauchte, kontextualisierte Texte. Insofern Texte erst in ihren diskursiven Kontexten einen bestimmbaren Sinn erhalten, muss sich Diskursanalyse in der einen oder anderen Form als Diskurspragmatik verstehen. Neben der Pragmatik in diesem weiten Sinn, auf die sich Sprach- und Diskurswissenschaftler aus unterschiedlichen theoretischen Lagern berufen (Ducrot 1980a; Parret 1987; Henry 1984; Adam 1989; Maingueneau 1997), ist ein engeres Verständnis von Pragmatik geläufig – eine „angloamerikanische" Variante, die im Anschluss an J.L. Austin und H. Paul Grice auf Sprechakte bzw. sprachliches Handeln fokussiert. Auch die sprechakttheoretischen Linguisten betrachten die Äußerung (*énonciation*) als ihren analytischen Grundbegriff.

Außerhalb Frankreichs ist die Debatte über *énonciation* und *énoncé* kaum bekannt (siehe aber Williams 1999), was nicht zuletzt an terminologischen Übertragungsschwierigkeiten liegt. In der Regel werden *énonciation* und *énoncé* im Deutschen mit den Termini „Äußerung" und „Aussage" wiedergegeben, was sich als nicht weniger problematisch erweist als die englische Übersetzung durch *utterance* und *statement*. Eine solche Wiedergabe verdeckt nicht nur den wechselseitigen Zusammenhang eines prozessualen und eines resultativen Aspekts sprachlicher Tätigkeit (im Sinn von Produktion und Produkt); sie riskiert auch die Unterstellung eines intentional-expressiven Modells von Subjektivität (als ursprünglicher Innerlichkeit) und Diskurs (als instrumental-expressiver Äußerlichkeit). Es kennzeichnet die französische Auseinandersetzung über „Äußerung" und „Aussage", dass die Produktion von

Diskurs im Allgemeinen nicht subjekt- oder handlungstheoretisch unterfüttert wird. Ganz allgemein gesprochen geht es um das Verhältnis von sprachlichen Formen und diskursiver Praxis, wobei neben den sprechakttheoretischen Ansätzen auch die Äußerungstheorien strukturaler oder logisch-semantischer Provenienz herausgehoben werden müssen.

In der Tat erhält die französische Äußerungstheorie ihre ersten Impulse aus dem Strukturalismus. Ihr Pionier ist Émile Benveniste, der die Äußerung als »die Enaktierung der Sprache durch einen individuellen Gebrauchsakt« (Benveniste 1974: 80)[cvi] definiert. Zur Äußerung selbst hat die Analyse keinen unmittelbaren Zugang. Sie hat es lediglich mit deren formalen Spuren (*marques*) zu tun, die in den Text eingelassen sind und auf bestimmte Weise auf die Äußerungskontexte zugreifen. Benveniste – und dies weist ihn als treuen Schüler Saussures aus – zeichnet die Problematik der Äußerung in die *langue* ein, zu deren formalem Inventar auch der „formale Apparat der Äußerung" (*appareil formel de l'énonciation*) gehört. Zum formalen Äußerungsapparat gehören alle Pronomen und Adverbien, die wie die Personalpronomen „ich" und „du" (nicht aber „er", „sie", „es") oder die Adverbien „hier" und „jetzt" die Äußerung reflektieren, indem sie die raum-zeitlich-personalen Koordinaten ihrer Äußerungskontexte deiktisch (von griechisch *δειγνυμι,* ich zeige) sichtbar machen (Cervoni 1987). Diese deiktischen „Markierungen" oder Spuren der Äußerung umfassen neben den Personalpronomen der ersten und zweiten Personen („ich/wir", „du/ihr") und ihren Flexionen („uns", „mein"...) ein umfangreiches System an grammatikalischen Formen und Elementen, die ihren Gegenstand zeigen (und nicht sagen). So verweisen Deiktika wie „ich", „hier" und „jetzt" – Jakobsons *shifters* (1995: 388) – auf einen Äußerungskontext, in den sie „einrasten" (*embrayer*) und der die verlangten kontextuellen Informationen zum Sprecher und seiner räumlichen und zeitlichen Position liefert. In der Terminologie Benvenistes gehören Texte, die mit den deiktischen Markierungen der Äußerung operieren, dem Register des „Diskurses" (*discours*) an, Texte ohne deiktische Markierungen dagegen dem des „Berichts" (*histoire*) (vgl. die Unterscheidung von „enunziativen" versus „enunziven" Texten bei Greimas/Courtès 1993: 124). Kerbrat-Orecchioni (1980) fasst Benvenistes Zugang zur Äußerung zusammen als

»die Suche nach linguistischen Verfahren (*shifters*, Modalisatoren, evaluative Termini etc.), durch die der Sprecher seinen Abdruck in der Aussage hinterlässt, sich (implizit oder explizit) in die Botschaft einschreibt und sich gegenüber dieser verortet (Problem der ›enunziativen Distanz‹). So gilt es, die Einheiten, welcher Natur und welcher Ebene sie auch immer sein mögen, die als

Indizien der Einschreibung des Subjekts der Äußerung in die Aussage fungieren, nachzuweisen und zu beschreiben.« (Kerbrat-Orecchioni 1980: 26)[cvii]

Über die Markierungen der Äußerung ist die Subjektivität als eine anthropologische Konstante in die Struktur der *langue* eingelassen. Die Sprache „spricht" die Individuen, deren Subjektivität über den formalen Apparat der Äußerung organisiert wird. Subjektivität existiert demnach unabhängig von den spezifischen Akten der Aneignung der *langue* durch die Individuen, die durch den Eintritt in ihre symbolische Ordnung zu sprechenden Subjekten werden.

Doch Benveniste ist weder der erste noch der einzige Sprachtheoretiker, der sich für die Äußerung interessiert. Neben historischen Vorläufern wie Charles Bally (1965), der Saussure auf den Genfer Lehrstuhl nachfolgt, Georges Guillaume (1974) oder Karl Bühler (1965), auf dessen Origo-Theorie der „formale Apparat der Äußerung" aufbaut, kristallisieren sich seit Ende der 70er Jahre eine Reihe von alternativen Ansätzen heraus. Bisweilen wird das Feld der Äußerungslinguistik nach einem von Benveniste angeführten „neo-strukturalistischen" Lager und einer logisch-pragmatischen Tendenz angloamerikanischer Provenienz unterteilt (Fuchs 1981a: 42). Doch auch diese Lager zeichnen sich noch durch eine erhebliche Heterogenität aus, weshalb die Tendenzen der Äußerungstheorien im Folgenden zwischen drei theoretischen Hauptpolen verortet werden sollen (vgl. in diesem Zusammenhang auch Grunigs Unterscheidung von indexikaler, psychologischer, sprechakttheoretischer und situativ-interaktionistischer Pragmatik 1981). Neben dem strukturalen Zugang, repräsentiert durch Benveniste, lassen sich demnach zwei weitere Pole ausmachen, und zwar der logisch-pragmatischen Semantik sowie der radikalen Pragmatik angloamerikanischer Provenienz.

Oswald Ducrot, der als paradigmatischer Vertreter eines logisch-semantischen Pols im Feld der Äußerungstheorie gelten kann, behandelt die Frage, wie sich Aussagen über die Äußerung verbinden. Dieses Unternehmen greift bestimmte Probleme aus Logik (vgl. Brøndal 1943; Blanché 1968; Grize 1982; Danon-Boileau 1987) und Argumentationstheorie (vgl. Toulmin 1952; Perelman 1963; Anscombre/Ducrot 1983; Plantin 1990) auf, die die Regeln zu bestimmen suchen, nach denen ein Satz auf einen anderen folgt und so eine logisch-argumentative Einheit mit diesem bildet. Ducrot definiert als analytischen Gegenstand die Aussage (*énoncé*), die er von dem Satz – jener »Erfindung der eigenartigen Wissenschaft der Grammatik« (1984: 174) – abgrenzt. Während Ducrot den Satz (*phrase*) als »ein sich über seine verschiedenen Erscheinungen selbstidentisches, abstraktes linguistisches Wesen« begreift, fasst er die

Aussage (*énoncé*) als »eine spezifische Erscheinung, die Realisierung *hic et nunc* des Satzes.« (1984: 95)[cviii] Mit der Umstellung vom Satz (der Grammatik) zur Aussage (des Diskurses) führt Ducrot den Weg weiter, den Benveniste mit der Entdeckung „semantischen" Sinns (gegenüber semiotischem Sinn) aufgetan hatte. Die Aussage wird nun im Zusammenspiel mit anderen Aussagen betrachtet, was einen kontextuell spezifischen Sinn (*sens*) entstehen lässt (im Unterschied zur *signification* des abstrakten Satzes). So geht es Ducrot nicht darum, »die Sprache zurechtzustutzen, so dass ihre Elemente den Regeln gehorchen, denen sie in den Formeln des Logikers unterliegen.« (Ducrot 1989: 76)[cix] Was sich Ducrot von der Logik abschaut, sind die spezifischen präsuppositionalen Wissensformen (Freges „selbstverständliche Voraussetzung"), mit denen die Aussage operiert. So präsupponiert die Aussage (1) *Geht der Kühlschrank wieder?* eine Reihe von Umständen, die als unverhandelbares Hintergrundwissen präsentiert werden, etwa (P1a) dass es einen Kühlschrank gibt oder (P1b) dass der Kühlschrank zu einem bestimmten Zeitpunkt kaputt war. Ducrot macht deutlich, dass diese Präsuppositionen in der Aussage selbst verankert sind und auf bestimmte Weise durch das Davor und Danach der Aussage organisiert werden. So entstehen je verschiedene argumentative Richtungen, wenn auf (1) einmal (2a) *Ich habe Schinken mitgebracht* oder (2b) *Die Sicherung ist rausgeflogen* folgt: Das eine Mal wird etwa (P2a) *Der Schinken muss gekühlt werden*, das andere Mal (P2b) *Ein technisches Problem ist aufgetreten* nahe gelegt, wobei (2a) wegen (P2b) auf (P1a) verweist, (2b) wegen (P2b) dagegen auf (P1b). Diskurs bildet sich, indem sich Aussagen zu solchen argumentativen Ensembles verketten und das von ihnen präsupponierte Wissen auf bestimmte Weise in Stellung gebracht wird. Diese „Diskursivierung" der Aussage verweist weder auf einen bestimmten Zustand der Welt noch auf das, was das sprechende Subjekt weiß, will oder intendiert: »Die Verkettung von Aussagen hat einen inneren Ursprung; sie basiert auf dem Wesen der Aussage selbst oder, wenn man so will, auf ihrem Sinn [*sens*], [der] […] nahe legt, wie eventuell fortzufahren ist.« (1980b: 11)[cx]

Eine wichtige Rolle spielen in diesem Zusammenhang bestimmte Konnektoren wie „aber" oder „weil", die zwei Aussagen in ein argumentatives Verhältnis zueinander setzen, beispielsweise (3) *Ich habe Schinken mitgebracht, aber der Kühlschrank ist kaputt* Während „aber" beide Aussagen (3a) und (3b) als „wahr" voraussetzt, wird die erste Aussage auf bestimmte Weise auf Distanz gehalten, die zweite Aussage dagegen als unmittelbarer Ausfluss der Äußerungsquelle markiert: *Es ist wahr, dass (3a), aber (3b)*, was einen neuen Blick auf (3a) nach sich zieht und etwa die Konklusion (3c) *Wenn der Kühlschrank nicht bald wieder geht, war (3a) umsonst* einleiten kann. Um die implizierten Sprechperspektiven zu bezeichnen, bezeichnet Ducrot das diskursive Sein, »das für die Aussage verantwortlich zeichnet« (1984: 193)[cxi] als den Lokutor (*locuteur*), während der Enunziator (*énonciateur*) eine Figur ist, die vom Lokutor auf bestimmte Distanz gehalten wird. So zeichnet in (3) der Lokutor für die zweite Aussage unmittelbar verantwortlich; für die erste jedoch nur, um sie durch die zweite wieder in Frage zu stellen. Aussagen mobilisieren unterschiedliche Stimmen (*voix*) und Äußerungsquellen (*sources énonciatives*), die die charakteristische Mehrstimmigkeit der Aussage begründen und die Aussage nach Verbindungen mit anderen Aussagen suchen lässt. Indem Ducrot Michail Bachtins Polyphonie- und Dialogizitätstheorie auf die Aussage anwendet (vgl. auch Genette 1972), stellt sich ihm die Aussage als ein heterogenes Bündel von sich überlagernden Stimmen dar.

Ein anderes Anwendungsfeld von Ducrots Polyphonietheorie ist Ironie, die entsteht, wenn eine Aussage (beispielsweise (4): *Frau Merkel hat eine tolle Frisur*) geäußert wird, ohne dass der Lokutor für ihren Inhalt verantwortlich zeichnet. In diesem Fall lässt der Lokutor einen Enunziator (*énonciateur*) sprechen, um diesen sogleich zurückzuweisen: L: „Es ist nicht wahr, dass E(4)“, wobei der Lokutor nur indirekt präsent ist und in der Folge von Übertreibung, Intonation oder offensichtlicher Unstimmigkeit das Gesagte nicht annehmen kann. Auch die Negation funktioniert auf diese Weise. So macht die Negation einen positiven Wert (p) nicht wie in einer mathematischen Operation einfach zu einem negativen Wert; sie ist eine komplexe Operation, in der sich zwei Stimmen überlagern, und zwar ein Enunziator (*énonciateur*), der etwa E:(p) äußert, und ein Lokutor, der den Enunziator auf Distanz hält (L: „Es ist nicht wahr, dass E:(p)“): »Ironisch Sprechen heißt für den Lokutor L, die Äußerung als einen Ausdruck der Position des Enunziators E zu präsentieren, von der man im Übrigen weiß, dass der Lokutor L für sie nicht verantwortlich zeichnet und darüber hinaus sogar für absurd hält.« (1984: 211)[cxii] Indem Ducrot die Aussage als einen Schauplatz fasst, auf dem sich verschiedene Stimmen kreuzen, unterstreicht er die Unmöglichkeit, das, was in der Aussage gesagt wird, auf einen einheitlichen Ursprung zurückzuführen.

Welche Konsequenzen hat die Aufspaltung des Äußerungsursprungs der Aussage in die verschiedenen Sprechinstanzen von Lokutor und Enunziator für die Analyse von Texten?

- Erstens wird die Aussage nicht von einem Sprecher, sondern von verschiedenen Sprechern getragen. In der Aussage existieren mindestens ein Lokutor, der sich am Ursprung der Äußerung befindet, und ein Enunziator, der vom Lokutor angenommen oder zurückgewiesen wird. Der Austausch, Dialog, Konflikt zwischen den Kommunikationspartnern ist damit schon gewissermaßen in die einzelne Aussage eingezeichnet.

- Zweitens hat die Vielfalt von Enunziatoren, die durch die Aussage sprechen, die Tendenz zur Fortsetzung, Auflösung bzw. Umorientierung durch andere Aussagen. Die Aussage existiert nicht als selbstgenügsame Bedeutungseinheit. Da die Aussage im Allgemeinen im Modus einer Reaktion auf Fragen (die nicht unbedingt gestellt sein müssen) existiert, hat sie die Tendenz, Anschlussaussagen zu orientieren: »Die Anregung zu handeln bzw. die Verpflichtung zu antworten sind als *Effekte der Äußerung gegeben.*« (Ducrot 1984: 174)[cxiii]
- Und drittens sind Lokutor und Enunziator diskursive Wesen, die zum Inventar der Aussage gehören und nicht auf ein sprechendes Subjekt, auf ein bestimmtes Individuum draußen in der Welt, zurückgeführt werden können. In diesem Sinn schließt sich Ducrot der strukturalen Kritik am sprechenden Subjekt an: »Der Begriff der Äußerung hat [...] nichts Psychologisches; er impliziert nicht, dass die Aussage von einem sprechenden Subjekt hervorgebracht wird.« (Ducrot 1989: 76)[cxiv] Wie Benveniste geht Ducrot davon aus, dass »man eine sehr große Anzahl enunziativer Phänomene in die linguistische Struktur selbst integrieren« kann. »Es geht um eine Erweiterung des Strukturalismus, die an der grundsätzlichen Idee dieses Strukturalismus festhält.« (Ducrot 1992: 64f.)[cxv]

Ducrots Äußerungstheorie hat eine Vielzahl sprachwissenschaftlicher Studien befruchtet. So erweitert Alain Rabatel in seinen Analysen zur textualen Konstruktion des Standpunkts (*point de vue*) den Blick von Aussagen auf erzählerische Texte, in denen infolge komplexer enunziativer Operationen die „Blickrichtungen“ bestimmter Personen dominieren und andere zurücktreten (Rabatel 1998). Mit der Einführung von Über- und Unter-Lokutor bzw. -Enunziator und der „enunziativen Auslöschung“ (*effacement énonciatif*) differenziert Rabatel Ducrots Terminologie (Rabatel 2004) und weist damit auf das weite Spektrum an Möglichkeiten hin, mit dem das Gesagte direkt oder indirekt angenommen oder auf Distanz gehalten werden kann. Laurence Rosier bemüht die Unterscheidung von Lokutor und Enunziator, um die Zitation von Aussagen in indirekter Rede zu analysieren: »Indirekte Rede ist das Inbeziehungsetzen von Redeweisen [*discours*], von denen die eine einen besonderen enunziativen Raum kreiert, während die andere auf Distanz gehalten und auf eindeutige oder uneindeutige Weise einer anderen [Äußerungs-]Quelle zugerechnet wird.« (Rosier 1999: 125, kursiv im Original)[cxvi] Der Übergang von zitierender zu zitierter Redeweise kann auf vielfältige Weise signalisiert werden, wobei Rosier insbesondere auf die Rolle von Streitmarkern (*discordanciels*) hinweist, zu denen Konnektoren („aber"), modale Brüche (z. B. der Übergang zum Imperativ), assertive oder negierende Partikeln („nein", „ja"), Interjektionen („verdammt!"), nominalisierte Sätze oder lexikalische Brüche zu zählen sind (1999: 153). In indirekter Rede verschachteln sich Diskurse, die unterschiedlichen Äußerungsquellen zugeschrieben werden können. Wer spricht, versteht sich nicht von selbst.

Im Unterschied zu strukturalen oder logisch-semantischen Äußerungstheorien richten die radikal-pragmatischen Ansätze, die sich an der Sprechakt- oder Konversationsmaximentheorie orientieren, den Blick im Allgemeinen auf die sprachlichen Äußerungskontexte selbst. Anders als erstere Ansätze, für die die Ereignisdimension des Diskurses notwendig über formale sprachliche Spuren vermittelt wird, gehen diese angloamerikanisch beeinflussten Äußerungstheorien bisweilen von einem direkten Zugang zu Ereignis, Handlung und Situation aus (etwa Goffman, Konversationsanalyse). Nicht nur diese pragmat*istischen* Tendenzen (vgl. etwa Kerbrat-Orecchioni 1990) auch die Diskurs*pragmatik* (Austin, Grice) hat wichtige Anregungen für die äußerungslinguistische Diskursanalyse in Frankreich gegeben. Während sich die Sprechakttheorie im Anschluss an Austin für die verschiedenen Äußerungsmodalitäten bzw. „illokutionären Kräfte" interessiert, in denen diskursive Akte existieren (Austin 1962), richtet die Grice'sche Diskurspragmatik (Grice 1989) den Blick auf „Diskursgesetze", die jeder kommunikative Austausch notwendig voraussetzt.

Es wird oft übersehen, dass mit Blick auf die intellektuellen Wegbereiter der diskurspragmatischen Tradition in Frankreich neben Michel Foucault, der auf die Existenz- und Äußerungsmodalitäten von Aussagen in der diskursiven Formation hinweist (s. o. zur *Archäologie des Wissens* 1969), auch Jean-François Lyotard zu nennen ist. Wie Foucault, der in der *Archäologie* die diskursive Praxis als ein unkontrollierbares »Hereinbrechen des Ereignisses« theoretisiert (Foucault 1969: 37[43]), so unterstreicht Lyotard (1979; 1988) die Kontingenz, die die Verkettung von Sätzen zu höher aggregierten Wissensformationen auszeichnet. Unter Kontingenz versteht Lyotard nicht Willkürlichkeit oder Nicht-Notwendigkeit; es geht ihm vielmehr darum, das spezifisch Neue zu bezeichnen, das einer Aussage zukommt, wenn sie aus den vielen möglichen Aussagen ausgewählt und mit anderen Aussagen verkettet wird. Im Diskurs wird also nicht die Reproduktion von schon Bekanntem geregelt; der Diskurs organisiert die Produktion singulärer Ereignisse, die etwas in das Terrain symbolischer Beziehungen einführen, was dort noch *nicht* angelegt ist.

Sicher formulieren Lyotard und Foucault eine folgenreiche Kritik des strukturalen Paradigmas. In der sprachwissenschaftlichen Diskussion über die Äußerung sind es hingegen Sprachtheoretiker wie François Récanati oder Alain Berrendonner, die für eine Etablierung der Sprechakttheorie in Frankreich entscheidende Impulse geben. Während für Récanati die Sprachwissenschaft »die Sprache als solche untersucht, d. h. als durch ein Regel- und Normensystem konstituiert sieht, betrachtet die Pragmatik sie aus einem gewissermaßen externen Blickwinkel, indem sie nicht die Sprache selbst, sondern den von ihr gemachten Gebrauch untersucht.« (Récanati 1979b: 8)[cxvii] So besteht Récanati auf dem Unterschied zwischen der Okkurrenz, d. h. dem konkreten raum-zeitlichen Erscheinen eines Zeichens, und dem Typ, d. h. das Zeichen, von dem die Okkurrenz eine Erscheinung darstellt. Récanati geht es um die Regeln, die die spezifische Okkurrenz eines Typ-Zeichens organisieren, »aber sie untersucht nicht, was es an Besonderem oder Individuellem im Sprachgebrauch gibt.« (Récanati 1981: 20[10])[cxviii] Den abstrakten Sätzen der Zeichentheorie, die einen vorgängig gegebenen, übergreifenden Code (*langue*) realisieren und das Gleiche bedeuten, egal wo, wann und wie sie geäußert werden, stellt die Sprechakttheorie die Aussagen gegenüber, die auf spezifische Weise geäußert werden.

Der Gebrauch von Zeichen repräsentiert nicht nur eine Welt oder ein Objekt, sondern gewissermaßen auch den Gebrauch selbst. In diesem doppelten Verweis auf die Welt und sich selbst erweist sich der diskursive Prozess als reflexiv und heterogen. Die Reflexivität des Diskurses lässt sich etwa an „Typ-Worten" wie „ich" festmachen, dessen »Okkurrenz die Tatsache seiner eigenen Äußerung reflektiert.« (Récanati 1979a: 9)[cxix] Und die Heterogenität des Diskurses wird von pragmatischen Paradoxen bezeugt – »Fällen des Widerspruchs zwischen dem, was eine Aussage sagt und was ihre Äußerung zeigt.« (Récanati 1979a: 206)[cxx] Der Diskurs findet auf unterschiedlichen Ebenen zugleich statt, die in Widerspruch zueinander treten können. Als eine auf sich selbst verweisende Materialität steht der Diskurs zwischen dem Denken und der Welt. Text und Kontext sind keine getrennten, je für sich existierenden Welten. Gegen ein „Y-Modell", das Sinn als das Ergebnis der Zusammenlegung einer linguistischen Komponente und eines Äußerungsmilieus begreift, plädiert etwa Berrendonner dafür, die Grenze zwischen Zeichen und Kontext abzuschwächen und die Produktion von Sinn als einen autonomen Akt zu fassen, der sich weder auf eine abstrakte Zeichenbedeutung noch auf gegebene Kontextvariablen reduzieren lässt (Berrendonner 1981: 22).

Die sprechakttheoretische Pragmatik weist auf die spezifischen Äußerungsmodalitäten hin, in denen Aussagen im Diskurs existieren, wohingegen es der Pragmatik im Anschluss an H. Paul Grice um die Beschreibung der spezifischen Bedeutungseffekte geht, die diskursive Akte produzieren. Grice interessiert sich in erster Linie für die „Gesetze", die es den Partnern einer Kommunikationssituation erlauben, über das Gesagte in einer Situation das Gemeinte zu erkennen. Als fundamentales Diskursgesetz führt Grice das Prinzip der Kooperation ein, das nach einer Reihe von Maximen (etwa der Qualität: *Sage nichts, wovon du glaubst, dass es falsch ist!*, der Quantität: *Sei informativ!* oder der Relevanz: *Sei relevant!*) differenziert werden kann. Dieses Gesetz gilt in allen Kommunikationssituationen, und zwar unabhängig davon, ob es von den Individuen befolgt oder missachtet wird. In einem Gespräch etwas Nicht-Relevantes oder zu viel zu sagen, zeitigt eben auch kommunikative Effekte – Implikaturen –, die von den Zuhörern mit Blick auf eine implizite intendierte Bedeutung erkannt werden können, wie z. B. in dem folgenden Dialog: *Wer hat die Fußballweltmeisterschaft von 1998 gewonnen? – Die französischen Vorstädte.* Vor dem Hintergrund der Maxime *Sei informativ!* kann die Antwort, die auf keine der angetretenen Mannschaften, sondern auf eine soziale Gruppe rekurriert, als eine Anspielung auf den sozialen Hintergrund der französischen Mannschaft und damit als eine Stellungnahme zur politisch-ideologischen Auseinandersetzung verstanden werden. In der Grice'schen Perspektive ist der Diskurs sprachliches Handeln, das vor dem Hintergrund der Konversationsmaximen auf die impliziten Intentionen des Sprechers abgesucht wird. Diskursgesetze gelten unabhängig davon, ob der Diskurs grammatikalisch korrekt oder unkorrekt gebildet wird. So impliziert die Grice'sche Maximentheorie eine Kritik jener Code- und Grammatikmodelle, die nur die regelkonforme Diskurspraxis als bedeutungsvolle begreifen, alle Abweichungen und Regelverletzungen dagegen als bedeutungsloses Rauschen einstufen.

Grice' Kritik an strukturalen Sprache-als-Code-Modellen wird im französischen Sprachraum von Anne Reboul und Jacques Moeschler vertreten, die sich von Zugängen absetzen, für die die Sprache »sich selbst genügt und die Interpretation eines Satzes darin besteht, diesen zu dekodieren, d. h. den durch die Sprache konstituierten Code, in der der Satz ausgedrückt wird, zu benutzen, um die Botschaft wiederherzustellen.« (Reboul/Moeschler 1998a: 17f.)[cxxi] Reboul/Moeschler distanzieren sich von einer Tradition, die den Diskurs nach dem Vorbild von Phonem und Morphem betrachtet und diesen zu einer »linguistischen Einheit jenseits des Satzes« (Reboul/Moeschler 1998b: 8)[cxxii] macht. Gegen eine solche Diskursanalyse, die ihr Objekt als eine Struktur sui generis jenseits von Zeichen und Satz betrachtet (*analyse* de *discours*), führen sie eine Diskursanalyse (*analyse* du *discours*) ins Feld, die von den spezifisch geäußerten Aussagen ausgeht, ohne sie auf höher aggregierte Diskursordnungen zu reduzieren. Im Gegensatz zu strukturalen und logisch-semantischen Äußerungstheorien handelt es sich hierbei um tatsächliche Sprechhandlungen, die bei den Sprechpartnern bestimmte kognitive Prozesse auslösen. Die kognitionstheoretische Wendung der Diskurspragmatik wird insbesondere von Dan Sperber und Deirdree Wilson (Sperber/Wilson 1989) forciert, die die Konversationsmaximen von Grice zu einem einzigen Prinzip zusammenziehen, dem der „Relevanz“ (*pertinence*). Intentionen können demnach sprachlich (d. h. mit Hilfe von Zeichen) oder nicht-sprachlich (etwa mit Gesten oder auch durch Nicht-Handeln) signalisiert werden. Der kommunikative Prozess stellt sich als das beständige Absuchen der Umwelt des kognitiven Systems auf Spuren und Ereignisse dar, die Intentionalität signalisieren. Die symbolische Organisation der Botschaft tritt damit gegenüber der Frage, auf welche Weise sie von den Zuhörern als ein Zeichen für Intentionalität erkannt werden kann, in den Hintergrund. Kommunikation und Diskurs werden synonym zu den mentalen Repräsentationen, die sprachliches Handeln auf der Grundlage der Diskursgesetze in den Zuhörern entstehen lässt; der Äußerungskontext fällt mit dem kognitiven Kontext zusammen. In radikal-pragmatischer Perspektive sind Texte keine privilegierten Analyseobjekte; alles Handeln oder Nicht-Handeln in der Umwelt des kognitiven Systems wird potenziell zu einem Gegenstand kommunikativer Suchprozesse. Entsprechend plädieren radikal-pragmatische Diskursanalytiker für eine Umstellung von zeichentheoretischen auf kognitionswissenschaftliche Erkenntnismodelle.

Resümierend können die strukturalen, die logisch-semantischen und die radikalpragmatischen Zugänge zur Äußerung folgendermaßen unterschieden werden. Strukturale Äußerungstheorien halten an der Sprache (*langue*) als Objekt sprachwissenschaftlicher Analyse fest, die ein Inventar von die Äußerung reflektierenden Markierungen bereit hält. Sätze können demnach auf die Äußerung verweisen und in den Kontext einrasten (Benvenistes *discours*) oder eben nicht (*histoire*). Die Individuen werden diskursiv tätig, indem sie sich die Sätze der Sprache zu eigen machen und damit ein vorgängig existierendes System des Sagbaren aktualisieren, wobei die Akte, Ereignisse und Äußerungskontexte selbst der Analyse unzugänglich sind. Auch die logisch-semantische Äußerungstheorie erkennt die Existenz der Sprache (*langue*) an. Doch sieht sie die Sätze der Sprache als bloße Abstrakta an, die erst in Verbindung mit ihrem Äußerungskontext als spezifische Aussagen des Diskurses analysiert werden können. Die Analyse hat es grundsätzlich mit Aussagen (nicht mit Sätzen) zu tun, die als von den Parametern der Äußerung eingehüllte Sätze die möglichen (d. h. nicht faktischen) Äußerungskontexte organisieren. Das Individuum kann sich die Aussage nicht vollständig aneignen, da ihr Äußerungsursprung in eine Vielzahl von Stimmen und Sprechperspektiven aufgesplittert ist. Die Aussage, die verhandelbares und unverhandelbares Wissen in Beziehung setzt, enthält Instruktionen mit Blick auf die argumentative Verkettung mit anderen Aussagen. Die radikalpragmatischen Äußerungstheorien schließlich brechen mit der Sprache-als-Code (*langue*) und gehen von der grundsätzlichen Möglichkeit des Zugangs zum spezifischen Diskursereignis und seinem faktischen Äußerungskontext aus. Der Diskurs operiert mit spezifischen Ereignissen, die in bestimmten Äußerungsmodalitäten existieren (Austin) und vom kognitiven System als Signale für Intentionalität erkannt werden können (Grice). Radikalpragmatische Ansätze brauchen ein kognitives System, ein Individuum, das seine Umwelt nach Spuren von intendiertem Sinn absucht.

Viele der äußerungstheoretischen Tendenzen, die seit den 70er Jahren auf den Plan treten, stehen transversal zu diesen drei Polen. Dies trifft etwa auf die diskursanalytische Perspektive zu, die Dominique Mainguenau mit dem Begriff der Szenographie in die Diskussion gebracht hat. Unter Szenographie versteht Maingueneau die Evozierung einer Welt, die vom Text in der Äußerung vorausgesetzt und dargestellt wird: »Der Diskurs fällt mit der Art zusammen, auf der er seine eigene Entstehung regelt; er stellt eine Welt dar, zu der auch seine Äußerung gehört.« (Maingueneau 1995: 40)[cxxiii] Sein besonderes Interesse gilt „konstituierenden" Diskursen (*discours constituants*) wie der Philosophie oder der Religion, die mit dem Umstand konfrontiert sind, dass sie die Bedingungen für das Sagen im Gesagten organisieren müssen. Dieser Theorie liegt die Annahme zu Grunde, dass »allein ein Diskurs, der sich konstituiert, indem er seine eigene Konstitution thematisiert, eine konstituierende Rolle gegenüber anderen Diskursen spielen kann. Diese Konstitution kann entlang von drei Dimensionen untersucht werden: Die Konstitution als [...] Prozess, durch den sich der Diskurs errichtet, der seine eigene Entstehung im Interdiskurs konstruiert; die Organisationsweise diskursiver Kohäsion, die Konstitution im Sinne einer Aufstellung von Elementen, die eine textuale Totalität bilden; die Konstitution im juridisch-politischen Sinn; die Etablierung eines Diskurses, der als Norm und Garant für das Verhalten einer Kollektivität gilt.« (Maingueneau/Cossutta 1995: 113)[cxxiv] Maingueneau macht Anleihen bei Benvenistes Theorie des Einkuppelns (*embrayage*) der Zeigworte in den Äußerungskontext. Doch akzentuiert er die diskurspragmatische Wendung, indem er mit der Vorstellung einer überzeitlichen *langue* bricht. Über die Äußerung greifen Text und Kontext ineinander; die Grenze zwischen

„linguistischen“ Formen und „außerlinguistischem“ Kontext wird eingerissen (vgl. Maingueneau 1993).

Eine weitere Variante der Äußerungstheorie wird von Jacqueline Authier-Revuz vorgebracht, die die Äußerung als eine Operation innerhalb der *langue* begreift – einer *langue* jedoch, die keinen geschlossenen Code darstellt, sondern permanent mit ihrer eigenen „Nicht-Einheit“ konfrontiert ist. Als psychoanalytisch beeinflusste Saussurianerin unterstreicht sie die konstitutive Heterogenität der Sprache, die über bestimmte Markierungen verfügt, über die sich ihre Heterogenität immer wieder zeigt (Authier-Revuz 1982). Authier-Revuz untersucht die reflexiven Kommentare, die die Sprache über sich selbst anstellt, „enunziative Schleifen“ (*boucles énonciatives*), mit denen die Sprache mit sich selbst ins Reine gebracht werden soll. Enunziative Schleifen können auf vielfältige Weise eingeleitet werden, z. B. über Formeln wie „das heißt…“, „um nicht x zu sagen“, „im Sinne von x“, über Anführungszeichen, die nicht-eigentliches Sprechen markieren, oder auch über nachträgliche Klärungsversuche von anderswo gesagten Dingen:

»Über diese Nicht-Fügungen – über all das, was das Nicht-Eine der Kommunikation markiert: Unverständnis, Unruhe, Fehlen, Missverstehen, Zweideutigkeit – ›erinnert sich die Sprache‹, in ihrer Realität, an ihren Sprecher; und gleichzeitig […] ›ruft der Sprecher die Sprache zurück‹, seine Äußerung erscheint in diesen Punkten durch eine Distanzierung zwischen Beobachter und beobachtetem Objekt ausgehöhlt, die den Sprecher, der nicht mehr eins mit seinen Worten ist, in einem Nicht-Zusammentreffen mit den von ihm geäußerten Worten herstellt.« (Authier-Revuz 1995: iif.)[cxxv]

Im Sprechen stolpert die Sprache über sich selbst und provoziert Stockungen, die den Sprecher mit dem Fakt, dem Realen der *langue*, ihrer opaken Materialität, dem Anderen im Einen konfrontiert. So entsteht ein Diskurs über die Sprache, der die Kontrolle durch das sprechende Subjekt übersteigt. Wie in der Psychoanalyse so gilt auch bei Authier-Revuz das Subjekt als gespalten, das über den Gebrauch von Sprache eine Illusion innerer Einheit aufzubauen sucht. Doch sobald das Subjekt anfängt zu sprechen, werden seine Worte opak und entgleiten ihm. Es ist diese Opazifizierung des Gesagten, die nach meta-enunziativen Kommentaren über das Sagen verlangen. Während Benveniste den Rahmen der *langue* um die Dimension der Äußerung zu erweitern sucht, betrachtet Authier-Revuz die Äußerung als konstitutiven Bestandteil der *langue*, deren Brüche und Fehlstellen nach reflexiver Vernähung durch enunziative Schleifen verlangen. Es handelt sich nicht um eine Hinzufügung der

Äußerung zur *langue*, sondern um ein Aufspüren der inneren Instabilität der *langue* über die Äußerung.

Im Gegensatz zu Authier-Revuz, die die Äußerung in die *langue* einzeichnet, begreift Antoine Culioli, der wie kein anderer die Theoriebildung zum Problem der Äußerung seit den späten 60er Jahren prägt, die Operationen der Äußerung als einen allgemeinen Mechanismus der Sinnerzeugung, der den Rahmen der *langue* sprengt. Anders als sein Lehrer Benveniste oder auch Ducrot, die die Äußerung gleichsam auf das gegebene Sprachsystem der *langue* aufpfropfen, setzen sich für Culioli die Operationen der Äußerung bis auf die Ebene der Formen und Begriffe fort. Culiolis analytischer Gegenstand ist die „enunziative Markierung" (*marqueur*) – eine formale Spur der Äußerung, die für »eine Art Konzentrat von Prozeduren [steht], die Vorstellungen [*représentations*] auslösen und aktivieren.« (Culioli 2002: 172)[cxxvi] Die enunziative Markierung ist das Endprodukt eines komplexen Konstitutionsprozesses, in dem formal-sprachliche und kognitive Operationen ineinander übergehen. Demnach ist die Sprache »ein offenes System« (1999: 48);[cxxvii] sie ist in einem dynamischen Wandel begriffen, beständig auf der Suche nach formalen Lösungen für die Bildung von Sinn.

»Ein Text ist kein stabiler Repräsentant einer für alle Sprecher stabilen, zurechtgeschnittenen Wirklichkeit. Wenn man eine Aussage oder eine Textsequenz hat, dann hat man es mit einer Anordnung [*agencement*] von Markierungen zu tun. [...] Die Markierungen sind die Repräsentanten von Vorstellungen.« (1985: 16)[cxxviii]

Sprachliche Aktivität spielt sich demnach auf drei Ebenen ab: 1) den kognitiven Operationen, »die nicht direkt zugänglich sind«, 2) den enunziativen Markierungen und Aussagen, der »Materialität des Texts, die direkt zugänglich ist« und 3) der metalinguistischen »Arbeit des Linguisten, die die Ebene der Operationen simulieren wird.« (2002: 185; vgl. 1990: 22ff.)[cxxix]

Über die in die Aussage bzw. in den Text eingelassenen enunziativen Markierungen »›taucht‹ ein sich konstituierendes Objekt in ein Referenz- bzw. Verortungssystem mit intersubjektiven und Raum-Zeit-Koordinaten.« (2002: 36)[cxxx] So ist die Aussage von einem Raum von Verweisen umgeben, in dem das sprachliche Objekt einen bestimmten Wert annimmt: »Äußern heißt einen Raum zu konstruieren, ein Netz referenzieller Werte, kurz: ein Verortungssystem [*système de repères*], zu orientieren, zu bestimmen, zu etablieren. Jede Aussage verortet sich gegenüber einer Äußerungssituation, die durch ein Äußerungssubjekt S_0 (oder, genauer gesagt, ein erstes Äußerungssubjekt), durch eine Äußerungszeit T_0 definiert wird, um nur diese beiden Verortungsvariablen [*repères*] zu nennen.« (1999: 49)[cxxxi] Eine Aussage hervorzubringen oder zu erkennen, konfrontiert das Individuum also mit der Aufgabe, einen Referenzpunkt zu bestimmen, von dem aus etwa der Unterschied zwischen „Ich will wohl glauben, dass" [*Je crois bien que...*] gegenüber „Ich meine, dass..." [*Je crois que...*] klar wird, sich der Sinn von „wenig", „viel" oder „zu viel" erschließt oder etwas einfach als „vorne" oder „hinten" lokalisiert werden kann. Inwiefern diese Verortungsvariablen faktische Äußerungssituationen definieren, interessiert Culioli dabei nicht; es geht ihm in erster Linie um die Konstruktion der sprachlichen Form, die einen Komplex enunziativer Operationen einschließt.

Die Definition des Verortungssystems einer Aussage wirft die Frage auf, wie sich die Individuen, die sich sprachlich betätigen, über die Aussage gegenseitig abstimmen. So »tauchte mit der Entdeckung der Aussage das Problem der ›Inter-Subjekt‹-Beziehungen und das fundamentale Problem der Nicht-Symmetrie zwischen Produktion und Wiedererkennen auf.« (1999: 11)[cxxxii] Während Culioli sprachliche Aktivität als einen Sinnbildungsprozess betrachtet, der »beim Anderen eine Vorstellung auslöst« (2002: 32),[cxxxiii] sind die entstehenden Vorstellungen auf den beiden Seiten des kommunikativen Prozesses nicht kongruent: »das ist nicht symmetrisch zwischen zwei Subjekten. Das kann uns die Illusion der Symmetrisierung, der Transparenz, der ›Kommunikation‹ geben, denn wir haben manchmal die Illusion, perfekt verstanden worden zu sein.« (2002: 28)[cxxxiv] Wenn wir miteinander sprechen, müssen wir mit »permanenten Fehlzündungen, Annäherungen leben, und dennoch ziehen wir uns irgendwie aus der Affäre« (2002: 221),[cxxxv] da »es uns gelingt, die Klarheit zu *erobern*.« (1985: 2)[cxxxvi] Doch auch wenn »das Verstehen als ein besonderer Fall des Missverständnisses« (2002: 28)[cxxxvii] bzw. als »eine Art *Optimierung* [kommunikativer, J.A.] Flops« (2002: 189) gelten muss, stimmen sich die Individuen mittels Produktion und Wiedererkennen der Aussage eben doch auf bestimmte Weise aufeinander ab. Über die Aussage werden die Subjekte „inter-subjektiv" angeordnet, aufgestellt, in Beziehung gesetzt (*agencé*): »in dem Ausmaß, in dem wir reden, dient die Sprache dazu, uns zu regulieren, uns gegenüber dem Anderen und gegenüber uns selbst zu regulieren.« (2002: 196)[cxxxviii] Die inter-subjektive Aufstellung (*agencement*) der Subjekte wird über die Definition einer Äußerungsquelle (des Enunziators) und eines Äußerungsziels (des Ko-Enunziators) erreicht, deren Positionen zum enunziativen Inventar der Aussage gehören. Die Etablierung eines „verlustlosen" Austauschs zwischen den Kommunikationspartnern wird somit nicht nur von dem Spiel der Formen und Bedeutungen, den reflexiven Bezügen, die die Sprache ständig auf sich selbst vornimmt, sondern auch von der Konkurrenz der zwei unterschiedlichen Verortungssysteme von Enunziator und Ko-Enunziator verhindert. Wenn Kommunikation »auf dieser mehr oder minder erfolgreichen, mehr oder minder gewünschten Angleichung zwischen den Verortungssystemen zweier Enunziatoren gründet« (Culioli 1999: 48),[cxxxix] dann stellt sich das Problem des „inter-subjektiven" Verhältnisses schon „in" der Aussage, und zwar bevor sich „wirkliche" Individuen kommunikativ betätigen.

Von Benveniste übernimmt Culioli den Begriff der enunziativen Markierung, den er im Sinne einer allgemeinen Konstitutionstheorie von Aussagen ausbaut (vgl. Vogüe 1992: 85). Mit der logisch-semantischen Äußerungstheorie teilt Culioli die Annahme, dass die Aussage mit mehr als einem Sprecher bzw. Enunziator operiert und die Subjekte mit Blick auf ihre „inter-subjektive" Aufstellung instruiert. Auch zu den Kognitionsansätzen radikal-pragmatischer Prägung schlägt er eine Brücke, wobei er den Zugang zum kognitiven Geschehen allein von der materialen Form aus für möglich erachtet. Indem Culioli verschiedene theoretische Ansätze im Feld der französischen Äußerungstheorie zusammenführt, festigt er die theoretische Basis der Äußerungslinguistik, die sich sowohl von grammatikalisch-objektivistischen (symbolische Praxis als Aktualisierung eines Codes) als auch von situativ-handlungstheoretischen (symbolische Praxis als sprachliches Handeln) Sprachtheorien abhebt.

Für Leser, die mit Äußerungslinguistik und Diskurspragmatik nicht vertraut sind, bietet der folgende Abschnitt eine Übersicht über wichtige formale Spuren der Äußerung und ihre Funktionsweisen. Texte können dann auf diese Äußerungsspuren abgesucht werden, durch die sich die Äußerung auf bestimmte Weise in den Text einschreibt, und zwar insbesondere auf dreierlei Art: durch den Verweis auf den Äußerungskontext (diskursive Deixis), durch die Orchestrierung ihrer Äußerungsquellen (Polyphonie) und durch die Mobilisierung dessen, was davor und anderswo geäußert wurde (Vorkonstrukt).

4.4 Elemente der Aussagenanalyse. Deixis, Polyphonie, Vorkonstrukt

Die Aussagenanalyse, die im Folgenden zur Anwendung kommen wird, positioniert sich zwischen strukturalen, logisch-semantischen und radikalpragmatischen Äußerungstheorien. Wie radikal-pragmatische Ansätze wendet sie sich gegen ein Verständnis von Diskurs als einer übergreifenden Ordnung oder Grammatik, die von den Aussagen teleologisch reproduziert wird (vgl. Reboul/Moeschler 1996). Aber anders als die akteurtheoretische Diskurspragmatik nimmt sie ihren Ausgang nicht von spezifischen Situationen und Handlungen, sondern von den Formen des symbolischen Materials. Eine Form ist ein wiederholbares Zeichen, das kognitive Operationen und Repräsentationen auslöst, sobald es erkannt wird, und nach Saturierung durch einen spezifischen, unwiederholbaren Kontext verlangt. Sie wird zum Satz, indem sie mit anderen Formen prädiziert wird. Insofern Sätze in bestimmten Äußerungsmodalitäten existieren, in ein Verortungssystem eintauchen und ihr Davor und Danach orientieren, werden sie zu Aussagen. Indem sich Aussagen mit anderen Aussagen verbinden, entstehen diskursive Formationen. Im Sinne von Foucault bezeichnen *formations discursives* zugleich konstituierende Prozesse („Formierungen") und konstituierte Strukturen („Formiertheiten"). Als kleinste konstitutive „Einheit" des Diskurses kann die Aussage von der enunziativen Analyse dreifach befragt werden: mit Blick auf den deiktischen Verweis auf die Äußerungskontexte, die polyphone Verhandlung der Äußerungsquellen und die Mobilisierung vorkonstruierten Wissens.

Im Unterschied zur qualitativen Standardforschung zielt die Aussagenanalyse nicht darauf, die Aussage in einen sinnhaften Gesamtzusammenhang zu stellen oder den sozialen Kontext, die subjektive oder objektive Welt, aus der sie entstammt, anschaulich zu machen. Die Analyse beginnt damit, das symbolische Material nach den Formen abzuscannen, die auf die eine oder andere Weise die Äußerung reflektieren. Wie Texte tatsächlich verstanden werden, kann und will dieser Ansatz nicht bestimmen. Aber Texte können auch nicht beliebig verstanden werden. So geben die Formen, mit denen Texte operieren, den Lesern Instruktionen über die relevanten Ko- und Kontexte. Diese unterspezifizierten Formen organisieren den Diskurs, indem sie ihre Leser auf die Suche nach den Kontexten schicken, in denen sie geäußert werden. In Anlehnung an Foucaults *Archäologie* versteht sich die enunziative Analyse (1969: 143[159]) als ein »fröhlicher Positivismus« (1971: 72),[cxl] der seinen Ausgangspunkt von den Formen nimmt, die den Leser orientieren und bestimmte Interpretationen möglich machen.

Aus den äußerungstheoretischen Arbeiten der letzten dreißig Jahre sind umfangreiche Sammlungen hervorgegangen, die die sprachlichen Formen klassifizieren und systematisieren, und zwar mit Blick auf die Art, wie sie die Äußerung organisieren. Ein erstes Inventar wurde von Catherine Kerbrat-Orecchioni im Anschluss an Benvenistes formalen Apparat der Äußerung zusammengestellt (Kerbrat-Orecchioni 1980). Kerbrat-Orecchioni trägt die Elemente zusammen, die zum formalen Apparat der Äußerung gehören. Zu den „klassischen" Elementen gehören die Deiktika „ich“, „hier“ und „jetzt“, die auf die Person, den Raum respektive die Zeit des jeweiligen Äußerungskontexts verweisen. Von diesem „Grundstock“ gehen zahlreiche Derivate aus, die ihren „Gegenstand“ nicht sagen, sondern über die Äußerung zeigen:

Die Personalpronomen lassen sich, wie es auch Benveniste (1966: 251ff.[251ff.]) vorschlägt, nach „Pronomen der Person“ und der „Nicht-Person“ unterscheiden. Zu den ersten gehören die subjektive oder erste Person „ich“ und die „nicht-subjektive“ oder zweite Person „du“, zu den letzten „er“, „sie“ und „es“. Diese Unterscheidung zwischen „Person“ und „Nicht-Person“ rechtfertigt sich dadurch, dass zwei verschiedene Arten der Referenz vorliegen: deiktisch-exophorische, d. h. „in den Äußerungskontext hinausragende“ Referenz im ersten Fall, kotextuell-endophorische, d. h. „in der textuellen Umgebung verbleibende“ Referenz im zweiten Fall. Eigennamen, soweit sie eindeutig eine bestimmte Person bezeichnen (wie z. B. der Autorname auf dem Cover dieses Buchs) stellen dann eine dritte, „absolute“ Referenzweise dar, die ihr Objekt konventionell bezeichnet (1980: 36).

Die Verweisstrukturen von Pluralpronomen sind komplex. So verbindet „wir“ entweder eine deiktische, subjektive („ich“) mit einer deiktischen, nicht-subjektiven („du“) Komponente oder eine deiktische, subjektive („ich“) mit einer kotextuell bezeichneten Komponente (etwa die Nicht-Person „sie“). Von diesen Pronomen, die mit je eigenen Referenzweisen operieren, lassen sich dann eine Reihe von Derivaten ableiten, so von „ich“: „mein“, „meinetwegen“, „meinesgleichen“, „das Meine“... (1980: 41). Einen speziellen Fall des deiktischen Verweises auf die Person stellen Verwandschaftsausdrücke (etwa „Papa“: männlicher Elternteil der sprechenden Person) dar, wobei gerade außereuropäische Sprachen bisweilen über differenzierte Systeme verfügen (1980: 54).

Eine weitere Gruppe sind Demonstrativpronomen, wie „das (da)“, „dieser“, „jener“, die eine Person oder eine räumliche Position anzeigen (1980: 44). Zwischen diesen Pronomen gibt es in den verschiedenen Sprachen große Unterschiede („celui-ci/celui là“, „the/this/that“, wohingegen slawische Sprachen wie das Russische oft keinen Artikel verlangen). Bisweilen können diese Pronomen sowohl als deiktische und als kotextuelle Referenzen fungieren, und gerade bei „der“, „die“, „das“ bleibt bisweilen offen, worauf sie sich beziehen. Um die deiktische Referenz zu signalisieren, wird der Gebrauch dieser Pronomen oft von einer zeigenden Geste begleitet. Im Deutschen steht auch eine Reihe kotextueller Referenzen wie „ersterer“, „letzterer“ zur Verfügung, die Suchprozesse auslösen, für die in anderen Sprachen besondere formale Lösungen gefunden werden müssen. Im weiteren Sinne müssen hier auch die Relativpronomen genannt werden, die über Koreferenz und Anaphorik die syntaktische Struktur des Satzes organisieren.

Auch mit Blick auf die zeitliche wie auch die räumliche Verortung weisen die Sprachen eine Vielzahl von Formen auf. Um die verschiedenen Möglichkeiten der zeitlichen Verortung zu systematisieren, unterscheidet Kerbrat-Orecchioni (1980: 45) zwischen T_0, der Zeit der enunziativen Instanz, und T_1, dem in den verbalen Kontext eingeschriebenen Moment. Demnach können Adverbien der Zeit identifiziert werden, die sich wie „gerade“, „jetzt“; „gestern“, „damals“, „vor ein paar Stunden“, „kürzlich“; „morgen“, „nächstes Jahr“, „bald“; „heute“, „heute Morgen“, „gleich“ deiktisch, d. h. an T_0 orientieren können; wohingegen „damals“, „am Tag zuvor“, „die darauf folgende Woche“, „kurz zuvor“; „am Tag darauf“, „das folgende Jahr“, „kurze Zeit später“; „ein andermal“ ihren Referenzzeitpunkt meist kotextuell, d. h. über T_1 definieren (1980: 45). Im Französischen ist dieser Unterschied der Verortungssysteme, den Benveniste mit den beiden Registern des *discours* und der *histoire* bezeichnet, in der Regel mit eigenen Tempora verbunden, mit dem *passé composé* respektive dem *passé simple*. Darüber hinaus können temporale Präpositionen wie „seit“ bzw. „depuis“ (Referenzpunkt: T_0) und „von … ab“ bzw. „à partir“ (Referenzpunkt: T_1) unterschieden werden sowie temporale Adjektive: „gegenwärtig“, „modern“, „alt“, „zukünftig“, „baldig“ (1980: 48). Schließlich können deiktische Tempora wie das Präsens und, zumindest im Französischen, eine deiktische Vergangenheit (*passé composé*), die sich an T_0 orientiert, und eine kotextuelle Vergangenheit (*passé simple*), deren Referenzzeit T_1 ist, genannt werden, wobei Präteritum und Futur im Deutschen sowohl deiktisch als auch kotextuell funktionieren können.

Auch die räumliche Verortung wird über ein System von Deiktika organisiert. Dies wurde schon bei den Demonstrativpronomen deutlich, aber es gibt eine Reihe weiterer Möglichkeiten, eine räumliche Position zu indizieren: „nah“ vs. „fern“, „vor“ vs. „hinter“, „rechts“ vs. „links“, „kommen“ vs. „gehen“, wobei Bewegungsverben mit absoluter Referenz („Peter geht die Treppe herunter“), mit kotextueller Referenz („Peter nähert sich Paris“) oder mit deiktischer Referenz (im Französischen etwa die Verben „venir“/„aller“) operieren können (1980: 49ff.).

Über die Formen der Deixis ist Subjektivität in die Sprache eingelassen, und zwar insofern die Sprecher über den Gebrauch dieser Wörter ihre „subjektive Spur“ in der Sprache hinterlassen: »Sprachen (*le langage*) sind derart organisiert, dass sie jedem Sprecher erlauben, sich das ganze Sprachsystem (*langue*) *anzueignen*, indem er sich als *ich* bezeichnet.« (Benveniste 1966: 262[292], Hervorhebungen im Original)[cxli] Kerbrat-Orecchioni geht nun noch einen Schritt weiter, wenn sie zwei

„Diskurse“ unterscheidet: einen „subjektiven Diskurs“, »in dem sich der Sprecher explizit (›ich finde das hässlich‹) oder implizit (›das ist hässlich‹) als bewertende Quelle der Behauptung präsentiert« (1980: 71),[cxlii] und einen „objektiven Diskurs“, der »sich bemüht, alle Spuren der Existenz eines individuellen Sprechers auszuradieren« (1980: 71)[cxliii] (vgl. wiederum Benvenistes *discours* und *histoire*). Während der Übergang von objektiven zu subjektiven Diskursen graduell und nicht dichotomisch verläuft (beispielsweise von objektiven Adjektiven wie „ledig“ oder „gelb“ über „gemischte“ Adjektive wie „klein“ oder „dick“ zu subjektiven Adjektiven wie „gut“ oder „abscheulich“), vermischen sich in subjektiv gefärbten Wörtern („Subjektivemen“) oft semantische und evaluative Komponenten, wie etwa in „Paul ist ein Dummkopf“, was eben nicht nur eine objektive Einschätzung zur Intelligenz der Person darstellt, sondern den wahrgenommenen Mangel an Intelligenz auch negativ bewertet.

Kerbrat-Orecchioni versucht nun Adjektive wie auch Verben zu inventarisieren, die die Subjektivität des Sprechers signalisieren können. So stellt sie affektive und bewertende Adjektive gegenüber, wobei letztere nach axiologischen und nicht-axiologischen Adjektiven differenziert werden. Affektive Adjektive »implizieren ein affektives Engagement des Sprechers« (1980: 81),[cxliv] wohingegen bewertende Adjektive Distanz bzw. Nähe des Sprechers markieren. Bewertende Adjektive sind nicht-axiologisch, wenn ihr Gebrauch »sich mit Blick auf die Idee definiert, die sich der Sprecher von einem Bewertungsstandard für eine gegebene Objektkategorie macht.« (1980: 86)[cxlv] Dagegen erweisen sich axiologische Adjektive als „doppelt subjektiv“, denn »erstens variiert ihr Gebrauch [...] mit dem speziellen Wesen des Äußerungssubjekts, dessen ideologische Kompetenz sie wiedergeben, [...] zweitens tun sie eine positive oder negative Haltung von L [dem Sprecher, J.A.] gegenüber dem vorliegenden Objekt kund.« (1980: 91)[cxlvi]

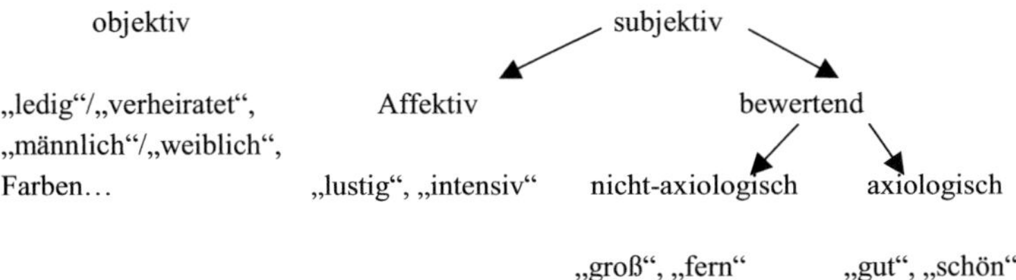

Abbildung 4: Das System der Adjektive nach Kerbrat-Orecchioni

Auch die Verben werden mit Blick auf ihre subjektive Komponente klassifiziert, wobei Kerbrat-Orecchioni Verben des Urteilens („vorziehen", „hassen"....), der Haltung (d. h. *locutoire*: „vorgeben", „gestehen") und des Glaubens („sich vorstellen", „denken", „wissen") unterscheidet (1980: 109ff.). Verben lassen sich nun genauso wie Adjektive nominalisieren („lieben", „lieb" → „Liebe"; „gestehen" → „Geständnis"; „stolz" → „Stolz"). Meist behalten die entstehenden Nomen die enunziativen Charakteristika ihrer Ausgangsterme. Gleiches gilt für Adverbien, deren subjektive Färbung sich auch auf die gesamte Aussage erstrecken kann, z. B. in *Glücklicherweise bist du schon gekommen.* In diesen Fällen wird die Vermischung objektiv-semantischer und subjektiv-evaluativer Komponenten noch deutlicher, und gerade mit Blick auf Verben ist es fraglich, ob sich die enunziative Funktionsweise abstrakt, d. h. unter Absehung des spezifischen Äußerungskontexts bestimmen lässt. Hier sieht auch Kerbrat-Orecchioni die Grenzen einer Linguistik, die ihren Ausgang von der *langue* nimmt, nach der jeder Form eine a priori gültige grammatikalische Regel entsprechen muss, von der nicht abgewichen werden kann, ohne einen Regelbruch zu begehen. Insbesondere mit dem Phänomen nicht-eigentlichen Sprechens, z. B. der indirekten Rede, der *displaced speech*, deren Aktant sich nicht im evozierten Äußerungsraum befindet, oder der „Enallage", dem nicht-gewohnheitsmäßigen Gebrauch, kommt die strukturale Theorie der Deixis nicht zurecht (1980: 57ff.).

Im empirischen Teil ihrer Arbeit unterscheidet Kerbrat-Orecchioni Texte nach ihren „Subjektivitäten". So unterscheidet sie „subjektive", „interpretative" und „axiologische" Subjektivitäten, die mit je eigenen Repertoires an formalen Markierungen operieren. Doch würde sich ein Verfahren als nicht unproblematisch erweisen, das homogene Subjektivitäten in Texte einzeichnet und wie in den guten alten Tagen der strukturalen Subjektkritik die symbolische Ordnung als ein System von Subjektpositionen betrachtet, für das es die Individuen zu „rekrutieren" gilt. So liefert Kerbrat-Orecchioni ein zu rigides Raster, das sich an den Realitäten empirischer Texte bricht. Was von Kerbrat-Orecchioni übernommen werden kann, ist jedoch der Hinweis auf die vielfältigen Möglichkeiten, mit denen Texte über deiktische Äußerungsspuren auf ihre Kontexte verweisen können.

Eine zweite Perspektive geht auf die Polyphonietheorie zurück, wie sie von Oswald Ducrot im Anschluss an Mikhail Bakhtin (1929) entwickelt wurde (1984). Nach Ducrot orchestriert die Aussage verschiedene „Stimmen", die auf unterschiedliche Distanz gehalten werden. Eine Aussage kann die Verbindung mit anderen Aussagen orientieren, indem der Sprecher ihre Stimmen auf bestimmte Art orchestriert. Doch interessiert sich Ducrot nicht für den leibhaftigen Sprecher der Aussage, sondern für die zur Aussage gehörigen Sprecher, und zwar in dem Sinn, dass der Sprecher einer Aussage auf einem Lieferwagen wie *Miet mich* eben nicht die menschliche Person bezeichnet, die den Wagen entsprechend bemalt hat, sondern den Wagen selbst. Die Frage, wer spricht, lässt sich nicht unmittelbar beantworten. Bevor geklärt werden kann, wie die Aussage ihre Äußerungsquellen definiert, müssen die verschiedenen Sinnschichten auseinandergenommen werden, die sich in der Aussage spannungsvoll überlagern.

Ducrots theoretische Anstöße werden von Henning Nølke, Kjersti Fløttum und Coco Norén zu einem analytischen Modell, der skandinavischen Theorie der linguistischen Polyphonie (ScaPoLine, *Théorie scandinave de la polyphonie linguistique*), ausgebaut, mit dem sich die polyphonische Äußerungsstruktur von Texten systematisch beschreiben lässt (2004). Nach Nølke et al. besteht die Aussage aus mindestens vier Bestandteilen: aus dem Lokutor, den Sprechperspektiven (Ducrots „Stimmen"), den diskursiven Wesen (Ducrots „Enunziatoren" bzw. in der folgenden Analyse „Sprecher") und den enunziativen Verbindungen. Der Lokutor L (*locuteur-en-tant-que-constructeur*) ist der „Strippenzieher" oder die Verantwortlichkeitsinstanz der Aussage, die die verschiedenen Sprechperspektiven „per" (*points de vue*) orchestriert. Sprechperspektiven »sind semantische Einheiten, deren Quelle die Sprechperspektive trägt«. Diskursive Wesen „dw", die im Folgenden als „Sprecher" oder „Diskursfiguren" bezeichnet werden, »vermögen die Quellen zu saturieren«, und die enunziativen Verbindungen „ev" »binden die diskursiven Wesen an die Sprechperspektiven.« (2004: 30)[cxlvii] Der Lokutor, der nicht selbst auftritt, markiert seine Präsenz im diskursiven Geschehen der Aussage, indem er „Bilder" (*images*) von sich konstruiert, und zwar im Angesicht des Allokutors A und mit Blick auf Dritte, die individuell als „Nicht-Personen" oder kollektiv als „MAN" (*ON*) oder als „GESETZ" (*LOI*) existieren. Die zwei „Bilder" des Lokutors L sind der verantwortliche Sprecher l_0 der Aussage und der textuelle Lokutor L, seine formale Realisierung in Form von Pronomen („ich"), Namen etc. Entsprechend gibt es auch vom Allokutor zwei Bilder: a_0 und A. So bezeichnen l_0 und a_0 den Sprecher und seinen Gegenüber, die in der Äußerung der Aussage sprechen; L und A bezeichnen dagegen den formal attestierten Sprecher und sein Gegenüber. Von einer entsprechenden Aufteilung der dritten Personen (*tiers*) sehen Nølke et al. ab, um das Schema nicht noch zu verkomplizieren, aber sie unterscheiden zwei kollektive Dritte: ein heterogenes MAN, d. h. einen Hintergrund von Meinungen, Haltungen und Wissensbestände in ihrer mannigfaltigen Existenz, und ein homogenes GESETZ, deren normative Präsenz nach Anerkennung verlangt.

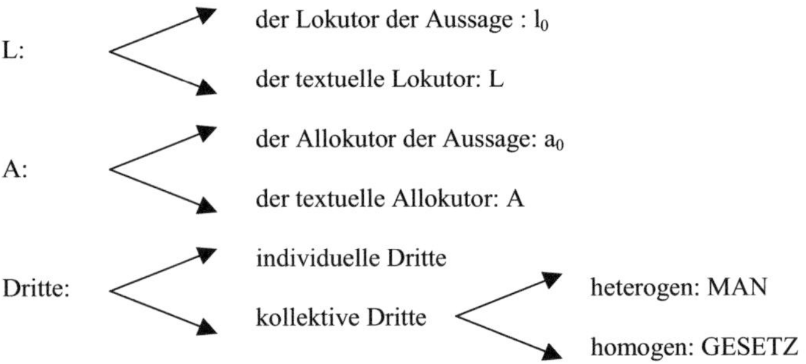

Abbildung 5: Die Bilder von Lokutor, Allokutor und den Dritten nach ScaPoLine

Es gibt also eine Vielzahl diskursiver Wesen, die mit den Äußerungsquellen verbunden werden können. Mit diesen terminologischen Unterscheidungen kann nun systematisch bestimmt werden, welche Sprecher in Aussagen sprechen. ScaPoLine unterscheidet diesbezüglich einfache von komplexen Sprechperspektiven.

»Die einfache Sprechperspektive nimmt die Form einer Prädikation an, wie z. B. ›Pierre geht spazieren.‹ oder ›Das Wetter ist schön.‹ Sie wird von einem semantischen Inhalt konstituiert sowie von einem über diesen abgegebenen Urteil, und zwar in Ermangelung weiterer Informationen [*par défaut*] ›Es ist wahr, dass...‹. Die Quelle der Sprechperspektive bleibt unbestimmt. Jede Aussage enthält mindestens eine einfache Sprechperspektive, deren semantischer Inhalt gesetzt [*posé*] wird.« (2004: 33)[cxlviii]

Analytisch interessant wird es nun, wenn die Aussage nicht im *default*-Modus „Es ist wahr, dass…“ geäußert werden kann, wie dies etwa für komplexe Aussagen charakteristisch ist. In komplexen Aussagen verschachteln sich verschiedene Sprechperspektiven hierarchisch und/oder relational. Ein Beispiel für eine hierarchisch verschachtelte Sprechperspektiven ist die Aussage (1) *Peter hat vielleicht nicht gegessen.* Nølke et al. (2004: 41) formalisieren die polyphone Konfiguration dieser Aussage, indem sie sie in drei Sprechperspektiven per_x aufteilen, die auf bestimmte Art ineinander greifen, und zwar als „vielleicht (q)“, wobei q „Peter hat nicht gegessen“ eine eigene polyphone Struktur aufweist, nämlich „nicht p“ (p: „Peter hat gegessen“):

per_1: [x] (WAHR (p))
per_2: [l_2] (NEIN (per_1))
per_3: [l_0] (VIELLEICHT (per_2))

In der formalen Darstellung wird deutlich, dass in der Aussage *Peter hat vielleicht nicht gegessen* drei Sprechperspektiven per_1, per_2, per_3 koexistieren, wobei per_3 bzw. per_2 auf per_2 bzw. per_1 zurückgreifen. So wird in jeder Sprechperspektive ein diskursives Wesen – die Sprecher zwischen den eckigen Klammern – über eine enunziative Verbindung (WAHR, NEIN, VIELLEICHT…) mit einer anderen Sprechperspektive verbunden. Der Lokutor l_0 ergreift unter den drei zur Auswahl stehenden Sprechperspektiven schließlich Partei für per_3, da die Verneinung durch ein Adverb („vielleicht") qualifiziert wird. Der Sprecher „x" steht für eine beliebige Äußerungsquelle, die im Prozess der Verschachtelung der verschiedenen Sprechperspektiven sozusagen verloren gegangen ist, aber je nach diskursivem Kontext mit a_1 oder mit Dritten besetzt werden kann. In der Aussage kommen also verschiedene Sprechperspektiven zusammen, die von je unterschiedlichen Äußerungsquellen getragen werden. Der Lokutor operiert bisweilen mit mehr als einer Sprechperspektive, von denen er dann bis auf eine alle zurückweist. Da sich in der polyphonen Aussage der Lokutor zusammen mit den von ihm zurückgewiesenen Sprechperspektiven tummelt, sprechen wir nie allein und lassen immer auch andere mitsprechen, denen der Lokutor gegenübersteht (ALLOKUTOR) oder die im Hintergrund mitmurmeln (die Dritten) und dabei lediglich an ihre Präsenz erinnern (MAN) oder sogar bestimmte Vorgaben machen (GESETZ). Die Aussage ist eine Einheit, durch die auch das Andere spricht. So gilt der ScaPoLine jede Aussage als ein eigenes kleines Schauspiel:

»Der Autor des Dramas ist L, der das polyphonische Spiel konstruiert, aber er nimmt an diesem selbst nicht (direkt) teil. Die Akteure des Dramas sind die diskursiven Wesen [im Folgenden „Sprecher" oder „Figuren", J.A.]. L kreiert ihre Rollen und er kann Rollen für die Bilder von sich selbst kreieren, und zwar genauso wie er Rollen für andere Figuren kreieren kann, namentlich für den Allokutor, die in der Welt präsent sind, an der das Schauspiel teil hat.« (2004: 55)[cxlix]

Wie Benvenistes Deixis-Theorie basiert auch die Polyphonie-Theorie auf der Annahme, dass die Diskursivierung von Texten – ihre Verbindung über die Äußerung mit ihren Kontexten – ein Prozess ist, der von bestimmten die Interpretation orientierenden Formen ausgeht. Die Interpretation der Zeichen unterliegt eigenen formalen Zwängen; aber die Zeichen interpretieren sich nicht selbst. Sie erfordern ein diskursiv kompetentes Individuum, das die Formen erkennt und gemäß der mit diesen verbundenen Regeln und Instruktionen um bestimmte Informationen ergänzt.

»Als solche enthält die Aussage also Angaben zu den Protagonisten, der Äußerungssituation etc. Diese Informationen stehen dem Interpreten zur Verfügung, wenn er die interpretativen Strategien anwendet, wovon das wichtigste Prinzip sein wird ›Versuche alle Variablen, die durch die Bedeutung transportiert werden, soweit es geht, zu saturieren‹.« (2004: 24)[cl]

Zu den Formen, die im Mittelpunkt des analytischen Interesses stehen, gehören jene, die Sprechperspektiven komplex verbinden, also entweder hierarchisch verschachteln oder in eine relationale Sequenz bringen. Standard-Beispiele für hierarchische Sprechperspektiven sind Verneinung und Ironie. Die Verneinung verfügt über eine große Anzahl an formalen Operatoren, etwa „nicht", „kein", „nie", „un-", „ohne", „anstatt", die einen semantischen Inhalt p präsentieren, dessen Sprechperspektive vom Lokutor jedoch zurückgewiesen wird. Für die polyphone Theorie der Verneinung muss der positive Inhalt auch in der Verneinung gesagt werden. Demnach ist in *Diese Mauer ist nicht weiß* in der Tat eine Sprechperspektive per_1 präsent, für die die Mauer weiß ist. Durch den Operator „nicht" wird per_1 jedoch von der Sprechperspektive per_2 zurückgewiesen, die den Lokutor (als l_0) abbilden wird.

per_1: [a_1] (WAHR (p: „Die Mauer ist weiß"))
per_2: [l_0] (NEIN (per_1))

Ein anderer Fall für komplex verschachtelte Sprechperspektiven ist Ironie. Ironie arbeitet in der Regel nicht mit formalen Operatoren, sondern mit auf anderem Weg induzierten Störungen der *default*-Interpretation. Die Ironie von *Frau Merkel hat eine tolle Frisur* lässt sich etwa an der stilistischen Reibung zwischen den unterschiedlichen Registern neutral-offizieller („Frau M." und nicht „Angela") und umgangssprachlicher („toll" und nicht etwa „elegant" oder „gelungen") Sprache ablesen. Eine zentrale Rolle spielt hier Klischee-Wissen, das in offensichtlichem Kontrast zum attestierten Inhalt steht, oder auch das Wissen über die ideologische Position des sprechenden Individuums. Doch ironische Aussagen stehen grundsätzlich in der Gefahr, als assertierte Aussagen, d. h. im Sinne ihres *default*-Werts interpretiert zu werden. Aus diesem Grund kommen oft weitere, nicht-sprachliche Merkmale hinzu (wie Intonation, Augenrollen etc.).

per_1: [a_1] (WAHR (p: „Frau Merkel hat eine tolle Frisur")), wobei p ABSURD
per_2: [l_0] (NEIN (per_1))

Schließlich können relational verbundene Sprechperspektiven genannt werden. Eine zentrale Rolle spielen in diesem Zusammenhang argumentative Konnektoren, die Ducrot schon am Beispiel von „aber" analysiert hat. „Aber" setzt zwei Aussagen in Beziehung, wobei sowohl die vorhergehende Aussage p wie die nachfolgende Aussage q vom Lokutor angenommen werden („Es ist wahr, dass p und q"). „Aber" („p aber q") bewirkt, dass im Licht von q ein neuer Blick auf p geworfen und bestimmte präsupponierte Sprechperspektiven in Frage gestellt werden müssen. So kann die oben genannte Aussage *Ich habe Schinken mitgebracht, aber der Kühlschrank ist kaputt* nun folgendermaßen formalisiert werden:

per_1: [l_1] (WAHR (p)),
per_2: [l_2] (WAHR (q))
per_3: [a_3] (WAHR (P aus (per_1) ABER (per_2)))
per_4: [l_0] (NEIN (per_3))
per_5: [a_5] (FRAGE (Q aus (per_4))

Per_3 geht hier argumentativ aus der Aussage hervor und schließt an diese an, indem sie die Präsupposition (P: „Der Schinken muss gekühlt werden") zurückweist und dem Allokutor a_0 (oder einem Dritten) zurechnet und sich dadurch mit Q („Was mach ich jetzt mit dem Schinken?") an den Allokutor wendet. In dieser Darstellung fächert sich der Sinn der Aussage in fünf übereinanderliegende Äußerungsebenen auf, wobei sich die Hervorbringung präsuppositionalen Wissens durch Schlussregeln schwer formalisieren lässt (vgl. per_5). Ungeachtet des Hinweises von Ducrot, das die Aussage sowohl mit attestierten als auch präsupponierten Inhalten operiert, werden relationale Sprechperspektiven und das damit verbundene Problem der Präsupposition von Nølke et al. nur am Rande behandelt. So präsupponiert die Aussage *Peter hat zu rauchen aufgehört*, dass Peter zu einem früheren Zeitpunkt geraucht hat. Präsupponierte Inhalte gehören in der Regel zum unverhandelbaren Wissen, das etwa durch „aufhören zu..." oder „aber" auf bestimmte Weise evoziert wird. Präsuppositionen konstituieren jene Sprechperspektiven, die mehr oder minder unmittelbar zum Sprechperspektiven-Inventar der Aussage gehören, dabei aber vom Anderen nicht in Frage gestellt werden können, ohne den kommunikativen Pakt zwischen dem schreibenden und lesenden Individuum in Frage zu stellen. So charakterisiert die Operation mit präsupponiertem Wissen oft exklusive Diskurse mit klaren Demarkationslinien zwischen Innen und Außen. Dies zeigt sich etwa an ideologisch konnotierten Aussagen wie *Die Integration von Ausländern gehört zu unseren wichtigsten politischen Zielen*, was all diejenige in die Position von Allokutor oder Dritten drängt, die die Präsupposition „Ausländer sind nicht integriert" nicht unterschreiben. Indem die Aussage über die Hervorbringung präsuppositionalen Wissens ihr sequenzielles Davor orientiert, werden Bereiche verhandelbaren und unverhandelbaren Wissens markiert.

Aus polyphonietheoretischer Sicht wimmelt es in der Aussage also nur so von unterschiedlichen Sprechperspektiven, und es ist nicht überraschend, dass inzwischen eine recht differenzierte analytische Terminologie für die Beschreibung polyphonischer Konfigurationen vorhanden ist. Nicht immer ist es notwendig, die Formalisierung der Aussage bis zur letzten möglichen Äußerungsebene zu treiben. Ein solches Unterfangen stößt schon auf theoretische Einwände, denn selbst einfache Aussagen haben keine festen Äußerungsquellen. So operiert die Aussage p („Das Wetter ist schön") mit einer Äußerungsquelle x: x(p) (z. B. Ich sage: „Das Wetter ist schön"), was wiederum von einer anderen Äußerungsquelle y getragen werden kann: y(x(p)) (z. B. Er sagt: „Ich sage, das Wetter ist schön") – ein Verschachtelungsprozess, der von immer weiteren Äußerungsquellen getragen werden kann z(y(x(p))) (vgl. dazu Kerbrat-Orecchioni 1980: 246). In der tatsächlichen Interpretationspraxis bricht, wie die skandinavischen Polyphonietheoretiker argumentieren, dieser Prozess freilich irgendwann ab, und zwar wenn ein *default*-Wert greifen kann, mit dem die Variablen der Aussage saturiert werden (Nølke/Fløttum/Norén 2004: 24).

Eine vollständige Inventarisierung aller möglichen Äußerungsebenen einer Aussage bricht sich oft auch ganz einfach an den Zwängen der Darstellung, für die die kleinsten sprechperspektivischen Verästelungen von Aussagen nicht immer von Interesse sind. Ich schlage daher einen Test vor, mit dem die Aussage auf Polyphonie überprüft werden kann, ohne dass Formelsprache notwendig ist. Dieser Test „dekliniert" die polyphone Konfiguration einer Aussage wie beispielsweise A_0 *Ich bin kein Rassist, aber die Zahl der Ausländer ist zu hoch*, die in der skandinavischen Polyphonietheorie mindestens fünf, sich überlagernde Sprechperspektiven aufweist:

per_1: [a_1] (WAHR (p: „x ist Rassist"))
per_2: [l_2] (NEIN (per_1))
per_3: [a_3] (WAHR (q: „Zahl der Ausländer ist richtig"))
per_4: [l_4] (ZUVIEL (per_3))
per_5: [l_0] (WAHR (P aus (per_2) ABER (per_4))), wobei aus P_q r: „Grenzen dicht!"

Auch der polyphone Test versucht die Sprechperspektiven, die die Aussage durchziehen, darzustellen. Wie über die deiktische Verweisstruktur („ich", Präsens, „Ausland/Ausländer") die Subjektivität dieser Aussage organisiert wird, ließe sich im Anschluss an Benveniste bzw. Kerbrat-Orecchionie beschreiben. Um nun die polyphonische Konfiguration dieser Aussage zu „testen", müssen sich die Sprechperspektiven der Aussagen in einen Dialog von Aussagen verwandeln lassen. Nichts anderes betreibt das Individuum in der alltäglichen Situation, wenn es mit vieldeutigen oder ambivalenten Aussagen konfrontiert ist. Seine Interpretation der Aussage besteht darin, bestimmte Sprechperspektiven aus der Aussage herauszutrennen und auf bestimmte verantwortliche Sprechinstanzen zu beziehen. So enthält die Verneinung im ersten Teil der Aussage einen impliziten Schlagabtausch, in dem mit der Aussage „x ist kein Rassist" auf eine vorhergehende Aussage „x ist ein Rassist" geantwortet wird, wobei x über das Pronomen „ich" deiktisch sichtbar gemacht wird. Auch der zweite Teil der Aussage wird von einem dialogischen Mechanismus organisiert, der den attestierten Teil über die Abgrenzung von einer präsupponierten Aussage definiert, die einen Fix- oder Normalpunkt für die „richtige" Zahl von Ausländern vorgibt (vgl. ausführlicher Ducrot 1980b). Die Möglichkeit, die Aussage A_0 in mehrere Aussagen (A_1: *x ist ein Rassist*, A_2: *x ist kein Rassist*, A_3: *die Zahl der Ausländer ist genau richtig*, A_4: *die Zahl der Ausländer ist zu hoch*) aufzuteilen, beweist den polyphonischen Charakter der beiden Teile der Aussage. Diese Aussagen müssen keine Bestandteile eines Dialogs zwischen zwei Personen (hier: zwischen einer ausländerfreundlichen und einer ausländerkritischen Person) bleiben; sie können wiederum zu einer Aussage zusammengezogen werden, und zwar durch hierachische Verschachtelung, z. B. in der aus A_3 und A_4 gewonnenen verneinten Aussage A_5: *Kein Rassist findet die Zahl der Ausländer gerade richtig* oder auch durch relationale Anordnung durch argumentative Operatoren, was etwa die ironische Aussage A_6: *Ich bin zwar rassistisch, aber es gibt zu wenige Ausländer* generieren kann. Als Resultat der polyphonen Deklination der Aussage können sich die ideologischen Werte der hervorgebrachten Aussagen also umkehren: A_5 und A_6 operieren mit den gleichen Sprechperspektiven wie A_0; nur werden sie vom Lokutor anders in Szene gesetzt. Ist es nicht gerade diese „Neuinszenierung" der polyphonen Rollenverteilung von A_0 durch A_5 und A_6, die letztere als ideologisch mehr oder minder effiziente Gegenargumente zu A_0 ausweisen? So gehören A_5 und A_6 zwar dem gleichen Diskurs wie A_0, an, aber die argumentativen Effekte sind unterschiedlich, da die Inhalte und Sprechperspektiven auf unterschiedliche Weise orchestriert werden. Setzt der polyphone Test nicht voraus, dass der Andere *immer* im Diskurs mitspricht und ein monophoner Diskurs gar nicht möglich ist? Muss »die Frage, ›wer ist für ihn verantwortlich?‹« (Nølke/Fløttum/Norén 2004:

56)[cli] nicht immer aufs Neue gestellt werden? Und ist die Frage, wer in der Aussage spricht, nicht *letztendlich* unentscheidbar?

Eine dritte methodische Perspektive möchte ich im Anschluss an Pêcheuxs Vorkonstrukt-Konzept entwickeln. Mit dem Vorkonstrukt-Begriff versucht Pêcheux dem Rechnung zu tragen, was davor und anderswo gesagt wurde, und zwar im Unterschied zu dem, was von der Aussage selbst „konstruiert" wird. Über das Vorkonstrukt ragt ein Außen in den Diskurs hinein, das sich in der Regel als ein Wissen präsentiert, das sich von selbst versteht und keiner weiteren Begründung bedarf. Als zentraler Baustein der Pêcheux'schen Theorie der diskursiven Formation verweisen die Spuren des Vorkonstrukts auf ein gegebenes Set sozialer und institutioneller Produktionsbedingungen. Überdies unterstreicht der Begriff des Vorkonstrukts die interdiskursive Natur des Diskurses. Im Diskurs wird nie alleine gesprochen; es spricht immer ein Anderer mit, der am Auftauchen eines Vorkonstrukts abgelesen werden kann. Das Vorkonstrukt manifestiert sich an den interdiskursiven Brüchen, über die der Diskurs signalisiert, dass er mit sich selbst nicht eins ist.

Pêcheux et al. begreifen das Vorkonstrukt als eine Alternative zu Ducrots Theorie der Präsupposition. Während Ducrot unter Präsupposition das Wissen fasst, das unmittelbar von den Aussagen evoziert und hervorgebracht wird, versteht Pêcheux das Vorkonstrukt als ein Wissen, dessen Ursprung im Außen liegt (vgl. Henry 1977). Während die Präsupposition ein „diskursives", d. h. durch die Verkettung von Aussagen produziertes Wissen darstellt, ist das Vorkonstrukt ein „ideologisches" Wissen, das nach Anerkennung durch das Subjekt verlangt. So gehören zum Vorkonstrukt die Allgemeinplätze einer Gesellschaft, die sich dem Subjekt als selbst-evidente Wahrheiten aufdrängen. Empirisch versucht Pêcheux dem Vorkonstrukt im Rahmen einer diskursiven Semantik beizukommen, die Saussures strukturales Sprachmodell um eine diskursive Dimension erweitert (Haroche/Henry/Pêcheux 1971). Die Konstitution von Bedeutung obliegt der *langue*. Dennoch muss der Ort, an dem symbolische Praxis stattfindet, reflektiert werden: »Wir stellen fest, dass die Worte ihren Sinn je nach Position derer ändern können, die sie gebrauchen.« (Haroche/Henry/Pêcheux 1971: 97)[clii] Eine empirische Umsetzung dieses Programms liegt in den Studien zum explikativen (nicht-restriktiven) und determinativen (restriktiven) Relativsatz vor. Beispielsweise signalisiert der nicht-restriktive Relativsatz vorkonstruiertes Wissen, das sich nicht weiter zu rechtfertigen braucht und durch Kommata abgetrennt ist. Aber angesichts eines fließenden Übergangs zwischen nicht-restriktiven und restriktiven Relativsätzen unterstreicht Henry die generellere Bedeutung des Vorkonstrukts, das eine Vielzahl sprachlicher Phänomene diskursiv abzustützen vermag (1975). Die Kritik an Ducrots Präsuppositions-Ansatz hat auch theoriestrategische Hintergründe, da Ducrot für die Vertreter der Pêcheux-Schule bis Ende der 70er Jahre als jemand gilt, der über die Hintertür von Präsupposition und Äußerung das sprechende Subjekt wieder hoffähig macht und damit die ideologiekritische Dimension der strukturalen Diskursanalyse einzukassieren droht.

Angesichts der Krise des strukturalen Modells um 1980 verliert das Vorkonstrukt an Reiz, und mit dem Übergang zu dem heterogenen Diskursbegriff von DA 3 scheint Pêcheux diesen Begriff zusammen mit dem der diskursiven Formation aufzugeben. Doch auch wenn das Vorkonstrukt heute weder in der Theorie noch in der Praxis der Diskursanalyse eine zentrale Rolle spielt, kann ihm vielleicht gerade im Rahmen einer enunziativen Analyse zu neuer Relevanz verholfen werden. Anders als die Präsupposition, die unmittelbar aus der Verkettung von Aussagen zu diskursiven Formationen herrührt, ist das Vorkonstrukt eine Art Fremdkörper im diskursiven Prozess – ein heteronomes Element, dass seine Existenzberechtigung aus nicht-sprachlichen Quellen bezieht, etwa aus einem sozioinstitutionellen Kräfteverhältnis oder einer allgemein anerkannten Klassenherrschaft. Das Vorkonstrukt ist ein Wissen, dessen Äußerungsquelle abgeschnitten ist, was solange kein Problem aufwirft, wie dieses Wissen „sich von selbst versteht" und von niemandem verantwortet werden muss.

An welchen formalen Kennzeichen lassen sich Vorkonstrukte ablesen? In seiner Studie zum sowjetischen Diskurs weist Seriot (1985: 246ff.) in Anlehnung an den Culioli-Kreis auf bestimmte Transformationen wie auf Nominalisierungen hin, durch die Aussagen nicht nur das formale Bild des Lokutors L („ich", „mein"…), sondern auch ihre Äußerungsquelle l_0 verlieren: »die nominalisierte Aussage ist *vorkonstruiert*, d. h. dass sie vom äußernden Subjekt nicht angenommen wird, sondern sich wie ein Objekt der Welt ›schon da‹ befindet, ein Objekt, das vor dem Diskurs existiert […]: seine Produktionsbedingungen sind ausgelöscht.« (1985: 248)[cliii] Anhand von Parteitagsreden der KPdSU zeigt Seriot, wie über die vielfach verwendeten Nominalkonstruktionen die Äußerungsquellen aus dem Gesagten ausgelöscht werden. Die Nominalisierung transformiert Aussagen: „ich will", „du willst", „er will", „wir wollen"… → „Der Wille", „ich bin stolz darauf, dass…", „du bist darauf stolz, dass…"… → „Der Stolz auf…". Es wird dann nur wiedergegeben, was schon längst anderswo gesagt wurde, und dem Diskursträger bleibt nichts anderes übrig, als im Namen einer anonymen institutionellen Instanz aufzutreten, die alles schon gesagt, die gehandelt und entschieden hat: »In diesen [vorkonstruierten] Aussagen ohne Subjekt und

Grund ist der Enunziator nur ein Zeuge: er ›sieht‹ Objekte, Prozesse, deren Akteur er nicht ist. Sein *Sagen* verblasst hinter seinem *Sehen.*« (1985: 259)[cliv] Der „hölzerne" Charakter sowjetischer Parteitagsreden kann etwa damit erklärt werden, dass kein Individuum die Position eines Ich-Sprechers annimmt. Bestimmte Verben, wie „zeugen von", „beitragen zu", „erfordern", „sich charakterisieren durch", „wird begleitet von" (z. B. „Der Stolz auf x zeugt von dem Willen zu y…"), sind für diesen Diskurstyp besonders geeignet: diese Verben »*bringen* zwei Vorkonstrukte *lediglich in Relation*, sie konstatieren lediglich eine Relation zwischen ›Objekten der Welt‹, die in Wirklichkeit vorassertierte Objekte in einem Anderswo des Diskurses sind« (1985: 254)[clv] Bestimmte Endungen können die Vorkonstrukte ideologisch schattieren, z. B. die Endung „-ismus", die aus Adjektiven („liberal") oder Nomen („Marx") vorkonstruierte Bewegungen und kollektiv gestützte Tendenzen macht, die eine mehr oder minder polemische Position in einem antagonistischen Raum einnehmen. Die Rede von „Liberalismus" oder „Marxismus" erkennt an, dass es ein Kollektiv von Sprechern gibt, die sich in der Art von *Ich bin liberal* oder *Das Werk von Karl Marx ist unser theoretisches Vorbild* äußern. Neben nicht-notwendigen Relativsätzen, Nominalisierungen und Endungen sind weitere Formen und Mechanismen zu erwarten, die Aussagen, die von einem Sprecher geäußert werden, zu Vorkonstrukten machen, über die sich der Diskurs als Interdiskurs manifestiert, ohne dass sich der Andere als Sprecher zu erkennen gibt.

Zusammengefasst geht es der Aussagenanalyse um die Frage, wie Texte über ihre Formen ihr Verhältnis zur Äußerung regeln. Als kleinste analytische Einheit des Diskurses fungiert die Aussage, d. h. ein Satz in seiner spezifischen diskursiv-enunziativen Existenzmodalität. Die Analyse symbolischen Materials erfordert somit in einem ersten Schritt, die Formen der Aussage zu identifizieren, die den Leser mit Blick auf das instruieren, was nicht im Text gefunden werden kann: die Äußerung und ihre Kontexte. Darauf folgt als zweiter Schritt die Untersuchung der Frage, wie diskursive Ordnung entsteht. Aussagen verbinden sich mit anderen Aussagen, indem sie über die formalen Spuren der Äußerung (*marqueurs*) ihre Äußerungsebenen, -quellen und -kontexte orchestrieren und sich zu diskursiven Formationen verbinden. Der Diskurs darf nicht als ausschließlich „horizontal" organisierte Ensembles von Aussagen verstanden werden, denn seine Aussagen sind „vertikal" geschichtete Bündel von Äußerungsebenen, die sich bisweilen spannungsvoll überlagern. Angesichts der vertikalen Schichtung und Heterogenität der Aussagen kann sich der Diskurs zu keinem vollständig strukturierten Raum schließen, in dem jede Aussage einen eindeutig definierbaren Platz besetzt. Texte und Kontexte verbinden sich im Diskurs immer wieder aufs

Neue; der Raum, in dem die Aussage ihre diskursive Wirksamkeit entfaltet, ist ständig in Bewegung und konstitutiv offen.

Methodologisch verortet sich die enunziative Diskursanalyse jenseits von Strukturalismus und Hermeneutik. Anders als strukturale Zeichentheorien sieht sie diskursive Ordnung nicht als das Produkt eines codegesteuerten oder grammatikalischen Prozesses, in dem sich kleinste distinktive Einheiten zu geschlossenen Systemen von Differenzen zusammensetzen. Und im Gegensatz zu hermeneutischen Zugängen geht es ihr weder um die Rekonstruktion von Sinn noch um eine Freilegung von intersubjektiv geteiltem Wissen, das vom symbolischen Material ausgedrückt wird. Was an Sinn und Wissen im diskursiven Prozess entsteht, ist der enunziativen Analyse nicht zugänglich (zumindest nicht unmittelbar); empirisch zugänglich sind ihr die in die Texte eingelassenen Formen, die die Individuen nach einem Sinn suchen lassen, der von jedem selbst gefunden werden muss. Überlassen wir das Verstehen, Deuten und Interpretieren den einzelnen Lesern; als Diskursanalytikerinnen und Diskursanalytiker richten wir den Blick auf die im symbolischen Material verstreuten Formen, Anweisungen und Instruktionen, die die Leser ständig auf die Suche nach dem schicken, was ausgedrückt, gemeint und intendiert werden soll.

5 Variationen der Humanismus-Kritik. Intellektuellen Diskurs analysieren

5.1 Theoretische Texte in diskursanalytischer Perspektive

Im Diskurs verbinden sich Texte und Kontexte. Während in den Kapiteln 2 und 3 das Wissen der Leser zu den Produktionskontexten theoretischer Texte untersucht wurde, soll nun mit der äußerungstheoretischen Diskursanalyse gezeigt werden, wie theoretische Texte dieses Wissen aktivieren, indem sie die Suche nach den Äußerungskontexten organisieren. Statt den Diskurs quantitativ zu messen oder qualitativ zu rekonstruieren, zielt die Untersuchung auf die Beantwortung der Frage: Auf welche Weise mobilisieren Texte in der Äußerung ihre Kontexte?

Um Texte diskursanalytisch zu untersuchen, muss eine Reihe von Fragen geklärt werden. Die Auswahl des Korpus, die Durchführung der Analyse und die Darstellung der Ergebnisse soll vor dem Hintergrund der im vorangehenden Kapitel dargestellten Tendenzen der Diskursforschung folgendermaßen begründet werden:

- *Die Auswahl des Korpus.* Diskurse operieren in der Regel mit symbolischem Material, das weder einzelne Beobachter noch Beobachterteams überblicken können. Um einen Diskurs bearbeitbar zu machen, ist es daher notwendig, einen Korpus näher zu analysierender Texten auszuwählen. Die Bildung eines Korpus lässt sich in der Regel nicht aus der Natur des symbolischen Materials ableiten; sie muss theoretisch begründet werden. Im vorliegenden Fall konnte mit Bourdieus Feldtheorie das institutionelle Terrain – die „Produktionsbedingungen" – umrissen werden, in dem bestimmte Produzenten bestimmte Produkte hervorbringen, sich über ihre Produkte im Feld verorten und eine intellektuelle Generation bilden. Die Korpusbildung intellektueller Diskurse wird dadurch erschwert, dass diese Diskurse in der Regel keinen einheitlichen institutionellen Ort voraussetzen und verschiedene Regionen des intellektuellen Felds gleichzeitig bedienen (namentlich Wissenschaft, Politik, Ästhetik). Aus diesem Grund soll der intellektuelle Diskurs als ein Interdiskurs analysiert werden, an dessen Grenzen verschiedene Themen, Regionen, Inhalte des Diskurses zusammentreffen. Auch die kleinsten Einheiten des Diskurses, seine einzelnen Aussagen, nehmen geradewegs auf diesen interdiskursiven Grenzen Platz. Der Korpus ist kein homogenes Ganzes; er besteht aus Schnipseln, Fragmenten, Bruchstücken, die Anschlussmöglichkeiten in verschiedene Richtungen bieten. Als ein nach außen offener Interdiskurs verfügt der Diskurs über keine Außengrenzen, an denen entlang sich ein natürlicher Korpus ausstanzen ließe. Vor diesem Hintergrund ist es nicht nur praktisch, sondern auch theoretisch unmöglich, eine diskursive Totalität mit einem repräsentativen Auswahlsample abzubilden. Auch die im Folgenden ausgewählten Textpassagen geben keinen Querschnitt eines übergreifenden Wissenszusammenhangs wider; sie protokollieren keine sinnstiftende Tätigkeit einer sozialen Gruppe; sie ziehen keine repräsentative Stichprobe aus einer diskursiven Gesamtheit. Gegen Diskurszugänge, die das Wissen in einem übergreifenden Tableau zu ordnen versucht, wird die geschichtete Dicke der einzelnen Aussagen in Anschlag gebracht.

- *Die Durchführung der Analyse.* Ist der Korpus einmal abgegrenzt und sind seine einzelnen Aussagen einmal identifiziert, stellt sich die Frage nach der Auswertung des symbolischen Materials. Je kleiner der Korpus, desto weniger Erkenntnisgewinn verspricht eine quantifizierende, lexikometrische Analyse. Doch auch der folgende, aus fünf kleinen Diskursschnipseln gebildete Korpus muss zunächst auf die graphischen Formen abgesucht werden, und zwar möglichst vollständig und systematisch. Die Formen können dann nach den in ihnen kondensierten Interpretationsinstruktionen und Kontextualisierungsanweisungen unterschieden werden. Aus äußerungstheoretischer Perspektive besonders aufschlussreich sind die *marqueurs*, die formalen Äußerungsspuren, das nicht-begriffliche Restmaterial, also etwa die deiktischen Pronomen und Partikeln („ich“, „hier“, „jetzt“…), die logisch-argumentativen Operatoren der Polyphonie („nicht“, „aber“, „wenn“…), bestimmte Formen (wie etwa Nominalisierungen und Suffixe) sowie sonstige typographische Spuren (wie Anführungszeichen und Kursivsetzung). Diese Formen lösen bestimmte Vorstellungskaskaden aus, die bei jedem Individuum anders, aber eben nicht vollständig beliebig ausfallen. Die Individuen müssen keinen gemeinsamen Wissensvorrat aufbauen. Was sie teilen, sind die in den Äußerungsspuren kondensierten Prozeduren, mit deren Hilfe sie sich auf die Suche nach einem Sinn machen, den jede/r selbst erobern muss. So ist der interpretative Prozess Regeln unterworfen, die notwendig einen formalen Niederschlag aufweisen. In dieser Perspektive gibt es keine Regeln ohne Formen. Die Formen *sind* die Regeln. Und wer versucht, die Regeln des Diskurses unabhängig von seiner formalen Organisation zu beschrieben, sieht die Regeln vor lauter Formen nicht.

- *Die Darstellung von Zielen und Ergebnissen.* Schließlich müssen die gewonnenen Resultate dargestellt werden. Nicht dem mannigfaltigen Inhalt, sondern generalisierbaren und wiederholbaren Regeln, nach denen Texte auf ihre Kontexte zugreifen, gilt es Rechnung zu tragen. Welche Kontexte dies „tatsächlich" sind und was die Individuen „wirklich" verstehen, dazu hat die äußerungstheoretische Diskursanalyse keinen Zugang. Ihr sind allein das symbolische Material und seine materialen Formen verfügbar, die die Individuen auf die Suche nach einem Sinn schicken, der von jeder und jedem auf eigene Weise entdeckt werden muss. Dass Texte und Kontexte im Diskurs nicht spontan assoziiert werden, dass der interpretative Prozess bestimmten Zwängen folgt, die auf die eine oder andere Weise einen Niederschlag im Text finden, wird mit der Formalisierung der Ergebnisse unterstrichen. Die formale Beschreibung des Diskurses, wie sie etwa mit der polyphonietheoretischen Auffächerung der Aussage in ihre verschiedenen Sprechperspektiven erreicht wird, bricht mit dem spontanen Verstehen der Akteure. Mit diesem Bruch vermeidet der Diskursanalytiker, in Konkurrenz zu den Lesern zu treten, die gewöhnlich nach dem inhaltlichen Was des Texts suchen. Anders als den Lesern, die solange suchen, bis sie ihren Sinn gefunden haben, geht es dem Diskursanalytiker um die Frage, welchen formalen Anweisungen und Instruktionen die Leser folgen müssen, um den Sinn des Texts zu entdecken und ein Wissen über die Äußerungskontexte aufzubauen. Anders als die Leser, die den Sinn verstehen wollen, klammert der Diskursanalytiker das Problem des Sinns ein und konzentriert sich auf die Prozeduren, die die Leser ausführen, um den Sinn zu verstehen. Anders als die Leser, die die interpretativen Probleme des Texts auf tausendfach unterschiedliche Art (wenn auch nicht irgendwie) lösen, zielt der Diskursanalytiker auf die Entdeckung der in den symbolischen Formen kondensierten Regeln, Mechanismen, Gesetze des Diskurses, denen sich kein mit minimaler diskursiver Kompetenz ausgestattetes Individuum entziehen kann.

Gegenüber Bourdieus Feldtheorie symbolischer Produktion, die sich dem Diskurs von den symbolischen Produzenten her nähert, betont der diskursanalytische Fokus die opake Materialität der symbolischen Produkte. Doch auch wenn sich Bourdieus Feldtheorie für die Analyse der Texte als problematisch erweist, kann sie die Auswahl des Korpus begründen helfen. So stammen die fünf im Folgenden ausgewählten Textausschnitte von führenden Vertretern der strukturalistischen Generation, die sich im intellektuellen Diskursraum unterschiedlich verorten, und zwar von Jacques Lacan, Louis Althusser, Michel Foucault, Jacques Derrida und Philippe Sollers.

Vor dem Hintergrund der in 2.2. genannten Konflikt- und Verstreuungslinien im intellektuellen Feld der Zeit erklärt sich die Auswahl dieser fünf genannten Theoretiker damit, dass sie ein weites Spektrum unterschiedlicher Positionen im intellektuellen Diskurs einnehmen, namentlich mit Blick auf politische Orientierungen (links: Althusser; zeitweise links: Foucault, Sollers; moderat links: Derrida; „nicht-links“: Lacan), soziale Netzwerke (Schulstifter: Lacan, Althusser; akademische Einzelgänger: Foucault, Derrida; Sollers: Essayist), disziplinäre Gegensätze (Philosophie: Althusser, Derrida; sciences humaines: Foucault; transdisziplinäre Theorie: Lacan, Althusser), Ausbildungswege (*normaliens*: Foucault, Althusser, Derrida; Autodidakten: Lacan, Sollers) und institutionelle Verankerungen (Lehrstuhlinhaber: Foucault; subalterne akademische Stellen: Althusser, Derrida; freie Gelehrte: Lacan, Sollers). Die Reihenfolge der analysierten Texte spiegelt grob die „Rangordnung“ unter diesen Produzenten wider. Die „Senioren“ Lacan und Althusser, die die zwei großen theoretischen Schulen der Zeit anführen, leiten die Analysen ein, die mit der Untersuchung einer Textpassage aus Sollers' *Tel Quel* abgeschlossen werden, der 35 Jahre jünger als Lacan ist und als Rezipient und Kommentator fungiert. Die Auswahl dieser „heroischen“ Figuren unterstellt nicht, dass ihre Texte die „großen“ Ideen der Zeit widerspiegeln. Genauso wenig sollen ihre Texte als in Form gegossene Ausschnitte eines großen Ganzen oder als Ausdrücke einer sozialen Ontologie des Felds betrachtet werden. Ihre Bedeutung liegt vielmehr darin, dass sie den Schnittpunkt für eine Vielzahl von Perspektiven, Positionen und Problemen des Interdiskurses darstellen, und es wird nachzuvollziehen sein, wie diese Texte die verschiedenen Positionen, Elemente und Regionen des Diskurses in Stellung bringen und miteinander in Beziehung setzen. Ihre Texte sind interdiskursive Knotenpunkte, an denen sich die Brüche, Konflikte und Widersprüche des Diskurses kristallisieren und von denen unterschiedliche Regionen des intellektuellen Diskurses erreicht werden können. Es ist die Anzahl der potenziellen Verbindungen und Verknüpfungen, die die Effizienz dieser Texte für den intellektuellen Diskurs begründen. Die Texte sind keine symbolischen Behältnisse eines konstituierten Diskursraums; vielmehr gewähren sie Eintritt in einen Diskursraum, der erst noch zu konstituieren ist.

Alle ausgewählten Textpassagen sind um 1966, dem Höhepunkt der symbolischen Konjunktur des Strukturalismus entstanden, und die Analyse wird der Frage nachgehen, inwieweit die Lektüre dieser Texte paradigmatische Effekte zeitigen kann, wie also ihre Produzenten über die Texte zu Sprechern für eine intellektuelle Gruppe, Bewegung oder Generation werden. Diese Textausschnitte sind an relativ exponierten Stellen von Werken erschienen, die weithin als programmatische Manifeste für die humanismuskritische Tendenz der Zeit gelesen werden. Sie werden im Folgenden als Fragmente eines Diskursraums analysiert, der sich nicht vollständig und letztendlich überblicken lässt – weder von den Produzenten (den Verfassern) noch von den Ko-Produzenten (den Lesern) und auch nicht von Ko-Produzenten zweiter Ordnung, den Feldtheoretikern oder Diskursanalytikern, die den Spuren der symbolischen Praxis von Produzenten und Ko-Produzenten im symbolischen Material nachgehen. Wie diese Diskursfragmente den Produzenten und Ko-Produzenten zum Einstieg in einen auf vielfache Weise gebrochenen, verzweigten und differenzierten Diskursraum verhelfen, das ist die Frage, der die folgenden intellektuellen Diskursanalysen nachgehen werden.

Der erste Text entstammt dem Seminar 11, das Jacques Lacan 1964 unter dem Titel *Die vier Grundbegriffe der Psychoanalyse* an der École Normale Supérieure abhielt. In seinen öffentlichen Seminaren, die seit 1953 am Hôpital Sainte Anne stattfinden, entwickelt Jacques Lacan (geboren 1901) eine psychoanalytische Variante im Anschluss an Sigmund Freud. Handelt es sich bei den Teilnehmern zunächst um einen relativ überschaubaren Kreis von Psychoanalytikern und Philosophen – »ein richtiges Forschungslabor« (Roudinesco 1993: 343[391])[clvi] –, gehen die Zuhörer im Laufe der 60er Jahre in die Hunderte. Wie kein anderer Kreis bildet Lacans Seminar einen Querschnitt des Pariser intellektuellen Lebens. Zu den Teilnehmern zählen u. a. Koyré, Kojève, Lévi-Strauss, Hyppolite, Ricœur, Certeau, Guattari, Irigaray, einige Schüler Althussers (zu denen auch Jacques-Alain Miller gehörte) sowie einzelne der später so genannten *nouveaux philosophes*. Von 1964 bis 1969 hält Lacan sein Seminar an der École Normale Supérieure, wo die aus dem expandierenden Universitätsmilieu kommenden Zuhörer wie die zahlreichen Studierenden der Psychologie unterkommen und das Seminar den

Charakter einer sakralen Messe annimmt. Nachdem Lacan 1963 aus der *International Psychoanalytical Association* (IPA) wegen der von ihm praktizierten Kurzsitzungen ausgeschlossen worden war, gründet er 1964 seine eigene Schule, die *École Freudienne de Paris* (EFP), die von anfangs 134 Mitgliedern bis 1967 auf ca. 200 anwuchs (Roudinesco 1993: 404ff.[460ff.]). Vor diesem Hintergrund bemüht sich Lacan in Seminar 11, das gemeinhin als eine der zugänglicheren Darstellungen seines Denkens gilt, die psychoanalytische Theoriebildung der vorhergehenden Jahre zu bündeln und das Seminar als Plattform für die EFP zu konsolidieren, in der in den folgenden Jahren die große Mehrheit der französischen Psychoanalytiker ausgebildet wird. Auch wenn einzelne Teile später in den *Écrits* bei Seuil (1966) erscheinen, waren Lacans Seminare nicht für die Veröffentlichung vorgesehen. Das Seminar 11 ist das erste, das 1973 auf der Basis von Seminarmitschriften von Jacques-Alain Miller, dem Schwiegersohn Lacans, ebenfalls bei Seuil veröffentlicht wird (1973). Bis heute zirkulieren zahlreiche Stenographien dieses Seminars und anderer Seminare, deren Herausgabe durch Miller einige Kritik hervorgerufen hat. Da es einstweilen keine kritische Ausgabe von Seminar 11 gibt, stütze ich mich auf die als „version J.L." bekannte Mitschrift, die z. B. auf http://www.ecole-lacanienne.net erhältlich ist.

Der zweite Text ist aus dem Vorwort von Oktober 1967, das Louis Althusser (geboren 1918) der zweiten Ausgabe von *Pour Marx* [*Für Marx*] voranstellt, die 1965 erstmalig erscheint. Während Lacan Freud in die weitere intellektuelle Debatte einführt, etabliert Althusser Marx als eine epistemologische Größe in Frankreich. Althusser öffnet den bis dato akademisch wenig verankerten Marxismus für psychoanalytische und semiotische Theoriefiguren. Von 1948 bis zu seinem tragischen Karriereende 1980 nimmt er an der École Normale Supérieure (ENS) die Stelle eines *caïman* ein, der den Schülern ergänzende Kurse zur Vorbereitung auf die *agrégation* anbietet (darunter Foucault und Derrida, die sich mit Althusser anfreunden). In diesem von den sozialen und politischen Umbrüchen der Zeit eher abgeschirmten Umfeld baut Althusser eine Schule marxistischer Theorie auf. So erscheint 1965 in Zusammenarbeit mit seinen Schülern Etienne Balibar, Roger Establet, Pierre Macherey und Jacques Rancière *Lire le Capital* [*Das Kapital lesen*] (1965). Die Texte des Althusser-Kreises wurden sowohl innerhalb als auch außerhalb der Kommunistischen Partei, deren aktives Mitglied er zeit seines Lebens ist, kontrovers aufgenommen. Viele Beobachter nehmen Althussers struktural-marxistische Philosophie als indirekte politische Stellungnahmen wahr, insbesondere was das Verhältnis zu Stalinismus und Maoismus angeht (Matonti 2005: 79). Auf die Veröffentlichung der Werke von 1965 folgen immer wieder Texte, in denen Althusser sein

Werk der „Selbstkritik" (*autocritique*) aussetzt. Im Laufe der 70er Jahre, nicht zuletzt infolge politischer Enttäuschungen, verschwindet der intellektuelle Enthusiasmus, den noch *Pour Marx* ausgezeichnet hatte. Die zu analysierende Textpassage ist mit weiteren Vor- und Nachworten, darunter einer längeren Würdigung durch Etienne Balibar, im Anhang der bei Maspero erschienenen Neuauflage (1996) abgedruckt.

Die dritte Passage schließt Michel Foucaults materialreiche Studie *Les Mots et les choses* [*Die Ordnung der Dinge*] (1966: 398) ab. Nachdem Foucault, geboren 1926, Anfang der 60er Jahre aus dem Ausland zurückkehrt und habilitiert (Foucault 1961), wird er Professor für Philosophie in Clermont-Ferrand. Mit dem bei Gallimard erschienenen *Les Mots et les choses*, das als Markstein strukturalistisch inspirierter *sciences humaines*-Forschung aufgenommen wird und eine sechsstellige Auflage erreicht, erzielt Foucault den Durchbruch in der breiteren intellektuellen Öffentlichkeit. Als politisch engagierter Intellektueller tritt Foucault erst etwas später hervor, und zwar nach seiner Wahl in das Collège de France Ende 1969, die eine glänzende *normalien*-Karriere krönt. Angesichts seiner weitläufigen und sich immer wieder verschiebenden Forschungsinteressen bleibt Foucault ein intellektueller Einzelspieler, der nach dem Erscheinen von *Les Mots et les choses* bald seine Distanz zum Strukturalismus betonen wird.

Der vierte Text ist aus Jacques Derridas Monographie *La Voix et le phénomène* [*Die Stimme und das Phänomen*] (1967c), die Saussures Differenztheorie in die Philosophie einführt. Zusammen mit der *Grammatologie* (1967a), den Aufsatzbänden *L'Écriture et la différence* [*Die Schrift und die Differenz*] (1967b) und *Marges* [*Randgänge*] (1972) begründet diese Monographie über Husserls Zeichenbegriff die dekonstruktivistische Phase des *normalien*-Philosophen, der 1930 in Algiers geboren wird und als Assistent an der Sorbonne (1960-1964), dann als *maître-assistant* an der ENS arbeitet, bevor er 1983 *directeur d'études* an der École des Hautes Études en Sciences Sociales (EHESS) wird. Um diesen ausgewiesenen Kenner der zeitgenössischen deutschen Philosophie, dessen Hauptwerke bei dem kleinen Verlag Minuit erscheinen, sammelt sich ein Kreis von Avantgarde-Philosophen und Literaten (wie Sarah Kofmann, Jean-Joseph Goux, Hélène Cixous), der jedoch nie die Größenordnung der Lacan'schen oder Althusser'schen Unternehmen erreicht. Weniger politisch profiliert als Althusser befindet sich Derrida an den Rändern einer disziplinären Philosophie, die seit den 60er Jahre im Schatten der sich dynamisch entwickelnden *sciences humaines* steht. Mehr Aufmerksamkeit wird Derrida, der an dem Kongress der Johns Hopkins Universität von 1966 teilnimmt, ab Ende der 70er Jahre im Ausland zuteil. Vor dem Hintergrund von Derridas Aufstieg in den USA trübt sich in den 70er Jahren das Verhältnis zu Foucault ein. Auch zu Lacan ist die Beziehung von kritischer Distanz geprägt. Für *Tel Quel* fungiert Derrida als „Hausphilosoph“, bis er in dieser Funktion Anfang der 70er Jahre von Lacan verdrängt wird.

Philippe Sollers ist der Autor des letzten Textbeispiels, das 1967 in der von ihm geführten Zeitschrift *Tel Quel* (Seuil) erscheint und 1968 in der Artikelsammlung *Théorie d'ensemble* [*Mengenlehre*] (Tel Quel 1968) erneut abgedruckt wird. Sollers, geboren 1936, wird Ende der 50er Jahre mit Romanen einem breiteren intellektuellen Publikum (Sollers 1957) bekannt. Anfang der 60er Jahre wird er von Seuil mit der Gründung und Leitung der Zeitschrift *Tel Quel* beauftragt, in der im Zeichen des *Nouveau Roman* aktuelle Literatur und Ästhetik besprochen wird. Die Redaktion von *Tel Quel* wird straff geführt. In tribunalartigen Ausschlussverfahren werden Redaktionsmitglieder, die nicht auf Linie sind, regelrecht „exkommuniziert“. Ab Mitte der 60er Jahre beginnt die Redaktion, mit spektakulären, zum Teil hundertachtziggradartigen Wendungen auf die theoretischen und politischen Konjunkturen zu reagieren, die nun in raschem Wechsel aufeinanderfolgen. Die Orientierungen der Zeitschrift reichen vom apolitischen Ästhetizismus der ersten Jahre über dekonstruktivistische Text- und *écriture*-Theorien (1965-1969) zu an Lacan angelehnten Philosophien des *désir.* Auf die Allianz mit der KP (1967-1972) folgt die Begeisterung für Maos China (Themenheft „China“ 1972). Der dogmatische Ethos, mit dem jeder neue Trend zur ultimativen Avantgarde erklärt wird, ist für den Stil der Zeitschrift genauso charakteristisch wie der Umstand, dass die jungen, weitgehend unbekannten Redaktionsmitglieder die intellektuell besonders anerkannten Beiträger der Zeitschrift (wie etwa Derrida, Foucault und Barthes, die *Théorie d'ensemble* anführen) immer wieder als „totemische“ Autoren hochhalten (Kauppi 1990: 109[140]). 1977 deutet sich mit dem Themenheft „Amerika“ eine liberale Wende an, und 1982 stellt Sollers die Zeitschrift ein. Lediglich mit einem B.A. einer Wirtschaftsfachhochschule (ESSEC) ausgestattet, ist Sollers als freischaffender Schriftsteller tätig. Sollers heiratet Julia Kristeva nach ihrer Ankunft in Frankreich und ist mit Barthes befreundet. Der ausgewählte Text stammt aus der dekonstruktivistischen Periode, in der sich die Zeitschrift unter dem Eindruck der Studentenrevolte an die KPF annähert.

Alle diese Texte deklinieren auf die eine oder andere Weise den Topos des „Menschen“, auf den sich viele Theoretiker im Umfeld des Strukturalismus beziehen. Wie zu zeigen sein wird, ist die „antihumanistische“ Kritik dieser Autoren von antagonistischen Diskursfiguren durchzogen und lässt sich als ein Spektakel zwischen „(strukturalistischer) Avantgarde“ und „(humanistischer) Tradition“ aufführen. Wie sich die Unterscheidungs- und Konfliktlinien zwischen den Produzenten in den Texten formal abdrücken, das ist die Frage, der die folgenden Abschnitte nachgehen.

Um die ausgewählten Texte auszuwerten, können wir die Formen, mit denen das symbolische Material operiert, in einer ersten Annäherung nach zwei Typen unterscheiden: Begriffswörtern und Äußerungsspuren (Culiolis *marqueurs*). In Abgrenzung von analogen linguistischen Terminologien (z. B. Autosemantika und Synsemantika sowie Inhaltswörter und Funktionswörter) sollen mit dieser Unterscheidung die unterschiedlichen kognitiven Prozesse identifiziert werden, die sprachliche Formen gemeinhin bei den Lesern auslösen. Begriffswörter verweisen gemeinhin auf ein inhaltliches Was, ein Wissen, das sich im diskursiven Prozess vergleichsweise locker an diese Zeichen anlagert. Diese Zeichen bringen Assoziationskaskaden in Gang, die je nach Individuum verschieden ausfallen. Die Freiheitsgrade, über die die Individuen bei der Interpretation dieser Zeichen verfügen, sind somit vergleichsweise hoch. Äußerungsspuren sind dagegen in der Regel Formen, die die Existenzmodalitäten der im diskursiven Prozess mobilisierten Inhalte signalisieren. Äußerungsspuren werden nicht interpretiert; sie werden erkannt. Mit Äußerungsspuren gehen hohe sprachliche Zwänge auf den interpretativen Prozess einher, da die Individuen diese Formen nicht erkennen können, ohne die Regeln unmittelbar anzuwenden, die sie kondensieren. Wenn es Zeichen gibt, die ein „intersubjektives Band" des Symbolischen begründen, dann sind es gerade diese Zeichen, über die sich die Äußerung in den Text einschreibt.

Anders als Begriffswörter, die auf das spezifische Wissen der Produzenten und Ko-Produzenten hinausgreifen, setzen Äußerungsspuren nur basale diskursive Kompetenzen voraus, d. h. die Beherrschung der im engeren Sinne sprachlichen Regeln, die alle Diskursträger gleichermaßen teilen. Während „wissende" Leser mit den Begriffswörtern ein bestimmtes Wissen assoziieren, das mit Hilfe der Spuren der Äußerung in Stellung gebracht wird, laufen interpretative Prozesse von „unwissenden" Lesern oft ins Leere: „Unwissende" Leser erkennen nur die Äußerungsspuren, ohne ein Wissen der Inhalte aufzubauen, die von diesen organisiert werden. Im Gegensatz zu Intellektuellensoziologie und Theoriegeschichte, die sich in der Regel nicht für das formale Wie, sondern für das inhaltliche Was der Texte interessieren, simuliert die Diskursanalyse den „unwissenden" Leser, der weiß, wie die Inhalte des Diskurses über die formalen Spuren der Äußerung orchestriert werden, aber auf die Frage nach dem Was eine Antwort schuldig bleibt.

Nomen und Verben sind gewöhnlich Begriffswörter, zu Äußerungsspuren gehören dagegen die Zeichen, die die Äußerung reflektieren, also alle Formen, in denen sich die Äußerung abdrückt, beispielsweise Benvenistes formaler Apparat der Äußerung oder die logisch-argumentativen Operatoren nach Ducrot/ScaPoLine. Die Äußerung kann sich auch syntaktisch und morphologisch niederschlagen, wie etwa im Fall von Nominalisierungen („jetzt" als Adverb – „das Jetzt" als Nomen), die dadurch ihre Äußerungsquelle verdecken. Oft liegen auch Mischformen (insbesondere bei Adverbien, Adjektiven und Verben) vor, in denen bestimmte („objektive") begriffliche Komponenten „subjektiv" gefärbt werden. Wie die Äußerung formal reflektiert wird, erfordert jedoch einen genauen Blick auf das symbolische Material.

Solange die Begriffswörter und Äußerungsspuren *an sich*, als einzelne Zeichen betrachtet werden, befinden wir uns noch vor dem Diskurs. Als isolierte Formen sind diese Wörter nicht mehr als totes semiotisches Material. Ihre diskursive Lebendigkeit entfaltet sich erst, indem sie als Begriffswörter und Äußerungsspuren kooperieren. So kann das Was nur als ein Wie existieren. Beide Zeichentypen müssen sich zu syntaktisch-grammatikalischen Gebilden, zu Sätzen zusammenschließen. Während es den zeichentheoretisch orientierten Sprachwissenschaften überlassen werden kann, die grammatikalischen Konstruktionsregeln dieser Sätze zu bestimmen, ist es die diskursanalytische Aufgabe zu klären, wie diese Sätze mit den Koordinaten der Äußerung versehen werden und als spezifische Aussagen im Diskurs existieren.

Bevor das symbolische Material einer Diskursanalyse unterzogen werden kann, ist zunächst eine formale Identifizierung der Sätze notwendig, mit denen es die Analyse zu tun hat. In einem zweiten Schritt sollen diese Sätze dann als spezifisch geäußerte Aussagen des Diskurses analysiert werden. Erst jetzt geht es um die diskursiven Prozesse, die von den Aussagen ausgehen, die etwa bestimmte spezifische Äußerungskontexte deiktisch sichtbar machen, unterschiedliche Diskursfiguren zu Wort kommen lassen und bestimmte Wissensbestände und Ordnungen präsupponieren bzw. vorkonstruieren. In einem weiteren Schritt wird dann zu fragen sein, wie die von den Aussagen ausgelösten interpretativen Prozesse die sozialen Beziehungen zwischen den Individuen konfigurieren, die in den Diskurs eintreten. Mit diesem methodischen Vorgehen wird dem Umstand Rechnung getragen, dass der Diskurs sowohl auf die (sprachliche) Welt der symbolischen Formen als auch auf die (soziale) Welt der Individuen zugreift. Unterhalb des Diskurses befinden sich die abstrakten Zeichen, die grammatikalischen Sätze, die wiederholbaren Texte, oberhalb die unwiederholbaren Kontexte, die spezifischen Handlungssituationen und sozialen Beziehungen zwischen den Individuen. Wie Texte und Kontexte über die Äußerung verbunden werden, das ist dann die Frage der Diskursanalyse.

Um zu fragen, wie die Texte ihre Leser über die Kontexte instruieren, in denen sie geäußert werden, arbeiten die Analysen jeweils drei Problemkomplexe ab:

- Die Problematik diskursiver Deixis: Wie zeigt der Text über die Äußerung auf seine Kontexte? Welches sind die relevanten Kontexte des Textes?
- Die Problematik der Polyphonie: Wie orchestrieren die Aussagen ihre Sprecher? Wer trägt die Verantwortung für welche inhaltlichen Aspekte des Gesagten? Wer spricht?
- Die Problematik des Vorkonstrukts: Welche Spuren hinterlässt das, was davor und anderswo gesagt wurde? Wie wird selbstverständliches Wissen signalisiert?

Dieses Vorgehen richtet den Fokus auf die Heterogenität eines in sich verzweigten, verschachtelten, verwundenen Gegenstands. Statt eine ideale Reinheit, die ihren Sinn aus sich selbst bezieht, untersuchen die folgenden Diskursanalysen Texte, die sich mit einer Melange verschiedenster (kognitiven, situativen, institutionellen, historischen…) Kontexte verbinden. Statt mit einem transparenten Medium, durch das die Leser eine zeitlose Wahrheit hindurchschimmern sehen, haben sie es mit Texten zu tun, bei denen es auch Lesern, die hohe diskursive Kompetenz, ein differenziertes Wissen über die Produktionskontexte und viel Geduld bei der Lektüre mitbringen, schwer fällt, eine Illusion von Sinnverstehen aufzubauen. Statt den Diskurs als eine geschlossene Gesamtheit zu fassen, in der sich alle Elemente vollständig gegenseitig definieren, geht es darum, die Leerstellen, das Nicht-Gesagte und die Unentscheidbarkeiten zu reflektieren, um die sich das Sagen dreht. Statt einen Kern eigentlicher Bedeutung freizulegen, wird gefragt, wie sich Texte in unterschiedlichen Kontexten zitieren, verwerten, recyceln lassen. Und statt ein einsames Selbstgespräch werden die Analysen einen Chor von Stimmen registrieren, die sich in der Aussage verschlingen und überlagern, die brüsk zurückgewiesen werden oder denen ehrfürchtiger Respekt entgegengebracht wird, die in antagonistischem Widerspruch zueinander stehen oder einträchtige Allianzen bilden. In diesem Irrgarten von Verweisen, in diesem Gemurmel von Stimmen, in diesem von Fallstricken übersähten Parcours muss sich der Leser irgendwie zurechtfinden, will er wissen, wie sich die anderen Individuen – jene, die diese Texte geschrieben haben und jene, die sie lesen werden –, sich voneinander abgrenzen, aufeinander Bezug nehmen und im intellektuellen Feld positionieren. So viel einfacher wäre es, könnten die Akteure ihre sozialen Beziehungen unmittelbar definieren, ohne den Umweg über die symbolischen Formen zu gehen. Allein, sie können es nicht.

5.2 Jacques Lacan. Die Rückkehr zu (dem Subjekt von) Freud

(1) Le symptôme c'est d'abord le mutisme dans le sujet supposé parlant. (2) S'il parle, il est guéri de son mutisme évidemment. (3) Mais cela ne nous dit pas du tout pourquoi il a commencé à parler, pourquoi il a guéri de son mutisme. (4) Cela nous désigne seulement un trait différentiel qui est celui, comme il fallait s'y attendre, dans le cas de la fille muette, celui d'hystérique.	(1) Das Symptom ist zunächst das Stummsein in dem Subjekt, das ein sprechendes sein soll. (2) Spricht es, ist es offensichtlich von seiner Stummheit geheilt. (3) Das sagt uns aber noch nicht, warum es zu sprechen anfängt, warum es von seinem Stummsein geheilt worden ist. (4) Das bezeichnet für uns nur ein unterscheidendes Merkmal, das im Falle des stummen Mädchens, wie nicht anders zu erwarten, das unterscheidende Merkmal der Hysterikerin ist.
(5) Or, ce trait différentiel est celui-ci que c'est dans ce mouvement même de parler que l'hystérique constitue son désir (6) de sorte qu'il n'est pas étonnant que ce soit par cette porte que Freud soit entré dans ce qui était, en réalité, les rapports du désir au langage, à l'intérieur duquel, dans ce champ, il a découvert les mécanismes de l'inconscient.	(5) Dieses unterscheidende Merkmal ist nun dieses, dass die Hysterikerin ihr Begehren in der Bewegung des Sprechens selbst konstituiert. (6) Deshalb kann es nicht erstaunen, dass Freud durch dieses Tor in das eingetreten ist, was in Wirklichkeit das Verhältnis des Begehrens zur Sprache war, innerhalb derer, in diesem Feld, er die Mechanismen des Unbewussten entdeckt hat.
(7) Que ce rapport du désir au langage comme tel ne lui soit pas resté voilé est justement là un trait de son génie (8) mais ce n'est pas encore dire qu'il n'ait été pleinement élucidé même et surtout pas par la notion massive de transfert.	(7) Dass dieses Verhältnis des Begehrens zur Sprache als solcher ihm nicht verborgen blieb, ist ein Zeichen für sein Genie, (8) das heißt aber noch nicht, daß dieses Verhältnis völlig aufgeklärt worden ist – nicht einmal, gerade nicht, mit Hilfe des massiven Begriffs der Übertragung.
(9) Que pour guérir l'hystérique de tous ses symptômes, la meilleure façon soit de satisfaire à son désir d'hystérique, qui est, pour nous, à nos regards, elle, l'hystérique de poser son désir comme désir insatisfait, laisse entièrement hors du champ, la question spécifique de ce pourquoi elle ne peut soutenir son désir que comme désir insatisfait, (10) de sorte que l'hystérie, dirais-	(9) Dass, um die Hysterikerin von allen ihren Symptomen zu heilen, die beste Art sei, ihr hysterisches Begehren zu befriedigen – was heißt, für uns, das Begehren von ihr, der Hysterikerin, als ein unbefriedigtes vor unsere Augen zu führen – läßt völlig die spezifische Frage nach dem Warum dafür außer Acht, dass sie ihr Begehren nur als unbefriedigtes Begehren behaupten kann. (10)

je, nous met sur la trace d'un certain péché originel de l'analyse. (11) Il faut bien qu'il y en ait un. (12) Le vrai n'est peut-être qu'une seule chose, c'est le désir de Freud lui-même, à savoir le fait que quelque chose, dans Freud, n'a jamais été analysé.
(13) C'est exactement là que j'en étais au moment où, par une singulière coïncidence, j'ai été mis en position de devoir me démettre de mon séminaire, (14) car ce que j'avais à dire sur les noms du Père ne visait à rien d'autre qu'à mettre en question l'origine, à savoir par quel privilège le désir de Freud avait pu trouver, dans le champ de l'expérience qu'il désigne comme l'inconscient, la porte d'entrée.
(15) Remonter à cette origine est tout à fait essentiel si nous voulons mettre l'analyse sur les pieds dont il ne manque pas un d'entre eux.

Auch bringt uns die Hysterie, würde ich sagen, einer Art Ursünde der Analyse auf die Spur. (11) Eine solche Ursünde muß es wohl geben. (12) Die wahre ist vielleicht nur der eine Punkt: das Begehren von Freud selbst, nämlich der Umstand, dass bei Freud etwas nie analysiert worden ist.
(13) Genau an diesem Punkt war ich angelangt, als ich mich durch eine singuläre Koinzidenz in die Lage versetzt sah, mein Seminar absetzen zu müssen, (14) denn was ich über die Namen-des-Vaters zu sagen hatte, zielte auf nichts anderes als den Ursprung in Frage zu stellen, das heißt durch welches Privileg Freuds Begehren das Eingangstor zu jenem Erfahrungsfeld finden konnte, das er als das Unbewußte bezeichnet.
(15) Zu diesem Ursprung zurückzugehen, ist ganz wesentlich, wenn wir die Analyse auf die Füße stellen wollen, von denen keiner fehlt.

Quelle linke Spalte: Manuskript „Version J.L.“, vgl. Lacan, Jacques (1973): *Le Séminaire. Livre XI. Les quatre concepts fondamentaux de la psychanalyse.* Paris: Seuil, S. 16; Quelle rechte Spalte: Lacan, Jacques (1996): *Die vier Grundbegriffe der Psychoanalyse.* Weinheim: Quadriga, 1996, S. 18f., Übersetzung von mir modifiziert.

Mit dieser Passage schließt Lacan die Vorlesung vom 15. Januar 1964, der ersten seines elften Seminars, das ein knappes Jahrzehnt später von seinem Schwiegersohn Jacques-Alain Miller unter dem Titel *Quatre concepts fondamentaux de la psychanalyse* (1973) herausgegeben werden sollte. Die folgende Analyse stützt sich auf die „Version J.L.“, eine zunächst stenographisch verfasste, dann maschinengeschriebene Mitschrift, die von Lacans Sekretärin erstellt und von Lacan möglicherweise durchgesehen worden ist. Dieses Manuskript weist zwar noch die Merkmale improvisierter Rede auf – insbesondere die sprachlichen Holprigkeiten und Ticks (9: »qui est, pour nos, à nos regards, elle, l'hystérique…«; »la question spécifique de ce pourquoi…«; 15: »dont il ne manque pas un d'entre eux«) und charakteristischen Satzanschlüsse mit »de sorte que« [»so dass«, »also«, »daher«] (6, 10) –, erfüllt aber schon einige Anforderungen geschriebener Sprache wie etwa Interpunktion und Absatzunterteilungen. Mit der Zerlegung des symbolischen Materials in 15 Aussagen, die nicht genau der von der Protokollantin vorgeschlagenen Interpunktion folgen, werden die kleinsten analytischen Einheiten abgegrenzt.

Wie alle Texte Lacans, stellt auch dieser Text die interpretative Kompetenz seiner Leser auf eine harte Probe. Eine erste Reaktion auf die Deutungsprobleme, die dieser Ausschnitt aufwirft, kann darin bestehen, den Kotext auf ergänzende Hinweise abzusuchen. So behandelt der unmittelbar vorangehende Text die Rolle des Sprechens in der psychoanalytischen Situation. Ob sich Lacan mit dem „stummen Mädchen" auf einen bestimmten Fall (aus Freuds oder seiner eigenen Praxis) bezieht oder ob er hier ein ganz allgemeines Problem der analytischen Praxis aufwirft, bleibt jedoch eine Leerstelle. Für die zweite Hypothese spricht, dass keine Quelle für den Fall dieses Mädchens angegeben wird. Für den nachfolgenden Kotext ist die Editionslage widersprüchlich: In der Version „J.L." bricht das Manuskript nach (15) ab. In der Ausgabe von Miller gibt Lacan nach (15) dagegen noch einige Hinweise zum organisatorischen Ablauf des Seminars. Möglicherweise stützt sich Miller in der nachfolgenden Passage auf seine eigenen Notizen. In jedem Fall scheint der konzeptuelle Teil des Seminars mit (15) zu enden.

Die hohe konzeptuelle Produktivität Lacans wird von den zahlreichen psychoanalytischen Begriffswörter unterstrichen: »sujet« [»Subjekt«] (1), »symptôme« [»Symptom«] (1, 9), »hystérique«/»hystérie« [»Hysterikerin«/»Hysterie«] (4, 5, 9, 10), »désir« [»Begehren«] (5, 6, 7, 9, 12, 14), »langage« [»Sprache«] (6, 7), »inconscient« [»Unbewusstes«] (6), »transfert« [»Übertragung«] (8), »analyse«/»analyser« [»Analyse«/»analysieren«] (12, 15), »nom du Père« [»Name des Vaters«] (14). Einige der Begriffswörter gehen auf andere Theoretiker zurück (v. a. auf Freud: »inconscient«, »transfert«, »hystérique«...); andere sind Neuschöpfungen Lacans (»nom du Père«), wobei keines dieser Zeichen als ein Zitat ausgewiesen wird, das auf eine fremde Äußerungsquelle bezogen werden muss (eine Ausnahme ist vielleicht »transfert« [»Übertragung«] (8)). Lacans eigentümlicher konzeptueller Stil scheint sich an alle diese Begriffe zu heften – auch an die Begriffe, die anderen Zusammenhängen entnommen und mit der Lacan'schen Konzeptualität angereichert werden (z. B. »désir«, das ursprünglich auf Freuds »Wunsch« zurückgeht, aber eine ganz eigene Rolle in Lacan's Psychoanalyse einnimmt). Ebenfalls charakteristisch sind jene Begriffswörter, die wie »nom du Père« unentschieden zwischen ihren lautlichen Ebenbildern (»nom«/»non«) schwanken.

Die Grenze zwischen begrifflichen Inhalten und einfachen semiotischen Bedeutungen ist oft schwer zu ziehen, wie dies etwa folgende Zeichen unterstreichen, die sich mit konzeptuellen Inhalten aufladen, aber keine reinen psychoanalytischen Begriffe werden: »parler«/»parlant« [»sprechen«/»sprechend«] (1, 2, 3, 5), »mutisme«/»muet« [»Stummsein«/»stumm«] (1, 2, 3, 4), »guérir« [»heilen«] (2, 3, 9), »péché originel« [»Ursünde«] (10, <11>). Darüber hinaus können einige weitere Nomen – »trait (différentiel) « [»(unterscheidendes) Merkmal/Zeichen«] (4, 5, 7), »mouvement« [»Bewegung«] (5), »porte«/»porte d'entrée« [»Tor«] (6, 14), »rapports« [»Verhältnisse«] (6, 7), »mécanisme« [»Mechanismus«] (6), »question« [»Frage«] (9), »trace« [»Spur«] (10), »privilège« [»Privileg«] (14), »origine« [»Ursprung«] (14, 15), »pieds« [»Füße«] (15) – sowie die restlichen Verben identifiziert werden, die keine eigenen konzeptuellen Funktionen ausüben. Vielleicht lassen sie sich als Organisationszeichen charakterisieren, die den reinen Begriffswörtern insofern untergeordnet sind, als sie diese bei der Organisation der begrifflichen Inhalte unterstützen, aber kein eigenes begriffliches Wissen kondensieren.

Der Fokus der Ko-Produzenten des intellektuellen Diskurses (wie wohl auch der Produzenten) liegt gemeinhin auf den Begriffswörtern, über die die Ko-Produzenten begriffliches Wissen abrufen. Im Unterschied zu den intellektuellen Lektüren, wie sie von den Ko-Produzenten, aber oft auch von Theoriegeschichte und Intellektuellensoziologie geleistet werden, konzentriert sich die diskursanalytische Lektüre auf den symbolischen Rest – auf die zwischen den Begriffswörtern verstreuten Äußerungsspuren. Über diesen Rest lesen die Ko-Produzenten in der Regel hinweg, weil sie ihn unmittelbar erkennen und nicht zum Gegenstand reflexiver Deutungsanstrengungen machen. Indem die diskursanalytische Lektüre auf diese Äußerungsspuren fokussiert, steht sie quer zur intellektuellen Lektüre. Die diskursanalytische Lektüre klammert die evozierten begrifflichen Inhalte ein und konzentriert sich auf die Frage, wie der Text die Umstände seiner Äußerung reflektiert.

In einem ersten Schritt einer diskursanalytischen Lektüre soll der Text auf die Formen abgesucht werden, die deiktisch auf die Äußerung und ihre Kontexte verweisen, also auf die Äußerungsspuren nach Benveniste, über die die Subjektivität in die Sprache eingelassen ist. So attestieren die Pronomen der ersten Person Singular »je« [»ich«] (10, 13, 14) und seine Derivate »me«/»mon« [»mich«/»mein«] (13, 14) die Person, die im Äußerungskontext spricht. Da sich im Ko- und Kontext dieses Texts viele Hinweise auf seine Autorschaft finden, bereitet es den Lesern keine Probleme, das »ich« mit der Person Jacques Lacan zu verbinden. Mit der Verwendung von »ich« geht der Text nicht nur von dem

Modus des (objektiven) Berichts, wie er für die konzeptuelle Arbeit typisch ist, in den des (subjektiven) Diskurses über; er macht auch die Situation sichtbar, in der sich die mit »ich« bezeichnete Person befindet, die das vorherige Seminar aus bestimmten, ebenfalls subjektiv markierten Umständen (»singulière coïncidence« [»einzigartige Koinzidenz«] (13)) abbrechen musste.

Dieser deiktische Verweis auf die Person des Sprechers ist nun aus zwei Gründen bemerkenswert: Erstens beauftragt das »ich« – insbesondere in den Aussagen (13, 14) – den Leser damit, sich die spezifische Sprechsituation zu vergegenwärtigen, in der das Seminar des vorhergehenden Jahrs abgebrochen wurde, was ihn aus dem rein konzeptuellen Zusammenhang der vorherigen Aussagen herausführt und einen bestimmten Kontext (»mein Seminar«) evoziert, in dem bestimmte Individuen tatsächlich gesprochen und gehandelt haben. Herauszufinden, dass die Leitung der École Normale Supérieure Lacans Seminar wegen der Rauchbelastung ein unrühmliches Ende bereitete (offizieller Grund), herauszufinden, dass der bunte Haufen, der sich um diesen illustren Zampano-Künstler bildete, nicht recht in die respektable und exklusive Umgebung einer akademischen Kaderschmiede passen wollte (inoffizieller Grund), herauszufinden, warum Althusser, aus dessen Kreis einige Schüler das Seminar besuchten, als *caïman* der ENS nichts gegen den Rausschmiss tun wollte oder konnte, das können Aspekte sein, die das »ich« von (13, 14) beim Leser heraufbeschwört. Die Zuhörer bzw. Leser werden diese Fragen natürlich nur insoweit stellen und bearbeiten, wie sie mit den biographischen, institutionellen, sozialen Merkmalen der Person vertraut sind, die von »ich« gezeigt wird.

Das »ich« in (13) ist aber an dieser Stelle nicht nur deshalb relevant, weil es ein Fenster darstellt, von dem aus die Position von Lacan und seiner Schule im intellektuellen Feld sichtbar wird (d. h. freilich nur dann, wenn die Zuhörer bzw. Leser dieses Fenster entsprechend zu öffnen wissen), sondern auch weil das Wissen zum spezifischen Seminarkontext, das in (13) über das Pronomen »ich« in den diskursiven Prozess hineinragt, als ein Wissen markiert wird, das von dem konzeptuellen Wissen von Aussage (14) (»nom du Père«) präsupponiert wird. Im Sinne einer Analyse der polyphonen Struktur der Aussagen, wie sie unten noch auszuführen sein wird, könnte auch die Rolle des argumentativen Operators »car« [»denn«] hervorgehoben werden, der die beiden Aussagen in eine kausale Beziehung bringt. Aber selbst ohne die Realisierung eines solchen argumentativen Operators werden die beiden Aussagen über bestimmte inferenzielle Beziehungen koordiniert. Es muss eine argumentative Verbindung des präsupponierten bzw. assoziierten Wissens von Aussage (13) („Rausschmiss aus der ENS“) bzw. Aussage (14) („nom du Père“) hergestellt werden. Nun mag es vielen Lesern schwerfallen, ohne zusätzliche Informationen die argumentative Stringenz des Übergangs von (13) zu (14) nachzuvollziehen (und zwar nicht nur denen, die Lacan als einen anspruchsvollen Denker schätzen, sondern auch denen, die in Lacan nichts weiter als einen intellektuellen Scharlatan sehen). Was auch immer die Leser hier genau verstehen, es kann der heterogene Charakter des Diskurses festgehalten werden, in dem sich Aussagen verbinden, die sich aus unterschiedlichen Sinnquellen speisen. So berührt sich hier das in absoluter Referenz bezeichnete Wissen von Begriffswörtern oder Eigennamen (vgl. auch 14: »Freud«!) mit dem deiktisch mobilisierten Wissen von »ich«. Es wird deutlich, dass sich in intellektuellen Diskursformationen nicht nur konzeptuelle Elemente verbinden, sondern auch Eintrittspunkte definieren, über die sich die Individuen als Personen im Diskurs positionieren. Während die soziale und institutionelle Position des Sprechers in (13) und (14) durch das einfließt, was die Aussage über das deiktische Pronomen »ich« zeigt, positioniert sich der Sprecher theoretisch-konzeptuell über das, was die Aussage sagt.

Die erste Person zeigt sich auch in kleinen reflexiven Einsprengseln, die das diskursive Geschehen kommentieren, wie etwa »dirais-je« [»würde ich sagen«] (10). Das »ich« bezeichnet hier jedoch weniger eine wirkliche Person als eine leseleitende Instanz, die dem Leser bei der Lektüre hilft und dadurch eine bestimmte Distanz des Sprechers gegenüber dem Gesagten signalisiert. Auch »évidemment« [»offensichtlich«] (2), »comme il fallait s'y attendre« [»wie nicht anders zu erwarten«] (4), »en réalité« [»in Wirklichkeit«] (6) unterstreichen die Heterogenität des Materials, indem das Gesagte immer wieder Gegenstand von metadiskursiven Kommentaren und Qualifizierungen wird. Über diese Formeln sucht der Sprecher das Gesagte wieder einzuholen, das mit klärenden Nachträgen, wie etwa »à savoir…« [»nämlich…«] (12, 14), zurechtgerückt wird. Getrieben von den Flops und Fehlzündungen, die den diskursiven Prozess immer wieder unterbrechen, versucht der Sprecher das Gesagte nachträglich zu korrigieren und zu flicken. An diesen reflexiven Schleifen stolpert der Sprecher gleichsam über seinen Diskurs, in dem er sich nicht wirklich einrichten kann.

Das Pronomen der ersten Person liegt auch in der Pluralform vor: »nous«/»nos« [»uns«/»unsere«] (3, 4, 9, 15). Anders als das »ich« von (13) und (14), das den konzeptuellen Zusammenhang durch das Aufscheinen der Person des Äußerungskontexts unterbricht, scheint sich das »wir«/»uns« in den entstehenden begrifflichen Zusammenhang harmonisch einzufügen. Wer sind die mit »wir«/»uns« bezeichneten Figuren? Es kann sich zum einen um den Redner selbst also um ein dissimuliertes

»ich« handeln, der sich mit einem »wir« der Bescheidenheit bedeckt (das es im Deutschen nicht gibt). Zum anderen kann das »wir« ein universales Publikum bezeichnen, in das sich der Sprecher miteinschließt, wie dies in pädagogisch orientierten Texten bisweilen der Fall ist. Gegen diese beiden Hypothesen kann angeführt werden, dass für die beiden »wir« die Situation vielleicht nicht akademisch genug ist, denn Lacan trägt kein ausformuliertes Manuskript vor; er betätigt sich in mündlicher Improvisation. Es kann sich also durchaus um ein »wir« handeln, das auf wirkliche Personen der Sprechsituation verweist und sich entweder aus einer deiktischen, subjektiven Komponente (»ich«) und einer deiktischen, nicht-subjektiven Komponente (»du«) oder aus einer deiktischen, subjektiven Komponente (»ich«) und einer im Kotext bezeichneten „Nicht-Person“ (»er/sie/es«) zusammensetzt. Dass das »wir« Nicht-Personen enthält, wird jedoch durch den Umstand ausgeschlossen, dass alle im Kotext auftauchenden Nicht-Personen aus der mit »wir« bezeichneten Gruppe herausgehalten werden. Diese Nicht-Personen sind zum einen »le sujet« [»das Subjekt«] (1), »il« [»es«] (2, 3), »la fille muette« [»das stumme Mädchen«] (4), »l'hystérique« [»die Hysterikerin«] (4, 5, 9), »elle« [»sie«] (9); zum anderen »Freud« (6, 12, 14), »il« [»er«] (6, 14), »lui« [»ihm«] (7), »son« [»sein«] (7). Vor dem Hintergrund dieser beiden Nicht-Personen, d. h. »sie«, die Hysterikerin, und »er«, Freud, vereint das »wir« dieses Texts die subjektive Person Jacques Lacan mit den nicht-subjektiven Personen der Situation, den Seminarteilnehmern. In welchem Verhältnis stehen die beiden Nicht-Personen zum »wir«? Während »sie« eine beliebige Diskursfigur ist, die die Rolle des zu analysierenden Subjekts in der analytischen Situation einnimmt, ist »er« eine Diskursfigur, die die analytische Situation begründet und damit als Garant des Gesagten dient. Das scheint zumindest die Konfiguration zwischen den Personen und Nicht-Personen nahe zu legen, die sich bis (6) aufbaut: von (6) aus gesehen spricht das »wir« über die »Hysterikerin« im Namen von »Freud«. Doch wird vielleicht schon in (6) ein gewisser Abstand zum Diskurs von »Freud« signalisiert, und zwar durch den Einschub »en réalité« [»in Wirklichkeit«], der eine abweichende Position des Lokutors ankündigt. Der Abstand zwischen dem, was »Freud« zugeschrieben wird und dem, wofür der Regisseur der Aussage schließlich selbst verantwortlich zeichnet, vergrößert sich in (7, 8) noch, um in (11) ausdrücklich zum Thema zu werden. Die Verständnisschwierigkeiten des Lesers rühren also nicht so sehr von dem, was der Text sagt, sondern von den sich im Laufe des Texts verändernden Zurechnungen der Inhalte zu den jeweiligen Diskursfiguren. Fungiert »Freud« bis (6) noch als Garant dessen, was über »sie« gesagt wird, wird diese Zurechnung spätestens in (12) instabil, wo »Freud« zu einem Objekt des diskursiven Geschehens wird und damit, wie zuvor »sie«, seinen Platz auf der Couch des »wir« der Psychoanalytiker einnimmt. Die Nicht-Person »Freud« übt also eine eigentümliche Doppelfunktion aus. Als Garant legitimiert sie zunächst das, was das »wir« über das Subjekt (»sie«) sagt; doch dann wird auch »Freud« als ein Subjekt präsentiert, das »wir« zu analysieren haben. In (14, 15) wird diese ambivalente Position, die »Freud« als Garant und analytisches Subjekt des Lacan'schen Diskurses einnimmt, dann mit bestimmten Begriffswörtern (»désir de Freud« [»Freuds Begehren«], »inconscient« [»Unbewusstes«]) versehen und damit zu einem der zentralen Punkte von Lacans Doktrin festgeschrieben.

Freud im Namen von Freud zu analysieren, das ist die Aufgabe, die der Text uns Lesern stellt, und zwar auf zwei Ebenen zugleich, die sich komplex überlagern und dynamisch verschieben. So schickt der Text seine Zuhörer bzw. Leser auf die Suche nach einem Wissen, das einmal von Begriffswörtern enzyklopädisch abgerufen, das andere Mal von Partikeln deiktisch indiziert wird. Vermutlich ist es diese auf verschiedenen Ebenen gestellte Aufgabe, die diesem Text seine symbolische Effizienz im intellektuellen Diskurs verleiht und die den Produzenten des Texts, die Person Lacan, mit einer besonderen Aura umgibt, denn wenn die Entdeckung des Unbewussten auf das Begehren des Entdeckers des Unbewussten zurückzuführen ist, wer anders als Lacan könnte uns das hysterische Begehren Freuds „als ein unbefriedigtes vor Augen führen"? Dass Lacan im Besitz des Schlüssels zu einem ausgezeichneten Wissen ist, das scheinen die zahlreichen Teilnehmer seiner Seminare und der noch zahlreicheren Leser seiner Bücher zu unterstellen. Vollziehen sie damit nicht den performativen Modus nach, in dem die Theorie geäußert wird? Oder anders gefragt: Funktioniert die Theorie, namentlich die Kritik am einheitlichen Subjekt, nicht gerade, *weil* sie mit dem prophetischen Gestus eines „wissenden" Subjekts vorgetragen wird, das sich auf einen unantastbaren Garanten stützt?

Der Textausschnitt macht aber nicht nur bestimmte Diskursfiguren durch deiktische Referenz sichtbar. Er operiert auch mit präsupponierten Sprechern, die nun im zweiten Teil der Analyse betrachtet werden sollen. Was seine Effizienz für den intellektuellen Diskurs, aber auch seine Schwierigkeit begründet, sind die vielen Sprecher, die dieser Text auf die diskursive Bühne schickt – so viele und unterschiedliche, dass der Leser den Überblick darüber verliert, wer hier spricht. So erweist sich die Zuordnung des Gesagten auf die verschiedenen Äußerungsquellen als ein Problem, das die Leser selbst bei genauem Hinsehen (bzw. Hinhören) nicht ohne weiteres lösen können. Die interpretativen Schwierigkeiten des Lesers werden durch den Verlust der Intonation, mit der Lacan das Gesagte virtuos zu strukturieren wusste und ohne die das rhetorische Charisma Lacans schwer nachzuvollziehen ist, noch verstärkt. Systematische Tonband- und Videoschnitte seiner Vorlesungen liegen erst seit Anfang der 70er Jahre vor. Doch wie auch immer er seinen Diskurs am 15. Januar 1964 vorgetragen hat, es ist dieses Manuskript (oder seine unterschiedlichen Versionen), auf das sich die große Mehrzahl der Diskursteilnehmer stützen, wenn sie sich auf dieses Seminar beziehen. Dass die Sprecher, die Lacan in seinem Diskurs auftreten lässt, nicht mit den sonoren Akzentuierungen mündlicher Rede untermalt sind, erschwert die Lektüre dieses Texts, ändert grundsätzlich aber nichts an seiner polyphonen Organisation, die den mündlichen Vortrag genauso auszeichnet (soweit dieser „richtig" aufgezeichnet wurde).

Wie lässt sich die polyphone Konfiguration dieses Ausschnitts beschreiben? Der Text, so ist zu zeigen, führt ein polyphones Spektakel auf, in dem neben den erwähnten Personen und Nicht-Personen weitere Diskursfiguren ihren Auftritt haben. Ein charakteristischer Fall von Polyphonie wird in (7, 8) attestiert, wo »mais« [»aber«] im Lichte von (8) das in (7) Gesagte relativiert und die Verneinung einen Konflikt zwischen zwei Sprechern signalisiert. Mit ScaPoLine (Nølke/Fløttum/Norén 2004) können sechs Sprechperspektiven identifiziert werden, die sich in (7, 8) überlagern. In der formalisierten Darstellung der polyphonen Konfiguration können die Sprecher, die für bestimmte propositionale Inhalte (p, q…) stehen, identifiziert werden: zum einen die Abbilder von L (l_2, l_3, l_0), zum anderen die Abbilder von A (a_1, a_4, a_5). In Anlehnung an ScaPoLine/Ducrot soll die polyphone Konfiguration von (7, 8) folgendermaßen formalisiert werden:

per_1(7): [a_1] (WAHR (p: „dieses Verhältnis ist ihm verborgen geblieben")), wobei per_1 eine erste Sprechperspektive von (7) bezeichnet, die von L nicht angenommen wird und daher einem Abbild von A (a_1) zugerechnet wird.

per_2(7): [l_2] (NEIN (per_1(7))), wobei l_2 eines der Abbilder von L ist.

per_3(7): [l_0] (WERT+ (per_2(7))), wobei l_0 das Abbild von L ist, das schließlich für den Regisseur der Aussage steht, und WERT+ („Genie") eine positive Bewertung des Gesagten durch L anzeigt.

per_4(8): [a_4] (WAHR (P aus (per_3(7)) ABER (per_6)(8))), wobei P eine Präsupposition aus per_3(7) anzeigt, die einem zweiten Abbild von A a_4 zugerechnet wird.

per_5(8): [a_5] (WAHR (q: „das Verhältnis ist völlig aufgeklärt worden…"))

per_6(8): [l_0] (NEIN (per_5(8))), wobei der Regisseur l_0 von per_3(7) dadurch nachträglich in Frage gestellt wird und zu einem der Abbilder von L wird, d. h. per_3(7): [$l_0 \rightarrow l_3$].

Der technische Charakter der Darstellung verlangt dem Leser einige Geduld ab, und das diskursive Geschehen der beiden Aussagen kann mit dem polyphonen Test vielleicht etwas plastischer dargestellt werden. Die polyphone Konfiguration dieser Aussagen lässt sich dadurch testen, dass die Sprechperspektiven in selbständige Aussagen aufgeteilt werden. So lassen sich aus den sechs Sprechperspektiven (mindestens) zwei Dialoge generieren, die in den beiden Aussagen angelegt sind. Erstens ein Dialog 1 zwischen A_1 und L_2:

A_1: „Das Verhältnis des Begehrens zur Sprache ist Freud verborgen geblieben."
L_2: „Nein, es ist ihm nicht verborgen geblieben", dem
L_3 beipflichtet: „Und das, was L_2 gerade gesagt hat, ist ein Zeichen von Freuds Genie."

Und zweitens ein Dialog 2 zwischen A_5 und L_6:

A_5: „Dieses Verhältnis ist völlig aufgeklärt worden, und zwar gerade mit Hilfe des massiven Begriffs der Übertragung.", worauf
L_6 entgegnet: „Nein, das kann (vor dem Hintergrund des Ergebnisses von Dialog 1) nicht gesagt werden."

Dieser Test dekliniert die polyphone Konfiguration der beiden Aussagen, indem er die innerdiskursiven Sprecher auf reale Individuen verteilt. Mit einem solchen Test kann unterstrichen werden, dass sich in den Aussagen verschiedene Sprechperspektiven konfliktiv oder in Eintracht überlagern. Die von den Aussagen vorgebrachten Inhalte können nicht auf eine einheitliche ursprüngliche Sprechinstanz (ein „sprechendes Subjekt") zurückgeführt werden; sie konfigurieren vielmehr die Beziehungen zwischen verschiedenen Diskursfiguren, von denen alle bis auf einen (l_0) von L mehr oder minder auf Distanz gehalten werden. Um sich im Feld zu positionieren, müssen Produzenten und Ko-Produzenten auf solche Sprecher-Konfigurationen zurückgreifen, mit denen sie (als L_x) die Anderen (A_x) in einen fiktiven (oder realen) Dialog verwickeln. Welche realen Individuen sich dann mit welchen Sprechern identifizieren lassen, ist eine Frage, die der Leser mit seinem spezifischen Wissen beantworten muss. Aus diskursanalytischer Perspektive bleibt festzuhalten, dass soziale Beziehungen schon innerhalb der einzelnen Aussagen angelegt und konfiguriert werden, die eine Reihe von Sprechern des Diskurses in Stellung bringen, und zwar bevor diese mit realen Individuen der sozialen Welt assoziiert werden.

Doch setzt die Zuordnung von Sprecher zu Individuum in der Regel eine feste institutionelle Adresse des Individuums voraus, ein Name, dem sich bestimmte Inhalte eindeutig und dauerhaft zuordnen lassen. Die Sprecher der Aussage zu benennen und dadurch „festzustellen“, das ist die Aufgabe des Lesers, der die Hinweise des Texts aufnimmt, um im Äußerungskontext nach geeigneten Benennungen zu suchen. Diese Suche wird im vorliegenden Fall durch den Umstand erleichtert, dass (7, 8) einen Namen – »Freud« – attestieren, der als Garant für das Gesagte dient. Dem Garanten können dann all die Inhalte zugerechnet werden, die der Lokutor – die Verwantwortlichkeitsinstanz der Aussage – nicht selbst verantworten mag. Der Leser kann die Aussage (7) somit als einen Schauplatz einer Auseinandersetzung zwischen Diskursfiguren auffassen, die gegen »Freud« bzw. im Namen von »Freud« auftreten, zwischen „Gegnern“ und „Anhängern“ von »Freud«: a_1 wäre dann einer der Gegner, die Freud vorhalten, das Verhältnis des Begehrens und der Sprache nicht untersucht zu haben; l_2 gibt sich demgegenüber als einer der Anhänger von Freud zu erkennen, indem er diesen Vorwurf zurückweist; l_3 schließt sich l_2 an. Insofern der Leser in l_3 den Regisseur der Aussage l_0 erkennt, wird er die Beziehung der theoretischen Referenzfigur Freuds zur Person Lacan definieren können (die auf entsprechenden Plakaten oder Programmen als Seminarleiter angekündigt ist bzw. als Autor von Buch und Manuskript firmiert). Doch in (8) stellt »mais« [»aber«] diese Hypothese wieder in Frage, und zwar weil mit a_4 bzw. a_5 Sprecher zur Wort kommen, die von l_2 präsupponierte bzw. explizite Inhalte vertreten, die von dem Regisseur l_0 zurückgewiesen werden. Mit der Zurückweisung von a_4 bzw. a_5 in (8) muss das in (7) Gesagte nun teilweise wieder korrigiert werden: Während der Leser die Person Lacan in (7) zunächst als Anhänger der Anhänger von »Freud« vermutet, muss im Licht von (8) die Person Lacan die Rolle eines Kritikers von »Freud« einnehmen. Mit a_1, dem Gegner Freuds aus (7), fällt l_0 jedoch nicht zusammen. Von diesem „pauschalen“ Kritiker Freuds hält der letztlich verantwortliche Sprecher der Aussage l_0 weiter Abstand. So wird das in per_3 Gesagte nicht an A zurückgewiesen, sondern weiter mit einem der Abbilder von L, nämlich l_3, verbunden. Mittels der Abbilder von L tanzt die Person Lacan um »Freud« herum – mal innig umschlungen, mal in züchtiger Distanz. Auf diese Weise gibt sich die Person als ein „reflexiv-konstruktiver“ Kritiker Freuds, der das psychoanalytische Projekt Freuds radikalisiert, indem er den blinden Fleck von Freud selbst zum Gegenstand der Analyse macht.

Das von (7, 8) aufgeführte Spektakel kennt also drei Hauptfiguren: den Gegner Freuds, den Anhänger Freuds und den konstruktiven Kritiker Freuds. Ausgestattet mit der Signatur des Autors wird die Person Lacan erst der „Anhänger“-, dann der „Konstruktiven-Kritiker“-Seite zugeschlagen. Welche Rollen die Leser den anderen Produzenten des

Felds zuweisen, die im Text nicht genannt werden (aber in ihren kognitiven Kontexten präsent sind), diese Frage verlangt von den Lesern, die Texte der anderen Produzenten des Felds nach geeigneten Diskursfiguren und Konfigurationen abzusuchen. Louis Althusser (vgl. 1965; 1993) würde wohl tendenziell in intellektueller Nähe zu Lacan verortet werden; Paul Ricœur, der sich in einem Buch ebenfalls auf Freud bezieht (1961), dagegen eher einem gegnerischen Lager. Was die symbolische Effizienz des vorliegenden Textausschnitts für den intellektuellen Diskurs begründet, ist die spezifische Konfiguration der Sprecher der Aussage, über die das Wissen der Produzenten des intellektuellen Felds orchestriert wird. Die vorliegenden Aussagen erlauben es den Produzenten, ihr Wissen auf drei Äußerungsquellen zu beziehen: Gegner, Anhänger und Anhänger der Anhänger. Es kann angenommen werden, dass ein solches dreipolig konfiguriertes Sprecherset bei den Lesern zu bestimmten Vorstellungen von den Verhältnissen zwischen den Produzenten des Felds führt. Vielleicht wird das Bild einer großen Schlachtordnung entstehen, in der sich zwei Armeen gegenüberstehen: auf der einen Seite die Kräfte der Vergangenheit und der Beharrung – die „Gegner", die für die traditionellen Geisteswissenschaften (*humanités*) der Universitäten stehen –, auf der anderen Seite die „Anhänger", die die intellektuelle Moderne hochhalten und sich auf interdisziplinäre Theoriereferenzen wie »Freud« berufen. Von diesem anonymen Fußvolk hebt sich aus dem Klirren der Schwerter und dem Rauch der Gewehre eine dritte Figur ab. Ausgestattet mit einem klangvollen Namen (»Lacan«) hält sich diese Rittergestalt am Rand des Kampfgeschehens; er spornt die „Anhänger" aber immer wieder dazu an, das Erbe von »Freud« offensiv zu verteidigen, selbst gegen »Freud«. Als „Anhänger der Anhänger" profiliert sich »Lacan« als weithin beachteter Kriegsstratege in einer Schlacht, deren Soldaten zum größten Teil in ewiger Anonymität versinken. Der Text lässt vor dem geistigen Auge des Lesers damit ein vielstimmiges Spektakel vorbeiziehen, das interpretative Suchprozesse nach den „gemeinten" Individuen auslöst. Als Zuschauer dieses Spektakels, das er vor seinem geistigen Auge phantasievoll ausschmücken kann, wird sich der Leser fragen, welchen *personae dramatis* die ihm bekannten Produzenten und Ko-Produzenten des Felds entsprechen. Während die Person Lacan als „Anhänger der Anhänger" die Rolle eines der visionären Strategen in der theoretischen Auseinandersetzung der Zeit einnimmt, fällt es dem Leser vermutlich ungleich schwerer, für die Rollen von „Gegnern" und „Anhängern" passende Protagonisten im Feld zu finden. Er kann sich nicht einmal ganz sicher sein, ob es überhaupt weitere Protagonisten gab – es ist ja nicht der Name eines einzigen Infanteristen bekannt, der das Schlachtgeschehen bezeugen könnte.

Sicher erschwert es die Lektüre des Texts, dass viele der Sprecher der Aussagen gleichsam im Hintergrund der Aussagen mitmurmeln, ohne mit einer festen Diskursadresse, einem Namen ausgestattet zu werden. Der Auftritt namenloser Infanteristen ist aber weder ein Spezifikum noch ein Defizit des Lacan'schen Diskurses. Vermutlich können Diskurse, die sich an ein diffuses Publikum im sozialen Raum richten, gar nicht anders, als auf diese Statisten des Diskurses zurückzugreifen, denen bestimmte Inhalte zugeordnet werden, ohne dass man ihre Namen zu kennen braucht, und in der Tat kann dem diskursiv kompetenten Leser in vielen Fällen durchaus zugetraut werden, dass er die angebotenen Inhalte des Diskurses mit den entsprechenden Individuen oder Gruppen des sozialen Felds oder Raums in Zusammenhang bringt. Sicher ist es gerade in einem konzentrierten sozialen Milieu wie den intellektuellen Zirkeln von Paris oft auch gar nicht notwendig, die Quellen explizit zu signalisieren. Doch was die Lektüre der Lacan'schen Texte ungeachtet des Vorwissens und Erwartungshorizonts ihrer Leser zu einer interpretativen Odyssee macht, ist nicht die Namenlosigkeit der Infanteristen, sondern ihre ständige Fahnenflucht. Als herrenlose Stimmen durchziehen diese Sprecher den Diskurs. Lacans Texte lassen Sprecher auftreten, von denen im Unklaren bleibt, in welchem Lager, auf welcher Seite der Front sie sich gerade befinden.

Um dieser besonderen Schwierigkeit des Lacan'schen Diskurses Rechnung zu tragen, können wir die Aussagen (2, 3) betrachten, die die gleiche polyphone Konfiguration wie die von (7, 8) aufzuweisen scheinen. Wie im Fall von (7, 8) lässt das »mais« [»aber«] das zuvor in (2) Gesagte nachträglich in einem neuen Licht erscheinen, was sich folgendermaßen formalisieren lässt:

per_1(2): [x_1] (WAHR (p: „es spricht")), wobei unbekannt ist, ob der Sprecher von L angenommen oder zurückgewiesen wird.

per_2(2): [l_0] (WAHR (q: „es ist geheilt"), WENN x_1=l_1), wobei per_2 einen zweiten Sprecher von (2) bezeichnet, für den der Lokutor L der Aussage l_0 letztendlich verantwortlich zeichnet, dies aber von x abhängig macht, also als l_1 x zustimmt.

per_3(3): [l_3] (WAHR (per_2(2))), d. h. das vor »mais« [»aber«] Gesagte.

per_4(3): [a_4] (WAHR (r: „das sagt uns, warum...“))

per_5(3): [l_5] (NEIN (per_4(3)))

per_6(3): [a_6] (WAHR (P aus (per_3(3)) ABER (per_4(3))), wobei P eine Präsupposition aus per_3(3) anzeigt, die einem Allokutor a_6 zugerechnet wird.

per_7(3): [l_0] (NEIN (per_6(3))), d. h. dem Lokutor bleibt nichts anderes übrig, als sich gegen das von per_4(3) Präsupponierte zu stellen und die Verantwortung für das von per_2(2) Gesagte nachträglich aufzukündigen, d. h. per_2(2): [$l_0 \rightarrow x_2$?].

Diese Darstellung nimmt die sieben Sprechperspektiven auseinander, die sich in (2, 3) komplex verschachteln, wobei in (3) nur per_4, per_5 und per_7 explizit attestiert sind, wogegen per_3 das vorher Gesagte aufnimmt und per_6 auf das verweist, was von per_3 präsupponiert wird. Vor dem Hintergrund der solchermaßen aufgeschlüsselten Bedeutungsebenen von (2, 3) können nun wieder die verschiedenen Diskursfiguren identifiziert werden, auf die diese Sprechperspektiven zurückgehen: zum einen die verschiedenen Abbilder von L (also l_3, l_5 und den Sprecher, für den sich L zu guter Letzt entscheidet: l_0), zum anderen die Sprecher, die auftreten, um vom Regisseur der Aussage L sogleich zurückgewiesen zu werden: die Abbilder von A, nämlich a_4 und a_6.

Die Lektüre des Lacan'schen Texts (wie auch der formalen Darstellung von dessen polyphoner Struktur) stellt den Leser also vor eine echte Herausforderung. Er muss sich nicht nur in einer Vielzahl mobilisierter Sprechperspektiven zurechtfinden, sondern auch für alle diese Sprechperspektiven eigene Äußerungsquellen identifizieren. Da aus (2, 3) keine Vorschläge zu möglichen Referenzfiguren für die Abbilder von L und A herausgelesen werden können, steht es dem Leser frei, den Kotext nach entsprechenden Hinweisen abzusuchen und mögliche Hypothesen durchzuspielen. Etwa eine Manuskriptseite zuvor erwähnt Lacan einen gewissen Fenichel, der die Psychoanalyse »auf der Ebene der Platitüde« [»au niveau de la platitude«] betreibe. Wenn a_2 und a_4 einer Figur wie »Fenichel« zugerechnet werden würden, dann würde (1, 2) auf einen Sprecher zurückgehen, der sich in der Perspektive von L durch ein „naives" Verständnis der Psychoanalyse auszeichnet. Aber vor und nach (3) erscheint immer wieder der Name von Freud, und es erscheint wahrscheinlicher, dass die psychoanalytische Situation, wie sie von a_2 und a_4 vertreten wird, hier als die klassische zu verstehen ist, die einmal von »Freud« definiert wurde. Auch wenn die polyphone Konfiguration von (2, 3) damit der von (7, 8) zu entsprechen scheint, bleibt die Frage, inwieweit der Sprecher von per_2 vom Lokutor L angenommen oder zurückgewiesen wird. Doch solange die Zuordnung von diesem ersten Sprecher ungeklärt bleibt, werden auch die Sprecher der anderen Sprechperspektiven im Fluss bleiben, so etwa der Sprecher von Sprechperspektive per_4, der mit »cela« das in (2) Gesagte aufgreift (wobei unscharf bleibt, ob es hier um per_1 oder eher per_2 geht), dann aber auch der Sprecher von per_5, der unmittelbar von per_4 abhängt. Die Situation wird noch dadurch verkompliziert, dass durch die Zuweisung von l_0 auf per_7 der Sprecher von per_2 nachträglich seine Regisseurfunktion verliert und somit ebenfalls beginnt, zwischen L und A zu schwanken. Da unklar ist, auf welcher Seite der Sprecher von per_2 steht, lassen sich auch per_3 und per_6, die von »mais« als Reaktion auf den Sprecher von per_2 entstehen, nur schwer in Stellung bringen. Wenn sich aber die Äußerungsquellen von per_1, per_2, per_3, per_4, per_5 und per_6 nicht wirklich stabilisieren lassen, wo steht dann der Sprecher von per_7, der sich zwar als Regisseur l_0 der Aussage ausgibt, dessen Figuren aber machen, was sie wollen?

Dass sich in (2, 3) kein stabiles Set an Sprechern ausbildet, liegt an dem unklaren Status des ersten Sprechers x_1. Mit x_1 fangen die Deutungsprobleme an. Als ein Doppelagent steht x_1 einmal im Dienst von L, das andere Mal von A. Da alle anderen Sprecher von (2, 3) mit diesem Sprecher direkt oder indirekt verschränkt sind, müssen auch sie zu unsicheren Kantonisten werden, die unentschieden zwischen den Fronten lavieren. Schon einzelne Doppelagenten genügen also, um die Schlachtordnung gehörig durcheinander zu bringen, und gerade in den Lacan'schen Texten gibt es viele Doppelagenten, die die Ausbildung eines klaren Frontverlaufs unterlaufen. Was einmal als Krieg zwischen Armeen beginnt, in dem jeder Soldat seinen hierarchischen Platz einnimmt, geht in einen Guerillakampf über, in dem jeder planlos umherrennt, wild schießend, ohne zu wissen, wer Freund, wer Feind ist.

Es sind die Doppelagenten, die Lacans Texte zu einer interpretativen Herausforderung für seine Leser machen. Obwohl sie Seite um Seite aufmerksam durchlesen, haben sie nicht unbedingt den Eindruck, dass sie viel mitnehmen: keine ausgeführten Argumentationen, keine prägnanten Sätze, keine griffigen Definitionen, nur das andauernde Rauschen der Worte und Buchstaben, aus dem sich ab und zu Lacans formelhafte Begrifflichkeiten (»sujet supposé parlant« (1), »nom du père« (14)) abheben, ohne dass die mobilisierten Inhalte klar auf L und A aufgeteilt werden können. Ist dies der Grund dafür, dass die Autoren, die Lacan in seinem Seminar behandelt, grundsätzlich Lacans eigene konzeptuelle Arbeit zu verlängern scheinen? Ganz gleich, ob das in (2) Gesagte dem Gründer der Psychoanalyse (»Freud«) oder einem Platitüden-Doktor (»Fenichel«) zugeschrieben wird, immer scheint auch Lacan selbst zu sprechen, der sich überall ein wenig und nirgendwo richtig fassen lässt. Dass es, wie etwa in (2) zum Ausdruck kommt, in der analytischen Situation um das Sprechen und Schweigen des Subjekts geht, wird also von allen mehr oder minder vertreten: von Freud, von Lacan und sogar von Fenichel. Ist der Leser mit dem von Lacan vorgebrachten Theorieinhalt – der Fokussierung der Analyse auf den Signifikanten – nicht einverstanden, muss er hohen interpretativen Widerstand leisten. Nicht nur muss er eine Definition ablehnen, deren Urheberschaft er nicht kennt; er stellt sich potenziell auch gegen Gegner, die verdeckt operieren. So kommt es, dass, obgleich Lacan für das Gesagte nicht eindeutig verantwortlich zeichnet, ein Infragestellen der gegebenen Definition der Psychoanalyse – die sprachliche Praxis von analysiertem und analysierendem Subjekt – dennoch nicht vorgesehen ist: Um das analysierte Subjekt zu heilen, muss es vom analysierenden Subjekt dazu gebracht werden, über das Unsagbare zu sprechen – das ist das, was als ein unverhandelbares Wissen markiert wird, was als ein Glaubenssatz ausgegeben wird, der nicht kritisiert werden kann, ohne das Gespräch zwischen dem Lehrer und seinen Schülern aufzukündigen und aus der Gemeinschaft der Psychoanalytiker ausgestoßen zu werden.

Wenn der Leser ein solches Risiko nicht eingehen will, dann muss er sich in der einen oder anderen Weise auf das einlassen, was ihm der Text vorgibt. Zunächst wird er die entstehenden Doppelagenten solange dem einen oder anderen Lager zuordnen, bis er von ihnen verraten wird und der interpretative Prozess auf den Anfang zurückgeworfen wird. Um den Unsicherheiten und Unentscheidbarkeiten des Texts zu begegnen, wird der Leser allmählich proaktive Deutungsstrategien entwickeln, die er etwa in den zahlreichen Lacan-Lesekreisen einüben kann. Gefragt ist der interpretative Guerillero, der mit den Doppelagenten, herrenlosen Gestalten und unsicheren Kantonisten des Diskurses umzugehen weiß. Wenn dieser im interpretativen Nahkampf geschulte Leser dann ein Gehör für das entwickelt, was an den Rändern des Diskurses mitmurmelt, und über das zu sprechen anfängt, was sich nicht ohne Weiteres sagen lässt, dann kann er sich sicher sein, dass er die Lacan'sche Analyse erfolgreich durchläuft.

5.3 Louis Althusser. Marxismus als Antihumanismus

(1) C'est dans cette conjoncture qu'ont été conçus et publiés les textes qu'on va lire. (2) Il faut les rapporter à cette conjoncture pour apprécier leur nature et leur fonction : (3) ce sont des essais *philosophiques*, ayant pour objet des recherches théoriques, et pour objectif d'*intervenir* dans la conjoncture théorico-idéologique existante, pour réagir contre des tendances dangereuses.

(4) Très schématiquement, je dirais que ces textes théoriques contiennent une double « intervention », (5) ou, si l'on préfère, ils « inter-

(1) Die Texte, die wir lesen werden, sind in dieser Konjunktur ausgedacht und veröffentlicht worden. (2) Man muss sie auf diese Konjunktur beziehen, um ihre Natur und Funktion einzuschätzen: (3) sie sind *philosophische* Essays, deren Gegenstand theoretische Forschungen sind und deren Ziel es ist, in die existierende theoretisch-ideologische Konjunktur *einzugreifen*, um gegen gefährliche Tendenzen zu reagieren.

(4) Sehr schematisch würde ich sagen, dass diese theoretischen Texte einen doppelten „Eingriff" enthalten; (5) oder, wenn man so will, dass sie auf

viennent » sur deux fronts, pour tracer, selon l'excellente expression de Lénine, une « *ligne de démarcation* » entre la théorie marxiste, d'une part, et des tendances idéologiques étrangères au marxisme, d'autre part.	zwei Fronten „eingreifen", um, mit dem vortrefflichen Lenin'schen Ausdruck, eine „*Demarkationslinie*" zu ziehen zwischen der marxistischen Theorie einerseits und den dem Marxismus fremden ideologischen Tendenzen andererseits.
(6) *La première intervention* a pour objet de « tracer une ligne de démarcation » entre la théorie marxiste et les formes de subjectivisme philosophique (et politique) dans lesquelles elle a été compromise ou qui la menacent : avant tout l'*empirisme* et ses variantes, classiques ou modernes, pragmatisme, volontarisme, historicisme, etc. (7) Les moments essentiels de cette première intervention sont : reconnaissance de l'importance de la *théorie* marxiste pour la lutte de classe révolutionnaire, distinction des différentes pratiques, mise en évidence de la spécificité de la « pratique théorique », première recherche sur la spécificité révolutionnaire de la théorie marxiste (distinction nette entre la dialectique idéaliste et la dialectique matérialiste), etc.	(6) *Der erste Eingriff* hat zum Ziel, „eine Demarkationslinie zu ziehen" zwischen der marxistischen Theorie und den Formen des philosophischen (und politischen) Subjektivismus, in denen sie kompromittiert wurde oder die sie bedrohen: vor allem der *Empirismus* und dessen klassische oder moderne Varianten, Pragmatismus, Voluntarismus, Historizismus etc. (7) Die wesentlichen Momente dieses ersten Eingriffs sind: Anerkennung der Wichtigkeit der marxistischen *Theorie* für den revolutionären Klassenkampf, Unterscheidung verschiedener Praktiken, Verdeutlichung der Besonderheit der „theoretischen Praxis", erste Untersuchung der revolutionären Besonderheit der marxistischen Theorie (klare Unterscheidung zwischen der idealistischen und der materialistischen Dialektik) etc.
(8) Cette première intervention se situe essentiellement sur le terrain de la confrontation entre Marx et Hegel.	(8) Dieser erste Eingriff liegt wesentlich auf dem Gebiet der Konfrontation zwischen Marx und Hegel.
(9) *La seconde intervention* a pour objet de « tracer une ligne de démarcation » entre les fondements théoriques véritables de la science marxiste de l'histoire et de la philosophie marxiste, d'une part, et les notions idéalistes pré-marxistes sur lesquelles reposent les interprétations actuelles du marxisme comme « philosophie de l'homme » ou comme « humanisme », d'autre part. (10) Les moments essentiels de cette	(9) Gegenstand des *zweiten Eingriffes* ist es, eine „Demarkationslinie zu ziehen" zwischen den echten theoretischen Grundlagen der marxistischen Geschichtswissenschaft und der marxistischen Philosophie einerseits und den idealistischen, vormarxistischen Begriffen, auf denen die gegenwärtigen Interpretationen des Marxismus als „Philosophie des Menschen" oder als „Humanismus" beruhen, andererseits. (10) Die wesentlichen Momente dieses zweiten Eingriffs sind: Verdeut-

seconde intervention sont : mise en évidence d'une « coupure épistémologique » dans l'histoire de la pensée de Marx, différence fondamentale entre la « problématique » idéologique des *œuvres de jeunesse* et la « problématique » scientifique du *Capital* ; premières investigations sur les spécificités de la découverte théorique de Marx, etc.

(11) Cette seconde intervention se situe essentiellement sur le terrain de la confrontation entre les *œuvres de jeunesse* de Marx et *Le Capital*.

lichung eines „epistemologischen Bruchs" in der Geschichte des Marx'schen Denkens, grundlegende Unterscheidung zwischen der ideologischen „Problematik" der Jugendwerke und der wissenschaftlichen „Problematik" des *Kapitals*; erste Untersuchungen der Besonderheiten der theoretischen Entdeckung von Marx.

(11) Dieser zweite Eingriff liegt wesentlich auf dem Gebiet der Konfrontation zwischen den Marx'schen Jugendwerke und dem *Kapital*.

Quelle linke Spalte: Louis Althusser (1996[1965]): *Pour Marx*. Paris: Maspero, S. 262; Quelle rechte Spalte: Louis Althusser (1968): *Für Marx*. Frankfurt am Main: Suhrkamp, 1968, S. 110ff., Übersetzung von mir modifiziert.

Dieser Textausschnitt leitet den zweiten Teil („II.") des Vorworts vom Oktober 1967 für die erstmals 1965 erschienene Aufsatzsammlung *Pour Marx* ein. Nach dem anarchischen Stimmengewirr des Lacan-Texts fällt Althussers Text durch die klare und einfache Organisation seiner Inhalte auf. Die unterschiedliche Lesbarkeit dieser Texte hat nicht nur mit den zwei verschiedenen intellektuellen Persönlichkeiten ihrer Autoren zu tun – dem autodidaktischen Impresario Lacan und dem akademischen Pädagogen Althusser –; sie erklärt sich auch durch das unterschiedliche Genre der Texte. Im Unterschied zum Seminar, in dem der Lehrer unverbindlich nachdenken kann, ist das Vorwort ein Ort, wo der Autor den folgenden Text kommentiert, vielleicht dessen Problem vorbereitet, aber noch nicht in die eigentliche begriffliche Arbeit einsteigt oder gar kühne theoretische Experimente wagt. Vermutlich stützt dieser implizite Pakt zwischen Leser und Autor den geschäftsmäßigen Ton dieses Texts, dessen Inhalte ohne den enthusiastischen Funken verwaltet zu werden scheinen, der andere Texte Althussers auszeichnet.

Wie bei der Inventur eines Kaufhaus oder eines Warenlagers listet der Text den verfügbaren Bestand an Inhalten auf, die der Verkaufsleiter (der Lokutor) mit kleinen Etiketten ausgezeichnet hat. Diese Etiketten signalisieren dem Kunden präzise, auf welche Waren das Geschäft Garantie gibt und auf welche nicht (und zwar durch subjektiv gefärbte Adjektive, wie »dangereux« [»gefährlich«] (3) und »étranger« [»fremd«] (5)). Alle Artikel sind ordentlich in ihre Regale eingeräumt, wobei sich die Waren mit Garantie auf der einen Seite („Marxismus"...), die Waren ohne Garantie („Subjektivismus“, „Historismus“…) auf der anderen Seite des Ladens befinden. Der Kunde muss nun entscheiden, durch welche Regale er seinen Einkaufswagen schiebt. Auf der Garantie-Seite des Geschäfts kann er sich sicher sein, was ihn erwartet, und wenn doch etwas schief geht, kann er auf die freundliche Hilfe und Anleitung des Verkaufsleiters zählen; auf der gegenüberliegenden Seite muss er jedoch selbst sehen, wo er bleibt, sollten die Waren nicht halten, was sie versprechen. Das Kaufhaus teilt sein Sortiment somit für zwei unterschiedliche Leserklassen auf. Die eine Hälfte der Waren ist für jene, die dem Urteil, dem Geschmack und der Erfahrung des Verkaufsleiters Vertrauen schenken, die andere Hälfte ist für jene, die dem Verkaufsleiter nicht über den Weg trauen. Da es keine „Gemischtwarenabteilung“ (d. h. Waren mit und ohne Garantie) gibt und der Kunde keine Zeit mit langem Umherlaufen verlieren will, wird er tendenziell in der Abteilung bleiben, für die er sich einmal entschieden hat.

Genauso wie die räumliche Trennung der angebotenen Waren die Kunden dazu zwingt, sich für eine Regalseite zu entscheiden, genauso konfrontiert der Text den Leser mit der Wahl zwischen den vom Lokutor angenommenen und den abgelehnten Inhalten. Graubereiche, wo sich sowohl die Sprecher des Lokutors wie die des Allokutors tummeln, gibt es nicht. Im Unterschied zu dem vorhergehenden Textbeispiel haben wir es hier mit Aussagen zu tun, die in der Regel nur über einen einzigen Sprecher l_x verfügen, der notwendig mit dem Regisseur l_0 zusammenfällt. Alle Begriffe, Theorien, Inhalte können eindeutig auf den Lokutor bezogen werden, der klar zu erkennen gibt, was er annimmt und was er zurückweist. Doch die Präsenz des Lokutors heißt nicht, dass er in allen Fällen die Quelle des Gesagten ist oder dass er seine Quellen transparent macht. Im Gegenteil, bisweilen beschränkt sich die Funktion des Lokutors lediglich darauf, Stellung zu vorkonstruierten Inhalten zu nehmen, die anderswo geäußert wurden (wie auch der Verkaufsleiter nur Etiketten auf Produkte klebt, deren Produktionskontexte und –bedingungen ihm unbekannt bleiben). Auf Vorkonstrukte stützt sich der Lokutor etwa in (7) und (10), wo Nominalkonstrukte wie »reconnaissance de l'importance de« x [»Anerkennung der Wichtigkeit von« x] (7), »distinction des« x [»Unterscheidung der« x] (7) oder »mise en évidence de« x [»Verdeutlichung der Besonderheit von« x] (7, s. a. 10) oder »premières investigations sur les spécificités de la découverte théorique de« x [»erste Untersuchungen der Besonderheiten der theoretischen Entdeckung von« x] (10) Inhalte mobilisieren, die als so natürlich und selbstverständlich ausgewiesen werden, dass ihre Äußerungsquelle anonym gehalten werden kann. Die Anonymisierung von Wissen, die besonders in hochgradig institutionalisierten Diskurskontexten zu beobachten ist, kommt durch die Nominalisierung einer Reihe von Aussagen zu Stande, in deren Verlauf die Aussagen von ihren Äußerungsquellen abgeschnitten werden. So kann etwa »Anerkennung der Wichtigkeit von« x (7) als das Produkt aus einer vom Sprecher l_{-2} geäußerten Aussage a_{-2} betrachtet werden: „x ist wichtig“, die beim Übergang in eine zweite von l_{-1} geäußerten Aussage a_{-1} den Sprecher l_{-2} verliert: „ich erkenne die Wichtigkeit von x an“. Bei der Transformation in das Nominalkonstrukt „Anerkennung der Wichtigkeit von“ x kommt nun der Lokutor l_{-1} abhanden, der schließlich von l_0 angenommen wird. Sichtbar ist nur die Spitze (l_0) eines Eisbergs, dessen größerer Teil (nämlich l_{-2} und l_{-1}) unter Wasser bleibt. Die negativen Vorzeichen markieren also Sprecher, auf die sich l_0 beruft, ohne dass deutlich wird, wer jene sind. Das „Vergessen“ dieser Sprecher wirft solange kein Problem auf, wie es sich um Wissen handelt, das von jederfrau unterschrieben werden kann. Indem nun x – „Marx“ und seine theoretischen Leistungen – als unkontroverses Wissen markiert wird, grenzt der Text sein Publikum ab. Dieses Publikum schließt die Leser ein, die das von l_{-2} und l_{-1} Gesagte ohne Protest akzeptieren und keine kontroverse Diskussion über x verlangen. Leser, die mit dem von l_{-2} und l_{-1} Gesagten nicht einverstanden sind, müssen dagegen interpretativen Widerstand leisten und den Sprecher l_0 in eine Auseinandersetzung verwickeln, die von l_0 gar nicht vorgesehen ist, denn als kontrovers wird von ihm ja nur die Frage ausgewiesen, *wie* (positiv oder negativ) sich der Leser zur „Anerkennung der Wichtigkeit von x“ verhält, nicht aber die Frage, *dass* die „Wichtigkeit von x“ anerkannt werden muss (das war ja schon die Frage von l_{-1}) und noch weniger die Frage, ob x wirklich wichtig ist (womit der Leser bis auf l_{-2} zurückgehen müsste). Will (oder kann) der renitente Leser diesen Aufwand nicht betreiben, bleibt nur die Exit-Option: das Buch zuklappen und in die Ecke legen.

Für die anderen Nominalkonstrukte bietet sich eine analoge Analyse an, die auch die zahlreichen „–ismen“ zum Gegenstand machen kann, wie weiter unten noch auszuführen sein wird. Es sind diese Vorkonstrukte, die bestimmte Wissensinhalte aus der kontroversen Auseinandersetzung ausklammern und so die angepeilte Leserschaft als einen exklusiven Kreis von Eingeweihten ausweisen. Auch in diesem Text spricht der Lokutor nicht ganz alleine. Im Hintergrund lässt er eine Gruppe von Sprechern mitmurmeln, die den Lokutor eifrig unterstützen, ohne sich aber zu erkennen zu geben. Nicht nur die Existenz von Vorkonstrukten unterstreicht die Heterogenität dieses Diskursfragments, das sich auf unterschiedliche Äußerungsquellen stützt. Ungeachtet der vordergründigen Klarheit und Präzision des Texts dürfen die Spuren nicht übersehen werden, die auch hier von der Präsenz des Anderen zeugen. Doch kommt der Andere nicht, wie im ersten Text, dank logisch-argumentativer Operatoren („nicht", „aber"…) zu Wort. Der Andere ist zum einen in der dialogischen Anlage der Aussagen (1, 2, 3) zu vernehmen; zum anderen verrät er sich durch die typographische Gestaltung des Texts, durch die Anführungszeichen und Kursivsetzungen.

Auch wenn in den Aussagen (1, 2, 3) nichts gesagt wird, was nicht in der Verantwortung des Lokutors steht, so wird doch deutlich, dass sich der Lokutor „in Gesellschaft" befindet. Die Situation scheint der eines Telefongesprächs zu gleichen, das der Lokutor mit einem unbekannten Anderen führt. Auch wenn der Leser, der dieses Gespräch vom Nebenzimmer aus mithört, nur die Worte des Lokutors aufschnappt, kann er die Fragen des Anderen aus den Antworten des Lokutors, zumindest teilweise, erraten. Entsprechend lassen sich die vorliegenden Aussagen als diskursive Fragmente eines Dialogs erkennen, von dem dem Leser nur ein Teil vorliegt, nämlich das vom Lokutor Gesagte, aus dem der Leser den Diskurs der Anderen erschließen muss. Die Aussage (1) wird dann als die Antwort von L auf eine Frage von A gefasst: (1') „In welchem Kontext sind die Texte dieser Aufsatzsammlung entstanden?" Genauso reagieren (2) und (3) auf Fragen wie z. B.: (2') „Wie können diese Texte gewürdigt werden?" und (3') „Handelt es sich wirklich um politische Texte?" Dem informierten Leser wird es nicht schwerfallen, die Gesprächspartner zu identifizieren, denen Althusser gegenübersitzt, die ihn zur Rede stellen, interpellieren: seine Parteigenossen, die Althusser mit Blick auf die mit seinen Texten verbundenen Intentionen befragen. Indem der Leser auf der Basis der vom Lokutor gegebenen Antworten den geführten Dialog um die von dem Anderen gestellten Fragen ergänzt, kann er die konfliktuelle Situation erschließen, in die sich Althusser mit der Publikation dieser Texte bringt. Ob Althusser von seinen Genossen einmal tatsächlich verhört wurde, dazu lässt sich natürlich keine definitive Aussage machen. Es ist durchaus möglich, dass die Antworten, die l_0 in (1, 2, 3) gibt, auf niemals gestellte Fragen (1', 2', 3') eines Anderen a_0' reagieren, der zwar physisch niemals wirklich existiert haben mag, aber Althusser doch unter Rechtfertigungsdruck setzt. Gleichwohl bleibt festzuhalten, dass die vom Leser erschlossenen Fragen (1', 2', 3') und ihre Sprecher a_0' nicht einfach Produkte seiner interpretativen Phantasie sind. Um den dialogischen Zusammenhang, aus dem die Aussagen (1, 2, 3) genommen sind, zu ergänzen, ist der Leser bestimmten argumentativen Schlussregeln unterworfen, d. h. diskursiven Gesetzen, die das Davor und Danach einer Aussage auf bestimmte Weise orientieren. Eine Aussage kann sich mit vielen Aussagen verbinden und in unterschiedlichste Sequenzen eingebaut werden. An welche Aussagen sie anschließen kann, das unterliegt jedoch bestimmten Regeln.

Dass sich im Text verschiedene Diskurse treffen, überlagern und verweben, lässt sich nicht nur an diesen Resten eines imaginären Dialogs ablesen, sondern auch an typographischen Markierungen des Texts wie Kursivsetzung und Anführungszeichen, die den Beginn eines anderen Diskurses signalisieren bzw. die Verantwortung des Lokutors für das Gesagte verstärken oder abschwächen. Kursivsetzungen wie etwa von »philosophiques« [»philosophische«] (2), »intervenir« [»eingreifen«] (2) sowie »la première/seconde intervention« [»der erste/zweite Eingriff«] (6, 9) erinnern an die Präsenz des Lokutors, der den Leser auf besonders wichtige Inhalte hinweist und den argumentativen Aufbau optisch unterstreicht. So hebt die Kursivsetzung im Fall von »empirisme« [»Empirismus«] (6) oder »théorie« [»Theorie«] (7) das entsprechend markierte Wort optisch von den anderen ab, das dadurch als Gattungswesen markiert wird. Kursivsetzung ist ein Mittel, um das Gesagte zu kommentieren und so den Verlauf der Lektüre zu steuern. Ein anderes Mittel stellen Adverbien dar, die wie »très schématiquement« [»sehr schematisch«] (4) den gesamten nachfolgenden Satz (und nicht nur ein Adjektiv oder ein Verb) qualifizieren, oder »si l'on préfère« [»wenn man so will«] (4). Mit diesen reflexiven Kommentaren justiert der Lokutor die Stellung zum Gesagten und dient sich dem Leser als leseleitende Kontrollinstanz an. Diese lektüreleitende Instanz wird in (4) von einem »ich« attestiert, das keine wirkliche Person des Äußerungskontexts indiziert. Ähnlich scheint die Sache mit den (mit Anführungszeichen abgehobenen) »intervention/intervenir« [»Eingriff/eingreifen«] (4, 5), »philosophie de l'homme« [»Philosophie des Menschen«] (9), »humanisme« [»Humanismus«] (9) zu stehen. Offenbar will sich der Lokutor das zitierte begriffliche Problem nicht vollständig zu Eigen machen und hält sie wie mit Wäscheklammern auf sichere Distanz. Im ersten Falle unterstreicht er damit möglicherweise die Doppeldeutigkeit des französischen »intervention/intervenir«, das eine Reihe von Bedeutungen und Konnotationen aufweist, und zwar aus dem politischen Bereich („militärische Intervention"), aus dem medizinischen Bereich („chirurgischer Eingriff") und aus dem Bereich diskursiv-intellektueller Verständigung („Stellungnahme"). Indem der Lokutor mit diesen verschiedenen Bedeutungen spielt und mit den Anführungszeichen explizit darauf hinweist, dass er sich der Polysemie des Wortes bewusst ist, unterstreicht er den Anspruch, zwischen dem politischen und dem philosophischen Feld zu vermitteln. Ein anderer Fall liegt dagegen bei »œuvres de jeunesse« [»Jugendwerke«] (10, 11) und »Capital« [»Kapital«] (10, 11) vor. Hier unterstützt die Kursivsetzung die Ansprüche eines anderen Autors (von »Marx«) auf den Titel eines Werks, dessen Inhalt unter „copyright" steht, d. h. von keinem anderen Autor im eigenen Namen benutzt werden kann, ohne mit den Normen akademischer Institutionen oder des Verlagswesens in Konflikt zu kommen.

Auch Anführungszeichen machen die Heterogenität des Diskurses sichtbar. So kündigen sie bei »coupure épistémologique« [»epistemologischer Bruch«] (10), »pratique théorique« [»theoretische Praxis«] (7) und »problématique« [»Problematik«] (10) den Übergang von einem zitierenden zu einem zitierten Diskurs an. Für den intellektuellen Diskurs der Zeit ist es nicht ungewöhnlich, dass die Quellen dieser Zitate nicht explizit angegeben werden. Offenbar wird eine eingeschworene Pariser Leserschaft mit einem gefestigten Erwartungshorizont unterstellt, die den »epistemologischen Bruch« selbstverständlich auf Gaston Bachelard zurückführt (an dessen intellektuellem Prestige Althusser auf diese Weise teilzuhaben versucht). Dass sich Althusser mit »theoretischer Praxis« und »Problematik« selbst zitiert, ergibt ein Blick auf den Kotext und aus dem ebenfalls 1965 erschienenen *Lire le Capital*. Diese Selbstzitation unterstreicht den Besitzanspruch Althussers auf den zitierten Begriffsinhalt. Dagegen verrät der Lokutor die Quelle von »ligne de démarcation« [»Demarkationslinie«] (5, 6, 9). Dass er den Inhalt mit Hilfe einer Parenthese »selon l'excellente expression de Lénine« [»mit dem vortrefflichen Leninschen Ausdruck«] (5) wie eine Monstranz vor sich her trägt, lässt vermuten, dass »Lenin« (anders als »Bachelard«, der nicht angegeben wird) keine unkontroverse Referenzfigur ist – zumindest nicht in dem akademischen Äußerungskontext eines Philosophiebuchs. Wie der politisch informierte Leser und sicher auch Althusser weiß, beginnen mit »Lenin« normalerweise sowjetische Parteitagsbeschlüsse, seltener jedoch philosophische Arbeiten aus dem nicht-sozialistischen Raum. Wenn Althusser sich dennoch auf »Lenin« beruft, dann kann das zweierlei heißen: Entweder Althusser beruft sich auf Lenin als Philosophen. In diesem Fall impliziert die Nennung Lenins die Aufforderung an die (Ko-)Produzenten des philosophischen Felds, Lenin als eine kanonische Figur der Philosophiegeschichte anzuerkennen. Oder Althusser beruft sich auf Lenin als Politiker. In diesem Fall bedeutet er seinen Lesern, dass er den Vorrang von Politik über Theorie und damit die Deutungshoheit der KP in philosophischen Fragen akzeptiert. In beiden Fällen verweist das Zitat den Leser auf einen intertextuell ausgetragenen Kampf im intellektuellen Feld, in dem unterschiedliche Gruppen ihren Dominanzanspruch mit unterschiedlichen Referenzfiguren bekunden.

Die schwierige Gratwanderung, die Althusser zwischen Politik und Philosophie zu unternehmen versucht, wird noch auf andere Weise manifest. Der Leser muss auf politisch-historische Inhalte anders zugreifen als auf theoretisch-philosophische. Von dem Verkaufsleiter-Lokutor ordentlich verwaltet, finden sich letztere in die verschiedenen Regale einsortiert, zwischen denen der Leser-Kunde seinen Einkaufswagen umherschiebt. Zu einem Kaufhaus, in dem der eine begrifflich-theoretische Inhalt neben dem anderen steht, alle an ihrem Platz, alle mit ihrem Herkunftsetikett versehen, wird der Textausschnitt jedoch erst ab (6). So dominieren in den ersten Aussagen weniger Begriffswörter als deiktische und anaphorische Verweise, etwa das Demonstrativpronomen »cette (conjoncture)« [»diese (bestimmte Konjunktur)«] (1, 2, 3), die erste Person Singular (4, 5) und Plural (1) und das generische „man" (1, 5). Mit dem dreimal wiederholten Demonstrativpronomen »cette« [»diese«] bzw. mit dem deiktisch wirkenden Adjektiv »existant« [»(aktuell) existierende«] wird ein Wissen evoziert, bei dessen Interpretation der Leser über große Freiheit verfügt. Da der unmittelbar vorhergehende Kotext zu dem mit „I." benannten Abschnitt gehört, verweist das Demonstrativpronomen auf alles zuvor, auf drei Seiten Gesagte, das auf den historischen Entstehungskontext des Bands und seiner Artikel, die (Nicht-)Rezeption von Marx in Frankreich, die politische Situation der kommunistischen Parteien seit Stalin und auf einige der theoretischen, von Althusser behandelten Fragen eingeht. Der von »cette« anaphorisch sichtbar gemachte Äußerungskontext bleibt daher diffus, was den Leser dazu einlädt, den weiteren Kotext, aber auch seinen kognitiven Kontext nach Informationen zum Entstehungskontext dieser Texte abzusuchen, diese historisch zu situieren, ohne jedoch über präzise Instruktionen über die relevanten Parameter des Äußerungskontexts zu verfügen. Offenbar geht es weniger darum, was der Leser an Ko- und Kontextinformationen findet, die im Kotext parataktisch aneinandergereiht werden. Was das »cette« unterstreicht, ist vielmehr die Notwendigkeit auf ein anderes Wissen zuzugreifen – nicht auf ein begriffliches Wissen, das die Begriffswörter denotieren, sondern auf ein Wissen, auf das »cette« anaphorisch verweist. So führt das Pronomen »cette« den Leser aus dem Kaufhaus der theoretischen Probleme und Begriffe von (6ff.) heraus in einen Markt, wo er „unter freiem Himmel" und ohne die Hilfe eines informierten Verkaufsleiters nach den politischen und historischen Inhalten suchen muss. Nach dem Kaufhaus der Begriffe und der Theorie findet er sich nun auf dem Flohmarkt der historischen und politischen Umstände wieder, wo er ganz auf sich alleine gestellt ist und ihm niemand bei der Suche nach den gesuchten Artikeln hilft. So steht es dem Leser frei, auf das Vorwort von 1965, das noch einige weitere Hinweise zum Kontext gibt, auf das posthume Nachwort von Etienne Balibar, auf eine intellektuellensoziologischen Abhandlung wie die vorliegende oder einfach auf sein historisches Gedächtnis zurückzugreifen.

Die deiktischen Partikeln und Subjektiveme von (1, 2, 3, 4, 5) signalisieren die Existenz einer zweiten, anderswo existierenden Wissensregion, in die der Leser mit Hilfe eines Zubringers wie »cette« wechseln kann. Diese Formen verkoppeln zwei unterschiedliche Wissensregionen: die philosophischen und theoretischen Probleme, die der Text sagt und das Buch abhandeln wird, und die politischen und historischen Probleme des gesellschaftlichen Kontexts, die der Leser sich selbst zusammensuchen muss. Entsprechend gibt sich der Produzent, das Individuum Althusser, das sich als Autor von *Pour Marx* ausgibt, in zweierlei Gestalt zu erkennen: zum einen als ein Subjekt, das sich in immer neuen Verweisen zeigt, – das ist tendenziell der Aktivist Althusser, der bis zu seinem Zusammenbruch an den Aktivitäten seiner kommunistischen Zelle teilnimmt und immer wieder zur Politik des PCF Stellung nimmt; zum anderen als ein Subjekt, das die Begriffswörter bzw. das ab (6) und im Buch Gesagte orchestriert, – das ist tendenziell der Philosoph Althusser, der sich als unerbittlicher Kritiker des „Humanismus" und als Vertreter einer strukturalistischen Theorieavantgarde profiliert. In diesem Textausschnitt erinnert der Philosoph daran, dass er auch Aktivist ist, und unterstreicht dadurch die Zugehörigkeit zu zwei Welten, dem politischen und dem akademischen Feld. Indem sich der Sprecher in doppelter Gestalt zeigt – als deiktisch indizierter Parteigänger und als Theorieadministrator, der ein differenziertes Sortiment an Begriffen im Angebot hält –, werden zwei unterschiedliche Feld- und Wissensregionen in Kontakt gebracht. Die Kurzschließung von ansonsten getrennten Universen unterstreicht die intellektuellen Ambitionen des Produzenten, der die Ränder von Philosophie und Politik austestet und auf ihren Grenzlinien einen akrobatischen Balanceakt vollführt. Mit dieser Strategie öffnet der Aktivist Althusser den Zugang zu Bereichen, die reinen Philosophen gewöhnlich verschlossen bleiben, beispielsweise zu den zahlreichen intellektuellen Publikationsorganen des PCF: *La Pensée, Cahiers de l'analyse, La Nouvelle critique, Les Lettres françaises, Clarté, Europe* und kann selbst in großen Tageszeitungen wie *L'Humanité* mit Aufmerksamkeit rechnen. Gleichzeitig kann Althusser im akademischen Feld seine Distanz zur disziplinären Philosophie und ihren Traditionen markieren, die mit dem Aufschwung der *sciences humaines* und dem Aufruhr an den Universitäten in die Krise geraten. Als marxistischer Philosoph kann er sich auf ein Theoriekapital stützen, das weit in die sozial- und kulturwissenschaftlichen Debatten der Zeit hinein Anerkennung findet. Durch die Kombination unterschiedlicher politischer und theoretischer Faktoren trägt Althusser (wie zuvor schon Sartre und Merleau-Ponty) zu einer intellektuellen Konjunktur bei, aus der eine neue

Generation symbolischer Produzenten mit neuen symbolischen Produkten hervorgeht.

Wie der Lacan-Text enthält auch dieser Text zum einen eine Reihe von Begriffswörtern, die für begrifflich-theoretische Wissensinhalte stehen, zum anderen Äußerungsspuren, die die Existenzweise dieses Wissens im Diskurs organisieren. Anders als der Lacan-Text lässt der Text wenig offene Fragen, wie der Lokutor zu diesen Inhalten steht. Mit pädagogischer Präzision werden die Begriffswörter inventarisiert und sortiert. Zahlreiche leseleitende Hinweise (»première intervention« [»der erste Eingriff«] (6, 7, 8), »la seconde intervention« [»der zweite Eingriff«] (9, 11), »d'une part« [»einerseits«] (9), »d'autre part« [»andererseits«] (10)) stellen die aufgelisteten Begriffswörter in einen argumentativen Zusammenhang, wobei der Text nicht nur das vorangehende erste Vorwort von 196 und den folgenden Buchinhalt zu paraphrasieren versucht, sondern das Gesagte selbst immer wieder in kurzen synthetisierenden Paraphrasen festhält, und zwar (6, 7) durch (8) und (9, 10) durch (11). Es entstehen Paraphrasen von Paraphrasen, die von der Sorge zeugen, die nichtintendierten Nebengeräusche, Ausreißer und Fehlzündungen des diskursiven Prozesses möglichst auszuschalten und so die Vielfalt der möglichen Interpretationen auf ein Minimum zu reduzieren. Indem das Gesagte nachträglich neuformuliert, zurechtgerückt und auf den Punkt gebracht wird, wird der Diskurs zu einem Prozess ständiger reflexiver Selbstkorrektur, in dem Abweichungen und Doppeldeutigkeiten eingeholt werden, das Gesagte „auf Linie" gebracht wird und potenzielle Verräterfiguren unschädlich gemacht werden. Mit der binären Ordnungsformel »entre … et …« [»zwischen … und …«] (6, 7, 8, 9, 10, 11) erhalten alle Begriffswörter ihren funktionalen Platz in einem diskursiven Raum, der von einem zweifach auftretenden Antagonismus organisiert wird: erstens von der Opposition, die sich in (8) als Gegensatz zwischen »Marx« vs. »Hegel« kondensiert, und zweitens in (11) der Gegensatz von »œuvres de jeunesse« [»Jugendwerke«] vs. »Le Capital« [»Das Kapital«] (10, 11). Um diese (zweifach gezogene) antagonistische Grenze werden nun die theoretischen Inhalte angeordnet, auf die eine Reihe von Begriffswörtern verweisen. Diesseits der Grenze tauchen die mit »marxiste« [»marxistisch«] assoziierten Elemente auf: »théorie« [»Theorie«] (6, 7), »science« [»Wissenschaft«] (9), »philosophie« (9), jenseits der Grenze »subjectivisme«, »empirisme«, »pragmatisme«, »volontarisme«, »historicisme« (6), »humanisme« (9), »philosophie de l'homme« [»Philosophie des Menschen«] (9), wobei sich der Lokutor über subjektive Verben wie »compromettre« [»kompromittieren«] (6) und »menacer« [»bedrohen«] (6) diesseits der Grenze verortet. Der mit Althussers Werk vertraute Leser wird überdies auch die subjektive Markierung einer Reihe von Adjektiven erkennen, mit denen er einmal die Nähe zum Gesagten (»scientifique« [»wissenschaftlich«] (9, 10), »théorique/théorique« [»Theorie/theoretisch«] (6, 7, 9, 10)), das andere Mal Distanz (»idéaliste« [»idealistisch«] (7, 9), »idéologique« [»ideologisch«] (10)) signalisiert. Die Position der Begriffswörter, die sowohl diesseits als auch jenseits der Grenze existieren können, wird durch bestimmte subjektive Komponenten spezifiziert: »dialectique idéaliste ... dialectique matéraliste« [»idealistische ... materialistische Dialektik«] (7) und »problématique idéologique ... problématique scientifique« [»ideologische ... wissenschaftliche Problematik«] (10). So entstehen zwei Ketten von begrifflichen Inhalten $x_L + y_L + z_L$... und $x_A + y_A + z_A$..., die einmal dem Lokutor L, das andere Mal dem Allokutor A zugerechnet werden. Die Subjektivität des Sprechers heftet sich an alle Begriffswörter an, denen auf diese Weise ein Ort diesseits oder jenseits der Grenze zugewiesen wird.

Es zeichnet diesen Diskurs nicht nur aus, dass alle diese mobilisierten Wissensinhalte mit einem eindeutigen Herkunftsetikett (d. h. „L" oder „A") versehen werden und der Autor damit einen klaren Ort in der hegemonialen Auseinandersetzung bezieht, sondern auch, dass das Gesagte in die Verantwortung institutionalisierter Äußerungskollektive und nicht von individuellen Produzenten gestellt wird. Dass die Produzenten, die in diesen Diskurs eintreten, im Namen eines Kollektivs sprechen, wird insbesondere von den „-ismen" unterstrichen: »subjectivisme«, »empirisme«, »pragmatisme«, »volontarisme«, »historicisme« (6), »humanisme« (9). So können die mit dem Suffix -ismus versehenen Nomen jeweils als das Resultat einer Transformation einer Aussage a_x gesehen werden, deren Sprecher Partei für einen bestimmten propositionalen Inhalt p ergreift.

per_1: $[l_0](p)$, wobei p eine Forderung nach x („das Subjekt", „die Empirie", „das Handeln", „den Willen", „die Geschichte" bzw. „den Menschen") darstellt.

Der Sprecher l_0 dieser (fiktiven) Aussage a_x verweist nun auf eine Diskursfigur, die mit der Äußerung der Aussage a_x den Inhalt p einer Gemeinschaft von Individuen als verbindende Doktrin institutionalisiert. Der versierte Leser wird diese Diskursfigur, über die sich eine Reihe von Schülern im Feld definieren und in deren Namen die Schüler sprechen, vielleicht mit bestimmten Namen der englischen („Locke", „Hume" für die Forderung nach „Empirie"), nordamerikanischen („Dewey", „James" für „Handeln" und „Willen") oder deutschen Philosophiegeschichte („Hegel" für „Geschichte") assoziieren. Die Verbindung von l_0 mit bestimmten Namen hängt in hohem Maße von dem Vermögen des Lesers ab, l_0 mit den ihm bekannten Produzenten des Felds oder kanonischen Produzenten zu verbinden. Mit der Transformation der Aussage a in einen „p-ismus", fällt die Notwendigkeit der Benennung von l_0 jedoch weg. Was bleibt, ist der (vorkonstruierte) Fakt, *dass* eine Schule (des „Empirismus", „Pragmatismus"...) gegründet wurde, und zwar ganz egal wann, wo und von wem. In dem Übergang von a zu einem p-ismus, wird die Aussage von ihren Äußerungskontexten abgeschnitten. Der p-ismus kann nun als Begriffswort für eine irgendwo, irgendwann und von irgendjemandem gegründete Schule, die x fordert, im Diskurs erscheinen, zu der der Lokutor L dann Stellung nimmt. Dass Ls Stellungnahme, wie die im Textausschnitt genannten „-ismen" nahe legen, nicht negativ ausfallen muss, daran erinnert das Nomen »marxisme« (und seine Derivate: »marxiste«...), das von L in allen Fällen angenommen wird. Anders als im Falle der von L zurückgewiesenen –ismen wird das Etikett in »marxisme« freilich vom Gründer der Schule (l_0, d. h. „Marx") und nicht vom Forderungsinhalt p bereit gestellt, weshalb von einem „l-ismus" gesprochen werden muss. In der Transformation der Aussage a in einen l-ismus verliert sie den Forderungsinhalt p. In den diskursiven Prozess geht nur noch der Fakt ein, dass l_0 eine Schule wo und wann auch immer gegründet hat, die was auch immer fordert.

Mit Hilfe der „-ismen" kann der Lokutor ein vorkonstruiertes, anderswo entstandenes Wissen in Beziehung setzen. In (6) sehen wir, dass seine Aufgabe darin besteht, diese institutionalisierten Fakten des Diskurses in Opposition zu setzen (d. h. der l-ismus „Marxismus" vs. die p-ismen wie „Subjektivismus"...), wobei er das mit „Subjektivismus" Bezeichnete einmal zurückweist, das mit „Marxismus" Bezeichnete dagegen annimmt. Die entsprechenden Sprechperspektiven von (6) lassen sich formal folgendermaßen auseinandernehmen:

per_1(6): [l_1](x), wobei l_1 der Schulgründer (l_1=„Marx") und x die von l_1 erhobene (verloren gegangene) Forderung (l-ismus)

per_2(6): [y](p), wobei y die (unbekannte) schulstiftende Äußerungsquelle ist und p=„Wir fordern x" (x=„Subjekt") (p-ismus)

per_3(6): [a_4](WAHR per_2(6)), da das Verb „kompromittieren" präsupponiert, dass das über das, was in der Subjektstellung gesagt wird, vom Lokutor abgelehnt wird.

per_4(6): [l_0](WAHR per_1(6))

Nur per_4(6) wird vom Lokutor der Aussage selbst „konstruiert", wohingegen dieser auf die anderen Sprechperspektiven per_1(6) und per_2(6) als vorkonstruiertes, schon institutionalisiertes Wissen zurückgreift, die ihrer Äußerungsquelle (p-ismus) bzw. ihres Forderungsinhalts (l-ismus) verlustig gegangen sind und die der Lokutor dann nur noch als „falsch" („Subjektivismus", vgl. $per_2(6)$) bzw. „richtig" („Marxismus", vgl. $per_1(6)$) qualifiziert. Auf diese Weise fungiert der Regisseur der Aussage als Schiedsrichter, der verschiedene Teams gegeneinander antreten lässt und von denen er am Schluss eines zum Sieger erklärt. Wer diese Teams sind, ist dem Schiedsrichter unbekannt. Bisweilen weiß er nicht einmal, woher sie kommen oder wofür sie stehen. Doch kann er die Teams anhand ihrer Trikots genau unterscheiden: auf der einen Seite die Mannschaft, die den Namen ihres Trainers („Marx") trägt, auf der anderen Seite die Gegner mit ihren unterschiedlichen Farben („Subjektivismus", „Empirismus" etc.), die im Laufe des Wettkampfs allmählich alle ausscheiden – trotz der Allianz, die sie gegen die letztendlich siegreiche Mannschaft von „Marx" zu bilden versuchen.

Der Schiedsrichter scheint keine Mühe zu haben, Sieger und Verlierer zu bestimmen. Die Kräfteverhältnisse sind so klar und eindeutig, dass er alle Figuren leicht entweder dem einen oder dem anderen Lager zuordnen könnte – wenn in der letzten Runde des Spielgeschehens nicht doch noch eine Figur ihren Auftritt haben würde, die bald dem einen, bald dem anderen Lager zujubelt. Dass sich ausgerechnet diese Figur nicht eindeutig auf eine Seite festlegt, verunsichert v. a. die sich auf der Siegerstraße wähnende „Marx"-Mannschaft, von der sich nun jene abzuspalten drohen, die sich von dem Jubel dieser Figur für die Gegner anstecken lassen. In der Tat bringt diese Figur die bis dahin koordiniert auftretenden Spieler aus dem Konzept, denn sie trägt den weißen Bart, den sie aus dem Training kennen, und den gleichen Namen, den sie auf ihren Trikots haben: „Marx". Es ist niemand anders als dieser „Marx", der die „Marxisten" im letzten Augenblick um ihren Sieg zu bringen scheint, und zwar ab (9), genauer gesagt von dem Zeitpunkt ab, als die „Jugendwerke" von Marx mit einer „ideologischen" (d. h. nicht mit einer „wissenschaftlichen") Problematik verbunden werden (10). Rückblickend von den Aussagen (10, 11) aus kann der Leser schließen, dass schon die »interprétations actuelles du marxisme…« [»die aktuellen Interpretationen des Marxismus«] (9) auf diesen „falschen" Marx zurückgehen. Da der Autor der „Jugendwerke" vom Schiedsrichter des Wettkampfs zu einem Verlierer erklärt wird, muss er aus der von ihm gegründeten Schule ausscheiden. Bekanntlich ist Marx nicht unbedingt Marxist. Wenn aber die Person, auf die sich seine Schüler berufen, gar nicht wirklich zu der von ihr gegründeten Schule gehört, laufen die Schüler dann nicht Gefahr, sich auf eine Person zu berufen, die gar nicht ihr Lehrer sein will? Die Frage, die dieser Text seinen Lesern aufgibt, lautet demnach: Wie lösen diejenigen, die im Namen von Marx in die diskursive Auseinandersetzung eintreten, das Problem, dass sich ausgerechnet Marx als ein Grenzgänger, Wackelkandidat und Doppelagent erweist, auf den die Inhalte des Diskurses sowohl diesseits als auch jenseits der antagonistischen Grenze bezogen werden können?

Althusser übt sich mit der These des Bruchs zwischen dem „jungen" und dem „reifen" Marx nicht lediglich in marxologischer Theorieexegese. Seine These berührt vielmehr die Autoritätsbeziehungen zwischen Produzenten in einer Welt, die sie ständig mit der Frage konfrontiert: Bist du drinnen oder bist du draußen? Für Althusser ist diese Frage von besonderer Brisanz, agiert er doch in zwei Welten: als marxistischer Philosoph produziert er für ein akademisches Feld, das die Autonomie seiner Produzenten einfordert; als aktives Mitglied der französischen KP ist er Teil einer Partei, deren Führung auch in theoretischen Fragen die Linie vorgibt. Gerade kommunistische Intellektuelle, die sich wie Althusser innerhalb der Partei mit einer außerhalb erworbenen Kompetenz bewegen, sind mit widersprüchlichen Erwartungen konfrontiert. Zum einen sind diese Intellektuellen willkommen, da ihr Prestige das Ansehen der Partei vergrößert; zum anderen können diese Intellektuellen nicht mehr ohne Weiteres im Namen der spezifischen Kompetenz auftreten, die sie als Produzenten eines anderen Felds erworben haben, ohne dass eine „zwischen den Zeilen" versteckte (oder offene) Kritik an der Politik der KP herausgehört wird, die leicht mit Ausschluss sanktioniert werden kann. Für die KP-Intellektuellen ist die Grenze zwischen *voice* und *exit* besonders schmal.

Mit der These eines „epistemologischen Bruchs" im Marx'schen Denken balanciert Althusser nun über diese Grenze, wodurch er die Aufmerksamkeit von (Ko-)Produzenten des intellektuellen Felds bricht, bündelt und multipliziert, die sich ansonsten in getrennten Regionen bewegen. Die Zurückweisung des „humanistischen" Marx' kann zunächst als der mehr oder minder offensichtliche Versuch gelesen werden, mit einer Formel in zwei verschiedenen Feldern Position zu beziehen: im akademischen Feld gegen die in die Krise geratenen Geisteswissenschaften und alternde Avantgarde-Philosophien (Sartre) und für die *sciences humaines*-Theoretiker, die den Tod von Autor/Subjekt/Mensch auf ihre Fahnen geschrieben haben; im politischen Mikrokosmos der Kommunistischen Partei indessen gegen Konkurrenten wie Roger Garaudy, der eine christlich angehauchte, hegelianische Marx-Lesart vertritt, als Mitglied des Politbüros und Leiter des parteieigenen *Centre d'études et de recherche marxiste* (CERM) über eine hohe theoretische Deutungsmacht in der Partei verfügt und dessen Humanismus auf der Tagung von Choisy-le-Roi, an der 1961 Philosophen der Partei und Mitglieder des Politbüros teilnahmen, die Billigung der Parteiführung erführt (Kauppi 1990: 117[152]). Der historisch versierte Leser wird Althussers These des „epistemologischen Bruchs“ vielleicht mit weiteren Diskussionen der Zeit in Verbindung bringen, wie etwa über den von Althusser ein paar Seiten zuvor erwähnten Personenkult in der Sowjetunion oder Maos China (Matonti 2005: 72ff.; Bowd 1999: 45ff.).

Doch kann die These, wie ein genauerer Blick auf das Beispiel nun zeigen kann, selbst dann ihre symbolische Effizienz für den intellektuellen Diskurs entfalten, wenn der Leser über Althussers mögliche Freunde und Gegner im Feld der Zeit nicht oder nur rudimentär informiert ist. Denn der Text fragt nicht nur das historische Wissen des Lesers ab; er verhandelt auch die Frage, wer in wessen Namen auftritt, sich auf welche Autoritäten stützt und unter welchen Voraussetzungen spricht. So konfrontiert der Text den Leser in dieser Auseinandersetzung zwischen den „Marxisten“ und ihren Gegnern mit dem peinlichen Problem, dass gerade die Diskursfigur, auf die sich die „Marxisten“ beziehen, keinem Lager eindeutig zugerechnet wird. Wie können wir, die wir uns auf Marx berufen, uns in einer Auseinandersetzung positionieren, die vollständig von zwei antagonistischen Blöcken dominiert wird, wenn unklar ist, auf welcher Seite unser Garant, Marx, letztendlich steht? Mit Blick auf die Situation, in der der Text diese Frage aufwirft, ist nun zunächst der Umstand bemerkenswert, *dass* sie gestellt wird, denn sie problematisiert die Stellung all jener, die im Namen von Marx auftreten, einschließlich des Schiedsrichters (Althussers) selbst. Indem der Lokutor Partei für die „Marxisten“ nimmt, gegenüber dem Garanten „Marx“ jedoch gewisse Vorbehalte an den Tag legt, wird dem Leser signalisiert: „Es reicht nicht, dass du dich als Vertreter einer Schule („Marxismus“) ausgibst. Um mit der Autorität deiner Schule aufzutreten, musst du sagen, wie du dich zu ihrem Gründer („Marx“) verhältst“. An welche Leser richtet sich nun aber der Text und welche Autorität stellt er in Frage? Das ist die „Problematik“ des Texts, für die er dem Leser eine Antwort schuldig bleibt. Während der Bruch zwischen dem jungen und dem reifen Marx auch im nachfolgenden Text und in anderen Texten ständig durchgespielt und formuliert wird, hält der Text die Frage offen, wessen Autorität er in Frage stellt. Es ist, als ob der Text immer wieder die Frage stellt, der Antwort aber unter allen Umständen ausweicht. Es ist dieses Nicht-Gesagte, um das das Sagen kreist.

So ist es am Leser, geeignete Kandidaten für das Turnier, das der Text veranstaltet, auszuwählen und zu nominieren, und ein Szenario zu entwerfen, mit dem der Leser das ergänzt, was der Text nicht verrät, etwa wer die antretenden Mannschaften sind und wie sich der Umstand, dass „Marx“ schließlich der falschen Mannschaft zujubelt, auf das Turnier-Ergebnis auswirkt. In einem ersten solchen Szenario löst das Auftauchen von „Marx“ eine Legitimitätskrise der siegreichen Mannschaft aus, was dem Verlauf des Turniers folgende Wendung geben würde: Zwar erklärt der Schiedsrichter die Mannschaft zum Sieger, die im Namen von „Marx“ angetreten ist (dessen Autorität auch der Schiedsrichter anerkennt); aber es stellt sich die Frage nach der Rechtmäßigkeit des Siegs dieser Mannschaft, da sich „Marx'“ Unterstützung als zweifelhaft erweist. In diesem Szenario würde der Leser den Text als die Kritik eines Dissidenten lesen, der im Namen einer unbestreitbaren Autorität („Marx“) den Spielern der siegreichen Mannschaft (die ihre Entsprechung in der KP und ihrer Führung finden kann) die Berufung auf diese Autorität streitig macht. In diesem Szenario würde der Leser die verantwortliche Person der Äußerung („Althusser“) als einen Kritiker erkennen, der die Partei und ihre Vertreter an der Autorität misst, auf die sie sich berufen.

Doch steht und fällt dieses Szenario mit der Stellung, die der Schiedsrichter zu „Marx“ einnimmt. Sicher ist, dass sich die „marxistische“ Mannschaft auf „Marx“ beruft. Genauso sicher ist, dass der Schiedsrichter die „marxistische“ Mannschaft zum Sieger macht. Aber ob der Schiedsrichter „Marx“ als letztendliche Autoritätsinstanz begreift, das hält der Text offen. Wenn wir nun davon ausgehen, dass der Schiedsrichter seine Entscheidung nicht von der Autorität „Marx“ abhängig macht, sondern allein von der tatsächlichen Leistung der Mannschaft, dann ist ein alternatives Szenario denkbar. Wieder würde nach den Ausscheidungskämpfen die „marxistische“ Mannschaft das Siegertreppchen erklimmen. Wieder würde das Auftauchen von „Marx“ für die siegreiche Mannschaft unangenehme Fragen aufwerfen, aber die Reaktionen wären andere. „Marx“ wäre jetzt ein verwirrter Unruhestifter, ein unberechenbarer Querulant, dessen widersprüchliches Verhalten allenthalben Stirnrunzeln erzeugt, für das auch der Schiedsrichter kein Verständnis aufbringt. Anstatt seine Entscheidung zu überdenken, wird der Schiedsrichter versuchen, diesen Störenfried zur Rechenschaft zu ziehen und die Spieler der siegreichen Mannschaft, die ihrem alten Trainer beistehen wollen, zur Ruhe zu gemahnen. Der Leser würde den Text dann als den Ordnungsruf eines Parteikaders verstehen, der im Namen des legitimen Siegers der Geschichte (die „KP“) alle Abweichler von der Parteilinie zu Verrätern erklärt – selbst wenn sie „Marx“ heißen. Der Leser würde Althusser dann als treuen und unbestechlichen Parteisoldaten erkennen, wohingegen auf die Diskursfigur „Marx“ ein tragischer Ur-Verrat an der Partei zurückgeht, der die Notwendigkeit ständiger Wachsamkeit und Kontrolle unterstreicht.

Mit welchem Szenario malt der Leser den Text richtig aus? Welches Szenario entspricht den Intentionen seines Autors am besten? Von dem

Produzenten Althusser können wir dazu am allerwenigsten eine Antwort erhoffen. Althusser scheint in diesem und allen folgenden Texten sein ganzes schreiberisches Talent darauf zu richten, die Antwort *nicht* zu geben. Die Entscheidung, wie der Text zu lesen ist, wird dem Leser überlassen, der die Antwort „zwischen den Zeilen" herauslesen muss. So kann er einmal für das eine, das andere Mal für das andere Szenario optieren – oder für beide zugleich, wie es für den Diskurs totaler Institutionen typisch ist, in dem sich die Grenze zwischen kritischer Distanz und dogmatischer Loyalität verwischt und alle ein bisschen den Verräter, ein bisschen den Aufpasser in sich tragen. Immer wieder scheint Althusser um die nichtgefüllte Leerstelle des Texts – die Stellung des Lokutors zu „Marx" – herumzuschreiben und so den Spagat zwischen dem Philosophen und dem Aktivisten aufrechtzuerhalten. Den Ko-Produzenten kann der Text einmal als Kritik an einem autoritärem Führungsstil präsentiert werden (dissidentisches Szenario), das andere Mal als Aufdeckung eines Ur-Verrats am Marxismus und einer drohenden Spaltung der Partei (stalinistisches Szenario). Es ist diese Leerstelle, mittels derer Althusser zwei unvereinbare Welten überkreuzt; es ist diese Leerstelle, die die symbolische Effizienz seines Texts im intellektuellen Feld begründet. Die Leerstelle unterstreicht die unmögliche Position Althussers, die er als Philosoph wie auch als Aktivist, als Fürsprecher der Demokratisierung wie auch als Gegner von Fraktionierungstendenzen in der Partei einnimmt (wie dies insbesondere aus seinen unveröffentlichten Manuskripten hervorgeht, vgl. Valentin-Mc Lean 2005) – eine Position, die die singuläre Aura ihres Inhabers unterstreicht und ihn zu einem Hauptdarsteller des intellektuellen Diskurses nach dem Krieg werden lässt – eine Position, die ihn nicht zuletzt auch unter enorme innere Spannungen setzt, wie sie von den zahlreichen im Laufe der 70er Jahre immer düsterer werdenden „Selbstkritiken" bezeugt werden und von denen die beiden Vorworte für *Pour Marx* vielleicht eine erste Andeutung geben. Althusser löst diese Spannungen nicht, wie so viele andere seiner Generation, mit dem Austritt aus der Partei. Bekanntlich sieht der Schlussakt des von ihm aufgeführten Dramas einen anderen „Exit" vor, eine Lösung, die keinem Theatermacher spektakulärer gelingen könnte. Der Mord an seiner Frau Hélène – jener *résistance*-Kämpferin, auf deren Initiative hin sich Althusser 1948 der Partei angeschlossen hatte – macht seinen Abtritt von der intellektuellen Bühne zu einem dramatischen Akt, womit der „Dissident" Althusser die Partei und ihre Fehlentwicklungen einmal mehr an den Pranger stellt, aber, dem „Stalinisten" Althusser treu bleibend, keinen Verrat an der Partei begeht.

5.4 Michel Foucault. Das Ende des Zeitalters des Menschen

(1) Une chose en tout cas est certaine : (2) c'est que l'homme n'est pas le plus vieux problème ni le plus constant qui se soit posé au savoir humain. (3) En prenant une chronologie relativement courte et un découpage géographique restreint – la culture européenne depuis le XVIe siècle – on peut être sûr que l'homme y est une invention récente. (4) Ce n'est pas autour de lui et de ses secrets que, longtemps, obscurément, le savoir a rôdé. (5) En fait, parmi toutes les mutations qui ont affecté le savoir des choses et de leur ordre, le savoir des identités, des différences, des caractères, des équivalences, des mots, – bref au milieu de tous les épisodes de cette profonde histoire du Même – un seul, celui qui a commencé il y a un siècle et demi et qui peut-être est en train de se clore, a laissé apparaître la figure de l'homme. (6) Et ce n'était point la libération d'une vielle inquiétude, passage à la conscience lumineuse d'un souci millénaire, accès à l'objectivité de ce qui longtemps était resté pris dans des croyances ou dans des philosophies : (7) c'était l'effet d'un changement dans les dispositions fondamentales du savoir. (8) L'homme est une invention dont l'archéologie de notre pensée montre aisément la date récente. Et peut-être la fin prochaine.

(9) Si ces dispositions venaient à disparaître comme elles sont apparues, si par quelque événement dont nous pouvons tout au plus pressen-

(1) Eine Sache ist jedenfalls sicher: (2) der Mensch ist nicht das älteste und auch nicht das konstanteste Problem, das sich dem menschlichen Wissen gestellt hat. (3) Wenn man eine relativ kurze Zeitspanne und einen begrenzten geographischen Ausschnitt nimmt – die europäische Kultur seit dem sechzehnten Jahrhundert –, kann man sicher sein, daß der Mensch eine junge Erfindung ist. (4) Nicht um ihn und um seine Geheimnisse herum hat das Wissen lange Zeit im Dunkeln getappt. (5) Tatsächlich hat unter den Veränderungen, die das Wissen von den Dingen und ihrer Ordnung, das Wissen der Identitäten, der Unterschiede, der Merkmale, der Äquivalenzen, der Wörter berührt haben – kurz inmitten all der Episoden der tiefen Geschichte des Gleichen –, eine einzige, die vor anderthalb Jahrhunderten begonnen hat und sich vielleicht jetzt dem Ende zuneigt, die Gestalt des Menschen erscheinen lassen. (6) Es war nicht die Befreiung von einer alten Unruhe, der Übergang einer Jahrtausende alten Sorge zu einem lichtvollen Bewußtsein, das Erreichen der Objektivität durch das, was lange Zeit in Glaubensvorstellungen und in Philosophien gefangen war: (7) es war die Wirkung einer Veränderung in den fundamentalen Dispositionen des Wissens. (8) Der Mensch ist eine Erfindung, von der die Archäologie unseres Denkens das junge Datum leicht zeigt. Und vielleicht auch das baldige Ende.

(9) Wenn diese Dispositionen verschwänden, so wie sie erschienen sind, wenn durch irgendein Ereignis, dessen Möglichkeit wir höchstens vorausahnen

tir la possibilité, mais dont nous ne connaissons pour l'instant encore ni la forme ni la promesse, elles basculaient, comme le fit au tournant du XVIIIe siècle le sol de la pensée classique, – alors on peut bien parier que l'homme s'effacerait, comme à la limite de la mer un visage de sable.	können, aber dessen Form oder Verheißung wir im Augenblick noch nicht kennen, diese Dispositionen ins Wanken gerieten, wie an der Schwelle zum achtzehnten Jahrhunderts die Grundlage klassischen Denkens es tat, dann kann man sehr wohl darauf wetten, daß der Mensch verschwindet wie am Meeresufer ein Gesicht im Sand.

Quelle linke Spalte: Michel Foucault (1966): *Les Mots et les choses. Une archéologie des sciences humaines.* Paris: Gallimard, S. 398; Quelle rechte Spalte: Michel Foucault (1971): *Die Ordnung der Dinge.* Frankfurt am Main: Suhrkamp, 1971, S. 462; Übersetzung von mir modifiziert.

Diese Passage schließt *Les Mots et les choses*, die historische Studie zum neuzeitlichen Wissen in Europa, mit der Michel Foucault in Frankreich seinen Durchbruch erzielt. Der Bestseller-Erfolg dieses Buchs ist erstaunlich, breitet es doch auf 400 Seiten heute weitgehend vergessene Texte aus vier Jahrhunderten aus, die der Autor aus verstaubten Bibliotheksarchiven zusammengetragen hat. Der Schwerpunkt des Buchs liegt auf der Darstellung dieses umfangreichen historischen Materials, auf die Aussage (3) anspielt. Dieses kurze Schlusswort dient der theoretischen Positionierung Foucaults, der hier das Verhältnis historischen Wissens zum Problem des »homme« [»Menschen«] (2, 3, 4, 5, 8, 9) diskutiert. Das Begriffswort „Mensch" hat eine doppelte Funktion: zum einen verweist es auf begriffliche Inhalte, die das in den vorhergehenden Abschnitten über das Wissen des 19. Jahrhundert Gesagte kondensieren; zum anderen rückt es die Problematik des „Menschen" in den Mittelpunkt einer polemischen Auseinandersetzung, in der der Lokutor auf bestimmte Weise Stellung bezieht. Der Äußerungskontext, in dem die Person Foucault zum Gegenwartszeitpunkt T_0 spricht, wird in diesem Zusammenhang zwei Mal deiktisch sichtbar: erstens im *passé composé* von (5) (»qui a commencé« [»der begonnen hat«], »a laissé apparaître« [»erscheinen lassen«]), zweitens mit dem Possessivpronomen der ersten Person »notre« [»wir«] (8). Wie geht der deiktisch gezeigte Kontext in die Auseinandersetzung mit den Protagonisten des intellektuellen Diskurses ein?

Das Deutsche verfügt über kein strenges *passé composé*, das ähnlich wie das englische *present perfect* (*have* + Partizip) den in der Vergangenheit identifizierten Zeitpunkt T_0' von dem subjektiven Gegenwartszeitpunkt T_0 abhängig macht, an dem die Äußerung stattfindet. Im Gegensatz zu (9), wo die narrative Vergangenheit des *passé simple* mit

»comme le fit au tournant…« [»wie es tat…«] (9) den Übergang zum Zeitalter des Menschen um 1800 als einen objektiven Zeitpunkt T_{-1} in der Vergangenheit ausweist, impliziert die Verwendung der „Gegenwartsvergangenheit“ des *passé composé* die Gegenwart der Person des Äußerungskontexts. Diese Person zeigt sich auch über das Pronomen „unser“ (8), mit dessen Hilfe sich der Autor als Mitglied der Gemeinschaft der anwesenden Leser zu erkennen gibt und das „Denken“ in das Jetzt (T_0) des Äußerungskontexts einschreibt. Auf diese Weise lagert sich an dem Begriffswort »Mensch« nicht nur das historische Wissen an, das der Leser in der Lektüre des Buchs gewinnt; es wird auch zu einem Einsatz, mit dem sich der Lokutor in den gegenwärtigen Debatten im intellektuellen Feld positioniert. Indem Foucault das historische Material zu einer Projektionsfläche für Probleme der Gegenwart macht, macht er den Lesern ein Repräsentationsangebot, mit dem ein aktueller Stand, ein Jetzt T_0 der intellektuellen Debatte festgemacht wird. Die Definition eines Jetzt-Zeitpunkts T_0 ist alles andere als ein unschuldiges Manöver, da sie den Leser zwingt, sich und die anderen Produzenten des Felds von T_0 aus zu verorten. Wenn das Zeitalter des Menschen, das mit T_0’ bzw. T_{-1} (d. h. um 1800) beginnt, an T_0 sein Ende findet, werden die Produzenten, die der Leser als Vertreter einer Philosophie des Menschen assoziiert, dann nicht als Figuren der Vergangenheit ausgewiesen, die zu einem T_{-1}-Gegenstand der intellektuellen Erzählung geworden sind und nicht mehr selbst als T_0-Erzähler auftreten? Sicher gehört die historische Kartierung des Felds durch die Festlegung von T_0 zu den zentralen Strategien, mit denen sich die Produzenten von ihren Konkurrenten abzugrenzen und Dominanz im intellektuellen Feld auszuüben versuchen. Es sind Texte wie der vorliegende, die andere Texte (wie die von Sartre) altern lassen und wieder andere (die Schulphilosophie, die kanonischen Geisteswissenschaften und weitere anonym auftretende Tendenzen, die der Leser ungleich schwerer mit bestimmten Namen assoziieren wird) als traditionell, überholt, „alteuropäisch“ kennzeichnen.

Die in dem Zeitraum zwischen T_0’ bzw. T_{-1} und T_0 verorteten Figuren des Humanismus, die in einem kleinen, parallel erscheinenden Text Foucaults (Juni 1966) die Namen Saint-Exupéry, Camus, Teilhard de Chardin und, mit Einschränkungen, Sartre erhalten (Foucault 1994c: 541[698]), kommen in den Aussagen (2, 4, 6) zu Wort, welche einem durchgängigen polyphonischen Muster folgen. So provoziert der logische Operator „nicht“ eine Konfrontation zweier Sprecher – der Gegner und der Anhänger des „Menschen“ –, die schon im Diskurs von Lacan und Althusser erkennbar war. Diese Aussagen weisen eine einfache polyphone Struktur auf:

$per_1(x)$: $[a_1]$ (WAHR (p_x)
$per_2(x)$: $[l_2]$ (NEIN $(per_1(x))$

Während x ein Platzhalter für die Aussagennummer ist, steht p_x für die jeweiligen Inhalte: p_2: „Der Mensch ist das älteste und auch nicht das konstanteste Problem, das sich dem menschlichen Wissen gestellt hat" (2); p_4: „Um ihn und um seine Geheimnisse herum hat das Wissen lange Zeit im Dunkeln getappt" (4); p_6: „Es war die Befreiung von einer alten Unruhe, der Übergang einer Jahrtausende alten Sorge zu einem lichtvollen Bewußtsein, das Erreichen der Objektivität durch das, was lange Zeit in Glaubensvorstellungen und in Philosophien gefangen war" (6). Die polyphone Organisation der Aussageinhalte kann dadurch „getestet" werden, dass die beiden Sprechperspektiven auf zwei Individuen verteilt werden, die einen (fiktiven) Dialog führen, und zwar zwischen einem Fragesteller A und einem Antwortgeber L, der auf As Fragen beständig mit „Nein" reagiert:

A: „p_2?"
L: „Nein."
A: „p_4?"
L: „Nein."
A: „p_6?"
L: „Nein."

Dieser Dialog zwischen einem Humanisten-A und einem Antihumanisten-L, der von realen Individuen aufgegriffen werden kann – man denke an Sartres „Antwort" auf Foucault (1966) –, kann nun um die propositionalen Inhalte von (3, 5, 7) ergänzt werden, die Ls eintönige Ablehnung argumentativ unterstützen und mit zusätzlichen Inhalten versehen:

A: „p_2?"
L: „Nein, denn p_3."
A: „p_4?"
L: „Nein, denn p_5."
A: „p_6?"
L: „Nein, denn p_7."

In (8) findet dieses Frage-Antwort-Spiel ein Ende da, indem L eine Schlussfolgerung aus dem Gesagten zieht und das Ergebnis programmatisch auf den Punkt bringt. Die polyphone Inhaltsorganisation ist typisch für den barock-ausladenden Schreibstil Foucaults, erlaubt er doch das vielfältige historische Wissen des Produzenten, in die konzeptuelle Auseinandersetzung mit seinen Konkurrenten einfließen zu lassen.

Die Frage ist nun, wie der Lokutor von (8) zu dem vorangehenden diskursiven Geschehen steht: Gibt er L einfach nur weitere argumentative Munition und verhält sich als ein Teil des zuvor definierten L oder tritt er als ein von L und A unabhängiger „Richter“ auf, der die Vernehmung der Zeugen A und L beendet, indem er mit p_8 ein Urteil fällt? An dieser Stelle scheint der Lokutor von Aussage (8) sich eindeutig auf eine Seite zu schlagen. Doch wenn in (8) ein von den vorherigen Individuen unabhängiger Richter auftreten soll, dann hat der Leser allen Grund, an seiner Unparteilichkeit zu zweifeln – zu nahe steht der Lokutor von (8) den Lokutoren von (2, 3, 4, 5, 6, 7). Mit diesem „Urteilsspruch“ für die antihumanistische Seite scheint Foucault in der Auseinandersetzung über den „Menschen“ eindeutig Partei zu ergreifen. Oder hält sich Foucault nicht doch noch ein Hintertürchen offen, um die Entscheidung in einer nächsten Instanz überprüfen zu lassen? Auf den ersten Blick scheint die abschließende Aussage (9) das in (8) Gesagte nur noch einmal zu bestätigen. Aber wenn der Ausgang des Verfahrens nun schon feststeht, warum muss sich der Satz mit so viel Bedingungen, Einschränkungen und Ergänzungen aufpumpen, dass der Leser die Position des Lokutors gar nicht mehr unbedingt auf Anhieb identifizieren kann? Wenn (9) nur das in (8) Gesagte wiederholen soll, dann erscheint es kurios, dass in (9) das gesamte Instrumentarium polyphonischer Möglichkeiten aufgeboten wird. So evozieren die logischen Operatoren »si« [»wenn«], »ne ... ni ... ni« [»weder ... noch«] und »mais« [»aber«] eine Reihe von Sprechern, die dem Richter-Lokutor in der Urteilsfindung helfend zur Seite treten. Auf dieses zusätzlich herangezogene Bataillon an Zeugen, Sachverständigen und Rechtsexperten beruft sich der Lokutor bei der Verkündigung des Urteils, das sich in folgende Sprechperspektiven auffächern lässt:

per_1(9): [x_1] (WAHR (p: „die Dispositionen verschwinden...“)), wobei unbekannt ist, ob der Sprecher von L angenommen oder zurückgewiesen wird.

per_2(9): [x_2] (WAHR (q: „die Dispositionen geraten durch ein [Ereignis] ins Wanken“)), wobei das eingeklammerte Element von q infolge des Relativpronomens »dont« [»von dem«] eine syntaktisch untergeordnete Reihe von Sprechperspektiven signalisiert:

- $per_1(per_2(9))$: [l_1] (WAHR (r: „wir ahnen die Möglichkeit [von dem Ereignis] höchstens voraus“)
- $per_2(per_2(9))$: [a_2] (WAHR (s: „wir kennen die Form oder Verheißung [von dem Ereignis]“)
- $per_3(per_2(9))$: [l_3] (NEIN ($per_2(per_2(9))$))
- $per_4(per_2(9))$: [a_4] (WAHR (P aus ($per_1(per_2(9))$) ABER ($per_3(per_2(9))$)), wobei P eine Präsupposition aus $per_1(per_2(9))$ anzeigt (P wäre etwa: „Der Umstand, *dass* wir ein Ereignis vorausahnen können, impliziert eine

Kenntnis darüber, *was* es heißt.“), die einem Allokutor a_4 zugerechnet wird.

$per_3(9)$: $[x_3]$ (WAHR (t: „der Mensch verschwindet wie…“))

$per_4(9)$: $[x_4]$ (PERF ($per_3(9)$), wobei PERF für eine performative Sprechhandlung („wetten“) steht: „wir wetten darauf, dass…“

$per_5(9)$: $[l_5]$ (MOD ($per_4(9)$), wobei MOD für das Modalverb „können“ steht.[1]

$per_6(9)$: $[l_0]$ (WAHR ($per_5(9)$), WENN $x_1=l_1$ und $x_2=l_2$), wobei WENN für die Konditionalisierung von $per_1(9)$ und $per_2(9)$ durch »si« steht.

Die Formalisierung der involvierten Sprechperspektiven erfordert einen gewissen Aufwand, aber sie bietet den Vorteil, dass sich nun auf einen Blick die Sprecher der einzelnen Inhalte mit ihrer spezifischen Stellung zum Lokutor bestimmen lassen. Wir sehen in der formalen Darstellung die vier Adjutanten (x_1, x_2, x_3, x_4) des Lokutors, wobei x_1 und x_2 seine „Sachverständigen“ sind, von deren Urteil er sein Urteil schließlich abhängig macht. Der Sachverständige x_2 verfügt über ein eigenes Team von Sprechern mit verschiedenen Meinungen, von denen er die von l_1 und l_3 schließlich annimmt, die von a_2 und a_4 dagegen zurückweist. Dagegen wäre x_3 vielleicht ein Richter, der in einem anderen Prozess schon über einen Präzedenzfall entschieden hat und dessen Urteil nun übernommen werden kann. Die Rolle eines Prozessbeobachters würde dagegen x_4 zufallen, der darauf wettet, dass sich der Richter-Lokutor auf das Präzedenzurteil des anderen Richters beruft. Der Lokutor selbst sagt dann nur noch, dass er das vom Prozessbeobachter erwartete Ergebnis durchaus für möglich hält, aber auch nur dann, wenn sich die beiden Sachverständigen in ihren Urteilen nicht irren.

Während in der weitgehend monophonen Aussage (8) der Richter-Regisseur l_0 sein Urteil („der Mensch ist eine historische Erfindung“) noch alleine verkündet, lässt er in (9) einen ganzen Apparat von Sprechern aufmarschieren, die das Urteil vorbereiten, schreiben und ihm schließlich zur Absegnung vorlegen. Doch was macht am Schluss der Richter? Anstatt die antihumanistische Partei erwartungsgemäß zum Sieger zu erklären, hält er seine Unterschrift unter das von seinen vier Adjutanten vorgefertigte Urteil zurück und kündigt lediglich die *Möglichkeit* einer baldigen Abzeichnung an, wodurch das Verfahren in der Schwebe gehalten wird.

1 Auch wenn aus ScaPoLine nicht hervorgeht, wie Modalverben im Rahmen der Theorie enunziativer Polyphonie abgehandelt werden können, scheinen sie doch eine ähnliche Funktion wie bestimmte Adverbien (z. B. „peut-être“ [„vielleicht“]) zu haben, die die Aussage als Ganze qualifizieren und einen eigenen Sprecher auftreten lassen.

Das am Schluss vom Lokutor zurückgehaltene Urteil p „Der Mensch ist eine historische Erfindung“ ist durchaus von Anfang an verfügbar: schon (2), (3) und (5) beinhalten p. Aber es scheint, als ob der Richter-Lokutor immer wieder einen Vorwand sucht, um seine definitive Unterschrift unter p aufzuschieben. So weist der Lokutor in (2) nicht etwa p als wahr aus, sondern das, wovon in (1) als „sichere Sache“ die Rede ist. Statt ein definitives Urteil zu fällen und p selbst zu vertreten (wie dies in einer monophonen Aussage wie: $per_1(2)$: [l_0] (WAHR (p)) der Fall sein könnte), lässt der Lokutor l_0 das, wozu er seine Zustimmung erteilt von einem anderen Sprecher ($per_1(2)$) sagen:

$per_1(2)$: [l_1] (WAHR (p))
$per_2(2)$: [l_0] (WAHR ($per_1(2)$), wobei WAHR hier für die aus (1) und (2) gewonnene Aussage „Il est certain que“ [„Es ist sicher, dass“] steht.

Der Lokutor überlässt es (wie schließlich auch in (9): »on peut bien parier que« p [»können wir darauf wetten, dass« p]) seinen Abbildern wie l_1, p zu sagen, wobei l_0 den Wahrheitsanspruch von l_1 in der Form von „Es ist sicher, dass p“ unterstützt. Dass beide Sprecher p als „wahr“ qualifizieren, macht p jedoch nicht „wahrer“. Im Gegenteil, das Sagen, *dass* p wahr sei, stuft p zu einer bloßen Behauptung herab, denn wenn die Wahrheit von p dem Lokutor keine Probleme bereiten würde, warum sagt er die Aussage nicht einfach: „Der Mensch ist eine historische Erfindung?“ Eine analoge Beobachtung gilt für die Formel von Aussage (3): »on peut être sûr que« p [»man kann sicher sein, dass« p], wobei hier die Zustimmung des Lokutors zusätzlich von dem Modalverb „können“ sowie von einem durch das „en“-Gerundium ausgelösten „Adjutanten“ eingeschränkt wird. Schließlich fällt in (5) das Adverb »peut-être« [»vielleicht«] auf, das das Gesagte als Ganzes sowie einen Teil von (8) qualifiziert. Indem der Lokutor l_0 nur für das „vielleicht“, nicht aber für p selbst verantwortlich zeichnet (d. h.: $per_1(2)$: [l_1] (WAHR (p)); $per_2(2)$: [l_0] (VIELLEICHT ($per_1(2)$))), vermeidet er einmal mehr die definitive Festlegung auf p.

Es muss daran erinnert werden, dass Foucault in seinen Texten (anders dagegen in seinen mündlichen Stellungnahmen) nur an wenigen Stellen so eindeutig und unumwunden wie im analysierten Ausschnitt Partei für eine bestimmte Position ergreift. Gleichwohl belegt auch dieser Text die für Foucault typische Strategie der Maskierung bzw. Ausradierung des Lokutors. Foucaults Lokutor entscheidet nie in letzter Instanz. Jedes von einer Aussage ausgelöste Verfahren kann in der folgenden Aussage wiederaufgerollt werden. Diese Strategie sichert Foucault, der kurz nach dem Erscheinen von *Les Mots et les choses* die Distanz zu antihumanistischen Tendenzen der Zeit, insbesondere zum Strukturalismus unterstreichen wird, eine gewisse Flexibilität in seinen Positionierungen. Bezeichnet er sich noch in einem im April 1967 erschienenen Interview halb ironisch als »Chorknabe des Strukturalismus« (Foucault 1994d: 581[744]),[clvii] betont er im September 1967 (Foucault 1994d [772f.]) schon seine Unterschiede, um sich 1969, in der *Archéologie du savoir*, von dieser intellektuellen Bewegung abzugrenzen, als deren Vertreter er seit *Les Mots et les choses* weithin gilt. Das Geschick Foucaults liegt nun darin, trotz aller theoretischer Neubestimmungen, mit denen er den vielfachen Wendungen eines in ständiger Wallung befindlichen Felds Rechnung trägt, seine Glaubwürdigkeit nicht mit offensichtlichen Widersprüchen zu diskreditieren, für eine Grundkohärenz seines Werks zu sorgen und so die Zitierfähigkeit seines Namens sicherzustellen. Einmal definitiv zurückgewiesene Positionen (wie die Zurückweisung des „Humanismus" in den Texten um 1966) können später nicht ohne Glaubwürdigkeitsverluste wieder eingenommen werden. Aus diesem Grund kann er sich Ende der 70er der Subjektproblematik nur zuwenden, indem er diese als eine Ausarbeitung und Radikalisierung früherer Positionierungen rahmt.

Dass Foucault immer wieder die größte Energie darauf verwendet, an den intellektuellen Polemiken teilzunehmen, ohne sich zu sehr für die eine oder andere Partei aus dem Fenster zu hängen, erweist sich somit als ein Gebot der Vorsicht gegenüber Vereinnahmungstendenzen in einem intellektuellen Feld, in dem die Singularität des Produzenten und seines Projekts ständig verteidigt werden muss. In der Tat bedeutet jede Festlegung das Risiko, den Alterungsprozessen eines Diskurses ausgesetzt zu werden, in dem der ständige Bruch mit dem Alten zu den wenigen Konstanten der Zeit gehört. Doch nicht immer gelingt Foucault der Balanceakt zwischen Maskierung und Profilierung. So stellt sich seine akademische Karriere zwar im Nachhinein als ein glänzender Erfolg dar, aber im akademischen Feld mit seinen stärker auf pädagogische Reproduktion ausgerichteten Beziehungen, so kann unterstellt werden, stößt die Strategie des andauernden Stellungswechsels und Hintertürchen-Offen-Lassens bisweilen auf Hindernisse. Dass es Foucault erst im zweiten Anlauf an die ENS schaffte, dass er gerade in den konzeptuellen Disziplinen (wie der Philosophie) seine Lehrer nicht immer auf Anhieb zu überzeugen vermochte (Pestaña 2006: 49f.), dass Foucault in Frankreich keine Schule aufbaute, dass seine Bücher nur zögerlich Eingang in die Lehrpläne der Universitäten fanden, unterstreicht dies nicht die Dilemmata einer Strategie, die sich an den auf Planbarkeit, Berechenbarkeit und Langfristigkeit setzenden akademischen Institutionen bricht? Sicher kann man in dieser Strategie, wie dies Daniel Defert (auf dem

Foucault-Kongress in Frankfurt am Main, 28. September 2001) einmal vorgeschlagen hat, einen sich ständig kritisch hinterfragenden Geist erkennen, dessen Werk einer *éthique de la déprise*, einer Ethik des Loslassens folge, gemäß derer jedes neue Buch zunächst das vorherige Buch in Frage stellen muss. Man kann hierin aber auch mit Pestaña (2006: 56) die kreative Spannung eines Geists sehen, dessen vielfältige Interessen nicht immer zu einem kohärenten Ganzen zusammenfinden. Doch wie auch immer Foucaults geistige Beweglichkeit bewertet werden soll, es bleibt die Tatsache, dass diese Strategie dem Produzenten in einem Diskurs, der ständig Neues bietet und dem ständig Neues geboten werden will, Aufmerksamkeit jenseits begrenzter akademischer Fachöffentlichkeiten und über die mit dem Etikett des Strukturalismus markierte Periode hinaus beschert.

5.5 Jacques Derrida. Die Metaphysik des Texts

(1) La présence à soi du vécu doit se produire dans le présent comme maintenant. (2) Et c'est bien ce que dit Husserl : (3) si les « actes psychiques » ne s'annoncent pas eux-mêmes par l'intermédiaire d'une « *Kungabe* » [sic], s'ils n'ont pas à être informés sur eux-mêmes par l'intermédiaire d'indices, c'est qu'ils sont « vécus par nous dans le même instant » (*im selben Augenblick*). (4) Le présent de la présence à soi serait aussi indivisible qu'un *clin d'œil.*

(1) Die Selbstgegenwart des Erlebnisses muss sich in der Gegenwart als Jetzt hervorbringen. (2) Und genau das sagt ja Husserl: (3) Die „psychischen Akte" kündigen sich nicht selbst mittels einer „*Kundgabe*" an, und sie müssen nicht mittels Anzeichen über sich selbst in Kenntnis gesetzt werden, weil sie „*im selben Augenblick* von uns selbst erlebt werden." (4) Die Gegenwart der Selbstgegenwart wäre genauso unteilbar wie ein *Augenblick*, ein *Augenzwinkern.*

Quelle linke Spalte: Jacques Derrida (1967): *La voix et le phénomène.* Paris: Quadrige/PUF, S. 66; Quelle rechte Spalte: Jacques Derrida (2003): *Die Stimme und das Phänomen: Einführung in das Problem des Zeichens in der Phänomenologie Husserls.* Frankfurt am Main: Suhrkamp, 2003, S. 82f.; Übersetzung von mir modifiziert.

Dieser Ausschnitt schließt das vierte Kapitel (von insgesamt sechs) von *La Voix et le phénomène* [*Die Stimme und das Phänomen*] – Derridas Monographie zum Husserl'schen Zeichenbegriff, wie er am Anfang des ersten Teils des zweiten Bands von Husserls *Logischen Untersuchungen* umrissen wird. Im Unterschied zu den vorangehenden Beispielen, die in der einen oder anderen Form an den Polemiken der Zeit teilhaben, scheint sich dieser Text ausschließlich mit alten philosophischen Fragen zu beschäftigen und nicht in die intellektuellen Debatten der Zeit einzugreifen. Außer Husserl tauchen in Derridas Buch kaum andere Eigennamen auf. Neben den Verweisen auf den philosophischen Kanon (Plato, Hegel, Heidegger…) findet man lediglich die Angaben der Übersetzer von Husserls Schriften (wie »P. Ricœur« (62) oder »S. Bachelard« (82)), aber keine weiteren zeitgenössischen Produzenten des philosophischen Felds. Als Text eines Philosophen für Philosophen gehorcht dieser Text, wie die meisten anderen Texte Derridas, den spezifischen Regeln des philosophischen Felds. Um als Philosoph von Philosophen Anerkennung zu finden, muss der Produzent im Allgemeinen zwei Regeln befolgen: Erstens, sprich nur mit zeitlosen Referenzfiguren und berufe dich, zweitens, ausschließlich auf deren Autorität. So wird der philosophische Diskurs von einer Vergangenheit „unsterblicher" Produzenten überwölbt, mit denen die Produzenten des Felds mit dem Ziel kommunizieren, sich selbst „unsterblich" zu machen. Gleichwohl richten sich auch philosophische Texte an „sterbliche" Ko-Produzenten, die bestimmte Texte lesen und zitieren und andere nicht. Dass auch die Texte Derridas, wie konzeptuell rein und selbstreferenziell geschlossen sie auch immer gehalten werden mögen, auf ihre Kontexte zugreifen, das gilt es im Folgenden herauszuarbeiten.

Wie sich Derrida in diesem Text zu Husserl positioniert, an welchen Punkten er seine Kritik festmacht, was er „meint", das ist eine Frage, die seit dreißig Jahren den Gegenstand einer entwickelten Derrida-Exegese-Industrie bildet. Nun möchte ich den vielen Derrida-Spezialisten und -Kommentatoren nicht Konkurrenz machen, indem ich das von Derrida „Gemeinte" mit meiner eigenen Lektüre wiedergebe. Aber vielleicht kann der inhaltliche und argumentative Kontext des obigen Ausschnitts rasch dadurch charakterisiert werden, dass es Derrida ausgehend von der Husserl'schen Unterscheidung von „Ausdruck" (*expression*) und „Anzeichen" (*indice*) um das Verhältnis zwischen Sinn und Zeichen geht, d. h. zwischen dem »Repräsentierten und dem Repräsentierenden, dem Signifikat und dem Signifikant, der einfachen Präsenz und seiner Reproduktion, der Präsentation als Vorstellung und der Re-Präsentation als Vergegenwärtigung.« (Derrida 1967c: 58[72])[clviii] Einerseits postuliert Husserl, dass ein Zeichen solange ein bloßes Anzeichen (eine „Kundgabe") bleibt, wie es nicht von uns in anschaulicher Gegenwart erlebt und dadurch zu einem sinnhaft erlebten Ausdruck wird; andererseits kann es, wie auch Husserl betont, kein Zeichen geben, »das ›nur einmal‹ stattfindet.« (1967c: 55[69])[clix] Während Derrida die zentrale Funktion dieser Unterscheidung für Husserls Phänomenologie unterstreicht, baut er auf den aporetischen Konsequenzen, die er in Husserls Versuch sieht, »die Präsenz zu retten und das Zeichen zu reduzieren oder abzuleiten« (1967c: 57[71]),[clx] ein eigenes theoretisches Projekt auf, das ihn als Urheber der Dekonstruktionsphilosophie bekannt machen wird.

Derridas Texte verhandeln ein komplexes begriffliches Wissen; sie schreiben sich in längere theoretische Zusammenhänge ein, aus denen einzelne Aussagen nicht ohne Weiteres herausgetrennt werden können – davon zeugt schon Aussage (1), die mit dem charakteristischen „Jargon“ Derridas, den zahlreichen von ihm geprägten Begriffswörtern beladen ist: »présence à soi« [»Selbstgegenwart«], »vécu« [»Erlebnis«], »présent« [»Gegenwart«], »maintenant«. [»Jetzt«]. In diesem Gebrauchskontext haben »présent« und »maintenant« keine deiktische Funktion. Sie greifen nicht auf den Äußerungskontext der Aussage zu. Es sind vielmehr Begriffswörter aus einem längeren, im Kotext entfalteten argumentativen Zusammenhang.

Evozieren diese Begriffswörter reine theoretische Inhalte, die ohne das Außen des Äußerungskontexts existieren? Kann das nicht-textuelle Außen, wie es die dekonstruktive Doktrin postuliert, vollständig aus dem Text herausgehalten werden? In der Tat verbietet sich ein unmittelbarer deiktischer Zugriff auf den Äußerungskontext für einen „zeitlosen“ Text wie den vorliegenden. Betrachten wir also die Orchestrierung der Sprechinstanzen, über die der Lokutor mit seinem philosophischen Gegenüber in ein Gespräch tritt. Wer spricht in Aussage (1)? Da in (1) keine Äußerungsspuren oder Operatoren verwendet werden, die wie „nicht“ oder „aber“ das Gesagte auf konfliktive Äußerungsquellen aufteilen, kann eine „monophone“ Aussage angenommen werden, die nur einen Sprecher l_0 aufweist, der notwendig mit dem Regisseur l_0 zusammenfällt: per_1(1): [l_0] (WAHR (p)), wobei X und Y für die erwähnten Begriffswörter stehen und p für „X doit se produire dans Y“ [„X muss sich in Y hervorbringen“]. Polyphonie wird durch das Modalverb »devoir« [»müssen«] ausgelöst, das eine von einem Sprecher festgestellte „konstative“ Aussage von einem „normativen“ Sprecher wiederaufnehmen lässt. So verantwortet ein Abbild von L, nämlich l_1, die „konstative“ Aussage p, das andere Abbild von L (l_0) vertritt dagegen die Forderung nach p:

per_1(1): [l_1] (WAHR (p: „X se produit dans Y“))
per_2(1): [l_0] (MOD (per_1(1))), wobei MOD für das Modalverb »devoir« [»müssen«] steht.

Doch wie auch immer man die polyphone Funktion des Modalverbs beschreiben mag, die Sprecher von per_1 und per_2 erweisen sich in jedem

Fall als Abbilder von L. Muss das Gesagte somit vollständig auf L, d. h. auf die Person „Derrida“ bezogen werden, die als der auf dem Einband des Buchs aufgeführte Autor das *copyright* für den Inhalt trägt? Warum wird der Leser trotz der vordergründigen „Monophonie“ dieser Aussage Zweifel anmelden und das Gesagte vielleicht doch einem Dritten zuordnen, nämlich »Husserl«? Die „Monophonie“ von (1) ist eine Illusion, denn in (2) wird die Person identifiziert, die das Gesagte zu verantworten hat: l_0 entspricht hier der Person „Derrida“, die dem Leser den Namen der für (1) verantwortlichen Person mitteilt: „Husserl“. Die Aussage (2) gibt nicht nur die Quelle von (1) preis; mit »et c'est bien« – und hier zeigt sich das ganze schreiberische Talent des Dekonstruktionsphilosophen – unterstreicht der Lokutor gleichzeitig, dass „Husserl“ erst „im Nachhinein“ mit der Äußerungsquelle assoziiert werden kann. Die Formel »et c'est bien« – im Unterschied zu einer Quellenangabe wie „(1), dit Husserl.“ [„(1), sagt Husserl.“] oder akademisch ganz korrekt „(Husserl 1901)“ – signalisiert dem Leser: „Ja, ich (der „Derrida“-Lokutor) bin der Urheber dessen, was in (1) gesagt wurde, aber, wie ihr ja wisst, geht das, was ich in (1) sage, auf „Husserl“ zurück“. Im Deutschen kann eine solche Erinnerung, an das, was der Leser ohnehin schon weiß oder wissen müsste, mit dem Wörtchen „ja“ wiedergegeben werden: „Und das ist ja, was…“. Die polyphone Rafinesse steckt in diesem »bien«/»ja« der Evidenz, das den Leser zwischen einem zitierenden und einem zitierten Diskurs wechseln lässt.

Die Abwesenheit von Äußerungsspuren macht eine Aussage also noch nicht zu einer „monophonen“ Aussage. Und vielleicht ist „Monophonie“ insofern ein unglücklicher Ausdruck, als er die Begrenzung der Anzahl der Stimmen einer Aussage unterstellt. So identifiziert der Leser in einer „monophonen“ Aussage des Typs p_0 (wobei p_0: „SUBJEKT PRÄDIKAT“) nur solange einen einzigen Sprecher (d. h. $per_1(1)$: $[l_0]$ (WAHR (p_0))), wie er keine weiteren Sprecher annehmen muss. So kann eine „monophone“ Aussage p_0, die von einem Individuum L_0 gesagt wird ($L_0(p_0)$), von einem anderen Individuum L_1 zitiert werden, ohne dass sich letzteres explizit zu erkennen gibt. Explizit zu erkennen gäbe es sich, wenn die Aussage in $L_1(p_1$: „L_0 sagt, dass p_0“) verwandelt werden würde. Genauso ist denkbar, dass L_1 von einem dritten Individuum L_2 zitiert wird ($L_2(p_2$: „L_1 sagt, dass p_1: ‚L_0 sagt, dass p_0‘“)). Theoretisch ist dem Zitieren von p_0 durch immer neue Personen keine Grenze gesetzt, und der einzige Grund, warum der Leser die möglichen Verschachtelungen von p_0 nicht bis ins Unendliche verfolgt, ist ein pragmatischer. Der Aufwand wäre zu hoch. So bricht der Leser die Suche nach zitierenden Individuen L_1 (bzw. L_2, L_3 … L_x) ab, sobald es die Umstände erlauben. Nur wenn nichts gegen den Abbruch des interpretativen

Prozesses spricht, d. h. wenn es keine Hinweise darauf gibt, dass p_0 nicht auf L_0 (bzw. L_1, L_2 … L_{x-1}) zurückgeht, wird der Leser darauf wetten, dass p_0 tatsächlich von L_0 (bzw. L_1, L_2 … L_{x-1}) vertreten wird. Die „Monophonie“ von p_0 ist somit eine Wette auf den *default*-Sprecher L_0, die der Leser im Lichte von neuen Informationen revidieren kann.

So wird beim Übergang von (1) zu (2) die Wette des Lesers auf L_0 in Frage gestellt, denn er wird in (2) auf die Möglichkeit hingewiesen, dass (1) nicht nur von „Derrida“-L_0 geäußert wird, sondern auch von einem „Husserl“-L_0 vertreten wird. In diesem Fall könnte (1) dargestellt werden als die Aussage „Husserl sagt, dass sich X in Y hervorbringen muss“, und der Leser würde kein größeres Risiko eingehen, wenn er seine Wette auf den Sprecher *dieser* Aussage nun auf „Derrida“ abgäbe. Polyphonie muss also nicht von Operatoren wie „nicht“ oder „aber“ signalisiert werden. Die Assoziation des Sprechers der Aussage mit L kann, wie dies Ducrot für ironische Rede zeigt, auch durch nachträgliche Hinweise (offensichtliche Widersprüche, Übertreibungen, Gesten oder Intonation) in Frage gestellt werden. So erscheint etwa die Aussage *Warum schreibt Derrida nur so einfach und verständlich?* als ironisch, weil sich ihr Sprecher als ein Pseudo-Abbild von L erweist. Auch der Sprecher von (1) ist nicht unbedingt der Sprecher, als der er sich zunächst ausgibt. Aber anders als in klassischer Ironie wird der Sprecher der Aussage nicht vollständig zurückgewiesen, denn der Sprecher des zitierenden Diskurses L („Derrida“) stützt sich ja gerade auf die Autorität des Sprechers des zitierten Diskurses Z („Husserl“). Dass hier allenfalls quasi-Ironie vorliegt, wird noch dadurch unterstrichen, dass die Frage, ob hier der Lokutor selbst („Derrida“) spricht oder ein anderer Sprecher („Husserl“) vom Lokutor („Derrida“) zitiert wird, offen gehalten wird. So kann der Leser die Aussage (1) mit zwei Szenarien lesen, und zwar als

$per_1(1)$: $[l_1]$ (WAHR (p))
$per_2(1)$: $[l_0]$ (MOD ($per_1(1)$))

oder eben als

$per_1(1)$: $[z_1]$ (WAHR (p))
$per_2(1)$: $[z_2]$ (MOD ($per_1(1)$))
$per_3(1)$: $[l_0]$ (ZIT ($per_2(1)$))

Die (kontrollierte) Unentscheidbarkeit der Urheberschaft der Aussage ist ein Mittel, das Derrida in seinen Texten virtuos einsetzt. Die argumentative Dynamik der Dekonstruktion nimmt von Aussagen ihren Ausgang, die nicht nur von Derrida, sondern auch vom Sprecher des zitierten Diskurses unterschrieben werden können. Hierin besteht der dekonstruktive Gestus von Derridas theoretischem Projekt. Einen Text, dekonstruktiv zu lesen, heißt, Aussagen eines Diskurses zu zitieren und mit Aussagen eines anderen Diskurses wie (1) zu konfrontieren, die sowohl auf den Urheber des zitierten wie auf den des zitierenden Diskurses zurückgeführt werden können. Es sind diese unentscheidbaren Zitate, mit deren Hilfe Derrida gegenüber den kanonischen Texten seiner Disziplin eine „subversive" Distanz markiert und sich zugleich auf die Autorität ihrer Urheber stützt. Derrida gibt seinem Leser damit ein Lektüremodell an die Hand, das die Produktion von Texten über Texte ermöglicht, die im Namen der Sprecher der zitierten Texte Distanz gegenüber diesen Texten markieren. Auf diese Weise wird der Avantgarde-Anspruch einer Philosophie gestützt, die sich mit kontrollierten Abweichungen und Innovationen vom disziplinären Mainstream mit ihren etablierten Hierarchien und Beziehungen abhebt. Auf diese Weise gelingt Derrida das Kunststück, mit philosophischen Texten Nicht-Philosophen anzusprechen und an einer theoretischen Konjunktur teilzunehmen, deren entscheidende Impulse von außerhalb des philosophischen Felds kommen.

In (3, 4) finden nun auch die „klassischen" Operatoren der Polyphonie Verwendung, über die der zitierte Diskurs eine Reihe von Sprechern evoziert, zu der sich wiederum der Lokutor auf eine bestimmte Weise verhält. Um diesen um die Koexistenz eines zitierenden und zitierten Diskurses erweiterten Fall von Polyphonie zu formalisieren, definiere ich im Folgenden a_x als Abbilder des Allokutors A, die von z_x, den Abbildern des Sprechers des zitierten Diskurses Z, zurückgewiesen werden. Die Abhängigkeit des Sprechers, der für das nach »wenn« Gesagte verantwortlich zeichnet (d. h. l_x), wird wieder von dem „Platzhalter-Sprecher" x_x ausgedrückt, auf den das vor »wenn« Gesagte zurückgeführt wird. Als Sprecher des zitierenden Diskurses fungieren die Abbilder von L: l_x.

per_1(3): [a_1] (WAHR (p: „Die ‚psychischen Akte' kündigen sich selbst mittels einer ‚*Kundgabe*' an")), wobei der von den Anführungszeichen indizierte Übergang des zitierenden zum zitierten Diskurses des einfacheren Überblicks halber hier nicht weiter berücksichtigt wird (vgl. den entsprechenden Übergang von per_5(3) zu per_6(3) sowie von per_9(4) per_{10}(4))
per_2(3): [x_2] (NEIN (per_1(3)))
per_3(3): [a_3] (WAHR (q: „ sie müssen mittels Anzeichen über sich selbst in Kenntnis gesetzt werden…"))
per_4(3): [x_4] (NEIN (per_3(3)))
per_5(3): [z_5] (WAHR (t: „sie werden von uns erlebt…"), WENN x_2=z_2 und x_4=z_4)

$per_6(3)$: $[l_6]$ (ZIT ($per_5(3)$)), wobei der zitierende Diskurs ZIT durch die Anführungszeichen und den kursivgesetzten Originalwortlaut signalisiert wird.

$per_7(4)$: $[a_7]$ (WAHR (r: „ Die Gegenwart der Selbstgegenwart ist geteilt“)),

$per_8(4)$: $[a_8]$ (MOD ($per_4(9)$)), wobei MOD für die Modalisierung durch das Suffix „-bar“ von „unteilbar“ steht.

$per_9(4)$: $[z_9]$ (NEIN ($per_8(4)$, WENN x_2=z_2 und x_4=z_4)), Suffix „un-“ von „unteilbar“!

$per_{10}(4)$: $[l_0]$ (ZIT ($per_9(4)$)), wobei der zitierende Diskurs ZIT hier durch das Konditional des Verbs sowie das kursivgesetzte Zitat angezeigt wird.

Wenn der Leser diese zehn Sprecher der beiden Aussagen mit den beiden aus dem Kotext bekannten Diskursfiguren („Derrida“, „Husserl“) zu assoziieren versucht, wird er keine größeren Schwierigkeiten haben, das von z_x Gesagte auf „Husserl“ zu beziehen und das von l_x Gesagte auf „Derrida“. Aber „Derrida“ tritt nicht nur als l_x in Erscheinung, d. h. als derjenige, der garantiert, dass die mit Anführungszeichen und Kursivsetzungen ausgewiesenen Zitate auch wirklich von z_x verantwortet werden. Auch a_x, die von Z („Husserl“) zurückgewiesen werden, scheinen die Meinung von L wiederzugeben. Die „Aporie“, die der dekonstruktive Philosoph dem Leser vor Augen führt, gründet nun auf der unsicheren Beziehung zwischen L und Z. Während sich L im Lichte von (2) noch mit Z identifiziert, identifiziert sich L in (3) mit A, dem „Anti-Z“. Die „Magie“ des dekonstruktiven Vorgehens resultiert daher, dass für den Leser vor dem Hintergrund von (1, 2) L im Namen von Z auftritt, Z aber in (3) A zurückweist, der nun gerade das sagt, was L in (1, 2) noch mit der Unterstützung von Z geäußert hatte. Als Konsequenz dieser komplexen polyphonischen Operationen wird Z „unglaubwürdig“, und zwar „ganz von allein“, d. h. ohne dass L gegenüber Z „illoyal“ wird. Indem L die Rede von Z affirmativ wiederholt, tritt er hinter Z zurück, der sich gleichsam selbst zu zerlegen scheint.

Es ist diese infolge des Verblassens von L ermöglichte „Selbstdemontage“ von Z, die ein theoretisches Projekt organisiert, mit dem Derrida als Philosoph in intellektuelle Auseinandersetzungen einzugreifen versucht, in denen nicht nur die Phänomenologie, sondern die Philosophie als Ganze zunehmend in eine Defensivposition gerät. Stand Husserls Phänomenologie nach dem zweiten Weltkrieg mit Sartres Existenzialismus, Merleau-Pontys Psychologie und Tran Duc Thaos Marxismus noch im Mittelpunkt der theoretischen Diskussion, nimmt ihr Prestige spätestens seit Mitte der 50er Jahre ab, so dass es für Spezialisten der Phänomenologie zunehmend schwierig wird, als theoretische Speerspitze für einen breiteren intellektuellen Kontext aufzutreten. Diese veränderte Lage ist auch dem Produzenten Derrida nicht entgangen, dessen

Kommilitonen der ENS wie Michel Foucault und Pierre Bourdieu Anfang der 50er Jahre noch phänomenologische Philosophie betreiben, sich dann aber dem expandierenden Bereich der *sciences humaines* zuwenden. Hinzu kommt, dass Husserls Werk seit Anfang der 60er Jahre in weiten Teilen übersetzt ist (1961 der erwähnte Band der *Logischen Untersuchungen*), was den Distinktionswert von Husserls Philosophie für junge ambitionierte Philosophen wie Derrida verringert. Mit seinen philosophischen Lektüren philosophischer Texte produziert Derrida Texte, die den Ko-Produzenten die Möglichkeit bieten, die zitierten Texte philosophisch – d. h. unter Anerkennung ihrer kanonischen Autorität – zu lesen und sich gleichzeitig gegen drohende Abwertungstendenzen der Phänomenologie abzusichern. Diesen Seiltanz bewältigt Derrida durch die Produktion virtuos komponierter Partitionen, die philosophische Themen vorstellen, auf die Stimmen des intellektuellen Diskurses aufteilen und nach allen Regeln des philosophischen Tonsatzes durchführen. Die Resonanz bleibt nicht aus. Einen schneidenden Erfolg erzielen seine Texte v. a. bei jenen, die ihr philosophisches Kapital mit den neuen Theorietendenzen aus dem Umfeld der *sciences humaines* abgleichen und Anschluss an die neuen Referenzfiguren des Antihumanismus wie Saussure suchen. Derridas intellektuell-theoretische Update-Offerte löst nicht nur Konversions- und Erleuchtungserlebnisse aus, in denen die Leser ihre theoretischen Positionen rasch aufgeben und neu bestimmen. Sie trifft auch auf die harsche moralische Entrüstung der Leser, die in Derridas dekonstruktiven Lektüren nichts weiter als die Taschenspielertricks eines Rhetorikers sehen, der die Frage nach Sinn, Wahrheit und Vernunft aus der abendländischen Philosophie verbannen will.

Doch warum kann dieser Text, der in den klassischsten Formen der akademischen Philosophie daherkommt, als ein Dokument des theoretischen Antihumanismus bzw. Strukturalismus gelesen werden? Der hegemoniale Wert des Texts rührt daher, dass er den Lesern hilft, den Diskurs zu wechseln, und zwar von einem „metaphysischen" Diskurs zu einem „metaphysikkritischen" Diskurs. Derridas Text kann als eine „Bedienungsanleitung" für die Lektüre kanonischer Texte gebraucht werden, mit der die Leser sich in unterschiedlichen diskursiven Universen bewegen können. Der Kniff besteht darin, dass Derridas Texte den Leser in der Zitation von Texten unterweisen, deren Inhalte der zitierende Sprecher zurückweist, und zwar im Namen des zitierten Sprechers. Auf diese Weise wird der zitierte Text als Trägermaterial für zwei unterschiedliche Diskurse ausgewiesen: für einen ersten, zitierten Diskurs, dessen „Metaphysik" von einem zweiten, zitierenden Diskurs problematisiert wird, in dem der Urheber des ersten Diskurses gleichwohl als unhinterfragbare Referenzfigur Anerkennung findet. Der Übergang vom zitierenden zum zitierten Diskurs wird im vorliegenden Fall von typographischen Mitteln wie Anführungszeichen und Kursivsetzungen signalisiert, die die Heterogenität dieses Diskursfragments unterstreichen. Auf die Quelle des entsprechend markierten Materials – vgl. »« actes psychiques »«, »« *Kungabe* »« [sic], »« vécus par nous dans le même instant » (*im selben Augenblick*) « (3) sowie den kursiv gesetzten »*clin d'œil*« (4), mit dem Derrida den des Deutschen mächtigen Leser augenzwinkernd an den »Augenblick« von (3) verweist – stößt der aufmerksame Leser, wenn er an den Anfang des Kapitels vorblättert, auf ein längeres Husserl-Zitat, das die besagten Wortfolgen – bis auf die in der französischen Ausgabe orthographisch verunglückte „*Kungabe*" – enthält. Auch in dieser Passage finden sich typographisch abgehobene Einsprengsel, die auf den Wortlaut des Originaltexts verweisen. Den von Derrida zitierten Originaltext wird der geneigte Leser auf Seite 43 von § 8 „Die Ausdrücke im einsamen Seelenleben" des zweiten Bands der *Logischen Untersuchungen* finden. Der folgende Kasten stellt links das Originalzitat Husserls, rechts die Übersetzung Derridas gegenüber (die die französische Originalübersetzung des Husserl'schen Werks von 1961 erheblich modifiziert).

(1") In der monologischen Rede können uns die Worte doch nicht in der Funktion von Anzeichen für das Dasein psychischer Akte dienen, da solche Anzeige hier ganz zwecklos wäre. (2") Die fraglichen Akte sind ja im selben Augenblick von uns selbst erlebt.	« (1') Dans le monologue, les mots ne peuvent toutefois nous servir dans la fonction d'indices de l'existence (*Dasein*) d'actes psychiques, car une telle indication n'aurait ici aucune finalité (*ganz zwecklos wäre*). (2') Les actes en question sont en effet vécus par nous-mêmes dans le même instant (*im selben Augenblick*). »

Quelle linke Spalte: Edmund Husserl (1984[1901]): *Logische Untersuchungen. Zweiter Band, Erster Teil: Untersuchungen zur Phänomenologie und Theorie der Erkenntnis*. The Hague, Boston, Lancaster: Martinus Nijhoff, S. 43 (§8 « Die Ausdrücke im einsamen Seelenleben »); Quelle rechte Spalte: Jacques Derrida (1967): *La voix et le phénomène.* Paris: Quadrige/PUF, S. 54 (chapitre iv « Le vouloir-dire et la représentation »).

In (1', 2') verhandelt der Text des französischen Philosophen einen ersten Übergang, und zwar von einem zu übersetzenden Text (1", 2") zu einem übersetzten Text (1', 2'). In diesem Übergang geht es um die eher technische Frage der Übersetzung von einer Sprache in die andere. Doch müssen die zahlreichen Spuren registriert werden, die der Lokutor in (1', 2') in Gestalt der auf Deutsch gelassenen Worte hinterlassen hat, um seine begrenzte Haftung für die gefundene Lösung zu signalisieren und dem Leser mitzuteilen: „Ich versuche euch hier nach bestem Gewissen den Originaltext wiederzugeben. Aber ich sage auf Französisch etwas, was Husserl auf Deutsch nicht sagen will.“ Es ist die Aufgabe des ganzen Kapitels, das unintendiert Gesagte mit Worten einzuholen, die das paraphrasieren, was in dem Übergang von dem einen zum anderen Text verloren geht. In immer neuen Paraphrasen versucht der Text das einzufangen, was den Aussagen (1', 2') fehlt. So markiert die Paraphrasierung dieses Verlusts einen zweiten Übergang, und zwar von (1', 2'), dem übersetzten Husserl-Zitat, zu einer Reihe von Paraphrasen, die den unmittelbaren Kotext von (1', 2') umgeben. In (1, 2, 3, 4) vermischen sich diese Paraphrasen, die im Modus des zitierenden Diskurses geäußert werden, mit Bruchstücken des zitierten Diskurses von (1', 2'), die in (3) typographisch abgehoben werden. Auch in (1, 2, 3, 4) evoziert der zitierende Diskurs immer wieder Begriffswörter, die dem zitierten Diskurs von (1', 2') fehlen, um (1", 2") richtig wiederzugeben: »présence à soi du vécu« [»Selbstgegenwart des Erlebnisses«] (1), »présent comme maintenant« [»Gegenwart als Jetzt«] (1), »présent de la présence à soi« [»Gegenwart der Selbstgegenwart«] (4), die den charakteristischen Jargon Derridas ausmachen.

Wie verhält sich das Begriffswort »présence« zu anderen Begriffswörtern, mit denen es sich verkettet: »soi« [»selbst«], »maintenant« [»Jetzt«], »vécu/vie« [»Erlebnis/Leben«], »clin d'œil« [»Augenblick«], »aucune finalité« [»ganz zwecklos«]? »Présence« [»Gegenwart«] füllt nicht nur den Mangel von (1', 2'), sondern fungiert als Kondensat für eine große Zahl theoretischer Fragen und philosophischer Probleme, die sich an anderen Stellen in Listen äquivalent gesetzter Begriffswörter niederschlagen, z. B. »Wir haben die systematische Verbundenheit der Begriffe Sinn, Idealität, Objektivität, Wahrheit, Intuition, Wahrnehmung und Ausdruck auf die Probe gestellt. Ihre gemeinsame Matrix ist das Sein als *Gegenwart*.« (1967c: 111[133])[clxi] Dass gerade »présence« eine zentrale Stellung im argumentativen Zusammenhang des vorliegenden Texts einnimmt, hat vermutlich mit seiner Natur als „Pseudo-Begriffswort“ zu tun. Als Ableitung eines deiktischen Adjektivs („présent“) ist »présence« ein Hybridzeichen, das nicht nur abrufbares philosophisches Wissen evoziert, sondern auch mit deiktisch gezeigten Äußerungskontexten operiert, und zwar ohne dass diese im Diskurs wirklich gezeigt werden. Ob sich die interpretativen Prozeduren, die »présence« beim Leser des französischen Texts auslöst, mit »Gegenwärtigkeit« wiedergeben lassen, ist fraglich, beschränkt sich »Gegenwärtigkeit« doch eher auf den temporalen Aspekt von »présence«. Dagegen verweist das Adjektiv »présent« sowohl auf den Zeitpunkt (»maintenant« [»gegenwärtig«]) als auch auf den Ort der Äußerung (»ici« [»anwesend«]). Demnach signalisiert die Person, die die Aussage (0) Je suis présent [Ich bin präsent] sagt, ihre Gegenwärtigkeit und ihre Anwesenheit. In der Transformation zu „présence“ wird diese „Ur-Aussage“ von der Person H des Äußerungskontexts abgeschnitten, und es bleibt eine unabhängig von der spezifischen Äußerung existierende Gegenwärtigkeit und Anwesenheit, eine Art vorkonstruierte „Präsenz“. Wäre eine Endung auf -ismus morphologisch möglich, würde der Text vermutlich statt »présence« einen p-ismus (*»présentisme«) attestieren, der über den propositionalen Inhalt der „Ur-Aussage“ (0), nicht aber über ihren „Ur-Lokutor“ H Auskunft erteilt.

In (1, 2, 3, 4) wird das vorkonstruierte Zeigwort »présence«, das L einführt, um den Übergang von (1”, 2”) zu (1’, 2’) zu erläutern, zum Gegenstand eines Konflikts zwischen dem Sprecher des zitierenden Diskurses L und dem Sprecher des zitierten Diskurses Z. Was macht L Z nun mittels »présence« zum Vorwurf? Dadurch dass Z im Namen von »présence« argumentiere, stütze sich Z auf eine fragwürdige Autorität, und zwar auf den „Ur-Lokutor“ H. Insofern sich Zs Begriffswörter („Ausdruck“, „Anzeige“, „Anschauung“…) mit »présence« und ihren Varianten paraphrasieren lassen, verlasse sich Z auf eine Instanz, die so selbstverständlich und allgemein anerkannt ist, dass sie nicht zum Gegenstand der diskursiven Kontroverse werden muss: H, der Lokutor, der für die Aussage (0) „Ich bin präsent“ verantwortlich zeichnet. Es versteht sich von selbst, wer dieser H ist, der nicht nur „hier“ und „jetzt“, sondern „immer“ und „überall“ „präsent“ ist. Das Problem für L ist, dass Z im Namen dieses namenlosen Hs spricht, dass die Begriffswörter von Z den Diskurs dieses Hs voraussetzen, dass sich Z, um seine Lehre zu formulieren, auf einen H verlässt, der so bekannt und verbreitet ist, dass er weder genannt noch benannt werden muss. Ist dieser H nicht jedes Individuum als *homo sapiens* bzw. *zoon logon*, der Mensch schlechthin, auf den alle begrifflichen Inhalte des Diskurses von Z zurückgehen? Die Frage, die Derrida damit stellt, lautet: Kann der Philosoph im Namen von H, des Menschen auftreten? Ist der Mensch als solcher eine legitime philosophische Autorität? Das ist die Frage, die der Text aufwirft, indem die Begriffswörter des zitierten Diskurses vom Sprecher des zitierenden Diskurses mit »présence« paraphrasiert werden. Der Lokutor nimmt zu dieser Frage Stellung, indem er »présence« mit dem Attribut der »Metaphysik« versieht: Befindet sich Husserls Phänomenologie, ja die ganze Philosophie nicht innerhalb der »Metaphysik der Präsenz« (115[137])?

Bekanntlich ist es auch dem Dekonstruktionsphilosophen letztendlich unmöglich, aus der Geschichte der Metaphysik auszutreten. Gleichwohl kann der über die theoretischen Debatten der Zeit informierte Leser aus dem Programm einer „Erschütterung“ der Metaphysik die mehr oder minder dissimulierte Stellungnahme Derridas gegen den „Humanismus“ herauslesen, als dessen Codewort „Präsenz“ fungiert. Indem der zitierte Text Husserls mit „Präsenz“ paraphrasiert wird, wird der Text zuerst in einen Diskurs eingebaut, der mit der vorkonstruierten Deixis von „Präsenz“ operiert. Die Ordnung des zitierten Diskurses gründet in diesem universalisierten Äußerungsnullpunkt, der im zitierenden Diskurs als „metaphysisch“ qualifiziert wird. Der zitierende Diskurs, der, wie der theoretisch versierte Leser erkennt, die Saussure'sche Kritik an Essenz und Ursprung aufgreift, lässt hingegen nur Begriffswörter zu, deren Wert und Inhalt allein durch ihre materiale Differenz zu allen anderen Zeichen bestimmt werden kann.[2] Der Leser von Derridas Text muss den zitierten Text also zweimal lesen – einmal in einem diskursiven Rahmen, in dem Deixis erlaubt ist, das andere Mal in einem Rahmen, der Deixis verbietet und nur das ursprungslose Spiel der Differenz kennt. Es ist das Verbot vorkonstruierter Deixis im zitierenden Diskurs, das die Lektüre des Texts enunziativ umprogrammiert. Vom Leser wird die enunziative Umprogrammierung eines kanonischen philosophischen Texts als ein Diskurswechsel erfahren, und zwar vom „Humanismus“, dessen Begriffswörter auf ein sinnstiftendes Zentrum bezogen sind, zum „Antihumanismus“, in dem sich alle Begriffswörter durch ihre Position in einem System von Differenzen definieren, nämlich in der Welt des Texts, der différance und der écriture. Dass Derrida ausgerechnet mit philosophischen Texten in Auseinandersetzungen eingreifen kann, die außerhalb der Philosophie stattfinden, dass er den sehr historischen Streit der Jahre um 1967 als ein zeitloses Problem der Philosophiegeschichte zu rahmen weiß, zeugt von dem Geschick eines Produzenten, der eine in die Defensive geratene Disziplin zu verteidigen versucht.

Die Verschleierung der polemischen Ziele und Adressaten dieses Texts tut seiner Wirksamkeit im intellektuellen Feld keinen Abbruch. Im Gegenteil, indem Derrida das Lager der Antihumanisten mit philosophischer Munition versorgt, kann er durch den Graben disziplinärer Abgrenzungskämpfe getrennte Regionen des intellektuellen Felds kurzschließen und eine singuläre Position im Feld definieren. Um 1970 steht

2 So erweist Derrida einem Nicht-Philosophen an verschiedenen Stellen in *La Voix et le phénomène* die philosophische Ehre: Benveniste, auf dessen Origo-Theorie sich Derrida mehr als einmal bezieht. Aus der Perspektive Benvenistes, so ließe sich argumentieren, macht Dekonstruktion nichts anderes, als den philosophischen Diskurs von Äußerungsspuren zu reinigen und so vom Modus des *discours* („Diskurs“) auf *histoire* („Bericht“) umzustellen.

er als Begründer eines profilierten Theorieprojekts und führenden Vertreter der intellektuellen Generation des Strukturalismus im intellektuellen Rampenlicht. Gleichwohl vermag sich auch ein mit der Präzision eines Seziermessers schreibender Produzent wie Derrida, nicht über die widersprüchlichen Zwänge hinwegzusetzen, die er im intellektuellen Diskurs verhandeln muss. Bald nach 1970, mit der allmählichen Konsolidierung der Verhältnisse des intellektuellen Felds nach den spektakulären Zuwachsraten des Bildungssystems, beginnt es wieder still um Derrida zu werden, dem für die Konsolidierung seines Erfolgs eine feste Verankerung in den akademischen Institutionen fehlt. Dass er anders als viele andere Vertreter seiner intellektuellen Generation einer klassischen Disziplin wie der Philosophie die Treue hält, macht ihn ungeachtet aller subversiver Abgrenzungsbemühungen bei vielen nicht-philosophischen Lesern der Zeit grundsätzlich verdächtig, so etwa bei seinen bekannten Ex-Kommilitonen der ENS, der ihm eine „scholastische" Reproduktionshaltung (Bourdieu 1979: 578ff.[773ff.]) oder „schulmeisterliche Textkritik" (*explication de texte*) (siehe den Annex der zweite Auflage von Foucault 1961) vorhalten. Aber auch in seiner eigenen Disziplin bleibt er eine Randerscheinung. Weder besitzt er die institutionelle Position, von der er die Geschicke der Disziplin beeinflussen könnten, noch finden seine Texte Eingang in die Schulen und Universitäten. Für Nicht-Philosophen zu sehr der Exegese kanonischer Texte verhaftet, für Philosophen zu sehr mit den schrillen Erscheinungen einer kurzlebigen Mode verbunden, findet sich Derrida bald zwischen allen Stühlen wieder. Sicher wäre Derrida ein intellektuelles Starlet geblieben, das so rasch wieder verglüht wäre, wie es am intellektuellen Firmament aufgetaucht ist, hätte er außerhalb Frankreichs nicht bald eine neue Bühne gefunden. In den USA startet Derrida einen zweiten Anlauf, „Derrida, die zweite", und findet eine neue Rolle – nach der des „Strukturalisten" die des „Poststrukturalisten." Erst die internationale Zirkulation seiner Texte macht Derrida zu einem veritablen Star des intellektuellen Schauspiels, der schließlich auch in Frankreich in die Ruhmeshalle der zeitlosen Referenzfiguren des philosophischen Diskurses eingeht.

5.6 Tel Quel. Die Revolution erzählen

Les concepts de texte, d'intertextualité, d'écriture sont explicitement à la base d'une mutation dans notre civilisation, et les noms que nous citons de façon répétée : Lautréamont, Mallarmé, Marx, Freud, en sont les symptômes massifs et, à notre avis, encore à venir.

Die Begriffe Text, Intertextualität, Schrift bilden explizit die Basis eines Umbruchs in unserer Zivilisation, und die Namen, die wir immer wieder zitieren: Lautréamont, Mallarmé, Marx, Freud, sind seine unübersehbaren und unseres Erachtens noch kommenden Symptome.

Quelle: Philippe Sollers (1968): „Le réflexe de réduction." In: Tel Quel (Hrsg.), *Théorie d'ensemble.* Paris: Seuil, S. 394. Übersetzung von J.A.

Dieses Zitat findet sich in einem Beitrag Philippe Sollers' zu dem Sammelband *Théorie d'ensemble* [*Mengenlehre*] (Tel Quel 1968), der einen Querschnitt der von Sollers geleiteten Zeitschrift *Tel Quel* erschienen bietet. Unter dem Titel „Le réflexe de réduction" [„Der Reduktionsreflex"] fasst Sollers das literaturtheoretische Programm der Zeitschrift zusammen, in der seit ihrer Gründung 1960 Schriftsteller (u. a. Georges Bataille, Alain Robbe-Grillet, Francis Ponge, Pierre Klossowski, William Burroughs) genauso wie Theoretiker (u. a. Jacques Derrida, Roland Barthes, Michel Foucault, Tzvetan Todorov, Jean Starobinski) veröffentlicht hatten. Die Redaktion besteht aus einem Stab von Mitarbeitern, die ebenfalls in den von den externen Autoren angeführten Themenheften publizierten.[3] Die symbolische Hierarchie zwischen den meist eher jungen und unbekannten Redaktionsmitarbeitern und den externen Autoren schlägt sich in dem Aufbau von *Théorie d'ensemble* nieder, das von Derrida, Foucault, Barthes – den drei führenden Theoretikern der Zeitschrift angeführt wird –, denen die Redaktion, allen voran Sollers, immer wieder die Reverenz erweist.

Nach den Theorie-Erzeugern kommen wir nun also zu den Theorie-Vermittlern, und das vorliegende Zitat soll den Anlass für die Frage geben, wie Produzenten des intellektuellen Diskurses theoretische Inhalte in Anschlag bringen, die sie nicht selbst produziert haben. Gegenüber den in *Tel Quel* immer wieder zitierten Theorie-Produzenten Derrida,

3 Die Ausgabe 31 vom Frühling 1968 nennt Jean-Louis Baudry, Marcelin Pleynet („Redaktionssekretär"), Jean Ricardou, Jacqueline Risset, Denis Roche, Pierre Rottenberg, Philippe Sollers, Jean Thibaudeau. Die Zusammensetzung fluktuiert. Sollers ist der einzige, der von Anfang an dabei ist. Die anderen Redakteure wechseln spätestens 1971 mit Sollers' Schwenk zum Maoismus.

Althusser, Lacan, Barthes, Foucault und Kristeva positioniert sich Sollers als ein Reproduzent, der sich auf diese intellektuell schon bekannten Produzenten beruft, um das theoretische Profil seiner noch kaum etablierten Zeitschrift zu definieren und sich als Wortführer einer auf allen Fronten agierenden intellektuellen Avantgarde anzubieten. Sollers Stärke liegt ohne Zweifel in der Fähigkeit, theoretische und literarische Tendenzen rasch aufzunehmen und einem breiteren Publikum von Nicht-Spezialisten zugänglich zu machen. Als Theorie-Reproduzent macht er die theoretische Legitimität von Theorie-Produzenten geltend, mit denen er eine symbiotische Beziehung eingeht. Während der Produzent in *Tel Quel* einen Ort findet, in dem sein längerfristig angelegtes theoretisches Projekt ein Publikum findet, das sich über die neuesten Entwicklungen der intellektuellen Debatte informieren will, kann der Reproduzent, der durch keine längeren theoretischen Festlegungen gebunden ist, aus den verschiedenen, auf dem symbolischen Markt angebotenen Projekten die „zukunftsweisenden" und „avantgardistischen" Projekte auswählen, gegenüber denen konkurrierende Entwürfe dann als „vergangenheitsorientiert" oder „reaktionär" qualifiziert werden. Der Reproduzent begibt sich in die Abhängigkeit eines Produzenten, der die symbolische Unterstützung, die er als Beiträger der Zeitschrift gewährt, jederzeit zurückziehen kann. Aber der Reproduzent erbringt auch eine Leistung, für die der Produzent auf den Reproduzenten angewiesen ist: seine Ernennung zur „Avantgarde" des intellektuellen Felds. In dieser auf Gegenseitigkeit angelegten Beziehung kommen beide auf ihre Kosten, wobei die symbolische Hierarchie zwischen Produzent und Reproduzent nicht nur das unterschiedliche Volumen ihres kulturell-theoretischen Kapitals wiedergibt, sondern auch von unterschiedlichen Arbeitsweisen und Anforderungen des Felds zeugt. Die Tätigkeit des Reproduzenten beschränkt sich nicht darauf, das theoretische Projekt des Produzenten einfach wiederzugeben, zu wiederholen oder zusammenzufassen. Seine Aufgabe ist es, das Projekt in einen weiteren Rahmen zu stellen, was eine eigene Art diskursiver Kompetenz erfordert. Anhand des ausgewählten Textausschnitts sollen charakteristische Merkmale eines „Diskurses der Reproduktion" ausgemacht werden, die im „Diskurs der Produktion", wie er in den vorangehenden Abschnitten analysiert wurde, abwesend sind: erstens, die Sichtbarmachung der eigenen Person und ihr Einbau in einen argumentativen Zusammenhang; zweitens, die Auflistung von Produzenten des Felds als autoritative Referenzen; drittens, die Rahmung durch einen „revolutionären" Narrativ.

Die deiktischen Pronomen der ersten Person Plural »nous/notre« werden in akademischen Texten oft gebraucht, um ein „ich" der Bescheidenheit wiederzugeben, das den Leser über den argumentativen

Fortgang des Texts instruiert (anders als das „majestätische Wir“ im Deutschen). Ein Bescheidenheits-„Ich“ liegt aber zumindest in der ersten Okkurrenz des Pronomens nicht vor, denn »notre civilisation« weist klar aus dem Textzusammenhang heraus auf den Kontext, in dem der Sprecher seine Äußerung tätigt. Auch für Produzenten-Texte, die, wie die Beispiele Althusser und Foucault bezeugen, eine Position zu soziohistorischen Fragen beziehen, ist eine solche Verortung von Schreiber und Leser in einem Äußerungskontext nicht untypisch. Untypisch sind jedoch die folgenden beiden Okkurrenzen des Pronomens, das eine Gruppe von Personen bezeichnet, in die der Leser nicht eingeschlossen wird. Hier spricht Sollers zusammen mit den Mitarbeitern der Zeitschrift, und als Gruppe wenden sie sich an den Leser, erinnern ihn an ihre Existenz, weisen ihn darauf hin, dass *sie* (und niemand anders) die Namen zitieren, dass das Gesagte *ihre* Meinung wiederspiegelt (und nicht die anderer Personen). Ganz gleich, ob dem Verfasser beim Schreiben bewusst ist, wen er mit »wir/unser« genau bezeichnet, der Umstand, *dass* auf die sprechende Gruppe des Äußerungskontexts verwiesen wird, bleibt nicht ohne Folgen für die Rahmung der politisch-theoretisch-literarischen Inhalte. Anstatt dem Leser die Inhalte einfach mitzuteilen („p“), vergisst der Sprecher nicht, die Mitteilung der Inhalte mit dem Hinweis zu versehen, *dass* die Gruppe die Inhalte mitteilt („wir sagen, dass p“). Der Leser wird dadurch gezwungen, das Gelesene um bestimmte kontextuelle Informationen über die Gruppe zu ergänzen. Vielleicht ist dem Leser bekannt, dass die Zeitschrift in den acht Jahren ihrer Existenz zahlreiche Artikel zu einem bestimmten thematischen Umfeld veröffentlicht hat, dass das Durchschnittsalter der Redakteure von *Tel Quel* erst bei Mitte zwanzig liegt, dass diese kaum bekannten Publizisten in der Regel über keine höheren akademischen Titel oder universitäre Anbindungen verfügen, und für den Fall, dass er von Bourdieu für ihren sozialstrukturellen Hintergrund sensibilisiert worden ist, wird er ihren bürgerlichen Pariser Hintergrund wohl mit Interesse zur Kenntnis nehmen. Was auch immer der Leser über diese Gruppe weiß, wird von »wir/unser« also aktiviert und heftet sich auf bestimmte Weise an die dargestellten begrifflich-theoretischen Inhalte an. Kennt der Leser die Gruppe als „die Provokation liebende Pariser Boheme-Intellektuelle“, kann diese Information durch »wir/unser« abgerufen werden (während es ohne entsprechende deiktische Pronomen ein rein assoziatives Wissen bliebe, auf das der Leser zugreifen kann oder auch nicht). Das Wissen über diese deiktisch sichtbar gemachte Gruppe wird auf diese Weise in direkten Kontakt mit den dargestellten Inhalten gebracht. Die Frage, welche Person spricht, wird nicht mehr – wie üblicherweise im akademischen Diskurs und auch in den vorangehenden Beispielen intellektueller Produzenten – als irrelevant oder sogar illegitim ausgezeichnet. Das „Wer“ der Gruppe erhält die gleiche argumentative Wertigkeit wie das „Was“ der im Text verhandelten theoretischen Positionen. Die Autoritätsverhältnisse kehren sich dadurch um. Die Argumentation wird apodiktisch. Es wird nicht mehr gesagt: „Ich halte die Position x für richtig, weil sie von y gestützt wird“, sondern: „Weil ich, der bekanntermaßen y (z. B. die „Avantgarde“, „einzig historisch siegreiche Partei“) vertritt, die Position x stütze, ist sie richtig“.

Obgleich auch in Produzenten-Diskursen die sprechende Person immer wieder gezeigt wird, ist die Vermischung von Werk und Biographie ein riskantes Manöver, wird der Text doch anfällig für allerlei Alterungserscheinungen des intellektuellen Diskurses. Die indizierte Person kann neue Positionen besetzen, und der Kontext, in dem der Text entstanden ist, kann sich wandeln, was unmittelbare Auswirkungen auf die argumentative Glaubwürdigkeit des Texts hat. Produzenten überlassen es deshalb gerne den Reproduzenten, von ihrer Person zu sprechen und sie als Mitglied einer Produzentengruppe zu benennen. Im Diskurs der Reproduktion fungieren die Pronomen »wir/unser« auf eine doppelte Weise: Zum einen erfährt der deiktisch gezeigte Äußerungskontext eine argumentative Aufwertung; zum anderen signalisieren sie auch den Abstand, der die Reproduzenten als Personen des Äußerungskontexts von den Produzenten als unhinterfragbar anerkannte Referenzfiguren trennt. Wie sich der Text aber auf diese an keiner Stelle genannten zeitgenössischen Produzenten bezieht, das ist eine Frage, die zum zweiten Merkmal des Diskurses der Reproduktion überleitet.

Der Leser, der die vorhergehenden Ausgaben der Zeitschrift aufmerksam gelesen hat oder den intellektuellen Buchmarkt der Zeit verfolgt hat, wird die drei Begriffswörter »texte« [»Text«], »intertextualité« [»Intertextualität«], »écriture« [»Schrift«] als Abkürzungen für Produzenten erkennen, auf die sich das intellektuelle Rampenlicht der Zeit richtet, nämlich „Derrida“ (»texte« und »écriture«), „Barthes“ (»texte« und »écriture«) und „Kristeva“ (»intertextualité«). Gleiches gilt für die Eigennamen »Marx« und »Freud«, die die theoretischen Projekte von „Althusser“ und „Lacan“ evozieren. Auch mit »Lautréamont« und »Mallarmé« kann der informierte Leser möglicherweise den Namen eines zeitgenössischen Produzenten verbinden: Maurice Blanchot, der kurz zuvor bei Minuit einen literarischen Essay mit dem Titel *Lautréamont et Mallarmé* (1963) veröffentlicht hatte. Als Vertreter einer Literatur, die sich, mit Bourdieu gesprochen, außerliterarischen Instanzen und breiten Publikumsmärkten entwunden hat, stehen »Lautréamont« und »Mallarmé« für die ästhetizistischen Richtungen, zu denen zeitgenössische Schriftsteller aus dem Umfeld Batailles (Georges Bataille,

Pierre Klossowski, Maurice Blanchot) und des *Nouveau Roman* (Alain Robbe-Grillet, Michel Butor, Claude Ollier, Claude Simon) gehören. Wie Zitate, deren Autoren so bekannt sind, dass sich die Quellenangabe erübrigt, tragen diese Begriffswörter und Namen jeweils die Signaturen zeitgenössischer Produzenten im Feld, deren Autorität in Anschlag gebracht wird und die gleichzeitig mit der Autorität von Referenzfiguren aus dem 19. Jahrhundert auftreten. Die Autoritätsstrukturen des intellektuellen Diskurses werden gerade dadurch wirksam, dass der Text „über Bande" spielt, dass auf die „eigentlich gemeinten" Produzenten durch die Nennung ihrer historischen Vorläufer angespielt wird. Errät der Leser die Namen der „eigentlich gemeinten" Produzenten, geht er das stille Einverständnis mit dem Autor ein, dass diese *Tel Quel*-Autoren eine lange Tradition fortsetzen, die ihren Anfang im 19. Jahrhundert nimmt. Die Suche nach den nicht genannten Quellen wird dabei von »concepts de« [»Begriffe«] und »noms que nous citons de façon répétée:« [»Namen, die wir immer wieder zitieren:«] ausgelöst, die den Übergang von einem zitierenden zu einem zitierten Diskurs signalisieren. Die Qualifizierung der Begriffswörter als »Begriffe« und der Eigennamen als »Namen« ist nur im Diskurs der Reproduktion möglich. So unterstreicht diese eigentümliche Verdopplung den Abstand des Lokutors zu den zitierten begrifflich-theoretischen Inhalten. Begriffswörter stehen hier nicht für selbst konstruiertes Wissen, sondern für Wissen, das die Signatur von anderen Produzenten des Felds trägt. Im Unterschied zu den Theorie-Produzenten, die sich auf einzelne, aus den symbolischen Abgrenzungskämpfen des Felds längst ausgeschiedene Produzenten stützen (Lacan auf Freud, Althusser auf Marx, Derrida auf Husserl), bietet Sollers eine kleine Armada von Referenzfiguren auf, die aktive Produzenten des Felds einschließen und zu denen er teilweise sogar in engem persönlichen Kontakt steht – etwa zu Barthes als Freund und seit 1967 zu Kristeva als Ehemann.

Im Diskurs der Reproduktion erscheinen die Produzenten, die die Tradition bestimmter historischer Referenzfiguren fortsetzen, als Protagonisten einer „Bewegung" mit gemeinsamen Zielen und Gegnern. Für den zitierten Produzenten bietet ein derartiger paradigmatischer Effekt Vor- und Nachteile: Zwar kann er nun als Sprecher einer Gruppe von Produzenten auftreten, wodurch sich das Gewicht seines Wortes multipliziert. Aber er wird auch abhängig von den Interventionen und Karrieren der anderen Produzenten, deren zukünftiges Schicksal er teilen wird. So nimmt es kein Wunder, dass die Produzenten mit dem im Reproduktionsdiskurs entstehenden Bewegungseffekt unterschiedlich umgehen: Während Althusser sich emphatisch und dauerhaft auf die Seite der Strukturalisten schlägt, ist Foucaults Identifizierung mit dem Strukturalismus von kurzer Dauer, und Lacan und Derrida halten die Vereinnahmung auf Distanz, indem sie sich mit selbstreferenziellen Theoriesprachen umgeben. Selbst wenn die Produzenten Etiketten wie „Strukturalismus“ nur mit begrenztem Enthusiamus aufnehmen, bedeutet dies nicht, dass sie damit die theoretischen Projekte ihrer Kollegen zurückweisen (Foucault ist mit Althusser bekanntlich befreundet und macht auch die Nähe zu Lacan deutlich, vgl. z. B. 1994a). Dass die Produzenten das Etikett allenfalls an marginalen Orten (etwa in Fußnoten oder Interviews) aufnehmen, drückt keine grundsätzlichen Reserven hinsichtlich der vorgenommenen Zuordnung aus, sondern unterstreicht die arbeitsteilige Beziehung, in der Produzent und Reproduzent wohl definierte Rollen einnehmen. Indem der Produzent das Etikett zurückweist, markiert er seine Unabhängigkeit gegenüber den anderen Produzenten im Feld. Aber er weist das Etikett nicht so eindeutig zurück, dass der Reproduzent sich nicht mehr mit dessen Namen schmücken kann. Der Produzent kann mit dem Etikett durchaus einverstanden sein; nur darf er dies nicht sagen.

Dieses Spiel wirft für beide solange symbolische Profite ab, wie das stillschweigende Einverständnis, wonach sich der Produzent von anderen Produzenten symbolisch nicht einholen lässt und der Reproduzent keine Namen von Konkurrenten des Produzenten zur Schau trägt, zwischen beiden nicht in Frage gestellt wird. Gerade in einer ereignisreichen Zeit wie um 1970 betreiben Produzent und Reproduzent ein Spiel auf Zeit, fußt die symbolische Produktion der beiden doch auf unterschiedlichen Logiken. So wird Derrida im Zuge der Kehrtwendungen, die *Tel Quel* erst zum PCF, dann zum Maoismus vollzieht, in seiner Funktion als „Hausphilosoph“ der Zeitschrift Anfang der 70er Jahre von Lacan abgelöst (Kauppi 1990: 111[142f.]). Mit dieser spektakulären Kehrtwendung beteiligt sich Sollers an der Kreation einer neuen, stärker literarisch inspirierten Avantgarde-Bewegung unter dem Vorzeichen des Verlangens. Ganz gleich, auf wessen Initiative das symbiotische Verhältnis von Sollers und Derrida beendet wird, auch in der Beendigung ihres Spiels werden beide ihren jeweiligen Rollen gerecht: Derrida als ein Produzent, dessen symbolisches Kapital auf einem theoretischen Projekt langfristig angelegter Positionen beruht; Sollers als ein Reproduzent, der sich ständig mit dem Unterfangen überholt, die gerade aktuellen Avantgarde-Bewegung des Felds zu inkarnieren.

Dass sich Sollers mit einer Avantgarde-Logik des Überholens von Überholtem im Feld profiliert, findet im Text dadurch seinen Niederschlag, dass alle vom Lokutor angenommenen Begriffsinhalte am Ende eines implizitierten Zeitstrahls verortet werden, die zurückgewiesenen Inhalte dagegen an seinem Anfang. Der Unterschied zur Begriffs- und

Theoriebildung, wie sie im Diskurs der Produzenten betrieben wird, ist augenfällig. Der Lokutor betätigt sich nicht mehr als Handwerker, der aus dem ungeformten Wirrsal des intellektuellen Diskurses neue Begriffe prägt und Theorien schmiedet. Er ist ein Händler, der mit den vom Handwerker erworbenen Fertigprodukten Geschäfte macht. Die Tätigkeiten von Handwerker und Händler haben wenig gemein. Die Texte des intellektuellen Diskurses werden vom ersteren produziert, vom letzteren verkauft (wobei sich beide in ein und denselben Personen vereinen können, die nicht selten die höchste symbolische Wirkung im Feld erzielen). Wie bekommt der Händler seine Waren an den Mann und an die Frau? Indem er ihnen eine Geschichte erzählt, und es bedarf eines eigenen analytischen Zugriffs, um seiner Geschichte Rechnung zu tragen.

Zum Abschluss dieser Analyse möchte ich mit erzähltheoretischen Instrumenten auf die narrativen Strukturen eingehen, die dem Gesagten eine wiederholbare Ordnung auferlegen (vgl. White 1993; Lyotard 1979). Nach den Auffächerungen der Sinnquellen, Sprechperspektiven und Äußerungsquellen geht es nun um die Frage, wie sich das anarchische Stimmengewimmel des Diskurses der Produktion im Diskurs der Reproduktion wieder einfangen und „verpacken" lässt, womit wir den äußerungstheoretischen Rahmen verlassen. In der Verbreitung und Vulgarisierung, so die Annahme, muss das vielfältig aufgefächerte und verästelte Wissen, das im Diskurs der Produktion mobilisiert wird, auf eine bestimmte Weise kanalisiert und fixiert werden. Aus dem Überschuss interpretativer Potenzialitäten kristallisiert sich ein narrativ abgestecktes Terrain, in dem die symbolischen Beziehungen mehr oder minder festgestellt sind. Die Individuen, die sich im Wirbelstrom des intellektuellen Diskurses verloren haben, meinen nun festen Boden unter den Füßen zu spüren. Auf den Inseln, die die sich beruhigenden Wogen freigeben, beginnen sie, sich in auf Dauer gestellten Verhältnissen einzurichten. Als „Akteure" können sie sich in diesem symbolisch konsolidierten Terrain verorten und eine „Gesellschaft" errichten.

Eine systematische Einführung in die Erzähltheorie, wie sie von Fredric Jameson (1981) im Anschluss an A.J. Greimas (1966) entwickelt wurde, muss an einer anderen Stelle erfolgen (Angermüller 2003, 2006a). Mit strukturalen Zeichentheorien begreift sie Sinn, kurz gesagt, als das Produkt semiotischer Operationen. Der Wert eines Elements definiert sich aus seiner Stellung zu allen anderen Elementen des Systems. Während Greimas' Leistung darin besteht, das kleinstmögliche bedeutungsgenerierende System zu formalisieren: das semiotische Viereck, dessen vier Elemente sich aus drei fundamentalen Operationen (Kontrarität, Kontradiktorität, Implikation) generieren lassen, verwendet Jameson das Modell des semiotischen Vierecks, um die narrativ wirksamen

Elemente einer Erzählung zu identifizieren und die repräsentierte historische Zeitlichkeit zu entschlüsseln.

Ein solcher zeichentheoretischer Textzugang stellt ohne Frage einen Bruch mit dem äußerungstheoretischen Hintergrund der vorangehenden Untersuchungen dar – ein Bruch, der damit gerechtfertigt werden soll, dass wir es hier mit einem „Händler-Text" (und nicht mit einem „Handwerker-Text" zu tun haben). Als Händler nähert sich der Lokutor den Texten als abstraktem Zeichenmaterial, das er inventarisicrt, ordnet und klassifiziert, bevor er es auf dem Markt symbolischer Güter feil bietet. Der Händler versteigert Begriffswörter und Namen, deren Inhalte er gar nicht unbedingt kennt. Um höchstmögliche Preise zu erzielen, muss er seine Zeichen zu einem kompakten Paket zusammenschnüren, das sich sicher transportieren lässt. In seiner Erzählung werden die Elemente zu einer Paketlösung zusammengeschlossen, in der Alles gut verstaut und verpackt für den Verkauf vorgesehen ist.

Die von Sollers erzählte Geschichte könnte einfacher kaum aufgebaut sein, denn sie kennt nur ein kritisches Ereignis, einen Wendepunkt, an dem sich entscheidet, wer zur traditionellen Nachhut, wer zur revolutionären Vorhut gezählt werden kann. Der oben genannte Text enthält die Elemente und Protagonisten der Vorhut, nämlich die Begriffswörter bzw. Eigennamen »Text«/»écriture«; »Intertextualität«; »Lautréamont«/ »Mallarmé«; »Marx«; »Freud« und die assoziierbaren Eigennamen der entsprechenden Produzenten „Derrida", „Barthes"; „Kristeva"; „Blanchot"; „Althusser"; „Lacan". Zu einer Vorhut werden diese Elemente durch ihren Einbau in einen weiteren narrativen Zusammenhang, in der die Vorhut einer Nachhut gegenübersteht. Einige der Elemente der Nachhut – »Werk«, »Autor«, »subjektive Expressivität« – finden sich beispielsweise in folgendem Ausschnitt des Kotexts. Mit diesen Elementen kann die narrative Struktur vervollständigt werden, von der im ersten Textausschnitt nur eine Hälfte vorliegt.

D'emblée, en mettant l'accent sur le texte, sur ses déterminations historiques et son mode de valorisation métaphysique des concepts « d'œuvre » et « d'auteur » ; en mettant en cause l'expressivité subjective ou soi-disant objective, nous avons touché les centres nerveux de l'inconscient social dans lequel nous vivons et, en somme, la distribution de la propriété symbolique. Par rapport à la

Indem wir den Akzent auf den Text legen, auf seine historischen Bedingungen und seinen metaphysischen Bewertungsmodus der Begriffe „Werk" und „Autor", indem wir die subjektive oder angeblich objektive Expressivität in Frage stellen, haben wir auf Anhieb die Nervenzentren des sozialen Unbewussten berührt, in dem wir leben, und, zusammengefasst gesagt, die symbolische Besitzvertei-

« littérature », ce que nous proposons veut être aussi subversif que la critique faite par Marx de l'économie classique.

lung. Gegenüber der „Literatur“ versteht sich das, was wir vorschlagen, als ebenso subversiv wie Marx' Kritik der klassischen Ökonomie.

Quelle: Philippe Sollers (1968): „Écriture et révolution (entretien avec Jacques Henric).“ In: Tel Quel (Hrsg.), *Théorie d'ensemble.* Paris: Seuil, S. 69, erstmals in *Lettres françaises*, April 1967 ; Übersetzung von J.A.

Vorhut und Nachhut sind leicht zu unterscheiden: zu ersterer gehören die vom Lokutor angenommenen Elemente des intellektuellen Diskurses, zu letzterer die abgelehnten Elemente. Zu jedem Element der Vorhut lässt sich ein entsprechendes Element der Nachhut finden. Der Diskurs generiert somit einen nicht endenden Fluss von Binäroppositionen: „Text“ vs. „Werk“, „Intertextualität“ vs. „Autor“, „*écriture*“ vs. „*parole*“... Mit der Theorie des semiotischen Vierecks kann die Entstehung zeitlicher Gerichtetheit nun als ein Effekt der semiotischen Operationen beschrieben werden, die die Vorhut/Nachhut-Semantik organisieren. Diese Semantik operiert mit (mindestens) zwei konträren Gegensätzen, und zwar mit einer „theoretischen“ Kontrarität, die auf der semiotischen Unterscheidung zwischen „Signifikant“ und „Signifikat“ aufbaut, und der „politischen“ Kontrarität zwischen „Repression“ und „Befreiung“. Da diese vier konstitutiven Komponenten zusätzlich in Beziehungen der Implikation (gerichtete Pfeile) und der Kontradiktorität (keine Pfeile) stehen, können sie ein Viereck aufspannen, aus dessen Elementen sich ein Narrativ der Revolution gewinnen lässt, in dem Nachhut und Vorhut ihre funktionalen historischen Orte links und rechts einnehmen.

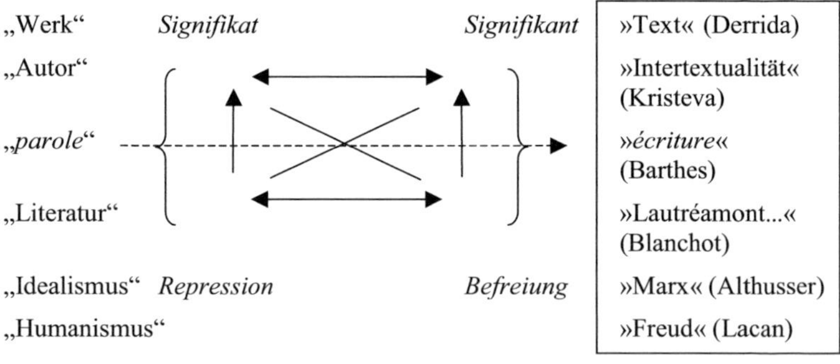

Abbildung 6: Narrative Struktur der Vorhut/Nachhut-Semantik

Die Nachhut- bzw. Vorhut-Ketten entstehen dadurch, dass die beiden linken bzw. rechten Ecken des Vierecks, die den Ausgangs- und Endpol des (gestrichelten) historischen Zeitstrahls konstituieren, zusammengezogen werden. Die formale Erweiterung des vorliegenden Textausschnitts (eingerahmter Kasten) um die Positionen des Vierecks, die im Text immer wieder durchgespielt werden, macht deutlich, dass sich die zahlreichen Elemente von Nachhut und Vorhut, die sich nach Belieben fortsetzen lassen, auf eine einfache, stabile Struktur reduzieren lassen. Einzelne Elemente können ohne Weiteres ausgetauscht werden, ohne die zu Grunde liegende Logik in Frage zu stellen. So erscheint die Kommunistische Partei ab 1967 in der rechten, ab 1971 in der linken Kette. Und das Prinzip des Überholens von Überholtem bleibt auch noch intakt, als der *Nouveau Roman* Ende der 60er Jahre und Derrida Anfang der 70er Jahre aus der rechten Kette ausgegliert werden. Erst mit der Annäherung an das postmaoistische Umfeld der *nouveaux philosophes* Mitte der 70er Jahre zeichnet sich eine Erschöpfung einer Avantgarde-Strategie ab, die ihre symbolischen Energien aus der Überkreuzung akademischer und ästhetischer Produkte, von Theorie und Literatur zieht. Mit dem einsetzenden Aufschwung der audiovisuellen Massenmedien werden die Karten des intellektuellen Spiels neu gemischt. Dass Sollers die Zeitschrift 1982 einstellt, um sich wieder ausschließlich der Literatur zu widmen, ist hierfür ein klares Zeichen.

Doch reflektiert dieser Wandel nicht nur eine neue politische Konjunktur. Sicher muss, um die Bedeutung des Avantgarde-Narrativs für seinen Träger einzuschätzen, auch die biographische Situation erwähnt werden, in der sich Sollers um 1970 befindet. Noch zu jung und ohne die nötigen akademischen Titel, um auf einer Augenhöhe mit den anderen Vertretern der intellektuellen Generation aufzutreten, macht Sollers aus der Not eine Tugend und erzählt eine Geschichte, in der er seine Produzenten mit bestimmten Rollen ausstattet. In dieser Geschichte sind alle narrativen Elemente präzise mit Blick auf Vergangenheit und Zukunft definiert. Das Tableau ist narrativ geschlossen. Seine Schließung macht den Text konsumierbar, indem sie die Lese-Widerstände der Ko-Produzenten senkt, aber sie stellt auch die Dynamik des intellektuellen Diskurses fest, die sich gerade in den Texten der von Sollers immer wieder zitierten Produzenten entfaltet. Sollers' Schaufenster versammelt die schöpferischen Produkte der Theorie-Produzenten des Strukturalismus und macht sie lesbar. Seine Leistung ist es, den Kunden durch eine ansprechende Dekoration seiner Kollektion vom neuesten Trend der Pariser Modeszene zu überzeugen. Durch wortgewandte wie sachkundige Beratung bringt er seinem Kunden die verschiedenen Philosophien der vertretenen Couturiers nahe. In der Tat hat der Kunde keine Schwierigkeiten, die ausgestellten Kreationen zu unterscheiden, von denen jede von einem klaren und profilierten Programm getragen wird. Eine raffinierte Beleuchtung setzt die Unterschiede vorteilhaft in den Vordergrund und macht auf relevante Details aufmerksam. Unter dem Eindruck der konsumfreundlichen Umgebung entscheidet sich der Kunde schließlich für sein Kostüm, keinerlei Zweifel hegend, dass es einem ausgeklügelten, systematischen und perfekt komponierten Schnittmuster folgt.

Wenn er da mal keinen Blick in die Werkstatt wirft, in der sein Kostüm produziert wurde. Dort würde er Bedingungen antreffen, die in deutlichem Kontrast zu der glitzernd lackierten Welt von Sollers' Schaufenster stehen, und sich über die *Arbeit* im Klaren werden, die die Produzenten in ihre Kostüm-Texte investiert haben. Statt eines aseptisch aufgeräumten High Tech-Labors erwartet ihn ein Arbeitsraum, in dem alles wild durcheinander fliegt, inmitten der Produzent, der aus dem, was er gerade in die Hände bekommt, sein Produkt schneidert. Das entstehende Produkt kann seine charakteristische Unreinheit nicht verbergen. Es ist kein in sich selbst abgeschlossener Text, keine reine semiotische Struktur, sondern ein instabiles diskursives Patchwork, in dem textuelle Bruchstücke mit Ausschnitten des Kontexts und zahlreichen Anspielungen auf andere Produzenten vernäht sind. Des Weiteren sieht der Besucher statt einer allen sicherheitsrechtlichen Normen entsprechenden Arbeitsstätte einen Produzenten, der sich mit den Tücken seiner Produktionsmittel herumschlägt. Ständig verwickelt sich der Produzenten in den verschiedenen Fäden, die das Kostüm zusammenhalten sollen. Nicht selten vernäht er sich und muss nachträglich Korrekturen vornehmen. Und immer wenn er sich ins eigene Fleisch sticht, zuckt er unwillkürlich auf und verliert den Faden. Schließlich sieht der Besucher statt für den Endverbraucher blitzblank polierte Produkte nur mehr oder minder unfertige Resultate die Werkstatt verlassen: hier löchrige Taschen, da lose Fäden. Viele Stellen wackeln und verschieben sich noch, und trotz aller Anstrengungen, die der Schneider bei der Qualitätskontrolle an den Tag legt, scheint sich mit jedem Stopfen des einen Lochs ein anderes aufzutun. Dass er ein unreines, unfertiges, unter unsicheren Arbeitsbedingungen entstandenes Produkt erworben hat, das merkt der Kunde erst, wenn er zu Hause angekommen ist, die narrative Verpackung entfernt und die konzeptuellen Inhalte einer eingehenden Analyse unterzieht. Bemerkt er dann die Arbeit, die in seinem Produkt steckt? Natürlich nur, *wenn* er die im Text verstreuten Spuren der Zwänge, der Spannungen, des Schweißes untersucht, die von seiner mühevollen Entstehung zeugen und ihm sein einzigartiges Gepräge verleihen.

6 Nach dem Strukturalismus

Im 20. Jahrhundert erlebt das intellektuelle Feld in Frankreich einen andauernden Umbruch. Den Startschuss gibt 1898 die Dreyfus-Affäre, als eine Gruppe von Künstlern, Gelehrten und Kulturschaffenden im Namen ihrer spezifischen Kompetenz die öffentliche Bühne betritt und Stellung zu den politisch-moralischen Fragen der Gesellschaft nimmt. Gehen im ersten Drittel des 20. Jahrhunderts die meisten intellektuellen Impulse noch von Kunst und Ästhetik aus (man denke an führende Figuren wie Émile Zola oder André Gide), treten in seinem letzten Viertel massenmediale Produzenten in den Vordergrund, insbesondere Journalisten, Experten oder Essayisten mit Zugang zum Fernsehen (wie etwa die *nouveaux philosophes* um Bernard-Henri Lévy). Doch ist keine Zeit dynamischer und produktiver als die drei Jahrzehnte nach dem Zweiten Weltkrieg. Indem Jean-Paul Sartre als Philosoph, Schriftsteller und politisch-moralisches Gewissen verschiedene, ansonsten getrennte Kreisläufe des Felds symbolisch kurzschließt, inkarniert er die Figur des „totalen Intellektuellen." Auch die Protagonisten der nach-existenzialistischen Konjunktur – angeführt vom Triumvirat des „spezifischen Intellektuellen" Michel Foucault, des Psychoanalytikers Jacques Lacan und des marxistischen Philosophen Louis Althusser – suchen mit ihren Projekten breite Orientierung in der intellektuellen Öffentlichkeit zu geben – nicht nur in politischen und ästhetischen Fragen, sondern insbesondere mit Blick auf die theoretische Debatte in den aufstrebenden *sciences humaines*. Die intellektuellen Vertreter dieser Generation sind zumeist akademische Produzenten. Der intellektuelle Diskurs steht im Zeichen der Theorie.

Das Problem, das die Theorie verhandelt, trägt den Namen des Menschen, des Subjekts, des Autors. So unterstreicht Lacan im Anschluss an Freud die Spaltung des Subjekts, das sich in den Fallstricken des Symbolischen verheddert. Für Althusser, der mit Marx gegen den Humanismus zu Felde zieht, werden die Menschen von der Ideologie zu Subjekten unterworfen. Foucault zeigt die historische Begrenztheit der Figur des Menschen auf, die er als Produkt eines spezifischen Systems des Denk- und Sagbaren fasst. Und mit dem Hinweis auf die aporetischen Konsequenzen lebendiger Gegenwart formuliert Derrida eine Kritik der philosophischen Tradition von Platon bis Husserl.

Auf welche historischen Vorbilder können die Theorieprojekte des französischen Antihumanismus zurückblicken? In welche intellektuellen Traditionen reiht sich die symbolische Konjunktur der 1960er und 1970er Jahre ein? Sicher muss erstens die politische Theorie des 18. Jahrhunderts genannt werden, die die Kritik eingelebter Ordnungen und überkommener Traditionen durch den autonomen Menschen begründet. Als mündiger Bürger gestaltet der Mensch den politischen Prozess, der die Aussicht auf Emanzipation bereithält. Zweitens müssen die sozialwissenschaftlichen, marxistischen und psychoanalytischen Entdeckungen des 19. und des frühen 20. Jahrhunderts erwähnt werden. Das Subjekt – eine Entdeckung der politischen Aufklärung – wird nun von der Struktur eingeholt. In Gestalt des Akteurs sieht sich das Subjekt mit einer Gesellschaft konfrontiert, die seine Freiheit einschränkt; als Produzent findet sich das Subjekt in einem Klassen- und Ausbeutungssystem wieder; als Subjekt des Unbewussten verliert es die Souveränität über sich selbst. Seit der zweiten Hälfte des 20. Jahrhunderts kündigt sich ein dritter kritischer Moment an. Unter dem Etikett der linguistischen Wende, zu der auch Wittgensteins analytische Philosophie und Habermas' Diskursethik gezählt werden können, werden das Subjekt der ersten Aufklärung und die Struktur der zweiten Aufklärung im Lichte von sprachtheoretischen Vorbildern ein weiteres Mal dezentriert. Die Konjunktur des theoretischen Antihumanismus in Frankreich ist sicher eines der spektakuläreren Symptome dieser dritten Aufklärung, deren theoretischer Fallout noch nicht vollständig niedergegangen ist.

Weder die theoriegeschichtliche Würdigung noch die inhaltliche Rekonstruktion der analysierten Theorietexte gehörte zu den Zielen der vorliegenden Arbeit. Während die Klärung der theoretischen und historischen Bedeutung der Texte von Lacan, Althusser, Foucault, Derrida & Co dem geneigten Leser überlassen bleibt, machte es sich diese Untersuchung zur Aufgabe, den intellektuellen Diskurs zu analysieren, d. h. die Mechanismen zu beschreiben, nach denen sich theoretische Texte mit ihren Kontexten verbinden. Als ein Kristallisationspunkt des intellektuellen Diskurses der Zeit erweist sich die Theoriefigur des Antihumanismus, die mit den diskursanalytischen Instrumenten der Äußerungstheorie als Antagonismus zweier Sprecher beschrieben werden kann: eines Sprechers a_1, der für den „Menschen" (das „Subjekt", den „Autor", den „Humanismus", die „lebendige Gegenwart"…) eintritt, und eines Sprechers l_0, der a_1 zurückweist. In ihrer formalen Gestalt weist die antihumanistische Theoriefigur mindestens die folgenden zwei elementaren Sprechperspektiven auf:

per_1: [a_1] (WAHR (p: „Der Mensch lebt"))
per_2: [l_0] (NEIN (per_1))

Diese Figur wird im Diskurs der Zeit auf vielfältige Weise dekliniert, variiert und durchgespielt. Als interdiskursive Knotenpunkte, an dem psychoanalytische (Lacan), politische (Althusser), historische (Foucault), philosophische (Derrida) und ästhetische (Sollers) Diskussionslinien zusammenlaufen, laden sich die Theorietexte des Antihumanismus mit unterschiedlichen Problemen, Themen und Fragen des intellektuellen Diskurses auf und versprechen ihren Lesern breite intellektuelle Orientierung. Auf diese Weise kristallisiert die antihumanistische Theoriefigur in der spezifischen Konstellation des intellektuellen Felds Ende der 60er Jahre ein vielgestaltiges Wissen, das die literarischen Innovationen des *Nouveau Roman* genauso wie den stalinistischen Personenkult, die Krise der Philosophie genauso wie den Boom der *sciences humaines* umfasst.

Diskurs entsteht, wenn sich Texte in der Äußerung mit ihren Kontexten verbinden. Demnach ist es die Aufgabe der Diskursanalyse, »das Äußerungsdispositiv [zu untersuchen], das eine textuelle Struktur und einen sozialen Ort verknüpft.« (Maingueneau 1996: 6)[clxii] In diesem Sinn wurde gefragt, wie der Text vom Leser Antwort auf die Frage verlangt, die er ihm stellt: „Von wem werde ich wo und wann unter welchen Voraussetzungen mit welchen Zielen für wen etc. geäußert?" Diese Frage kann der Text nicht selbst beantworten. Er braucht eine kognitive Instanz, die seine interpretativen Probleme löst: den Leser. Statt einen ursprünglich gemeinten oder intendierten Sinn wiederzuerwecken, muss sich der Leser den Sinn des Gesagten jedes Mal aufs Neue erobern, und zwar mit Hilfe der im Text verstreuten formalen Spuren, Winke, Anweisungen (die *marqueurs* von Culioli). Erkennt der Leser die in den Text eingelassenen symbolischen Formen, kommen interpretative Suchprozesse nach dem Äußerungszusammenhang des Texts in Gang.

Als opake symbolische Materialität steht der Text zwischen dem Individuum und der Welt. Was das Individuum über die Welt weiß, wird symbolisch vermittelt. Sein Wissen muss sich in einen symbolischen Träger einschreiben. Um Zugang zur sozialen Welt, zu dem Produzenten des Texts und zu den anderen Individuen zu erhalten, muss das Individuum in den Diskurs eintreten, Sprache benutzen, Texte produzieren. Indem der Text das Individuum auf die Suche nach einer Antwort auf seine Frage schickt, kann es ein Wissen über die soziale Welt aufbauen, in der auch andere Individuen agieren und zueinander Position beziehen.

Texte sind keine Behältnisse reiner Ideen, Inhalte oder Botschaften, die unmittelbar vom symbolischen Material abgelesen werden können. Sie brauchen einen Leser, der sie um die fehlenden Kontexte ergänzt, indem er die Äußerungsquellen beispielsweise mit bestimmten Trägern sozialer Positionen assoziiert. So muss der Leser, um die soziale Relevanz des Texts zu verstehen, nach den Garanten, Referenzen und Autoritäten suchen, die der Lokutor zitiert, um nicht selbst verantwortete Inhalte zu stützen. Oder der Leser muss fragen, welchen Produzenten die vom Lokutor abgelehnten Inhalte zugerechnet werden können. Die Analysen haben herausgearbeitet, dass der Text den Leser auf vielfältigste Weise mit der Frage konfrontiert: Wer spricht? Die soziale Wirksamkeit der Texte scheint dabei gerade daher zu rühren, dass sie dem Leser bei der Bestimmung der Äußerungsquellen hohe Freiheitsgrade einräumen, ja ihn geradezu zur Entscheidung unentscheidbarer Dilemmata des interpretativen Prozesses drängen. Die Doppelagenten und Deserteure bei Lacan, die alternativen Szenarien bei Althusser, das ständige Hinausschieben eindeutiger Festlegungen bei Foucault, der stillschweigende Wechsel zwischen zitiertem und zitierendem Diskurs bei Derrida, all das erzeugt interpretative Herausforderungen, die diese Texte vielfach verwertbar und anschlussfähig machen.

Es charakterisiert den Stil der untersuchten Texte, dass Produzenten und Ko-Produzenten des Felds in der Regel nicht explizit genannt werden. Wie kann der Leser dennoch ein Wissen über den Beziehungszusammenhang aufbauen, in dem die Produzenten im Feld stehen? Der Leser kann hierzu auf eine Reihe von Strategien zurückgreifen. Eine erste Strategie kann darin bestehen, die Sprecher der Aussage a_1 und l_0 über mit Eigennamen des Kotexts zu versehen, die stellvertretend für aktuelle Positionen der intellektuellen Debatte stehen. So wird für a_1 bei Althusser etwa „Hegel" bei Derrida „Husserl" attestiert. Einen aufschlussreichen Fall stellen die Referenzfiguren „Marx" und „Freud" dar, die bei Sollers als Signaturen von „Althusser" und „Lacan" den Lokutor L abbilden, bei Althusser und Lacan selbst jedoch durchaus eine ambivalente Rolle aufweisen. Eine zweite Strategie kann die Maskierung des Lokutors (vgl. Foucault) oder das Verbergen von Verantwortlichkeit (vgl. Althusser) sein. Das Gesagte zapft auf diese Weise „selbstverständliche" Wissensbestände an oder macht die anonymen Autoritäten von Institutionen geltend. Wie anhand von Derrida gezeigt wurde, lassen sich mit Hilfe von Vorkonstrukten sogar bestimmte anonym gehaltene Autoritätsstrukturen verhandeln. Eine dritte Strategie besteht darin, die Benennung der Sprecher den Re-Produzenten (wie etwa Sollers) oder den Lesern zu überlassen. Es ist dann an den Lesern, den Diskursraum nach geeigneten sozialen Positionsträgern für die Sprecher der Aussage abzusuchen. Ob sich die Beziehungen zwischen den auf diese Weise sichtbar gemachten Produzenten durch Hierarchie und Ungleichheit auszeichnen, diese Frage kann der Text nicht beantworten, zumindest nicht allein. Wer zu den Herrschern und wer zu den Beherrschten gehört, zeigt sich erst in dem Kontext, in dem der Leser die interpretativen Potenziale des Texts entfaltet. Das Phantasma der Gesellschaft ist ein Lektüreeffekt.

Auch vordergründig selbstreferenzielle Theorietexte reichen also in ihre Äußerungskontexte hinaus, bringen die Produzenten und Ko-Produzenten des Felds in Stellung und mobilisieren bei den Lesern bestimmte Wissensbestände. Theoretische Diskurse erweisen sich als Text-Kontext-Hybride, in denen sich unterschiedliche Diskurse treffen, und zwar schon auf der Ebene der einzelnen Aussagen. Schon kleine und kleinste Diskursfragmente wie die ausgewählten Textausschnitte orchestrieren also ein vielgestaltiges Wissen, das sich nicht von großzügig über die textuellen Niederungen hinweggehenden Darstellungen der „großen" Ideen des Diskurses einfangen lässt. Es gilt, den Diskurs in seiner Unvollständigkeit, Vielschichtigkeit und Widerborstigkeit zu beschreiben. In der Tat würde man dem diskursiven Objekt Gewalt antun, wollte man seine Unebenheiten mit der „Zusammenfassung" der Texte herausbügeln, anstatt sie systematisch und konsequent zu analysieren. Daher liegt der Schwerpunkt der vorliegenden Arbeit auf den Aussagenanalysen, die, wie beschränkt und selektiv sich der untersuchte Bereich auch immer erweisen mag, der Heterogenität des Gegenstands Rechnung tragen.

Eine weiterführende Untersuchung würde über die Analyse kurzer Textpassagen hinausgehen und etwa fragen, wie sich Texte in diskursive Formationen einschreiben. In der Tat macht die Suche des Lesers nach der Äußerungsquelle des Gesagten nicht an den Grenzen eines Texts Halt. Texte signalisieren ihre Zugehörigkeit zu diskursiven Formationen über vielfältige Rückkopplungen und Verknüpfungen. Die explizite Nennung von Produzenten anderer Texte (z. B. durch Zitate mit Quellenangabe) ist eine Strategie, um sich mit anderen Texten zu verbinden. Für die intellektuelle Generation des Strukturalismus ist hingegen eher eine andere Strategie charakteristisch: der nicht-explizite Verweis auf aktuelle intellektuelle Debatten wie etwa auf die Kritik des Humanismus. So konnte am Beispiel Sollers' gezeigt werden, dass andere Produzenten des Felds oft „über Bande" ins Spiel kommen. Nun können sich Texte aber auch verlinken, wenn weder Produzenten noch Stellvertreter-Referenzen attestiert werden – so etwa in den Textausschnitten Foucaults, Lacans und Derridas, die mit dieser Strategie ihre Abhängigkeit von den Schicksalen anderer Produzenten zu verringern und den Alterungs- und Abwertungsrisiken zu entgehen versuchen, die gerade in einer intellektuell schnelllebigen Zeit wie den 60er und 70er Jahren drohen. Die Frage, die der Leser an die Texte stellt, lautet dann: „Sind ihre Produzenten Teil eines Äußerungskollektivs, einer Gruppe, einer Bewegung?“ Die Antwort wird von den Informationen abhängen, die der Leser über die Produzenten, die Zeitpunkte und Orte der Entstehung der Texte in Erfahrung bringen und in Beziehung setzen kann. Viele der Äußerungsparameter gehen aus dem unmittelbaren Kotext hervor, der den Textausschnitt umgibt. In hochgradig auktorialen Diskursen wie der Wissenschaft attestiert der Umschlag einen Namen für den Produzenten, der für den Inhalt verantwortlich zeichnet. Oft bietet der Ko-Text sogar Informationen zu den institutionellen Positionen und Karrieren der Produzenten. Mit Blick auf Zeit und Ort muss sich der Leser meist mit Erscheinungsort und -jahr der Erstveröffentlichung behelfen, es sei denn der Text gibt anders lautende Angaben (wie oben bei Lacan, Althusser und Sollers). Auf diese Weise wird der Leser einen engen zeitlichen (Januar 1964: Lacan, Oktober 1967: Althusser, 1966: Foucault, 1967: Derrida, 1967: Sollers) und räumlichen (alle Verlagshäuser haben ihren Sitz in Paris) Entstehungszusammenhang dieser Texte unterstellen. Um den Text zu verstehen, liest der Leser nicht nur den Text, sondern auch um den Text herum.

Die Hinweise, die der Leser zu den Äußerungskontexten der Texte zusammenträgt, können sich im Laufe der Zeit zu einem Wissen über die Entstehungs- und Produktionsbedingungen der Texte verfestigen. Er kann ihre Produzenten als Mitglieder einer Gruppe, als Sprecher einer Bewegung, als Vertreter einer Generation wahrnehmen, die sich auf bestimmte Weise aufeinander beziehen. Entsprechend erkennt er die unsichtbaren Bande, die die Texte der Produzenten zu einer wundersamen Einheit zusammenfinden lassen. Es stellen sich paradigmatische Effekte ein, durch die ein Text als Teil eines „Korpus“, einer imaginären Sammlung zusammengehöriger und sich ergänzender Texte erscheint. Ein Etikett wie „Strukturalismus“ registriert dann die entstehenden Korpusgrenzen, durch die Texte wie die fünf oben analysierten Textausschnitte zum programmatischen Ausdruck eines „strukturalistischen“ Paradigmas werden. Diese Effekte werden von der Rezeption dieser Texte in ihren unterschiedlichen Kontexten induziert, in denen die Leser auf die Frage, aus welchen Äußerungszusammenhängen diese Texte hervorgegangen sind, unterschiedliche Antworten finden, weshalb die Texte und ihre Produzenten einmal in das gleiche Lager, das andere Mal in gegnerische Lager gruppiert werden können. Ganz gleich, ob von den Produzenten beabsichtigt oder nicht, erhöhen paradigmatische Effekte das Gewicht der betroffenen Texte im intellektuellen Diskurs, welche dann nicht mehr als persönliche Marotten Einzelner gelten können. Der Text wird zu einem Ausdruck eines weiteren Produktionszusammenhangs. Der Produzent beginnt, für eine bestimmte Position zu stehen, ein distinktives Profil aufzubauen und für eine Gruppe im Feld zu sprechen. Und der Text wird auch bei den Produzenten Resonanz hervorrufen, die sich als Gegner interpellieren lassen.

Die Figur des Antihumanismus konfrontiert den Leser mit einem Antagonismus zwischen dem Lokutor l_0 und einem Allokutor a_1, der die Sache des „Menschen" vertritt. Über die Definition eines intellektuellen Jetzt T_0, das die „neuen" von den „alten" Tendenzen scheidet (vgl. Foucault, Sollers), werden die evozierten Figuren und Sprecher zu historischen Vektoren in einem Diskurs, in dem sich Produzenten und Produkte permanenten Alterungsprozessen ausgesetzt sind. Der Text gibt dem Leser dann die Interpretationsanweisung: *Suche den sozialen Kontext nach möglichen Protagonisten für die Sprechrollen von l_0 und a_1 und ab und bestimme deren Alterskohorte und Generationszugehörigkeit!* Wird der Leser immer wieder mit dem interdiskursiven Gegensatz von l_0 und a_1 und einem Jetztzeitpunkt T_0 konfrontiert, kann sich sein Wissen zu einem Topos („der Antihumanismus der 60er und 70er Jahre") verfestigen, das mit bestimmten Slogans („Tod des Menschen") abgerufen werden kann. Der Leser wird dann andere Texte und den weitergehenden intellektuellen Raum absuchen und die ihm bekannten Produzenten und Produzentengruppen danach befragen, wie sie sich im Interdiskurs des Antihumanismus positionieren. Vielleicht kann er sich die impliziten Gegner der „Antihumanisten" denken: etwa vorhergehende Avantgarde-Philosophen von Bergson bis Sartre, die „das Leben" bzw. den „Humanismus" auf ihre Fahnen geschrieben haben und andererseits die kanonischen Disziplinen der Zeit mit der akademischen Philosophie an der Spitze, den *humanités*. Und die Produzenten des Felds können sich angesprochen fühlen und reagieren – man denke an die „Antwort" Sartres auf Foucault, Lacan, Althusser (1966), an den Streit zwischen Barthes (1960) und Picard (1965) über die nouvelle critique, an Dufrennes Kritik am Antihumanismus (1968), die Polemik Crémants gegen den Strukturalismus (1969), Fougeyrollas' Verurteilung ihres „Obskurantismus" (1976). Analoges gilt für die internationale Debatte über den Poststrukturalismus. Eine folgenreiche Replik ist die von Habermas, der sich bekanntlich von der „jungkonservativen Theoriebewegung" aus Frankreich interpellieren lässt (1993). Es sind diese Reaktionen, Interpretationen und Spekulationen, die verschiedene Texte zu einer Formation mit gemeinsamem Äußerungsursprung zusammenfassen und aus dem Stimmengewirr des intellektuellen Diskurses die Umrisse einer abgrenzbaren Bewegung mit einem kohärenten theoretischen Programm entstehen lassen.

Im französischen Feld markiert die Veröffentlichung dieser Texte gemeinhin den kurzen Höhepunkt des „Strukturalismus“, der schon 1968 von der nächsten Mode, den Philosophien des Verlangens abgelöst wird. Der internationalen Rezeption gelten diese Texte hingegen als Dokumente des „Poststrukturalismus“, der auch einige nachfolgende Tendenzen, insbesondere die Philosophien des Verlangens, einschließt. An der Entstehung dieser paradigmatischen Effekte sind zwei Größen beteiligt: der Text und der Kontext. In der Übersetzung weitgehend stabil bleibt der Text (natürlich nicht immer, denn sicher kann es leichter und weniger leicht zu übersetzende Texte, bessere und schlechtere Übersetzungen geben). Der Text operiert mit symbolischen Formen, die höhere oder geringere interpretative Freiheiten zulassen. Im Gegensatz zu Begriffswörtern, an die sich je nach Leser unterschiedliche Assoziationskaskaden anschließen, lösen die Spuren der Äußerung kognitive Operationen aus, die von allen Lesern mehr oder minder auf die gleiche Weise ausgeführt werden, wenn auch zu unterschiedlichen Resultaten führen. Zu den Äußerungsspuren können die Markierungen der Deixis, der Polyphonie und der Vorkonstrukte gezählt werden, also die Elemente des formalen Apparats der Äußerung („ich“, „hier“, „jetzt“…), logisch-argumentative Operatoren („nicht“, „aber“, „wenn“…), aber auch bestimmte syntaktische Transformationen (Nominalisierungen, „-ismen“) sowie typographische Spuren (wie Anführungszeichen und Kursivsetzungen). Die interpretativen Zwänge von Äußerungsspuren sind hoch; Äußerungsspuren werden in der Regel nicht zum Gegenstand reflexiver Verstehensanstrengungen, denn der Leser kann sie nicht erkennen, ohne die in ihnen enthaltenen Regeln auszuführen, wie beispielsweise „ich“: *Suche die Person, mit der der Lokutor assoziiert ist!*, „nicht“: *Weise das Gesagte dem Allokutor zu!* oder vorkonstruierte Nominalisierungen: *Betrachte das Gesagte als eine selbstverständliche Wahrheit, für die du keine Äußerungsquelle bestimmen musst!*

Dass Übersetzungen Texte übertragen, nicht aber ihre Kontexte, ist *ein* Grund dafür, dass die gleichen Texte bei den Lesern in unterschiedlichen Kontexten unterschiedliche paradigmatische Effekte auslösen. Ein anderer Grund ist, dass selbst die beste Übersetzung vom ursprünglichen Textinhalt abweicht – zumindest in bestimmten Teilen. Unterschiede gibt es im Paratext, also im Einband, im Klappentext und den bibliographischen Angaben. Auch das Profil und das Programm der Verlage, in denen die Übersetzungen erscheinen, spielen eine wichtige Rolle für die Rahmung des Texts in seinen verschiedenen Rezeptionskontexten. In Frankreich erscheint ein Teil der Veröffentlichungen bei Verlagen mit einem *sciences humaines*-Profil. Insbesondere die damals noch relativ jungen Verlagshäuser Seuil (Lacan, Sollers), Minuit und Maspero

(Althusser) akzentuieren den Moderne- und Avantgarde-Anspruch dieser Texte. Dagegen stehen Gallimard und Presses Universitaires de France (PUF), bei denen Foucaults und Derridas Monographien erscheinen, tendenziell für die intellektuellen Projekte vorangehender Avantgarden (Gide, Sartre) und im Falle der PUF für akademischer orientierte Geisteswissenschaften. Im Gegensatz zu diesen unterschiedlich profilierten französischen Verlagshäusern erscheinen die deutschen Übersetzungen der hier analysierten Texte mit der Ausnahme des Lacan'schen Seminars (Walter-Verlag) alle bei Suhrkamp, der als führender deutschsprachiger Verlag der Sozial- und Geisteswissenschaften mit intellektuellem Anspruch gilt. Die Verlage, bei denen die englischen Übersetzungen dieser Texte erscheinen, verfügen dagegen über keine ausgeprägte *sciences humaines*-Profilierung: Lacans elftes Seminar wird zunächst von Hogarth Press verlegt; Althussers *For Marx* bei Allen Lane; Foucaults *The Order of Things* bei Tavistock; Derridas *Speech and phenomena* bei Northwestern. Gerade in Deutschland, und selbst in den USA und in Großbritannien, wo einige der späteren Auflagen dieser Texte bei Verlagen mit einem Cultural Studies Programm (etwa Foucault bei Routledge) erscheinen, werden die Produzenten daher vielleicht eher als eine Bewegung wahrgenommen, die sich über eine dauerhafte geteilte intellektuelle Problematik definiert, als in Frankreich, wo für die wahrgenommene Gemeinsamkeit dieser Gruppe eher die zeitliche Koinzidenz der Erscheinung ihrer Werke zwischen 1964-67 im Vordergrund steht.

Dass diese Produzenten in der in den 70er Jahren einsetzenden internationalen Rezeption als „Poststrukturalisten" geführt werden können, liegt nicht zuletzt an der Ungleichzeitigkeit der von diesen Produzenten angestoßenen intellektuellen Debatten in den verschiedenen Feldern. So distanzieren sich einige von ihnen vom „Strukturalismus", *bevor* die „strukturalistischen" Werke in andere Sprachen übersetzt wurden. Werke, die im französischen Sprachraum wie Foucaults *Ordnung der Dinge* (1966) oder Barthes' *Mythen des Alltags* (1957) gemeinhin mit der strukturalistischen Phase um 1966/67 assoziiert werden, können daher von englisch- oder deutschsprachigen Lesern zusammen mit einigen zeitnah übersetzten „nach-strukturalistischen" Texten dieser Autoren gelesen werden. Darüber hinaus werden die Ko-Produzenten des französischen Felds diese Produzenten eher in ihren intellektuellen und institutionellen Karrierezusammenhang einordnen und vielleicht wissen, dass Althusser dem Strukturalismus bis zu seinem Zusammenbruch Anfang der 80er Jahre die Stange hält, und sich auch Derrida noch bis Ende der 70er Jahre auf das Differenzmodell Saussures stützt. Anders sieht die Situation dagegen im nichtfranzösischsprachigen Ausland aus, wo die

Werke dieser Produzenten erst nach und nach übersetzt werden, „kleinere“ Produzenten (wie Sollers) in der Regel durch den Rost fallen und der französischsprachige massenmediale Diskurs – sei es in *Le Monde*, *La Quinzaine littéraire* oder in der von Bernard Pivot geleiteten Fernsehsendung *Apostrophes* – in der Regel nicht oder nur selektiv ankommt. Auch die Reihenfolge der Erscheinungen der Übersetzungen (englisch: Lacan: 1977, Althusser: 1969, Foucault: 1970, Derrida: 1973, ein *Tel Quel Reader* erscheint erst 1998; deutsch: Lacan: 1978, Althusser: 1968, Foucault: 1971, Derrida: 1979) kann den Zusammenhang verändern, in dem diese Werke in der internationalen Rezeption gelesen werden. Während Althusser, gerade in Deutschland, noch im unmittelbaren Kontext der Marxismus-Renaissance von 68 gelesen wird, erscheinen die wichtigen Schriften Lacans, der in Frankreich doch der Senior seiner intellektuellen Generation war, mit einer Verzögerung von mehr als einem Jahrzehnt. Erklären diese Ungleichzeitigkeiten der Rezeption dieser Autoren nicht den Umstand, dass Althusser gerade in Deutschland eher eine Randfigur des poststrukturalistischen Kanons geblieben ist, Lacan aber als eine seiner zentralen Gestalten wahrgenommen wird?

Zu den paratextuellen Angaben, die sich in der internationalen Zirkulation dieser Bücher erheblich verändern, müssen weitere rahmende Informationen gezählt werden, insbesondere zur institutionellen Position und Karriere der Produzenten, die von internationalen Ko-Produzenten nicht unbedingt abgefragt werden. So können sich die Ko-Produzenten fragen, an welchen institutionellen Orten der Konflikt zwischen „Humanisten“ und „Antihumanisten“ stattfindet. Nicht selten geht aus dem Paratext der französischen Ausgaben hervor, wenn ein Autor (wie Foucault, Derrida und Althusser) *normalien* ist oder an einer Hochschuleinrichtung lehrt. Im französischen Kontext können die Leser mit diesen paratextuellen Informationen die Produzenten nach akademischeren Produzenten (Foucault, Derrida, Althusser) und weniger akademischen Produzenten (Lacan, Sollers) unterscheiden, wohingegen im poststrukturalistischen Diskurs – und gerade in den USA – diese Produzenten in der Regel weitgehend als akademische Figuren wahrgenommen werden. Hinzu kommen weitere kontextuelle Aspekte dieser Texte, auf die die Ko-Produzenten in Frankreich tendenziell achten werden, etwa ob die Bücher in den Buchhandlungen in „traditionelle“ (*philosophie*: Derrida) oder „moderne“ (*sciences humaines*: Foucault, Sollers; *psychanalyse*: Lacan; *marxisme*: Althusser) Regale eingestellt sind.

Die unterschiedlichen paradigmatischen Etiketten, mit denen diese Texte auf ihrer Reise durch die verschiedenen Rezeptionskontexte versehen werden, unterstreichen, dass auch theoretische Texte in verschiedenen Kontexten verschieden gelesen werden. Auch theoretische Texte müssen um die Kontexte ergänzt werden, in denen sie geäußert werden. Auch theoretische Texte brauchen einen Leser, der die Interpretationsprobleme löst, die der Text ihm aufgibt. So leisten die Leser mehr, als existierende Strukturen des Symbolischen zu reproduzieren oder eine vorgängige Grammatik des Sag- und Denkbaren zu aktualisieren. *Sie* müssen den Text verstehen, und zwar „hier" und „jetzt"; nur *sie* können wiederholbares symbolisches Material mit den Äußerungskontexten verbinden, die nicht wiederholt werden können. Und in der Tat ist ihr ganzes interpretatives Geschick gefragt, wenn sie den Sinn des Texts verstehen wollen. Welchen Sinn sie schließlich entdecken, das hängt von dem einzelnen Leser ab, denn jeder Leser muss durch das Labyrinth an Verweisen selbst gehen, die in den Texten verstreuten Anweisungen selbst ausführen und selbst ein Wissen von dem Äußerungszusammenhang der Texte aufbauen, mit denen er es zu tun hat: Wir alle versuchen, mit dem von uns aufgebauten Wissen die Leerstellen des Texts zu ergänzen. Wir alle sind mehr oder minder versierte Experten für die Deutungsfragen, die der Text uns aufgibt. Wir sind Leser-Philosophen, die mit unseren Philosophien die Texte zu verstehen suchen.

Sicher hängt der Sinn, auf den der Leser als der vom Text beauftragte Sinnsucher schließlich stößt, von seiner erworbenen diskursiven Kompetenz ab. Leser mit niedriger diskursiver Kompetenz werden sich in der Regel auf die unmittelbaren Äußerungskontexte beschränken, die sie nach den im Text fehlenden Informationen abscannen, insbesondere auf Kotext und Paratext. Bei Lesern mit einer entwickelten diskursiven Kompetenz kommen kognitive Kontexte dazu. Sie können sich auf ein Gedächtnis stützen, das ihnen Hypothesen zum Äußerungskontext liefert, die solange aufrecht erhalten werden, wie sie nicht auf Widerstand stoßen oder Irritationen in ihrer kognitiven Umwelt auslösen. Und ein und derselbe Leser kann sich dem Text auf unterschiedliche Weise nähern. Ein Text kann „durchgearbeitet" oder „überflogen" werden, d. h. die Interpretationsanweisungen des Texts können mehr minder systematisch abgearbeitet werden. Doch früher oder später muss jeder interpretative Prozess abgebrochen werden. Der gefundene Sinn ist auch eine Funktion der Zeit, die dem Leser zur Verfügung steht.

Der Leser kann den Text auch ohne differenziertes Vorwissen lesen. Entsprechend simulieren die vorgenommenen Diskursanalysen mit ihrem Fokus auf die Spuren der Äußerung den „unwissenden" Leser. Ausgestattet mit einer basalen grammatikalischen Sprachkompetenz, setzt er sich zeitintensiv mit den interpretativen Problemen des Texts auseinander, indem er die Kontextualisierungsinstruktionen der formalen Äußerungsspuren systematisch abzuarbeiten versucht. Doch rufen die Namen der zitierten Produzenten, Autoren und Referenzfiguren sowie die Begriffswörter wie „Name des Vaters“, „Selbstgegenwart“ oder „Intertextualität“ bei ihm nicht viel mehr als ein verlegenes Schulterzucken hervor.

Sicher werden diese Texte nicht zuletzt auch von „wissenden“ Lesern gelesen, die infolge schulischer und kultureller Sozialisation oder interessierter Lektüre mehr oder mehr oder weniger präzise über die Diskussionshintergründe und Entstehungskontexte dieser Texte Bescheid wissen. Auch du, liebe Leserin, lieber Leser, kannst Kapitel 2 und 3 als ein Wissensangebot zu den Kontexten dieser Texte begreifen, dessen Elemente von den Diskursteilnehmern der Zeit zusammengetragen und schriftlich festgehalten wurde. Dieser erste feldtheoretische Teil dieses Buchs versammelt dieses Wissen, auf das du bei der Lektüre der Texte nach Belieben zurückgreifen kannst. Natürlich kannst du die Texte von Foucault, Derrida & Co. auch lesen, ohne dass du diese Seiten gelesen hast oder über ein entsprechendes Wissen verfügst. Auch dann werden die Texte bei dir bestimmte interpretative Prozesse auslösen. Du wirst die in den Texten gegebenen Kontextualisierungsanweisungen dann eben mit dem dir verfügbaren Wissen bearbeiten. Das heißt nicht, dass du die Texte dann schlechter verstehst. Du verstehst sie anders. Daher kann ich mich noch so sehr bemühen, deine kognitive Umwelt mit dem präsentierten feldtheoretischen Wissen zu verändern, in keinem Fall kann ich mit einer formal-qualitativen Methodologie der Wissenssoziologie beantworten, *was* du verstehst. Ich will nicht den von den Produzenten gemeinten oder von dir verstandenen Sinn rekonstruieren, sondern die interpretativen Zwänge, diskursiven Regeln, symbolischen Gesetze beschreiben, denen du folgen musst, wenn du den Sinn der Texte entdecken willst.

Müssen vor diesem methodologischen Hintergrund nicht viele der Diskursbegriffe, die sich im Gefolge der internationalen Foucault-Rezeption durchsetzen, als Symptome eines metaphysischen Totalisierungs- und Schließungsverlangens gelten? Dass verräumlichende Modelle des Diskurses, die seine Elemente zu funktional integrierten Ordnungen zusammenschließen, in der diskursanalytischen Forschung nicht zuletzt dank der äußerungstheoretischen Anregungen Foucaults seit langem problematisch sind, daran kann nicht oft genug erinnert werden. Gegenüber Ansätzen, die die einzelnen Elemente des Diskurses auf eine übergreifende Logik oder Ordnung zurückzuführen versuchen, unterstreichen die vorgenommenen Analysen die Heterogenität des Diskurses bis auf die Ebene seiner kleinsten konstitutiven Elemente – der Aussagen. So manifestiert sich in den Aussagen des Diskurses kein gemeinter Sinn, kein homogenes Wissen, kein sprechendes Subjekt. Aussagen operieren mit vielfältigen, sich überlagernden und bisweilen widersprechenden Sinnquellen, Wissensbeständen und Referenzen, die deren charakteristische Dicke und Geschichtetheit begründen. In der Analyse geht es darum, durch eine Auffächerung der verschiedenen Äußerungsebenen und Sprechperspektiven das vielschichtige diskursive Geschehen der Aussage zu sezieren. So wurde am Lacan'schen Textausschnitt gezeigt, wie die auftretenden „Doppelagenten" des Diskurses aus einer geordneten Schlacht zwischen „Anhängern" und „Gegnern" Freuds einen Guerillakampf ohne klaren Frontverlauf machen. Das diskursive Geschehen der Althusser-Passage wurde als ein Wettkampf zwischen Mannschaften beschrieben, der von dem Auftauchen des Garanten, der „Trainerfigur" Marx gestört wird. Während bei Foucault Fragmente eines Dialogs mit dem humanistischen Anderen ausgemacht werden konnten, vollzieht der Derrida-Text den Übergang vom humanistischen zum antihumanistischen Diskurs und ermöglicht den Ko-Produzenten damit eine „enunziative Umprogrammierung" philosophischer Texte. Im Diskurs der Reproduktion (Sollers) wird der dialogische Kern der antihumanistischen Figur schließlich zu einer narrativen Struktur geschlossen, in denen die Produzenten des intellektuellen Diskurses auf bestimmte Weise aufgestellt werden. Sicher können die in den Aussagen angelegten Sprecher-Konfigurationen auch anders beschrieben werden als mit mehr oder minder fantasiereich ausgeführten Vergleichen aus dem Bereich sozialer Dramen und Konflikte. Der Punkt ist nicht, dass jeder Leser in diesen Passagen einen Krieg (Lacan), einen Wettkampf (Althusser), einen Dialog (Foucault), eine Autoritätskrise (Derrida) oder eine revolutionäre Auseinandersetzung zwischen einer Vor- und einer Nachhut (Sollers) lesen muss. Mit kreativer Fantasie begabte Leser können aus den Aussagen auch andere Geschichten generieren, aber alle Aussagen charakterisieren sie sich durch unauflösbare innere Brüche, die dramatisch in Szene gesetzt, zu sozialen Beziehungskonfigurationen ausgebaut oder in einen stabilen, wiederholbaren Narrativ verwandelt werden wollen. Der Punkt ist also, dass in den einzelnen Aussagen bzw. Diskursfragmenten analysierbare Sprechersets und soziale Beziehungskonfigurationen angelegt sind, und zwar schon bevor der einzelne Leser die Frage zu beantworten versucht, von wem sie geschrieben, gesprochen, gelesen werden. Das Individuum ist nicht autonom darin, Sinn und damit soziale Ordnung zu setzen; es trifft immer schon auf Ordnung, die im Kern in den vor-individuellen Sprechern und Perspektiven der Aussagen vorgezeichnet ist, die es verstehen muss.

So lässt sich die Problematik des Diskurses nicht im Rahmen einer Dialektik von Gesellschaft und Individuum, von Struktur und Akteur, von Zwang und Freiheit abhandeln, wie sie von klassischen Gesellschaftstheorien vertreten wird. Der Diskurs ist kein symbolischer Code, keine kulturelle Grammatik, kein intersubjektiver Wissenshaushalt, durch dessen symbolisches Dickicht der wissenschaftliche Beobachter ohne weiteres durchsehen kann. Ebenso wenig reflektiert der Diskurs den gemeinten Sinn eines handelnden Subjekts oder die sinnstiftenden Akte eines Bewusstseins, in das der Beobachter empathisch eindringen kann. Das Individuum nähert sich dem Diskurs weder von oben – als einer transindividuellen Struktur des Sagbaren – noch von unten – als einem Produkt verstehender Akteure. Der Diskurs ist ein hybrides, offenes und dynamisches Ensemble von Aussagen, das nach Individuen verlangt, die seine interpretativen Probleme Schritt für Schritt abarbeiten, und zwar Aussage für Aussage für Aussage…

Dass der Eintritt in den Diskurs mit mühevoller, immer wieder von Fehlschlägen und Missgeschicken unterlaufener Arbeit verbunden ist, gilt für das lesende Individuum, vor dessen Auge Buchstaben über Buchstaben vorbeiziehen. Dies gilt aber noch mehr für das schreibende Individuum, das die Buchstaben aufs Papier bringt. Immer wieder sagt das Individuum mehr, als es sagen will. Ständig wird es von dem eingeholt, was es nicht sagt. Und permanent verheddert es sich in den Fallstricken des Sagens und des Gesagten. Das schreibende Individuum ist eine tragische Gestalt, die mit sich nicht ins Reine kommt und sich selbst unverständlich bleibt, denn immer wenn es sich symbolisch betätigt, tritt seine Spaltung zwischen symbolischen und nicht-symbolischen Wesen zu Tage: zwischen Sprechern, Lokutoren, Allokutoren und Regisseuren einerseits und dem physischen Individuum, dem Leser bzw. Schreiber, dem Produzenten bzw. Ko-Produzenten andererseits. Die Sprecher sind die Wesen, die die Aussagen des Diskurses bevölkern, wohingegen das Individuum vor der Aufgabe steht, das Gesagte zu verstehen, zu deuten und zu interpretieren. Das Individuum ist ein aktives, kreatives und fantasiebegabtes Wesen, das über die Äußerung die Kontexte des symbolischen Materials absucht. Doch um sich symbolisch zu betätigen, ist es auf die in das symbolische Material eingelassenen Sprecher des Diskurses angewiesen. Wie ein Marionettenspieler, der alles, was er ausdrücken will, von seinen Figuren sagen lassen muss, verheddert sich das lebendige (aber stumme) Individuum in den Fäden, mit denen es seine toten (aber sprechenden) Figuren zu kontrollieren sucht. Den Kritikern des Humanismus, die den „Tod des Menschen“ reklamieren, kann somit begegnet werden: Doch, die Individuen existieren, und als Leser-Philosophen sind sie quicklebendige Spezialisten in Sachen Sinnverstehen. Aber sie müssen sich mit Sprechern und Figuren einer zeit- und ursprungslosen symbolischen Ordnung arrangieren – kein Wunder, dass die Individuen mit ihren Sprechern regelmäßig miteinander ins Gehege kommen. Auf eine plakative Formel gebracht muss es also heißen: Es lebe das Individuum! Aber glauben wir nicht, dass es den Figuren und Sprechern des Diskurses, durch die es spricht, schreibt, liest, ein eignes Leben einhauchen kann.

Wenn selbst Individuen, die wie die Intellektuellen zu den symbolischen Profi- und Vollzeit-Produzenten gehören, über ihre Sprecher stolpern, wenn ihre Worte, sobald sie aufs Papier gekommen sind, ihnen als opakes Material gegenübertreten, wenn ihnen die Kontrolle über das Gesagte immer wieder entgleitet, wie könnten sie den Dilemmata ihrer symbolischen Existenz anders begegnen als weiter zu sprechen, zusätzliche Texte zu schreiben, Mehr-Diskurs zu produzieren? Dass einmal alles gesagt ist und sich das Sagen erübrigt, das jedoch müssen die Intellektuellen nicht fürchten – nicht die schreibenden und auch nicht die lesenden.

LITERATUR

A.L. (1999): „La solitude des chercheurs de fond. Ils ne savent plus à quel éditeur se vouer.“ *Le Nouvel Observateur* (1804): 131.

Achard, Pierre (1995): „Formation discursive, dialogisme et sociologie.“ *Langages* 117: 82-95.

— (1993): *La sociologie du langage*. Paris: PUF.

Adam, Jean-Michel (1989): „Pour une pragmatique linguistique et textuelle.“ In: Claude Reichler (Hrsg.), *L'Interprétation des textes*. Paris: Minuit, S. 183-222.

Agamben, Giorgio (1995): *Homo sacer: il potere sovrano e la nuda vita*. Torino: Einaudi [deutsche Übersetzung: *Homo sacer: Die souveräne Macht und das nackte Leben*. Frankfurt am Main: Suhrkamp, 2006].

Alizart, Mark und Christophe Kihm (Hrsg.) (2005): *Fresh Théorie*. Paris: Léo Scheer.

Allori, Paola Evangelista (Hrsg.) (1998): *Academic Discourse in Europe. Thought Processes and Linguistics Realisations*. Roma: Bulzoni.

Althusser, Louis (1996[1965]): *Pour Marx*. Paris: Maspero [deutsche Übersetzung: *Für Marx*. Frankfurt am Main: Suhrkamp, 1968].

— (1995[1969]): *Sur la reproduction*. Paris: Presses Universitaires de France [deutsche Übersetzung: *Ideologie und ideologische Staatsapparate*: *Aufsätze zur marxistischen Theorie*. Hamburg: Verlag für das Studium der Arbeiterbewegung, 1977; enthält nur den ISA-Aufsatz].

— (1993): *Écrits sur la psychanalyse. Freud et Lacan*. Paris: Stock/Imec [deutsche Übersetzung: *Freud und Lacan*, Berlin: Merve-Verlag, 1976].

— (1976): *Positions*. Paris: Editions sociales.

— (1974): *Éléments d'autocritique*. Paris: Hachette.

Althusser, Louis, Etienne Balibar, Roger Establet, Pierre Macherey und Jacques Rancière (1965): *Lire le Capital*. Paris: Quadrige/PUF [deutsche Übersetzung: *Das Kapital lesen*. Reinbek bei Hamburg: Rowohlt, 1972].

Angenot, Marc (1984): „Structuralism and Syncretism: Institutional Distortions of Saussure.“ In: John Fekete (Hrsg.), *The Structural Allegory*. Minneapolis: University of Minnesota Press, S. 150-163.

Angermüller, Johannes (2007a): „Kontingenz und Mangel: von der Gesellschaft der Moderne zum Sozialen der Postmoderne?“ In: Thorsten Bonacker und Andreas Reckwitz (Hrsg.), *Kulturen der Moderne. Soziologische Perspektiven der Gegenwart*. Frankfurt, New York: Campus, S. 301-321.

— (2007b): „L'analyse du discours en Europe." In: Simone Bonnafous und Malika Temmar (Hrsg.), *L'analyse du discours en sciences humaines*. Paris: Ophrys, S. 9-23.

— (2007c): „Qu'est-ce que le ‚poststructuralisme français'? A propos de la réception des tendances françaises de l'analyse du discours en Allemagne." *Langage et société* 120: 17-34.

— (2007d): „Was fordert die Hegemonietheorie? Zu den Möglichkeiten und Grenzen ihrer methodischen Umsetzung." In: Martin Nonhoff (Hrsg.), *Diskurs – radikale Demokratie – Hegemonie*. Bielefeld: transcript.

— (2006a): „Die marxistische Hermeneutik Fredric Jamesons." In: Stephan Moebius und Dirk Quadflieg (Hrsg.), *Kultur. Theorien der Gegenwart*. Konstanz: UVK, S. 297-308.

— (2006b): „L'analyse des textes à la croisée de diverses traditions méthodologiques: les approches qualitatives et quasi qualitatives." In: Pierre Paillé (Hrsg.), *Méthodologie qualitative. Postures de recherche et variables de terrain*. Paris: Armand Colin, S. 225-236.

— (2005a): „Diskursanalyse – ein Ansatz für die interpretativ-hermeneutische Wissenssoziologie?" *Soziologische Revue* 28(1): 29-33.

— (2005b): „‚Qualitative' Methods of Social Research in France: Reconstructing the Actor, Deconstructing the Subject." *Forum Qualitative Research* 6(3): Art. 19. Verfügbar unter: http://www.qualitative-research.net/fqs-texte/3-05/05-3-19-e.htm.

— (2005c): „Sozialwissenschaftliche Diskursanalyse in Deutschland: zwischen Rekonstruktion und Dekonstruktion." In: Reiner Keller, Andreas Hirseland, Werner Schneider und Willy Viehöver (Hrsg.), *Die diskursive Konstruktion von Wirklichkeit*. Konstanz: UVK, S. 23-48.

— (2004a): „*French Theory* in den USA. Diskursanalytische Betrachtungen eines internationalen Rezeptionserfolgs." *Sociologia Internationalis* 42(1): 71-101.

— (2004b): „Neoliberale Hegemonie und postmodern-schizophrene Subjektivität: Eine diskursanalytische Annäherung an Michel Houellebecqs Ausweitung der Kampfzone." In: Thomas Kron und Uwe Schimank (Hrsg.), *Die Gesellschaft der Literatur*. Opladen: Barbara Budrich, S. 143-163.

— (2003): „Transformation und Narration: Zur Methodologie einer formal-operationalen Textanalyse am Beispiel eines biographischen Interviews mit einer Armenierin in St. Petersburg." In: Raj Kollmorgen und Heiko Schrader (Hrsg.), *Postsozialistische Transformationen: Gesellschaft, Wirtschaft, Kultur. Theoretische Perspektiven und empirische Befunde*. Würzburg: Ergon, S. 199-220.

— (2001): „Diskursanalyse: Strömungen, Tendenzen, Perspektiven." In: Johannes Angermüller, Katharina Bunzmann und Martin Nonhoff (Hrsg.), *Diskursanalyse: Theorien, Methoden, Anwendungen*. Hamburg: Argument, S. 7-22.

— (2000a): „Akademische Diskurse: von personal-interaktiven Sprechsituationen zu schriftlich-medialisierten Texten." In: Johannes Angermüller, Katharina Bunzmann und Christina Rauch (Hrsg.), *Reale Fiktion, fiktive Realitäten. Medien, Diskurse, Texte*. Hamburg: Argument, S. 69-80.

— (2000b): „Derrida, Phenomenology and Structuralism. Why American Critics Turned Deconstructionists." In: Klaus Martens (Hrsg.), *Pioneering*

America. Mediators of European Culture and Thought. Würzburg: Königshausen und Neumann, S. 163-170.

Angermüller, Johannes, Katharina Bunzmann und Martin Nonhoff (Hrsg.) (2001): *Diskursanalyse: Theorien, Methoden, Anwendungen*. Hamburg: Argument.

Anscombre, Jean-Claude und Oswald Ducrot (1983): *L'Argumentation dans la langue*. Bruxelles: Mardaga.

Aron, Jean-Paul (1984): *Les Modernes*. Paris: Folio.

Aron, Raymond (1983): *Mémoires. 50 ans de réflexion politique*. Paris: Julliard [deutsche Übersetzung: *Erkenntnis und Verantwortung: Lebenserinnerungen,* München: Piper, 1985].

Auerbach, Bruno (2006): „Publish and perish. La définition légitime des sciences sociales au prisme du débat sur la crise de l'édition SHS." *Actes de la recherche en sciences sociales* 164: 75-92.

Austin, John L. (1962[1955]): *How to Do Things with Words. The William James Lectures delivered at Harvard University in 1955*. Oxford, New York: Oxford University Press [deutsche Übersetzung: *Zur Theorie der Sprechakte*. Stuttgart: Reclam, 1979].

Authier-Revuz, Jacqueline (1995): *Ces Mots qui ne vont pas de soi. Boucles réflexives et non-coïncidences du dire*. Paris: Larousse.

— (1982): „Hétérogénéité montrée et hétérogénéité constitutive. Éléments pour une approche de l'autre dans le discours." *DRLAV* 26: 91-151.

Auzias, Jean-Marie (1967): *Cléfs pour le structuralisme*. Paris: Édition Seghers.

Bachelard, Gaston (1971): *Épistémologie*. Paris: PUF [deutsche Übersetzung: *Epistemologie*. Frankfurt am Main: Fischer, 1993].

Bachmann-Medick, Doris (2006): *Cultural turns. Neuorientierung in den Kulturwissenschaften*. Hamburg: Rowohlt.

Badiou, Alain (2005): „Philosophy's French Adventure." *New Left Review* 35(Sep/Oct): 67-78.

— (2003): *L'Éthique. Essai sur la conscience du mal*. Caen: Nous [deutsche Übersetzung: *Ethik: Versuch über das Bewusstsein des Bösen*. Wien: Turia + Kant, 2003].

— (1998): *Saint Paul: La Fondation de l'universalisme*. Paris: PUF [deutsche Übersetzung: *Paulus: die Begründung des Universalismus*. München: Sequenzia, 2002].

Bahloul, Joëlle (1991): „France-USA. Ethnographie d'une migration intellectuelle." *Ethnologie française* 21(1): 49-55.

Bakhtin, Mikhail (1929): *Problemy tvorchestva Dostoevskogo*. Leningrad: Priboj [deutsche Übersetzung: *Probleme der Poetik Dostojevskijs*. München: Hanser, 1971].

Balibar, Étienne (1992): *Les frontières de la démocratie*. Paris: La Découverte [deutsche Übersetzung: *Die Grenzen der Demokratie*. Hamburg: Argument, 1993].

Bally, Charles (1965[1932]): *Linguistique générale et linguistique française*. Bern: Francke.

Barluet, Sophie (2004): *Édition de sciences humaines et sociales: le cœur en danger*. Paris: Presses Universitaires de France.

Barthes, Roland (1977): *Fragments d'un discours amoureux*. Le Seuil: Paris [deutsche Übersetzung: *Fragmente einer Liebe*. Frankfurt am Main: Suhrkamp, 1988].

— (1975): *Roland Barthes par Roland Barthes*. Paris: Le Seuil [deutsche Übersetzung: *Über mich selbst*. München: Matthes und Seitz, 1978].

— (1967): *Système de la mode*. Paris: Le Seuil [deutsche Übersetzung: *Die Sprache der Mode*. Frankfurt am Main: Suhrkamp, 1985].

— (1960): *Sur Racine*. Paris.

— (1957): *Mythologies*. Paris: Le Seuil [deutsche Übersetzung: *Mythen des Alltags*. Frankfurt am Main: Suhrkamp, 1996].

Baßler, Moritz (2005): *Die kulturpoetische Funktion und das Archiv. Eine literaturwissenschaftliche Text-Kontext-Theorie*. Tübingen: Francke.

Baudrillard, Jean (1972): *Pour une critique de l'économie politique du signe*. Paris: Gallimard [englische Übersetzung: *For a critique of the political economy of the sign*. St. Louis: Telos Press, 1981].

— (1968): *Le Système des objets*. Paris: Gallimard [deutsche Übersetzung: *Das System der Dinge: über unser Verhältnis zu den alltäglichen Gegenständen*. Frankfurt am Main, New York: Campus, 1991].

Baverez, Nicolas (1993): *Raymond Aron. Un moraliste au temps des idéologues*. Paris: Flammarion.

Béacco, Jean-Claude und Sophie Moirand (1995): „Autour des discours de transmission de connaissances." *Langages* 119(Sep): 32-53.

Benoist, Jean-Marie (1980[1975]): *La Révolution structurale*. Paris: Denoël.

Benveniste, Émile (1974): *Problèmes de linguistique générale, 2*. Paris: Gallimard.

— (1966): *Problèmes de linguistique générale, 1*. Paris: Gallimard [deutsche Übersetzung: *Probleme der allgemeinen Sprachwissenschaft*. München: List, 1974].

Berger, Peter und Thomas Luckmann (1990[1966]): *Die gesellschaftliche Konstruktion der Wirklichkeit. Eine Theorie der Wissenssoziologie*. Frankfurt am Main: Fischer.

Bering, Dietz (1982): *Die Intellektuellen. Geschichte eines Schimpfwortes*. Stuttgart: Ernst Klett.

Berman, Art (1988): *From the New Criticism to Deconstruction. The Reception of Structuralism and Post-Structuralism*. Urbana, Chicago: University of Illinois Press.

Berrendonner, Alain (1981): *Eléments de pragmatique linguistique*. Paris: Minuit.

Bessert-Nettelbeck, Joachim (1981): *Zur Berufung von Hochschullehrern in der BRD und Frankreich*. Berlin (Dissertation).

Blanché, Robert (1968): *Introduction à la logique contemporaine*. Paris: Armand Colin.

Blanchot, Maurice (1963): *Lautréamont et Mallarmé*. Paris: Minuit.

Bloom, Harold, Paul de Man, Jacques Derrida, Geoffrey H. Hartman und J. Hillis Miller (Hrsg.) (1979): *Deconstruction and Criticism*. London: Routledge, Kegan Paul.

Bluhm, Claudia, Dirk Deissler, Joachim Scharloth und Anja Stukenbrock (2000): „Linguistische Diskursanalyse: Überblick, Probleme, Perspektiven." *Sprache und Literatur in Wissenschaft und Unterricht* 88: 3-19.

Bogdal, Klaus-Michael (1999): *Historische Diskursanalyse der Literatur: Theorie, Arbeitsfelder, Analysen, Vermittlung*. Opladen: Westdeutscher Verlag.

Böke, Karin, Matthias Jung und Thomas Niehr (2000): „Vergleichende Diskurslinguistik. Überlegungen zur Analyse internationaler und intralingualer Textkorpora." In: Thomas Niehr und Karin Böke (Hrsg.), *Einwande-*

rungsdiskurse. Vergleichende diskurslinguistische Studien. Opladen: Westdeutscher Verlag, S. 11-36.

Boltanski, Luc (1975): „Note sur les échanges philosophiques internationaux." *Actes de la recherche en sciences sociales* 5/6: 191-199.

Boltanski, Luc und Pascale Maldidier (1970): „Carrière scientifique, morale scientifique, et vulgarisation." *Social Science Information* 9(3): 99-118.

Bonacker, Thorsten (2003): „Die Repräsentation sozialer Ordnung. Zur Radikalisierung des Kantianischen Kerns der Soziologie." In: Jens Jetzkowitz und Carsten Stark (Hrsg.), *Sozialwissenschaftlicher Funktionalismus*. Opladen: Leske & Budrich, S. 247-278.

— (2000): *Die normative Kraft der Kontingenz. Nichtessentialistische Gesellschaftskritik nach Weber und Adorno*. Frankfurt am Main: Campus.

Bonnafous, Simone (1991): *L'immigration prise aux mots: les immigrés dans la presse au tournant des années 80*. Paris: Kimé.

Boschetti, Anna (1984): *L'impresa intellettuale. Sartre e Les Temps modernes*. Bari: Edizioni Dedalo.

Bossinade, Johanna (2000): *Poststrukturalistische Literaturtheorien*. Stuttgart: Metzler.

Boudon, Raymond (1980): „The Freudian-Marxian-Structuralist (FMS) movement in France: Variations on a Theme by Sherry Turkle." *The Tocqueville Review* 2(1): 5-24.

— (1968): *A quoi sert la notion de structure? Essai sur la signification de la notion de structure dans les sciences humaines*. Paris: Gallimard [deutsche Übersetzung: *Strukturalismus, Methode und Kritik: zur Theorie und Semantik eines aktuellen Themas*. Düsseldorf: Bertelsmann-Universitätsverlag, 1973].

Bourdieu, Pierre (2002a): *Ein soziologischer Selbstversuch*. Frankfurt am Main: Suhrkamp.

— (2002b): *Interventions, 1961-2001: science sociale et action politique*. Marseille: Agone [deutsche Übersetzung: *Die verborgenen Mechanismen der Macht*. Hamburg: VSA, 1992; enthält einzelne Aufsätze].

— (2001): *Langage et pouvoir symbolique*. Paris: Seuil [englische Übersetzung: *Language and symbolic power*. Cambridge: Polity Press, 1991].

— (1999): „Une révolution conservatrice dans l'édition." *Actes de la recherche en sciences sociales* 126: 3-28.

— (1997a): *Les usages sociaux de la science. Pour une sociologie clinique du champ scientifique*. Paris: INRA [deutsche Übersetzung: *Vom Gebrauch der Wissenschaft. Für eine klinische Soziologie des wissenschaftlichen Felds*. Konstanz: UVK, 1998].

— (1997b): *Méditations pascaliennes*. Paris: Le Seuil [deutsche Übersetzung: *Meditationen: zur Kritik der scholastischen Vernunft*. Frankfurt am Main: Suhrkamp, 2001].

— (1996): *Sur la télévision, suivi de L'emprise du journalisme*. Paris: Liber [deutsche Übersetzung: *Über das Fernsehen*. Frankfurt am Main: Suhrkamp, 1998].

— (1992): *Les Règles de l'Art. Genèse et structure du champ littéraire*. Paris: Le Seuil [deutsche Übersetzung: *Die Regeln der Kunst*. Frankfurt am Main: Suhrkamp, 1999].

— (1991): „Le champ littéraire." *Actes de la recherche en sciences sociales* 89: 4-46.

— (1990): „Les conditions sociales de la circulation internationale des idées." *Romanistische Zeitschrift für Literaturgeschichte* 14(1-2): 1-10.

— (1989): *La Noblesse d'Etat. Grandes Écoles et esprit de corps*. Paris: Minuit [deutsche Übersetzung: *Der Staatsadel*. Konstanz: UVK, 2004].

— (1988): *L'ontologie politique de Martin Heidegger*. Paris: Minuit [deutsche Übersetzung: *Die politische Ontologie Martin Heideggers*. Frankfurt am Main: Suhrkamp, 1988].

— (1987): „Variants et invariants. Éléments pour une histoire structurale du champ des grandes écoles." *Actes de la recherche en sciences sociales* 70: 3-30.

— (1986): „Fonder les usages analogiques. Entretien avec Pierre Bourdieu." *Français dans le monde* 199: 41-45.

— (1984a): *Homo academicus*. Paris: Minuit [deutsche Übersetzung: *Homo academicus*. Frankfurt am Main: Suhrkamp. 1992].

— (1984b): „Le hit-parade des intellectuels français ou qui sera juge de la légitimité des juges?" *Actes de la recherche en sciences sociales* 52-53: 95-100.

— (1983): „Les sciences sociales et la philosophie." *Actes de la recherche en sciences sociales* 47-48: 45-52.

— (1982): *Ce que parler veut dire. L'économie des échanges linguistiques*. Paris: Fayard.

— (1981): „Epreuve scolaire et consécration sociale. Les classes préparatoires aux Grandes Écoles." *Actes de la recherche en sciences sociales* 39: 3-70.

— (1980): *Questions de sociologie*. Paris: Minuit [deutsche Übersetzung: *Soziologische Fragen*. Frankfurt am Main: Suhrkamp, 1993].

— (1979): *La Distinction. Critique sociale du jugement*. Paris: Minuit [deutsche Übersetzung: *Die feinen Unterschiede: Kritik der gesellschaftlichen Urteilskraft*. Frankfurt am Main: Suhrkamp, 1982].

— (1978): „Classement, déclassement, reclassement." *Actes de la recherche en sciences sociales* 24: 2-22.

— (1976): „Le champ scientifique." *Actes de la recherche en sciences sociales* 2-3: 88-104.

— (1975): „La lecture de Marx – ou quelques remarques critiques à propos de ‚quelques critiques à propos de *Lire le Capital*'." *Actes de la recherche en sciences sociales* 5/6: 65-79.

— (1973): „L'opinion publique n'existe pas." *Les Temps modernes* 318: 1292-1309.

— (1972): *Esquisse d'une théorie de la pratique: précédé de trois études d'ethnologie kabyle*. Genève: Droz [deutsche Übersetzung: *Entwurf einer Theorie der Praxis – auf der ethnologischen Grundlage der kabylischen Gesellschaft*. Frankfurt am Main: Suhrkamp, 1979].

— (1971): „Le marché des biens symboliques." *L'Année Sociologique* 22: 49-126.

— (1966): „Champ intellectuel et projet créateur." *Les Temps modernes* 246: 865-906.

— (1958): *Sociologie de l'Algérie*. Paris: Presses Universitaires de France.

Bourdieu, Pierre und Luc Boltanski (1975): „Le titre et le poste. Rapports entre le système de production et le système de reproduction." *Actes de la recherche en sciences sociales* 2: 95-107.

Bourdieu, Pierre und Monique de Saint Martin (1987): „Agrégation et ségrégation." *Actes de la recherche en sciences sociales* 69: 2-50.

Bourdieu, Pierre et al. (Hrsg.) (1993): *La Misère du monde*. Paris: Le Seuil [deutsche Übersetzung: *Das Elend der Welt: Zeugnisse und Diagnosen alltäglichen Leidens an der Gesellschaft*. Konstanz: UVK, 1997].

Bouvaist, Jean-Marie (1998): *Du printemps des éditeurs à l'âge de raison: Les nouveaux éditeurs en France (1974-1988)*. Paris: La documentation française/SOFEDIS.

— (1986): „Tendance d'évolution dans les structures de l'édition française." *Communication et langages* 69(3): 100-115.

Bowd, Gavin (1999): *L'Interminable enterrement. Le communisme et les intellectuels français depuis 1956*. Paris: Digraphe.

Brillant, Bernard (2003): *Les clercs de 68*. Paris: Presses Universitaires de France.

Britton, Celia (1992): *The Nouveau Roman. Fiction, Theory and Politics*. New York: St. Martin's Press.

Bröckling, Ulrich, Susanne Krasmann und Thomas Lemke (Hrsg.) (2000): *Gouvernementalität der Gegenwart*. Frankfurt am Main: Suhrkamp.

Brøndal, Viggo (1943): *Essais de linguistique générale*. Copenhague: Einar Munksgaard.

Bublitz, Hannelore (2003): *Diskurs*. Bielefeld: transcript.

Bublitz, Hannelore, Andrea D. Bührmann, Christine Hanke und Andrea Seier (Hrsg.) (1999): *Das Wuchern der Diskurse. Perspektiven der Diskursanalyse Foucaults*. Frankfurt, New York: Campus.

Bühler, Karl (1965[1934]): *Sprachtheorie. Die Darstellungsfunktion der Sprache*. Stuttgart: Gustav Fischer.

Bührmann, Andrea D., Rainer Diaz-Bone, Encarnación Gutiérrez Rodriguez, Gavin Kendall, Werner Schneider und Francisco J. Tirado (Hrsg.) (2007): *Von Michel Foucaults Diskurstheorie zur empirischen Diskursforschung. Aktuelle methodologische Entwicklungen und methodische Anwendungen in den Sozialwissenschaften*. Sondernummer Forum Qualitative Sozialforschung 8(2). Verfügbar unter http://www.qualitative-research.net/fqs/fqs-e/inhalt2-07-e.htm.

Bürger, Peter (1987[1974]): *Theorie der Avantgarde*. Frankfurt am Main: Suhrkamp.

Busse, Dietrich (2007): „Diskurslinguistik als Kontextualisierung. Sprachwissenschaftliche Überlegungen zur Analyse gesellschaftlichen Wissens." In: Ingo Warnke (Hrsg.), *Diskurslinguistik. Theorie und Gegenstände*. Berlin, New York: de Gruyter, S. 81-106.

— (2006): „Text – Sprache – Wissen. Perspektiven einer linguistischen Epistemologie als Beitrag zur Historischen Semantik." *Scientia Poetica* 10: 101-137.

— (1987): *Historische Semantik. Analyse eines Programms*. Stuttgart: Klett-Cotta.

Butler, Judith, Ernesto Laclau und Slavoj Žižek (2000): *Contingency, Hegemony, Universality*. Paris: Verso.

Calvet, Louis-Jean (1990): *Roland Barthes*. Paris: Flammarion.

Canguilhem, Georges (1977): *Idéologie et rationalité*. Paris: Vrin [englische Übersetzung: *Ideology and Rationality in the History of the Life Sciences*. Cambridge, MA: MIT Press, 1988].

Cavaillès, Jean (1976[1947]): *Sur la logique et la théorie de la science*. Paris: Vrin.

Cervoni, Jean (1987): *L'Énonciation*. Paris: PUF.

Champagne, Patrick (1990): *Faire l'opinion*. Paris: Minuit.

Charaudeau, Patrick (1997): *Le Discours d'information médiatique. La construction du miroir social*. Paris: Nathan.

Charaudeau, Patrick und Dominique Maingueneau (2002): *Dictionnaire d'analyse du discours*. Paris: Seuil.

Charle, Christophe (2002): „Universités." In: Jacques Julliard und Michel Winock (Hrsg.), *Dictionnaire des intellectuels français. Les personnes. Les lieux. Les moments*. Paris: Seuil, S. 1369-1375.

— (1996): *Les intellectuels en Europe au XIXe siècle: essai d'histoire comparée*. Paris: Le Seuil [deutsche Übersetzung: *Vordenker der Moderne: Die Intellektuellen im 19. Jahrhundert*. Frankfurt am Main: Fischer, 1996].

— (1995): „Intellectuels, *Bildungsbürgertum* et *professions* au XIXe siècle." *Actes de la recherche en sciences sociales* 106/107: 85-95.

— (1994): *La République des universitaires. 1870-1940*. Paris: Seuil.

— (1990): *Naissance des ‚intellectuels'*. Paris: Minuit.

— (1988): „Professionen und Intellektuelle. Die liberalen Berufe in Frankreich zwischen Politik und Wirtschaft. 1830-1900." In: H. Siegrist (Hrsg.), *Bürgerliche Berufe*. Göttingen, S. 127-144.

— (1986): „Le Collège de France." In: Pierre Nora (Hrsg.), *Les Lieux de mémoire. II. La nation, tome 3*. Paris: Gallimard, S. 389-424.

— (1975): „L'expansion et la crise de la production littéraire (2e moitié du 19e siècle)." *Actes de la recherche en sciences sociales* 4: 44-65.

Charle, Christophe, Jürgen Schriewer und Peter Wagner (Hrsg.) (2004): *Transnational Intellectual Networks. Forms of Academic Knowledge and the Search for Cultural Identities*. Frankfurt am Main: Campus.

Chartier, Roger (1987): *Lectures et lecteurs dans la France d'Ancien Régime*. Paris: Seuil [deutsche Übersetzung: *Lesewelten. Buch und Lektüre in der frühen Neuzeit*. Frankfurt, New York, Campus, 1990, enthält ausgewählte Kapitel].

Chateauraynaud, Francis (2003): *Prospéro. Une technologie littéraire pour les sciences humaines*. Paris: CNRS Editions.

Chebel d'Appolonia, Ariane (1991): *Histoire politique des intellectuels en France. 1944-1954*. Paris: 1991.

Chervel, André (1993): *Histoire de l'agrégation. Contribution à l'histoire de la culture scolaire*. Paris: Kimé.

Christofferson, Michael Scott (2004): *French Intellectuals Against the Left. The Antitotalitarian Moment of the 1970s*. New York: Berghahn.

Clark, T. (1971): „Le Patron et son cercle. Clef de l'université française." *Revue Française de Sociologie* 12(1): 19-39.

Cohen-Solal, Annie (1989): *Jean-Paul Sartre: 1905-1980*. Paris: Gallimard [deutsche Übersetzung: *Sartre: 1905-1980*. Reinbek bei Hamburg: Rowohlt, 1991].

Cohen, Habiba S. (1978): *Elusive Reforms: The French Universities, 1968-1978*. Boulder, Colorado: Westview Press.

Collini, Stefan (2006): *Absent Minds. Intellectuals in Britain*. Oxford, New York: Oxford University Press.

Comay, Rebekka (1991): „Geopolitics of Translation: Deconstruction in America." *Stanford French Review* 15(1-2): 47-79.

Combes, Patrick (1984): *La Littérature et le mouvement de Mai 68*. Paris: Seghers.

Compagnon, Antoine (2005): *Les antimodernes: de Joseph de Maistre à Roland Barthes*. Paris: Gallimard.

Cossutta, Frédéric (1995): „Pour une analyse du discours philosophique." *Langages* 119(Sep): 12-39.

— (1989): *Éléments pour la lecture des textes philosophiques*. Paris: Bordas.

Courtine, Jean-Jacques (1981): „Quelques problèmes théoriques et méthodologiques en analyse du discours, à propos du discours communiste adressé aux chrétiens.“ *Langages* 62: 9-128.

Courtine, Jean-Jacques und Jean-Marie Marandin (1981): „Quel objet pour l'analyse du discours?“ In: Bernard Conein, Jean-Jacques Courtine, Françoise Gadet, Jean-Marie Marandin und Michel Pêcheux (Hrsg.), *Matérialités discursives*. Lille: Presses Universitaires de Lille, S. 21-33.

Crémant, Roger (1969): *Les Matinées structuralistes*. Paris: Robert Laffont.

Crignon, Anne (1999): „La défaite de la pensée. Quel avenir pour les PUF?“ *Le Nouvel Observateur* (1804): 128-130.

Crozier, Michel (1963): „La Révolution culturelle. Notes sur les transformations du climat intellectuel en France.“ *Daedalus* 93(1): 514-542.

Culioli, Antoine (2002): *Variations sur la linguistique. Entretiens avec Frédéric Fau*. Paris: Klincksieck.

— (1999): *Pour une linguistique de l'énonciation. Formalisation et opérations de repérage. Tome 2*. Paris: Ophrys.

— (1990): *Pour une linguistique de l'énonciation. Opérations et représentations. Tome 1*. Paris: Ophrys.

— (1985): *Notes du séminaire de D.E.A.* Poitiers: Département de Recherches Linguistiques [englische Übersetzung: *Cognition and Representation in Linguistic Theory*. Texts selected, edited and introduced by Michael Liddle. Amsterdam, Philadelphia: John Benjamins B.V.; enthält Ausschnitte der Originalausgabe].

Culler, Jonathan (1982): *On Deconstruction. Theory and Criticism after Structuralism*. Ithaca, NY: Cornell University Press [deutsche Übersetzung: *Dekonstruktion. Derrida und die poststrukturalistische Literaturtheorie*. Reinbek bei Hamburg: Rowohlt, 1999].

Cusset, François (2003): *French Theory. Foucault, Derrida, Deleuze & Cie et les mutations de la vie intellectuelle aux Etats-Unis*. Paris: Editions de la Découverte.

Danon-Boileau, Laurent (1987): *Le Sujet de l'énonciation. Psychanalyse et linguistique*. Paris: Ophrys.

Dardy, Claudine, Dominique Ducard und Dominique Maingueneau (Hrsg.) (2002): *Un genre universitaire. Le rapport de soutenance de thèse*. Villeneuve d'Ascq: Presses Universitaires du Septentrion.

Darke, David (1997): „Sartre and May 1968.“ *Sartre Studies International. An Interdisciplinary Journal of Existentialism and Contemporary Culture* 3(1): 43-65.

Debord, Guy (1992): *La Société du spectacle*. Paris: Gallimard.

Debray, Régis (1979): *Le Pouvoir intellectuel en France*. Paris: Ramsay.

Delacroix, Christian, François Dosse und Patrick Garcia (2005): *Les Courants historiques en France. 19e-20e siècle*. Paris: Armand Colin.

Deleuze, Gilles (1986): *Foucault*. Paris: Minuit.

— (1977): *A propos des ‚nouveaux philosophes' et d'un problème plus général. Supplément au no 24, mai 1977*. Paris: Minuit.

— (1968): *Différence et répétition*. Paris: [deutsche Übersetzung: *Differenz und Wiederholung*. München: Fink, 1997].

Demazière, Didier, Claire Brossaud, Patrick Trabal und Karl van Meter (Hrsg.) (2006): *Analyses textuelles en sociologie: logiciels, méthodes, usages*. Rennes: Presses universitaires de Rennes.

Deppermann, Arnulf (1999): *Gespräche analysieren. Eine Einführung in konversationsanalytische Methoden*. Opladen: Leske & Budrich.

Derrida, Jacques (1999): „Marx & Sons." In: Michael Sprinker (Hrsg.), *Ghostly Demarcations. A Symposium on Jacques Derrida's Specters of Marx*. London, New York: Routledge, S. 213-269 [deutsche Übersetzung: *Marx & Sons*. Frankfurt am Main: Suhrkamp. 2004].

— (1972): *Marges de la philosophie*. Paris: Minuit [deutsche Übersetzung: *Randgänge der Philosophie*. Wien: Passagen, 1988].

— (1967a): *De la grammatologie*. Paris: Minuit [deutsche Übersetzung: *Grammatologie*. Frankfurt am Main: Suhrkamp, 2004].

— (1967b): *L'Écriture et la différence*. Paris: Le Seuil [deutsche Übersetzung: *Die Schrift und die Differenz*. Frankfurt am Main: Suhrkamp, 1989].

— (1967c): *La voix et le phénomène*. Paris: Quadrige/PUF [deutsche Übersetzung: *Die Stimme und das Phänomen. Ein Essay über das Problem des Zeichens in der Philosophie Husserls*. Frankfurt am Main: Suhrkamp, 2003].

Détrie, Catherine, Paul Siblot und Bertrand Verine (2001): *Termes et concepts pour l'analyse du discours. Une approche praxématique*. Paris: Honoré Champion.

Diez, Thomas (1999): *Die EU lesen. Diskursive Knotenpunkte in der britischen Europadebatte*. Opladen: Leske & Budrich.

Dijk, Teun A. van (1988): *News as Discourse*. New York: Lawrence Erlbaum.

— (1985): *Handbook of Discourse Analysis. 4 vols. I. Disciplines of discourse. II. Dimensions of discourse. III. Discourse and dialogue. IV. Discourse analysis in society*. London: Academic Press.

Dosse, François (2002): *Michel de Certeau. Le Marcheur blessé*. Paris: Découverte.

— (1995): *L'Empire du sens. L'humanisation des sciences humaines*. Paris: La Découverte [englische Übersetzung: *Empire of Meaning. The Humanization of the Social Sciences*. London, Minneapolis: University of Minnesota Press, 1999].

— (1992): *Histoire du structuralisme. Vol. I+II*. Paris: La Découverte [deutsche Übersetzung: *Geschichte des Strukturalismus 1+2*. Frankfurt am Main: Fischer, 1992].

— (1987): *L'Histoire en miettes. Des ‚Annales' à la ‚nouvelle histoire'*. Paris: Éditions La Découverte [englische Übersetzung: *New History in France. The Triumph of the Annales*. Urbana, Ill. et al.: University of Illinois Press, 1994].

Droz, Bernard (2002): „Mai 68 et les intellectuels." In: Jacques Julliard und Michel Winock (Hrsg.), *Dictionnaire des intellectuels français. Les personnes. Les lieux. Les moments*. Paris: Seuil, S. 889-892.

Druesne, Gérard (1975): *Le Centre National de la Recherche Scientifique*. Paris: Masson.

Duchen, Claire (1986): *Feminism in France: From May '68 to Mitterand*. London: Kegan and Paul.

Ducrot, Oswald (1992): „Entretien avec Oswald Ducrot." In: C. Lopez Alonso und A. Sere de Olmos (Hrsg.), *Où en est la linguistique? Entretiens avec des linguistes*. Paris: Didier, S. 59-75.

— (1989): *Logique, structure, énonciation. Lectures sur le langage*. Paris: Minuit.

— (1984): *Le Dire et le dit*. Paris: Minuit.

— (1980a): „Analyses pragmatiques." *Communications* 32: 11-60.

— (1980b): *Les Échelles argumentatives*. Paris: Minuit.

— (1968): „Le structuralisme en linguistique." In: Oswald Ducrot, Tzvetan Todorov, Dan Sperber, Moustafa Safouan und François Wahl (Hrsg.), *Qu'est-ce que le structuralisme?* Paris: Le Seuil, S. 13-96 [deutsche Übersetzung: „Der Strukturalismus in der Linguistik." In: François Wahl (Hrsg.), *Einführung in den Strukturalismus.* Frankfurt am Main: Suhrkamp, 1973, S. 13-104].

Ducrot, Oswald, Tzvetan Todorov, Dan Sperber, Moustafa Safouan und François Wahl (1968): *Qu'est-ce que le structuralisme?* Paris: Le Seuil [deutsche Übersetzung: *Einführung in den Strukturalismus.* Frankfurt am Main: Suhrkamp, 1973].

Duell, Jason (2000): „Assessing the literary: intellectual boundaries in French and American literary studies." In: Michèle Lamont und Laurent Thévenot (Hrsg.), *Rethinking Comparative Cultural Sociology. Repertoires of Evaluation in France and the United States.* Cambridge: Cambridge University Press, S. 94-124.

Dufay, François und Pierre-Bertrand Dufort (1993): *Les Normaliens. De Charles Péguy à Bernard-Henri Lévy. Un siècle d'histoire.* Paris: Jean-Claude Lattès.

Dufrenne, Mikel (1968): *Pour l'homme.* Paris: Le Seuil.

Eagleton, Terry (1994): *The Function of Criticism from ,The Spectator' to Post-Structuralism.* London: Verso.

— (1983): *Literary Theory. An Introduction.* Oxford: Blackwell [deutsche Übersetzung: *Einführung in die Literaturtheorie.* Stuttgart: Metzler, 1988].

Easthope, Antony (1988): *British Poststructuralism since 1968.* New York: Routledge.

Eco, Umberto (1997[1979]): *Lector in fabula. La cooperazione interpretativa nei testi narrativi.* Milano: Bompiani [deutsche Übersetzung: Lector in fabula. Die Mitarbeit der Interpretation in erzählenden Texten. München: Hanser, 1987].

Eder, Franz (Hrsg.) (2006): *Historische Diskursanalysen. Genealogie, Theorie, Anwendungen* Wiesbaden: VS.

Ehlich, Konrad (1986): „Funktional-Pragmatische Kommunikationsanalyse – Ziele und Verfahren." In: Wolfdietrich Hartung (Hrsg.), *Untersuchungen zur Kommunikation – Ergebnisse und Perspektiven (Internationale Arbeitstagung in Bad Stuer, Dezember 1985).* Berlin: Akademie, S. 15-40.

Ehrmann, Jacques (Hrsg.) (1970): *Structuralism.* Garden City, NY: Anchor-Doubleday.

Eribon, Didier (1994): *Michel Foucault et ses contemporaines.* Paris: Fayard [deutsche Übersetzung: *Michel Foucault und seine Zeitgenossen.* München: Boer, 1998].

Espagne, Michel und Michael Werner (Hrsg.) (1988): *Transferts. Les relations interculturelles dans l'espace franco-allemand (18e-19e siècle).* Paris: Recherches sur les civilisations.

Fabiani, Jean-Louis (1988): *Les Philosophes de la république.* Paris: Minuit.

— (1979): „Le pouvoir des intellectuels.", *1978 Universalis. Les événements, les hommes, les problèmes en 1978.* Paris: Encyclopaedia Universalis, S. 299-301.

Fairclough, Norman (1992): *Discourse and Social Change.* Cambridge, Oxford: Polity Press.

Farías, Victor (1987): *Heidegger et le nazisme.* Paris: Verdier.

Feministische Studien (1993): „Kritik der Kategorie ,Geschlecht' (Sondernummer)." *2* 11.

Ferraris, Maurizio (1984): *La svolta testuale. Il decostruzionismo in Derrida, Lyotard, gli ‚Yale Critics'*. Milano: Unicopli.

Ferry, Luc und Alain Renaut (1988a): *Heidegger et les modernes*. Paris: Editions Grasset et Fasquelle [englische Übersetzung: *Heidegger and Modernity*. Chicago: University of Chicago, 1988].

— (1988b[1985]): *La Pensée 68. Essai sur l'anti-humanisme contemporain*. Paris: Gallimard [deutsche Übersetzung: *Antihumanistisches Denken. Gegen die französischen Meisterphilosophen*. München, Wien: Hanser, 1987].

ffrench, Patrick (1995): *The Time of Theory. A History of Tel Quel (1960-1983)*. Oxford: Clarendon Press.

Fiala, Pierre (1983): *Langages xénophobes et consensus national en Suisse (1960-1980)*. Lausanne: Cedips.

Fichant, Michel und Michel Pêcheux (1974): *Sur l'histoire des sciences*. Paris: Maspero.

Finkielkraut, Alain (1987): *La défaite de la pensée*. Paris: Gallimard [deutsche Übersetzung: *Die Niederlage des Denkens*. Reinbek bei Hamburg: Rowohlt, 1990].

Fiske, John (1992): *Reading the Popular*. London: Routledge.

Fohrmann, Jürgen und Jürgen Müller (1988): *Diskurstheorien und Literaturwissenschaft*. Frankfurt am Main: Suhrkamp.

Forest, Philippe (1995): *Histoire de Tel Quel, 1960-1982*. Paris: Le Seuil.

Foster, Hal (Hrsg.) (1983): *The Anti-Aesthetic. Essays on Postmodern Culture*. Port Townsend: Bay Press.

Foucault, Michel (1997): *‚Il faut défendre la société'. Cours au collège de France. 1976*. Paris: Gallimard, Seuil [deutsche Übersetzung: *In Verteidigung der Gesellschaft. Vorlesungen am Collège de France (1975-76)*. Frankfurt am Main: Suhrkamp, 1999].

— (1994a[1967]): „Des espaces autres.", *Dits et écrits, tome 4. 1980-1988*. Paris: Gallimard, S. 752-762 [deutsche Übersetzung: „Von anderen Räumen.", *Schriften*, Band 4. 1980-1988. Frankfurt am Main: Suhrkamp, 2005, S. 931-943.].

— (1994b[1968]): „Foucault répond à Sartre.", *Dits et Ecrits, tome 1. 1954-1969*. Paris: Gallimard, S. 662-670 [deutsche Übersetzung: „Foucault antwortet Sartre," *Schriften*, Band 1. *1954-1969*. Frankfurt am Main: Suhrkamp, 2001, S. 845-853].

— (1994c[1966]): „L'homme est-il mort?", *Dits et Ecrits, tome 1. 1954-1969*. Paris: Gallimard, S. 540-544 [deutsche Übersetzung: „Ist der Mensch tot?", *Schriften*, Band 1. 1954-1969. Frankfurt am Main: Suhrkamp, 2001, S. 697-703].

— (1994d[1967]): „La philosophie structuraliste permet de diagnostiquer ce qu'est aujourd'hui.", *Dits et Ecrits, tome 1. 1954-1969*. Paris: Gallimard, S. 580-585 [deutsche Übersetzung: „Die strukturalistische Philosophie gestattet eine Diagnose dessen, was ‚heute' ist.", *Schriften*, Band 1. 1954-1969. Frankfurt am Main: Suhrkamp, 2001, S. 743-750].

— (1994e[1983]): „Structuralisme et poststructuralisme.", *Dits et écrits, tome 4. 1980-1988*. Paris: Gallimard, S. 431-457 [deutsche Übersetzung: „Strukturalismus und Poststrukturalismus.", *Schriften*, Band 4. 1980-1988. Frankfurt am Main: Suhrkamp, 2005, S. 521-555].

— (1971): *L'Ordre du discours*. Paris: Gallimard [deutsche Übersetzung: *Die Ordnung des Diskurses. Inauguralvorlesung am Collège de France – 2. Dezember 1970*. München: Hanser, 1974].

— (1969): *L'archéologie du savoir*. Paris: Gallimard [deutsche Übersetzung: *Archäologie des Wissens*. Frankfurt am Main: Suhrkamp, 1994].

— (1966): *Les Mots et les choses. Une archéologie des sciences humaines*. Paris: Gallimard [deutsche Übersetzung: *Die Ordnung der Dinge*. Frankfurt am Main: Suhrkamp, 1971].

— (1961): *Folie et déraison. Histoire de la folie à l'âge classique*. Paris: Plon [englische Übersetzung: *Madness and Civilization. A History of Insanity in the Age of Reason*. London: Routledge, 2001].

Fougeyrollas, Pierre (1976): *Contre Lévi-Strauss, Lacan et Althusser. Trois essais sur l'obscurantisme contemporain*. Paris: Spag-Papyrus.

Fourastié, Jean (1979): *Les Trente glorieuses*. Paris: Fayard.

Frank, Manfred (1983): *Was ist Neostrukturalismus?* Frankfurt am Main: Suhrkamp.

Frank, Paul (anonymous) (1977): „The Sociology of Science in France." In: Robert K. Merton und Jerry Gaston (Hrsg.), *The Sociology of Science in Europe*. Carbondale, Edwardsville: Southern Illinois University Press, S. 258-282.

Frankfurter Arbeitskreis für Politische Philosophie und Theorie (Hrsg.) (2004): *Autonomie und Heteronomie des Politischen. Politisches Denken zwischen Post-Marxismus und Poststrukturalismus*. Bielefeld: transcript.

Fraser, Nancy (1989): *Unruly Practices. Power, Discourse and Gender in Contemporary Social Theory*. Cambridge, UK: Polity Press.

Friedberg, Erhard und Christine Musselin (1989): *En quête d'universités. Etude comparée des universités en France et en RFA*. Paris: L'Harmattan.

Frye, Northrop (1957): *Anatomy of Criticism. Four Essays*. Princeton: Princeton University Press.

Fuchs, Catherine (1981a): „Les problématiques énonciatives: Esquisse d'une présentation historique et critique." *DRLAV* 25: 35-60.

Fuchs, Cathérine (1981b): *La Paraphrase*. Paris: PUF.

Furet, François (1967): „Les intellectuels français et le structuralisme." *Preuves* 192: 3-12.

Galster, Ingrid (2004): „Französischer Feminismus: Zum Verhältnis von Egalität und Differenz." In: Ruth Becker und Beate Kortendiek (Hrsg.), *Handbuch der Frauen- und Geschlechterforschung. Theorie, Methoden, Empirie*. Opladen, S. 42-49.

Genette, Gérard (1972): *Figures III*. Paris: Seuil.

Glaser, Barney und Anselm Strauss (1998[1967]): *Grounded Theory. Strategien qualitativer Sozialforschung*. Bern: Hans Huber.

Glasze, Georg (2007): „Vorschläge zur Operationalisierung der Diskurstheorie von Laclau und Mouffe in einer Triangulation von lexikometrischen und interpretativen Methoden [73 Absätze]." *Forum Qualitative Sozialforschung / Forum: Qualitative Social Research* 8(2): Art. 14. Verfügbar unter: http://www.qualitative-research.net/fqs-texte/2-07/07-2-14-d.htm.

Gottraux, Philippe (1997): *‚Socialisme ou Barbarie': un engagement politique et intellectuel dans la France de l'après-guerre*. Paris: Editions Payot Lausanne.

Goux, Jean-Joseph (1973): *Freud, Marx: Économie et symbolique*. Paris: Le Seuil [deutsche Übersetzung: *Freud, Marx, Ökonomie und Symbolik*. Frankfurt am Main: Ullstein, 1975].

Greimas, Algirdas J. (1966): *Sémantique structurale*. Paris: Larousse [deutsche Übersetzung: *Strukturale Semantik: methodologische Untersuchungen*. Braunschweig: Vieweg, 1971].

Greimas, Algirdas Julien und Joseph Courtès (1993[1979]): *Sémiotique. Dictionnaire raisonné de la théorie du langage*. Paris: Hachette.
Grice, H. Paul (1989): *Studies in the Way of Words*. Cambridge: Harvard University Press.
Grignon, Paul und Jean-Claude Passeron (1989): *Le Savant et le populaire*. Paris: Seuil.
Grize, Jean-Blaise (1982): *De la logique à l'argumentation*. Genève et Paris: Droz.
Grunig, Blanche-Noëlle (1981): „Plusieurs pragmatiques." *DRLAV* 25: 101-118.
Guilhaumou, Jacques (2006): *Discours et événement. L'histoire langagière des concepts*. Besançon: Presses Universitaires de Franche-Comté.
Guilhaumou, Jacques, Denise Maldidier und Régine Robin (1994): *Discours et archive. Expérimentations en analyse du discours*. Liège: Mardaga.
Guillaume, Georges (1974[1933-1958]): *Langage et science du langage*. Paris: Nizet.
Guillory, John (1999): „From High Theory to Low Theory: The Succession of Cultural Studies." am 22. November 1999 in Erlangen (Konferenzvortrag).
— (1993): *Cultural Capital. The Problem of Literary Canon Formation*. Chicago, London: The University of Chicago Press.
Gusdorf, Georges (1988): *Les Origines de l'herméneutique*. Paris: Payot.
Habermas, Jürgen (1993[1985]): *Der philosophische Diskurs der Moderne. Zwölf Vorlesungen*. Frankfurt am Main: Suhrkamp.
— (1990[1962]): *Strukturwandel der Öffentlichkeit. Untersuchungen zu einer Kategorie der bürgerlichen Gesellschaft*. Frankfurt am Main: Suhrkamp.
Hall, Stuart (1980): „Encoding/Decoding." In: Centre for Contemporary Cultural Studies (Hrsg.), *Culture, Media, Language: Working Papers in Cultural Studies, 1972-79*. London: Hutchinson, S. 128-138.
Hall, Stuart, Dorothy Hobson, Andrew Lowe und Paul Willis (Hrsg.) (1980): *Culture, Media, Language*. London: Hutchinson.
Hamon, Hervé und Patrick Rotman (1987): *Génération. 1. Les années de rêve. 2. Les années de poudre. Récit*. Paris: Le Seuil.
— (1985[1981]): *Les Intellocrates: Expédition en haute intelligentsia*. Paris: Ramsay.
Hardt, Michael und Antonio Negri (2004): *Multitude. War and Democracy in the Age of Empire*. New York: Penguin Putnam [deutsche Übersetzung: *Multitude: Krieg und Demokratie im Empire*. Frankfurt am Main: Campus, 2004].
— (2000): *Empire*. Cambridge, MA, London: Harvard University Press [deutsche Übersetzung: *Empire: die neue Weltordnung*. Frankfurt am Main: Campus, 2002].
Hark, Sabine (1996): *Deviante Subjekte. Die paradoxe Politik der Identität*. Opladen: Leske & Budrich.
Haroche, Claudine, Paul Henry und Michel Pêcheux (1971): „La sémantique et la coupure saussurienne: langue, langage, discours." *Langages* 24: 93-106.
Harris, Zellig S. (1963): *Discourse Analysis Reprints*. The Hague: Mouton.
Harvey, David (1989): *The Condition of Postmodernity. An Enquiry into the Origins of Cultural Change*. Oxford, Cambridge, MA: Basil Blackwell.
Hazareesingh, Sudhir (1991): *Intellectuals and the French Communist Party. Disillusion and Decline*. Oxford: Clarendon Press.

Heilbron, Johan, Remi Lenoir und Gisèle Sapiro (Hrsg.) (2004): *Pour une histoire des sciences sociales. Hommage à Pierre Bourdieu*. Paris: Fayard.

Henry, Paul (1984): „Les faits sont têtus mais ne parlent point. Quelques remarques sur l'énonciation et la pragmatique en linguistique." *DRLAV* 31: 107-119.

— (1977): *Le Mouvais Outil. Langue, sujet, discours*. Paris: Klinksieck.

— (1975): „Constructions relatives et articulations discursives." *Langages* 37: 81-98.

Hepp, Andreas und Rainer Winter (Hrsg.) (1999): *Cultural Studies und Medienanalyse*. Opladen: Westdeutscher Verlag.

Hermanns, Fritz (1995): „Sprachgeschichte als Mentalitätsgeschichte. Überlegungen zu Sinn und Form und Gegenstand historischer Semantik." In: Andreas Gardt, Klaus Mattheier und Oskar Reichmann (Hrsg.), *Sprachgeschichte des Neuhochdeutschen. Gegenstände, Methoden, Theorien*. Tübingen, S. 69-101.

Hirschauer, Stefan (2005): „Publizierte Fachurteile. Lektüre und Bewertungspraxis im Peer Review." *Soziale Systeme* 11(1): 52-82.

— (2001): „Ethnographisches Schreiben und die Schweigsamkeit des Sozialen. Zu einer Methodologie der Beschreibung." *Zeitschrift für Soziologie* 30(6): 429-451.

Hirsh, Arthur (1981): *The French New Left. An Intellectual History from Sartre to Gorz*. Boston: South End Press.

Hollier, Denis (Hrsg.) (1995[1979]): *Le Collège de Sociologie, 1937-1939*. Paris: Gallimard.

Hörning, Karl H. und Julia Reuter (Hrsg.) (2004): *Doing Culture. Neue Positionen zum Verhältnis von Kultur und sozialer Praxis*. Bielefeld: transcript.

Hourmant, François (1997): *Le Désenchantement des clercs. Figures de l'intellectuel dans l'après-Mai 68*. Rennes: Presses universitaires de Rennes.

Howarth, David (2000): *Discourse*. Buckinghamshire: Open University Press.

Hutcheon, Linda (1989): *The Politics of Postmodernism*. London, New York: Routledge.

Hyland, Ken (2006): „Disciplinary Differences: Language Variation in Academic Discourse." In: Ken Hyland und Marina Bondi (Hrsg.), *Academic Discourse Across Disciplines*. Bern: Peter Lang, S. 17-45.

Iser, Wolfgang (1994[1976]): *Der Akt des Lesens: Theorie ästhetischer Wirkung*. München: Fink.

Jäger, Siegfried (2007[1993]): *Kritische Diskursanalyse. Eine Einführung*. Münster: Unrast.

Jakobson, Roman (1995[1990]): *On Language*. Cambridge, MA, London: Harvard University Press.

— (1963): *Essais de linguistique générale*. Paris: Minuit.

James, Francis (2005): „Michel Foucault, philosophe-journaliste (1926-1984)." In: David Buxton und Francis James (Hrsg.), *Les Intellectuels de médias en France*. Paris: L'Harmattan, S. 87-129.

Jameson, Fredric (1991): *Postmodernism, or The Cultural Logic of Late Capitalism*. Durham: Duke University Press [deutsche Übersetzung: „Postmoderne. Zur Logik der Kultur im Spätkapitalismus." In: Andreas Huyssen, Klaus R. Scherpe (Hrsg.), Postmoderne. *Zeichen eines kulturellen Wandels*. Reinbek: Rowohlt, 1986, S. 103-127].

— (1981): *The Political Unconscious. Narrative As A Socially Symbolic Act.* Ithaca, NY: Cornell University Press.

— (1972): *The Prison-House of Language. A Critical Account of Structuralism and Russian Formalism.* Princeton, NJ: Princeton University Press.

Jauss, Hans Robert (1969): *Literaturgeschichte als Provokation der Literaturwissenschaft.* Konstanz: Universitätsverlag.

Jennings, Jeremy Ralph (1993): „Introduction: Mandarins and Samurais: The Intellectual in Modern France." In: Jeremy Ralph Jennings (Hrsg.), *Intellectuals in Twentieth-Century France. Mandarins and Samourais.* Basingstoke: Plagrave Macmillan, S. 1-32.

Jenny, Jacques (1997): „Méthodes et pratiques formalisées d'analyse de contenu et de discours dans la recherche sociologique française contemporaine. Etat des lieux et essai de classification." *Bulletin de Méthodologie Sociologique* 54: 64-112.

Judt, Tony (1986): *Marxism and the French Left.* Oxford: Clarendon.

Jung, Matthias (1994): „Zählen oder Deuten? Das Methodenproblem der Diskursgeschichte am Beispiel der Atomenergiedebatte." In: Dietrich Busse und Wolfgang Teubert (Hrsg.), *Begriffsgeschichte und Diskursgeschichte. Methodenfragen und Forschungsergebnisse der historischen Semantik.* Opladen: Westdeutscher Verlag, S. 60-81.

Kallmeyer, W., W. Klein, R. Meyer-Hermann, K. Netzer und H.J. Siebert (Hrsg.) (1974): *Lektürekolleg zur Textlinguistik.* Frankfurt am Main: Athenäum Fischer Taschenbuch Verlag.

Karady, Victor (1998): „La République des lettres des temps modernes. L'internationalisation des marchés universitaires occidentaux avant la Grande Guerre." *Actes de la recherche en sciences sociales* 121/122: 92-103.

— (1986): „De Napoléon à Duruy. Les origines et la naissance de l'université contemporaine." In: Jacques Verger (Hrsg.), *Histoire des universités en France.* Toulouse: Privat, S. 261-322.

— (1976): „Durkheim, les sciences sociales et l'université: bilan d'un semi-échec." *Revue française de sociologie* 18: 167-311.

Kauppi, Niilo (2000): *The Politics of Embodiment. Habits, Power, and Pierre Bourdieu's Theory.* Frankfurt am Main et al.: Peter Lang.

— (1996): *French Intellectual Nobility. Institutional and Symbolic Transformations in the Post-Sartrian Era.* Albany, NY: State University of New York Press.

— (1992): „Investment Strategies and Symbolic Domination: The Group *Tel Quel* as an Intellectual Avant-Garde." In: Niilo Kauppi und Pekka Sulkunen (Hrsg.), *Vanguards of Modernity. Society, Intellectuals, and the University.* Jyväskyla: University of Jyväskyla, S. 90-97.

— (1990): *Tel Quel. La Constitution sociale d'une avant-garde.* Helsinki: Finnish Society of Sciences and Letters [englische Übersetzung: *The Making of an Avant-Garde: Tel Quel.* Berlin: Mouton de Gruyter, 1994].

Keller, Reiner (2005): *Wissenssoziologische Diskursanalyse. Grundlegung eines Forschungsprogramms.* Wiesbaden: 2005.

— (2003): *Diskursanalyse. Eine Einführung für SozialwissenschaftlerInnen.* Opladen: Leske & Budrich.

Keller, Reiner, Andreas Hirseland, Werner Schneider und Willy Viehöver (Hrsg.) (2003): *Handbuch sozialwissenschaftliche Diskursanalyse. Forschungspraxis.* Opladen: Leske & Budrich.

— (Hrsg.) (2001): *Handbuch sozialwissenschaftliche Diskursanalyse. Theorien und Methoden.* Opladen: Leske & Budrich.

Kerbrat-Orecchioni, Catherine (1990): *Les Interactions verbales. T I-III.* Paris: Armand Colin.

— (1980): *L'Énonciation. De la subjectivité dans le langage.* Paris: Armand Colin.

Kerchner, Brigitte und Silke Schneider (Hrsg.) (2006): *Foucault: Diskursanalyse der Politik.* Wiesbaden: VS.

Kerleroux, Françoise (1984): „La langue passée aux profits et pertes." In: Collectif ‚Révoltes logiques' (Hrsg.), *L'Empire du sociologue.* Paris: La Découverte, S. 53-69.

Khilnani, Sunil (1993): *Arguing Revolution: The Intellectual Left in Postwar France.* New Haven: Yale University Press.

Knoblauch, Hubert (2005): *Wissenssoziologie.* Konstanz: UTB.

Knorr, Karin (1981): „Die Fabrikation von Wissen. Versuch zu einem gesellschaftlich relativierten Wissensbegriff." In: Nico Stehr und Volker Meja (Hrsg.), *Wissenssoziologie. Sonderheft 22 der Kölner Zeitschrift für Soziologie und Sozialpsychologie.* Opladen: Westdeutscher Verlag, S. 226-245.

Konerding, Klaus-Peter (1993): *Frames und lexikalisches Bedeutungswissen: Untersuchungen zur linguistischen Grundlegung einer Frametheorie und zu ihrer Anwendung in der Lexikographie.* Tübingen: Niemeyer.

Konrád, György und Iván Szelényi (1981): *Die Intelligenz auf dem Wege zur Klassenmacht.* Frankfurt am Main: Suhrkamp.

Koppetsch, Cornelia (2000): *Wissenschaft an Hochschulen. Ein deutsch-französischer Vergleich.* Konstanz: Universitätsverlag Konstanz.

Kristeva, Jilia (1969): *Σημειωτικη. Recherches pour une sémanalyse.* Paris: Le Seuil.

Kristeva, Julia (1990): *Les samouraïs.* Paris: Fayard [englische Übersetzung: *The Samurai: a novel.* New York: Columbia University Press, 1992].

Kuhn, Thomas S. (1968[1962]): *The Structure of Scientific Revolutions.* Chicago: The University of Chicago Press [deutsche Übersetzung: *Die Struktur wissenschaftlicher Revolutionen.* Frankfurt am Main: Suhrkamp, 1967].

Kurzweil, Edith (1996[1980]): *The Age of Structuralism. From Lévi-Strauss to Foucault.* Transaction: New Brunswick, London.

Lacan, Jacques (1973): *Le Séminaire. Livre XI. Les quatre concepts fondamentaux de la psychanalyse.* Paris: Le Seuil [deutsche Übersetzung: *Die vier Grundbegriffe der Psychoanalyse.* Weinheim: Quadriga, 1996].

— (1966): *Écrits.* Paris: Le Seuil [deutsche Übersetzung: *Schriften 1-3.* Weinheim: Quadriga, 1991-1994].

Laclau, Ernesto (1996): *Emancipation(s).* London: Routledge [deutsche Übersetzung: *Emanzipation und Differenz.* Wien: Turia & Kant, 2002].

— (1990): *New Reflections on the Revolution of Our Time.* London, New York: Verso.

Laclau, Ernesto und Chantal Mouffe (1985): *Hegemony and Socialist Strategy. Towards a Radical Democratic Politics.* London, New York: Verso [deutsche Übersetzung: *Hegemonie und radikale Demokratie: Zur Dekonstruktion des Marxismus.* Wien: Passagen, 1991].

Lahire, Bernard (2001): „Champ, hors-champ, contrechamp." In: Bernard Lahire (Hrsg.), *Le travail sociologique de Pierre Bourdieu.* Paris: La Découverte, S. 23-57.

Lamont, Michèle (1987): „How to become a dominant French philosopher: The case of Jacques Derrida.“ *American Journal of Sociology* 93(3): 584-622.
Lamont, Michèle und Marsha Witten (1988): „Surveying the Continental Drift: The Diffusion of French Social and Literary Theory in the United States.“ *French Politics & Society* 6(3): 17-23.
Landwehr, Achim (2001): *Geschichte des Sagbaren. Einführung in die historische Diskursanalyse*. Tübingen: Kimmerle.
Lash, Scott (1990): *The Sociology of Postmodernism*. London, New York: Routledge.
Lash, Scott und John Urry (1993[1987]): *The End of Organized Capitalism*. Cambridge: Polity Press.
Latour, Bruno (1996): *Petites leçons de sociologie des sciences*. Paris: Seuil.
— (1984): *Les Microbes, guerre et paix*. Paris: Métaillié [englische Übersetzung: *The pasteurization of France*. Cambridge, London: Harvard University Press, 1988].
Le Débat (1988): *Notre histoire. Matériaux pour servir à l'histoire intellectuelle de la France, 1953-1987. Numéro spécial (50).*
Lebart, Louis und André Salem (1994): *Statistique textuelle*. Paris: Dunod.
Leimdorfer, François (2007): *Les sociologues et le langage. Langage, sens et discours en sociologie*. Université de Versailles / Saint-Quentin-en-Yvelines (thèse d'habilitation).
— (1992): *Discours académique et colonisation*. Paris: Publisud.
Leitch, Vincent (1983): *Deconstructive Criticism. An Advanced Introduction*. New York: Columbia University Press.
Lemert, Charles (1981): „Literary Politics and the Champ of French Sociology.“ *Theory and Society* 10: 645-69.
Lemieux, Emmanuel (2003): *Pouvoir intellectuel: les nouveaux réseaux*. Paris: Denoël.
Lentricchia, Frank (1980): *After the New Criticism*. London: The Athlone Press.
Lévi-Strauss, Claude (1958): *Anthropologie structurale*. Paris: Plon [deutsche Übersetzung: *Strukturale Anthropologie*. Frankfurt am Main: Suhrkamp, 1967].
Lévy, Bernard-Henri (1976): „Les Nouveaux Philosophes.“ *Les Nouvelles Littéraires* 2536.
Leymarie, Michel (2001): *Les Intellectuels et la politique en France*. Paris: Presses Universitaires de France.
Link, Jürgen (1997): *Versuch über den Normalismus. Wie Normalität produziert wird*. Opladen: Westdeutscher Verlag.
— (1982): „Kollektivsymbole und Mediendiskurse.“ *KultuRRevolution* 1: 6-21.
Lottman, Herbert L. (1982): *The Left Bank. Writers, Artists, and Politics from the Popular Front to the Cold War*. London: Heinemann.
Luhmann, Niklas (1998a): *Die Gesellschaft der Gesellschaft*. Frankfurt am Main: Suhrkamp.
— (1998b): *Die Wissenschaft der Gesellschaft*. Frankfurt am Main: Suhrkamp.
Lyotard, Jean-François (1988): *Le postmodernisme expliqué aux enfants*. Paris: Galilée [deutsche Übersetzung: *Postmoderne für Kinder*. Wien: Passagen, 1987].
— (1979): *La Condition postmoderne*. Paris: Minuit [deutsche Übersetzung: *Das postmoderne Wissen. Ein Bericht*. Wien: Passagen, 1986].

Macherey, Pierre (1966): *Pour une théorie de la production littéraire*. Paris: Maspero [deutsche Übersetzung: *Zur Theorie der literarischen Produktion: Studien zu Tolstoj, Verne, Defoe, Balzac*. Darmstadt: Luchterhand, 1974] [englische Übersetzung: *Theory of Literary Production*. London: Routledge, 1978].

Macksey, Richard und Eugenio Donato (Hrsg.) (1970): *The Languages of Criticism and the Sciences of Man. The Structuralist Controversy*. Baltimore: Johns Hopkins University Press.

Maingueneau, Dominique (2003): „Ouverture. Un tournant dans les études littéraires." In: Ruth Amossy und Dominique Maingueneau (Hrsg.), *L'Analyse du discours dans les études littéraires*. Toulouse: Presses Universitaires du Mirail, S. 15-25.

— (1997): *Pragmatique pour le discours littéraire*. Paris: Dunod.

— (1996): „L'analyse du discours en France aujourd'hui." In: Sophie Moirand (Hrsg.), *Le Discours: Enjeux et perspectives (numéro spécial Le Français dans le monde, juillet 1996)*. Paris: Hachette, S. 8-15.

— (1995): „L'énonciation philosophique comme institution discursive." *Langages* 119(Septembre): 40-62.

— (1993): *Le Contexte de l'œuvre littéraire. Énonciation, écrivain, société*. Paris: Dunod.

— (1991): *L'Analyse du discours. Introduction aux lectures de l'archive*. Paris: Hachette.

— (1987): *Nouvelles Tendances en analyses du discours*. Paris: Hachette.

— (1981): *Approches de l'énonciation en linguistique française*. Paris: Hachette.

— (1976): *Initiation aux méthodes de l'analyse de discours. Problèmes et perspectives*. Paris: Hachette.

Maingueneau, Dominique und Johannes Angermüller (2007): „Discourse analysis in France. Dominique Maingueneau in conversation with Johannes Angermüller." *Forum Qualitative Research* 8(2). Verfügbar unter: http://www.qualitative-research.net/fqs-texte/2-07/07-2-21-e.htm.

Maingueneau, Dominique und Frédéric Cossutta (1995): „L'analyse des discours constituants." *Langages* 117: 112-125.

Man, Paul de (1986): *The Resistance to Theory*. Minneapolis: University of Minnesota Press [deutsche Übersetzung: „Der Widerstand gegen die Theorie." In: Volker Bohn (Hrsg.), *Romantik – Literatur und Philosophie. Internationale Beiträge zur Poetik*. Frankfurt am Main: Suhrkamp, 1987, S. 80-106.].

Manent, Pierre (1985): „Raymond Aron éducateur." *Commentaire* 8(28/29): 155-168.

Mannheim, Karl (1970): *Wissenssoziologie*. Neuwied: Luchterhand.

Marandin, Jean-Marie (1979): „Problèmes d'analyse du discours. Essai de description du discours français sur la Chine." *Langages* 55: 17-88.

Marcellesi, Jean-Baptiste (1971): *Le Congrès de Tours (décembre 1920). Etudes sociolinguistiques*. Paris: Roger Maria.

Marchart, Oliver (2005): *Neu beginnen. Hannah Arendt, die Revolution und die Globalisierung*. Wien: Turia & Kant.

Martos, Jean-François (1989): *Histoire de l'Internationale Situationniste*. Paris: Lebovici.

Marx, Karl (1843): *Die Deutsche Ideologie (MEW 3)*. Berlin: Dietz.

Mathy, Jean-Philippe (2000): *French Resistance. The French-American Culture Wars*. Minneapolis, London: University of Minnesota Press.

Matonti, Frédérique (2005): *Intellectuels communistes. Essai sur l'obéissance politique. La Nouvelle Critique (1967-1980)*. Paris: Découverte.

Mattissek, Annika (2005): „Diskursive Konstitution von Sicherheit im öffentlichen Raum am Beispiel Frankfurt am Main." In: Georg Glasze, Robert Pütz und Manfred Rolfes (Hrsg.), *Diskurs – Stadt – Kriminalität. Städtische (Un-)Sicherheiten aus der Perspektive von Stadtforschung und Kritischer Kriminalgeographie*. Bielefeld: transcript, S. 105-136.

Mazière, Francine (2005): *L'Analyse du discours*. Paris: Presses Universitaires de France.

Mazon, B. (1988): *Aux Origines de l'École des hautes études en sciences sociales*. Paris: CERF.

Mills, Sara (2003): *Gender and Politeness*. Cambridge: Cambridge University Press.

— (1997): *Discourse*. New York: Routledge.

Ministère éducation nationale (2007): *Note d'information 07.01. www. education.gouv.fr*. Paris: Ministère éducation nationale enseignement supérieur recherche.

— (2005): *Repères et références statistiques sur les enseignements, la formation et la recherche*. Paris: Ministère éducation nationale enseignement supérieur recherche.

Modern Language Quarterly (1997): *Special Issue: Pierre Bourdieu and Literary History. Modern Language Quarterly 58(4)*.

Moebius, Stephan (2006): *Die Zauberlehrlinge. Soziologiegeschichte des Collège de Sociologie*. Konstanz: UVK.

Moeschler, Jacques und Anne Reboul (Hrsg.) (1994): *Dictionnaire encyclopédique de pragmatique*. Paris: Seuil.

Moirand, Sophie (1988): *Une Histoire de discours. Une analyse des discours de la revue ‚Le Français dans le monde', 1961-1981*. Paris: Hachette.

Mongin, Olivier (1998): *Face au scepticisme: les mutations du paysage intellectuel, 1976-1993*. Paris: Hachette.

Moody, Joseph N. (1978): *French Education since Napoleon*. Syracuse: Syracuse University Press.

Morin, Edgar (1986): „Ce qui a changé dans la vie intellectuelle française." *Le Débat* 40: 72-84.

Moses, Claire Goldberg (1998): „Made in America: ‚French Feminism' in Academia." *Feminist Studies* 24(2): 241-274.

Mouriaux, René, Annick Percheron, Antoine Prost und Danièle Tartakowsky (1992): *1968. Exploration du Mai français. I+II*. Paris: L'Harmattan.

Münker, Stefan und Alexander Roesler (2000): *Poststrukturalismus*. Stuttgart: Metzler.

Musselin, Christine (2001): *La Longue marche des universités françaises*. Paris: Presses Universitaires de France.

Nassehi, Armin und Irmgard Saake (2002): „Kontingenz: Methodisch verhindert oder beobachtet? Ein Beitrag zur Methodologie der qualitativen Sozialforschung." *Zeitschrift für Soziologie* 31(1): 66-86.

Nølke, Henning, Kjersti Fløttum und Coco Norén (2004): *ScaPoLine. La théorie scandinave de la polyphonie linguistique*. Paris: Kimé.

Nonhoff, Martin (2006): *Politischer Diskurs und Hegemonie. Das Projekt ‚Soziale Marktwirtschaft'*. Bielefeld: transcript.

— (2004): „Diskurs." In: Gerhard Göhler, Matthias Iser und Ina Kerner (Hrsg.), *Politische Theorie. 22 umkämpfte Begriffe zur Einführung*. Opladen: Leske & Budrich, S. 65-82.

— (2001): „Soziale Marktwirtschaft – ein leerer Signifikant? Überlegungen im Anschluß an Ernesto Laclaus Diskurstheorie." In: Johannes Angermüller, Katharina Bunzmann und Martin Nonhoff (Hrsg.), *Diskursanalyse: Theorien, Methoden, Anwendungen*. Hamburg: Argument, S. 193-208.

Nora, Pierre (1999): „L'École est aussi responsable. Un entretien avec Pierre Nora." *Le Nouvel Observateur* 1804: 132, 134.

Nora, Pierre und Marcel Gauchet (1988): „Mots-moments: Existence, Aliénation, Discours/structure, Désir/pouvoir, Totalitarisme/libéralisme/individualisme." *Le Débat* 50: 171-189.

Norris, Christopher (1982): *Deconstruction: Theory and Pratice*. London: Methuen.

Ory, Pascal und Jean-François Sirinelli (1992): *Les Intellectuels en France, de l'affaire Dreyfus à nos jours*. Paris: Armand Colin.

Paillé, Pierre (1996): „Qualitative (analyse)." In: Alex Muchielli (Hrsg.), *Dictionnaire des méthodes qualitatives en sciences humaines et sociales*. Paris: Armand Colin, S. 180-184.

Parret, Herman (1987): *Prolégomènes à la théorie de l'énonciaton. De Husserl à la pragmatique*. Bern: Peter Lang.

Passeron, Jean-Claude (1986): „1950-1980. L'Université mise à la question. Changement de décor ou changement de cap?" In: Jacques Verger (Hrsg.), *Histoire des universités en France*. Toulouse: Privat, S. 367-419.

Patron, Sylvie (2000): *‚Critique' (1946-1996): une encyclopédie de l'esprit moderne*. Paris: IMEC.

Pavel, Thomas (1993): „De l'Esprit de conquête chez les intellectuels." *Le Débat* 73: 11-16.

— (1990): „Empire et paradigmes." *Le Débat* 58: 170-180.

— (1989a): *The Feud of Language. A History of Structuralist Thought*. Cambridge, MA: Basil Blackwell.

Pavel, Thomas G. (1989b): *Le Mirage linguistique*. Paris: Minuit [englische Übersetzung: *The Feud of Language. A History of Structuralist Thought*. Cambridge, MA: Basil Blackwell, 1989].

Pêcheux, Michel (1990): *L'inquiétude du discours*. Paris: Edition des Cendres.

— (1981): „L'énoncé: enchâssement, articulation et dé-liaison." In: Bernard Conein, Jean-Jacques Courtine, Françoise Gadet, Jean-Marie Marandin und Michel Pêcheux (Hrsg.), *Matérialités discursives*. Lille: Presses Universitaires de Lille, S. 143-148.

— (1975): *Les Vérités de La Palice*. Paris: Maspero [englische Übersetzung: *Language, semantics and ideology. Stating the obvious*. London: Macmillan, 1982].

— (1969a): *Analyse automatique du discours*. Paris: Dunod.

— (1969b): „Les sciences humaines et le ‚moment actuel'." *La Pensée* 143: 62-79.

Perelman, Chaïm (1963): *The Idea of Justice and the Problem of Argument*. London: Routledge.

Pestaña, José Luis (2006): *En devenant Foucault. Sociogenèse d'un grand philosophe*. Broissieux: Editions du Croquant.

Philippe, Gilles (1995): „Embrayage énonciatif et théorie de la conscience : à propos de *L'Être et le Néant*." *Langages* 119: 95-108.

Picard, Raymond (1965): *Nouvelle critique ou nouvelle imposture*. Paris: Pauvert.

Pinto, Louis (1995): *Les Neveux de Zarathoustra. La réception de Nietzsche en France*. Paris: Le Seuil.

— (1992): „Mass-Media Mandarins." In: Niilo Kauppi und Pekka Sulkunen (Hrsg.), *Vanguards of Modernity. Society, Intellectuals, and the University*. Jyväskyla: University of Jyväskyla, S. 98-106.

— (1991): „*Tel Quel*. Au sujet des intellectuels de parodie." *Actes de la recherche en sciences sociales* 89: 66-77.

— (1987): *Les Philosophes entre le lycée et l'avant-garde. Les métamorphoses de la philosophie dans la France d'aujourd'hui*. Paris: L'Harmattan.

— (1984): *L'Intelligence en action. Le Nouvel Observateur*. Paris: A.M. Métaillé.

Plantin, Christian (1990): *Essais sur l'argumentation. Introduction à l'étude linguistique de la parole argumentative*. Paris: Kimé.

Poel, Ieme van der (1992): *Révolution de la pensée: Maoisme et féminisme à travers Tel Quel, Les Temps modernes et Esprit*. Amsterdam, Atlanta: Rodopi.

Pollak, Michael (1978): *Gesellschaft und Soziologie in Frankreich. Tradition und Wandel in der neueren französischen Soziologie*. Königstein, Taunus: Hain.

Préfecture Ile-de-France (2006): *L'enseignement*. http://www.idf.pref.gouv.fr/donnees/enseignement.htm letzter Zugriff am 25/09/2006.

Prost, Antoine (1997): *Éducation, société et politiques. Une histoire de l'enseignement de 1945 à nos jours*. Paris: Le Seuil.

— (1981): *L'Ecole et la Famille dans une société en mutation*. Paris: Nouvelle Librairie de France.

Quadruppani, Serge (1983): *Catalogue du prêt-à-penser français depuis 1968*. Paris: Balland.

Rabatel, Alain (2004): „Stratégies d'effacement énonciatif et posture de surénonciation dans le *Dictionnaire philosophique* de Comte-Sponville." *Langages* 156: 18-33.

— (1998): *La construction textuelle du point de vue*. Lausanne, Paris: Delachaux et Niestlé.

Rancière, Jacques (1995): *La Mésentente: politique et philosophie*. Paris: Galilée [deutsche Übersetzung: *Das Unvernehmen: Politik und Philosophie*. Frankfurt am Main: Suhrkamp, 2002].

Raphael, Lutz (1994): *Die Erben von Bloch und Febvre.* Annales-*Geschichtsschreibung und* nouvelle histoire *in Frankreich 1945-1980*. Stuttgart: Klett.

Reader, Keith A. (1993): *The May 1968 Events in France. Reproductions and Interpretations*. Houndmills, London: St. Martin's Press.

Reboul, Anne und Jacques Moeschler (1998a): *La pragmatique aujourd'hui. Une nouvelle science de la communication*. Paris: Le Seuil.

— (1998b): *Pragmatique du discours. De l'interprétation de l'énoncé à l'interprétation du discours*. Paris: Armand Colin.

— (1996): „Faut-il continuer à faire de l'analyse de discours?" *Hermès* 16: 61-92.

Récanati, François (1981): *Les Énoncés performatifs*. Paris: Minuit [englische Übersetzung: *Meaning and force: the pragmatics of performative utterances*. Cambridge: Cambridge University Press. 1987].

— (1979a): *La transparence et l'énonciation. Pour introduire à la pragmatique*. Paris: Le Seuil.

— (1979b): „Le développement de la pragmatique." *Langue française* 42: 6-20.

Rehbein, Jochen (2001): „Das Konzept der Diskursanalyse.“ In: Klaus Brinker, Gerd Antos, Wolfgang Heinemann und Sven F. Sager (Hrsg.), *Text- und Gesprächslinguistik / Linguistics of Text and Conversation. Ein internationales Handbuch zeitgenössischer Forschung / An international Handbook of Contemporary Research. 2. Halbband / Volume 2.* Berlin, New York: de Gruyter, S. 927-945.

Reuter, Julia und Matthias Wieser (2006): „Postcolonial, gender und science studies als Herausforderung der Soziologie.“ *Soziale Welt* 57(2): 177-193.

Revel, Jacques (1996): „Une école pour les sciences sociales.“ In: Jacques Revel und Nathan Wachtel (Hrsg.), *Une école pour les sciences sociales. De la VIe Section à l'École des Hautes Études en Sciences Sociales.* Paris: CERF, S. 11-28.

Ricardou, Jean (1990[1973]): *Le Nouveau roman.* Paris: Le Seuil.

Ricœur, Paul (1961): *De l'interprétation. Essai sur Freud.* Paris: Seuil.

Rieffel, Rémy (2002): „Fondation Saint Simon.“ In: Jacques Julliard und Michel Winock (Hrsg.), *Dictionnaire des intellectuels français. Les personnes. Les lieux. Les moments.* Paris: Seuil, S. 586-587.

— (1994): „Les normaliens dans la société intellectuelle française depuis 1945.“ In: Jean-François Sirinelli (Hrsg.), *Ecole Normale Supérieure. Le livre du biencentenaire.* Paris: PUF, S. 215-239.

— (1993): *La Tribu des clercs. Les intellectuels sous la Ve République, 1958-1990.* Paris: Calmann-Lévy.

Ringer, Fritz (1992): *Fields of Knowledge. French Academic Culture in Comparative Perspective, 1890-1920.* Cambridge et al.: Cambridge University Press [deutsche Übersetzung: *Felder des Wissens: Bildung, Wissenschaft und sozialer Aufstieg in Frankreich und Deutschland um 1900.* Weinheim: Beltz, 2003].

— (1969): *The Decline of the German Mandarins. The German Academic Community, 1890-1933.* Cambridge, MA: Harvard University Press [deutsche Übersetzung: *Die Gelehrten: der Niedergang der deutschen Mandarine 1890-1933.* Stuttgart: Klett-Cotta, 1983].

Rioux, Jean-Pierre und Jean-François Sirinelli (Hrsg.) (1991): *La Guerre d'Algérie et les intellectuels français.* Paris: Complexe.

Robertson, Roland (1992): *Globalization. Social Theory and Global Culture.* London, Newbury Park, New Delhi: Sage.

Robin, Régine (1973): *Histoire et linguistique.* Paris: Colin.

Rosier, Laurence (2004): „La circulation des discours à la lumière de ‚l'effacement énonciatif'. L'exemple du discours puriste sur la langue.“ *Langages* 156: 65-78.

— (1999): *Le discours rapporté: histoire, théories, pratiques.* Bruxelles: Duculot.

Ross, Kristin (2002): *May '68 and Its Afterlives.* Chicago, London: The University of Chicago Press.

Roudinesco, Elisabeth (1993): *Jacques Lacan. Esquisse d'une vie, histoire d'un système de pensée.* Paris: Fayard [deutsche Übersetzung: *Jacques Lacan: Bericht über ein Leben, Geschichte eines Denksystems.* Köln: Kiepenheuer & Witsch, 1996].

Sacks, Harvey (1992): *Lectures on Conversation.* Oxford: Blackwell.

Salusinszky, Imre (1987): *Criticism in Society. Interviews with Jacques Derrida, Northrop Frye, Harold Bloom, Geoffrey Hartman, Frank Kermode, Edward Said, Barbara Johnson, Frank Lentricchia, and J. Hillis Miller.* New York, London: Methuen.

Sapiro, Gisèle (1999): *La Guerre des écrivains. 1940-1953*. Paris: Fayard.
Sarasin, Philip (2001): *Reizbare Maschinen. Der Hygienediskurs des 19. Jahrhunderts*. Frankfurt am Main: Suhrkamp.
Sarfati, Georges Elia (1997): *Éléments d'analyse du discours*. Paris: Nathan.
Sartre, Jean-Paul (1966): „Jean-Paul Sartre répond." *L'Arc* 30: 87-96.
— (1960): *La Critique de la raison dialectique*. Paris: Gallimard [deutsche Übersetzung: *Marxismus und Existentialismus: Versuch einer Methodik*. Reinbek bei Hamburg: Rowohlt, 1983].
Sarup, Madan (1988): *An Introductory Guide to Post-Structuralism and Post-Modernism*. New York: Harvester Wheatsheaf.
Saussure, Ferdinand de (1962[1916]): *Cours de linguistique générale*. Paris: Payot [deutsche Übersetzung: *Grundfragen der allgemeinen Sprachwissenschaft*. Berlin: de Gruyter, 1967].
Schiwy, Günther (1985): *Poststrukturalismus und „Neue Philosophen"*. Reinbek: Rowohlt.
Schor, Naomi (1992): „The Righting of French Studies. Homosociality and the Killing of ‚La pensée 68'." *Profession*: 28-34.
Schöttler, Peter (1988): „Sozialgeschichtliches Paradigma und historische Diskursanalyse." In: Jürgen Fohrmann und Harro Müller (Hrsg.), *Diskurstheorien und Literaturwissenschaft*. Frankfurt am Main, S. 159-198.
Schriewer, Jürgen (1972): *Die französischen Universitäten 1945-1968. Probleme, Diskussionen, Reformen*. Bad Heilbrunn: Klinkhardt.
Schriewer, Jürgen, Edwin Keiner und Christophe Charle (Hrsg.) (1993): *Sozialer Raum und akademische Kulturen. A la recherche de l'espace universitaire européen*. Frankfurt: Peter Lang.
Schütz, Alfred (2004[1932]): *Der sinnhafte Aufbau der sozialen Welt. Eine Einleitung in die verstehende Soziologie. Alfred-Schütz-Werkausgabe. Band 2*. Konstanz: UVK [englische Übersetzung: *The phenomenology of the social world*. Evanston, IL, Northwestern University Press].
Schütze, Fritz (1975): *Sprache soziologisch gesehen. 2 Bde. Bd. I: Strategien sprachbezogenen Denkens innerhalb und im Umkreis der Soziologie. Bd. II: Sprache als Indikator für egalitäre und nicht-egalitäre Sozialbeziehungen*. München: Fink.
Schwab-Trapp, Michael (1996): *Konflikt, Kultur und Interpretation. Eine Diskursanalyse des öffentlichen Umgangs mit dem Nationalsozialismus*. Opladen: Westdeutscher Verlag.
Seriot, Patrick (1985): *Analyse du discours politique soviétique*. Paris: Institut d'Études slaves.
Sirinelli, Jean-François (2005): *Comprendre le XXe siècle français*. Paris: Fayard.
— (1995): *Deux intellectuels dans le siècle, Sartre et Aron*. Paris: Fayard.
— (1990): *Intellectuels et passion françaises. Manifestes et pétitions au XXe siècle*. Paris: Fayard.
— (1988): *Génération intellectuelle. Khâgneux et normaliens dans l'entre-deux-guerres*. Paris: Fayard.
— (1986): „Les Normaliens de la rue d'Ulm après 1945. Une génération communiste?" *Revue d'histoire moderne et contemporaine* 32: 569-588.
Skinner, Quentin (1988): „Meaning and understanding in the history of ideas." In: James Tully (Hrsg.), *Meaning and Context. Quentin Skinner and his Critics*. Cambridge: Polity, S. 29-67.
Sobotta, Kirsten (2004): „Geschlechtsdimorphismus in autobiographischen Erzählungen von ostdeutschen Frauen über ihre Erwerbsarbeit in der

DDR.“ In: Gisela Brandt (Hrsg.), *Bausteine zu einer Geschichte des weiblichen Sprachgebrauchs VI*. Stuttgart: Akademischer Verlag, S. 157-176.

Sollers, Philippe (1968a): „Écriture et révolution (entretien avec Jacques Henric).“ In: Tel Quel (Hrsg.), *Théorie d'ensemble*. Paris: Le Seuil, S. 67-79.

— (1968b): „Le réflexe de réduction.“ In: Tel Quel (Hrsg.), *Théorie d'ensemble*. Paris: Le Seuil, S. 391-398.

— (1957): *Le défi*. Paris: Seuil.

Sperber, Dan und Deirdree Wilson (1989): *La Pertinence. Communication et cognition*. Paris: Minuit [englische Übersetzung: *Relevance: Communication and Cognition*. Oxford, Cambridge: Blackwell, 1993].

Stäheli, Urs (2000a): *Poststrukturalistische Soziologien*. Bielefeld: transcript.

— (2000b): *Sinnzusammenbrüche. Eine dekonstruktive Lektüre von Niklas Luhmanns Systemtheorie*. Weilerswist: Velbrück.

Starr, Peter (1995): *Logics of Failed Revolt. French Theory after May '68*. Stanford, CA: Stanford University Press.

Sumpf, J. und J. Dubois (1969): „Problèmes de l'analyse du discours.“ *Langages* 13: 3-7.

Tannen, Deborah (1990): *You Just Don't Understand. Women and Men in Conversation*. New York: Morrow [deutsche Übersetzung: *Du kannst mich einfach nicht verstehen. Warum Männer und Frauen aneinander vorbeireden*. Augsburg: Bechtermünz Verlag, 1997].

Tarizzo, Davide (2003): *Il pensiero libero. La filosofia francese dopo lo strutturalismo*. Milano: Cortina.

Tel Quel (1968): *Théorie d'ensemble*. Paris: Le Seuil [englische Übersetzung: ffrench, Patrick; Lack, Roland-François (ed.) (1998): *The Tel Quel Reader*. London, New York: Routledge; enthält einzelne Teile der Originalausgabe].

Temmar, Malika (2000): „Les stratégies discursives d'ostension de l'objet chez Descartes.“ In: Claudia Gronemann (Hrsg.), *Körper und Schrift: Beiträge zum 16. Nachwuchskolloquium der Romanistik*. Bonn: Romanistischer Verlag, S. 319-325.

Todorov, Tzvetan (1970): „Freud sur l'énonciation.“ *Langages* 17: 34-41.

Torfing, Jacob (1999): *New theories of discourse: Laclau, Mouffe and Žižek*. Oxford: Blackwell.

Toulmin, Stephen (1952): *The Uses of Argument*. Cambridge: Cambridge University Press.

Tournier, Maurice et al. (1975): *Des tracts en mai 1968*. Paris: Armand Colin.

Trebitsch, Michel (1992): „Avant-Propos: La Chapelle, le clan et le microcosme.“ *Cahiers de l'institut d'histoire du temps présent (Sociabilités intellectuelles. Lieux, milieux, réseaux)* 20: 11-21.

Turkle, Sherry (1992): *Psychoanalytic Politics. Jacques Lacan and Freud's French Revolution*. London, New York: Guilford.

Urry, John (2000): *Sociology beyond Societies. Mobilities for the twenty-first century*. London and New York: Routledge.

Valentin-Mc Lean, Frédérique (2005): *Dissidents du parti communiste français. La révolte des intellectuels communistes dans les années 1970*. Paris: L'Harmattan.

Verdès-Leroux, Jeannine (1998): *Le savant et la politique. Essai sur le terrorisme sociologique de Pierre Bourdieu*. Paris: Grasset.

— (1983): *Au service du parti. Le parti communiste, les intellectuels et la culture (1944-1956)*. Paris: Fayard/Minuit.

Viala, Alain (1985): *Naissance de l'écrivain. Sociologie de la littérature à l'âge classique*. Paris: Minuit.

Viehöver, Willy (2001): „Diskurse als Narrationen." In: Reiner Keller, Andreas Hirseland, Werner Schneider und Willy Viehöver (Hrsg.), *Handbuch Sozialwissenschaftliche Diskursanalyse, Band 1: Theorien und Methoden*. Opladen: Leske & Budrich, S. 233-270.

Vogüe, Sarah de (1992): „Culioli après Benveniste. Énonciation, langage, intégration." *Linx* 26: 77-108.

Wahl, François (1973): *Philosophie: La philosophie entre l'avant et l'après du structuralisme*. Paris: Seuil.

Weisz, George (1983): *The Emergence of Modern Universities in France 1863-1914*. Princeton: Princeteon University Press.

Welsch, Wolfgang (1987): *Unsere postmoderne Moderne*. Weinheim: VCH.

Wengeler, Martin (2003): *Topos und Diskurs. Begründung einer argumentationsanalytischen Methode und ihre Anwendung auf den Migrationsdiskurs (1960-1985)*. Tübingen: Niemeyer.

White, Hayden (1993[1973]): *Metahistory. The Historical Imagination in Nineteenth-Century Europe*. London: Johns Hopkins Press.

Williams, Glyn (1999): *French Discourse Analysis*. London: Routledge.

Winock, Michel (1999[1997]): *Le siècle des intellectuels*. Paris: Seuil [deutsche Übersetzung: *Das Jahrhundert der Intellektuellen*. Konstanz: UVK-Verlags-Gesellschaft, 2003].

— (1985): „L'âge d'or des intellectuels." *L'Histoire* 83 (novembre): 20-34.

— (1975): *Histoire politique de la revue ‚Esprit' (1930-1950)*. Paris: Seuil.

Wodak, Ruth (1996): *Disorders of Discourse*. London: Longman.

Wodak, Ruth, Rudolf De Cillia, Martin Reisigl, Karin Liebhart, Maria Kargl und Klaus Hofstätter (1998): *Zur diskursiven Konstruktion nationaler Identität*. Frankfurt am Main: Suhrkamp.

Wodak, Ruth und Michael Meyer (Hrsg.) (2004): *Methods of Critical Discourse Analysis*. London: Sage.

Wood, Philip R. (1991): „French Thought under Mitterand. The Social, Economic and Political Context for the Return of the Subject and Ethics, for the Heidegger Scandal, and for the Demise of the Critical Intellectual." *Contemporary French Civilization* 15(2): 244-67.

Wrana, Daniel (2006): *Das Subjekt schreiben. Subjektkonstitution und reflexive Praktiken in der Weiterbildung – eine Diskursanalyse*. Baltmannsweiler: Schneider Hohengehren

Ziem, Alexander (2006): „Begriffe, Topoi, Wissensrahmen: Perspektiven einer semantischen Analyse gesellschaftlichen Wissens." In: Martin Wengeler (Hrsg.), *Sprachgeschichte als Zeitgeschichte. Konzepte, Methoden und Forschungsergebnisse der Düsseldorfer Sprachgeschichtsschreibung für die Zeit nach 1945*. Hildesheim, New York: Georg Olms, S. 315-348.

Zima, Peter V. (1994): *Die Dekonstruktion. Einführung und Kritik*. Stuttgart: UTB.

Žižek, Slavoj (1991): *Looking Awry. An Introduction to Jacques Lacan through Popular Culture*. Cambridge, MA, London: MIT Press [deutsche Übersetzung: *Mehr-Genießen: Lacan in der Populärkultur*. Wien: Turia und Kant, 2000].

ORIGINALZITATE

i »autant je vois bien que derrière ce qu'on a appelé le structuralisme il y avait un certain problème qui était en gros celui du sujet et de la refonte du sujet, autant je ne vois pas, chez ceux qu'on appelle les postmodernes et les poststructuralistes, quel est le type de problèmes qui leur serait commun.« (Foucault 1994e: 447[542])

ii »The definition of my work as ›postmodernist‹, which occurs a hundred times over. This is a gross error [...]. It is exacerbated here by the identification of ›postmodernism‹, ›poststructuralist‹, and the critiques of ›metanarrative‹.« (Derrida 1999: 241f.)

iii »the crucial but usually overlooked fact that the very term ›poststructuralism‹, although designating a strain of French theory, is an Anglo-Saxon and German invention. The term refers to the way the Anglo-Saxon world perceived and located the theories of Derrida, Foucault, Deleuze, etc. – in France itself, nobody uses the term ›poststructuralism‹.« (Žižek 1991: 142)

iv »un espace intellectuel poststructuraliste« (Dosse 1995: 19[3])

v »why have American literary scholars devoted so much energy to importing French scholarship, given that literary studies in the two countries are so out of step intellectually?« (Duell 2000: 118)

vi »let us acknowledge that the ›French feminism‹ known in the U.S. academy has been made in America.« (Moses 1998: 254, 257)

vii »what was once a loose leftist alliance of American and French intellectuals has now been broken, just as on the national level, Franco-American intellectual relations are at a (cyclical?) all-time low.« (Schor 1992: 32)

viii »If some had complained at the outset that ›literary criticism‹ over here was looking more ›French‹ than ›American‹, the converse held equally true as well: ›deconstruction‹ was in many ways starting to look more American than French.« (Comay 1991: 47)

ix »on parle plus de Foucault, de Derrida et de Lévi-Strauss à Berkeley et sur certains campus texans que dans les séminaires ethnologiques de l'École des Hautes Études en Sciences Sociales [...] le transfert des idées en a transformé la perspective, et les grands penseurs français ont été réappropriés par la tradition intellectuelle anglo-américaine […] Personnellement, je restais perplexe devant le chambardement post-structuraliste des années quatre-vingts.« (Bahloul 1991: 49, 50, 52)

x »strange fate of French theory«; »what was originally a corpus of very demanding, and more often than not arcane, philosophical and critical texts from a foreign culture has given rise over the course of the last decade to one of the most hotly debated domestic issues in recent American history, carrying in its wake debates on multiculturalism, the state of the nation's universities, and the very future of the American moral and social fabric.« (Mathy 2000: 31)

xi »une translation lourde, durable, qui dépasse le furtif effet de mode« (Cusset 2003: 285)

xii »surcodés, graduellement américanisés, largement dé-francisés ; noms devenus incontournables outre-Atlantiques sans que le pays dont ils sont issus ait jamais pris la mesure du phénomène« (Cusset 2003: 12)

xiii »*toute proportion gardée*, bears comparison to the examples of classical Greece and enlightenment Germany« (Badiou 2005: 67)

xiv »la figure héroïque de l'intellectuel« (Leymarie 2001: 3)

xv »la construction d'une théorie de la culture sur le modèle de la théorie saussurienne de la langue« (Bourdieu 1986: 41)

xvi »un univers où exister c'est différer« (Bourdieu 1992: 223[253])

xvii »rien n'est plus réaliste que les querelles de mots.« (Bourdieu 2002b: 175[84])

xviii »Armée de l'hypothèse de l'homologie entre les deux structures, la recherche peut, en instaurant un va-et-vient entre les deux espaces et entre les informations identiques qui s'y trouvent proposées sous des apparences différentes, cumuler l'information que livrent à la fois les œuvres lues dans leurs interrelations et les propriétés des agents, ou de leurs positions, elles aussi appréhendées dans leurs relations objectives.« (Bourdieu 1992: 325[369f.])

xix »de faire face à des situations imprévues et sans cesse renouvelées« (Bourdieu 1972: 175)

xx »Chaque position est objectivement définie par sa relation objective aux autres positions.« (Bourdieu 1992: 321[365])

xxi »En construisant l'ensemble fini et complet des propriétés qui fonctionnent comme des pouvoirs efficients dans la lutte pour les pouvoirs […], le sociologue produit un espace objectif, défini de manière méthodique et univoque (donc reproductible) et irréductible à la somme de toutes les représentations partielles des agents.« (Bourdieu 1984a: 30[54])

xxii »une opération inconsciente de déchiffrement« (Bourdieu 1972: 165f.)

xxiii »›compréhension‹ immédiate.« (Bourdieu 1972: 166)

xxiv »la compréhension dans les formes resterait formelle et vide si elle n'était souvent le masque d'une compréhension plus profonde et plus obscure à la fois qui s'édifie sur l'homologie plus ou moins parfaite des positions et l'affinité des habitus.« (Bourdieu 1988: 110[123])

xxv »La sociologie du champ littéraire de Pierre Bourdieu est essentiellement une sociologie des producteurs plutôt que des productions, et aucune analyse existante n'est vraiment parvenue à convaincre que cette sociologie des producteurs permettrait de saisir, dans sa spécificité, l'ordre des productions.« (Lahire 2001: 43)

xxvi »*Faire date*, c'est inséparablement *faire exister une nouvelle position* au-delà des positions établies, en *avant* de ces positions, *an avant garde*, et, en introduisant la différence, produire le temps.« (Bourdieu 1992: 223[253])

xxvii »in France one is obliged, whatever his position, to speak to the field as a totality.« (Lemert 1981: 651)

xxviii »Plus généralement, lorsque les agents du champ produisent des discours (oraux et écrits), tout se passe comme si ceux-ci étaient transparents et sans forme, et qu'ils pouvaient se résumer à quelques propriétés fondamentales facilement énonçables par l'analyste.« (Lahire 2001: 46f.)

xxix »l'archéologie, ce serait la méthode propre à l'analyse des discursivités locales, et la généalogie, la tactique qui fait jouer à partir de ces discursivités locales ainsi décrites, les savoirs désassujettis qui s'en dégagent.« (Foucault 1997: 11f.[20])

xxx »Comme en l'entend, une mode parisienne comme il en surgit tous les cinq ans, et qui a eu sa trace quinquennale« (Ory/Sirinelli 1992: 206, Fußnote 1); »Le structuralisme, c'est une catégorie qui existe pour les autres, pour ceux qui ne le sont pas. C'est de l'extérieur qu'on peut dire untel, untel et untel sont des structuralistes. C'est à Sartre qu'il faut demander ce que c'est que les structuralistes, puisqu'il considère que les structuralistes constituent un groupe cohérent (Lévi-Strauss, Althusser, Dumézil, Lacan et moi), un groupe qui constitue une espèce d'unité, mais cette unité, dites-vous bien que, nous, nous ne la percevons pas.« (Foucault 1994b: 665[849])

xxxi »A Bordeaux, où nous rédigeons cet avant-propos, un membre influent d'un important parti politique vient de donner une conférence sur le thème ›marxisme et structuralisme‹. Il y démontrait l'incompatibilité entre structuralisme et humanisme, et en concluait que le parti structuraliste faisait le jeu des Chinois contre les Soviétiques.« (Boudon 1968: 10)

xxxii »avec papisme, excommunications, tribunaux« (Deleuze 1977: [4])

xxxiii »rôle ambigu« (Karady 1986: 322)

xxxiv »le brassage d'idées [...] une certaine dose d'éclectisme que l'on retrouvera plus tard incorporée dans certains travaux théoriques qui feront date, en particulier dans le domaine des sciences humaines et sociales« (Rieffel 1994: 219f.). »[...] specific, basic intellectual training: extreme presumption, pedantic concern with style, hatred of verbal improvisation, frequent Latin or Greek citations, a conceptual way of thinking, use of French classics, excessive abstraction, and so forth. As a counterreaction to this, an intellectual could like many representatives of the human and social-scientific intelligentsia did in the 1960s, romanticize scientific method by developing quantitative history, deductive models, and statistics methods, for instance, and place excessive confidence in it.« (Kauppi 1996: 21)

xxxv »ils réussissent encore à cette date à conserver une véritable hégémonie sur les postes les plus importantes des disciplines ›nobles‹ (philosophie, lettres françaises et anciennes, histoire ancienne).« (Karady 1986: 362)

xxxvi »fuite en avant, notamment par un changement de discipline« (Karady 1986: 322)

xxxvii »reconciliation of intellectual radicality with academic respectability« (Kauppi 1996: 138)

xxxviii »La Sorbonne représentait la clé de voûte de l'ensemble, dont dépendait la carrière des professeurs comme des étudiants.« (Baverez 1993: 295) xxxix »Il n'existe aucune séparation ou rupture entre carrières de lycée et carrières dans les facultés académiques.« (Karady 1986: 271)

xl »incarnation de la modernité, de l'avant-garde et donc la bastion de l'antiacadémisme«; »Très rapidement Vincennes va être identifiée à une université ›sauvage‹, cassant le moule de l'ordre établi et livrée aux luttes intestines entre maoïstes, trotskistes et communistes.« (Rieffel 1993: 439)

xli »les détenteurs de pouvoirs temporels (c'est-à-dire, plus précisément, du contrôle sur les instruments de reproduction), souvent peu considérés intellectuellement, s'opposent aux détenteurs d'un capital symbolique de reconnaissance, qui sont souvent dépourvus de toute emprise sur les institutions.« (Bourdieu 1989: 383[326f.])

xlii »Here [in the U.S.], the people I know, the people to whom I speak, are on the faculties. In France, it's almost the contrary: I've very few relations with colleagues or with professors in the university.« (Salusinszky 1987: 19)

xliii »la vague structuraliste a beaucoup dû à la rivalité qui opposait ces institutions à l'Université.« (Pavel 1993: 12)

xliv »What does it mean in this context? To start with, no degrees were required at this time in order to attend lectures at the École Pratique des Hautes Études, on contrast with the dominant University of Paris. When we take into account the importance in France of the para-academic intellectual and artistic circles and the various cliques, salons, journals, and so on where the cultural heroes of the moment are born, we can say that the section was structurally positioned in such a way that it favored face-to-face contacts between academics and writers, bridging the gap between academic and literary networks.« (Kauppi 1996: 72)

xlv »ambition d'intelligibilité globale et systématique« (Furet 1967: 12)

xlvi »atmosphere of entente cordiale« (Angenot 1984: 158)

xlvii »heirs of the surrealist movement« (Boudon 1980: 9)

xlviii »agitation symboliste« (Crémant 1969: 52)

xlix »three subcategories of intellectual capital: academic, literary, and academic« (Kauppi 1996: 14)

l »L'Alma Mater, en effet, semble être devenue une instance dominante, et les universitaires paraissent avoir supplanté les écrivains.« (Ory/Sirinelli 1992: 205)

li »structural tension [...] between a declining literary culture embodied by the man or woman of letters – representing a relatively low-codified field of social activity, literature – and a more highly codified one, science and the ascending scientific culture« (Kauppi 1996: 27)

lii »un modèle intellectuel caractérisé par la circulation entre des univers jusque-là séparés : philosophie existentielle, écriture d'avant-garde et réflexion critique sur la littérature« (Pinto 1995: 120)

liii »nombre de producteurs intellectuels qui s'étaient cantonnés à une production austère et ›savante‹ (marché de type I), s'orientent vers les marchés de type II et III (voir par exemple Deleuze, Althusser).« (Boudon 1980: 472)

liv »The incredible success of the human and social sciences in France from the late 1950s to the early 1970s has to do with the fact that the dual-culture philosophers could appeal to a large audience, become cultural heroes, and monopolize the highest positions; whereas those trained in specific areas remained ›dry‹ academics, slow and conservative in their movements and thoughts.« (Kauppi 1996: 88)

lv »Chaque filière (sociologie, histoire, etc.) était défini dans le plus grand détail, avec l'indication d'un nombre d'heures déterminé pour chaque matière et chaque année. Les examens étaient définis à la française : les universités n'avaient pas le choix et la réforme leur imposait, pour chaque filière, la nature des différentes épreuves, leur durée, et le coefficient dont elles devaient peser dans le résultat final. Le premier et le second cycle de l'enseignement supérieur se trouvaient ainsi définis avec la même précision que l'enseignement secondaire.« (Prost 1997: 140)

lvi »les événements de 1968 marquent paradoxalement la naissance en France de véritables universités.« (Prost 1997: 154)

lvii »Le modèle mandarinal, obéissant à une logique de profession libérale, connaissait alors son apogée.« (Baverez 1993: 295)

lviii »Un seul assistant m'aidait en 1955 ; une dizaine s'occupaient des étudiants dix ans plus tard. Le gonflement des effectifs, aussi bien des enseignés que d'enseignants, s'observait d'année en année. L'amphithéâtre Descartes était plein quand je donnais mon cours ; je m'adressais à des centaines d'auditeurs que je ne connaissais pas. Si je pris la décision, à la fin de l'année 1967, de quitter la Sorbonne et de devenir directeur d'études non cumulant à la VIe section de l'École pratiques des Hautes Études, c'est que j'avais le sentiment que le bâtiment craquait, que nous étions paralysés, stérilisés par un régime à bout de souffle.« (Aron 1983: 342)

lix »the total collapse of more conservative philological methods« (Angenot 1984: 162)

lx »La sympathie et l'amitié, par exemple, et, *a contrario*, la rivalité et l'hostilité« (Sirinelli 1988: 12)

lxi »who were not raised according to the local intellectual code of etiquette and its rituals. This combination proved to be explosive, as the *non-normaliens/nes* were eager to break the rules, and the *normaliens/nes* were ready to partly legitimize this revision.« (Kauppi 1996: 74)

lxii »l'âge d'or des ›grands intellectuels‹« (Winock 1985: 22)

lxiii »le prophétisme politique« (Hourmant 1997: 7)

lxiv »se recroqueville, se replie sur l'institution, s'enferme dans la revue de sa caste, de sa spécialité, de son rang.« (Hamon/Rotman 1985: 207)

lxv »son autonomie relative a considérablement diminué, en ce qu'il ne porte plus en, et ne produit plus par lui-même, ses instances de consécration« (Debray 1979: 120[95])

lxvi »N.O. – Quel public vos collections avaient-elles, en 1970 ? P. Nora. – Double : universitaire et plus général. Les deux sont en voie de disparition. C'est surtout le socle culturel sur quoi reposait la réunion de ces deux publics qui s'est fracturé. Des disciplines entières sont revenues à leur isolement, comme la linguistique ou même la psychanalyse. D'autres se sont évanouies, comme la sociologie, mis à part le phénomène Bourdieu. L'histoire résiste, mais une discipline aussi classique en France que la critique littéraire a sombré corps et biens : hors de Starobinski, Bénichou, Fumaroli, point de salut. On aurait pu croire que la ›fin des idéologies‹ aurait libéré les esprits ; elle les a refermés. Elle s'est d'ailleurs accompagnée d'un déclin très net des autorités intellectuelles au profit de personnalités qu'on n'attendait pas.« (Nora 1999: 132-134)

lxvii »l'industrialisation de la distribution va permettre une véritable colonisation de l'édition par les groupes financiers. Le relais sera pris ensuite par les groupes multimédia.« (Bouvaist 1986: 100)

lxviii »Dans toutes les situations où le pouvoir est peu ou pas institutionnalisé, l'instauration de relations d'autorité et de dépendance durables repose sur l'attente comme visée intéressée d'une chose à venir qui modifie durablement – c'est-à-dire pendant tout le temps que dure l'expectative – la conduite de celui qui compte sur la chose attendue ; et aussi sur l'art de faire attendre, au double sens de susciter, d'encourager ou d'entretenir l'espérance, par des promesses ou par l'habileté à ne pas décevoir, démentir ou désespérer les anticipations en même temps que par la capacité de freiner et de contenir l'impatience, de faire supporter et accepter le délai, la frustration continue des espérances, des satisfactions anticipées, inscrites comme quasi présentes dans les promesses ou les propos encourageants des garants, et indéfiniment reculées, différées, suspendues.« (1984a: 118ff.[156])

lxix »disciplines were organized into groups or clusters, consisting of patrons who were the current occupants of the prestigious posts at the Sorbonne, surrounded by their disciples and followers. Other members of the cluster were located in less important institutions, such as provincial universities, lycées, or research institutes. These individuals depended for advancement, and often for the means to do their research, upon the patron and his influence in the system. Thus a few powerful patrons influenced affairs not only within their own departments but also in their disciplines and in the surrounding network of laboratories, research institutes, journals, government advisory boards, and fund-granting committees. As a result, they could effectively control the activities and the opportunities to produce innovative work of virtually all other members of their disciplines.« (Frank 1977: 263f.)

lxx »›Entre Touraine et moi, il y a une division irréconciliable. Cette opposition est d'ordre scientifique. Ne peuvent coexister en socio des gens qui ont une approche de la discipline absolument exclusive. Si j'ai raison, ce qu'il fait n'est pas de la socio. C'est lui ou moi‹. A l'École la rivalité entre Pierre Bourdieu et Alain Touraine est devenue légendaire.« (Hamon/
Rotman 1985: 45f.)

lxxi »les disciples tendent à se consacrer de préférence à des travaux de moindre envergure visant à examiner les hypothèses implicites ou explicites des théories du maître.« (Clark 1971: 31)

lxxii »1) les diffuseurs de la pensée sont dissociés des producteurs, 2) les diffuseurs déterminent non seulement le volume mais la nature de la production.« (Debray 1979: 136[108])

lxxiii »to invert the usual order of the phases completely, beginning their careers as journalists or essayists and becoming academics later« (Pinto 1992: 100f.)

lxxiv »jeunes universitaires qui, bien que munis des sésames indispensables (l'agrégation), n'éprouvent aucune inclination pour le cursus rituel (la thèse).« (Hamon/Rotman 1985: 233) lxxv »leur pensée est nulle« ; »réaction fâcheuse« ; »Ils ont une nouveauté réelle, ils ont introduit en France le marketing littéraire ou philosophique.« (Deleuze 1977: [2f.])

lxxvi »renewed sense of moral and political responsibility«, »erudition, history and philology; about ethics and axiology too« (1989a: 144)

lxxvii »les vertus de la ›subjectivité‹ [...] consensus retrouvé autour de la morale des droits de l'homme, ou de la revendication croissante, même à gauche, d'une autonomie de l'individu ou de la société face à l'État« (Ferry/
Renaut 1988b: 16)

lxxviii »ère du soupçon« (Pavel 1990: 174)

lxxix »Les ›libéraux‹, eux, répugnent en général aux manifestations de l'instinct grégaire ; ils pratiquent une sociabilité de type bourgeois, plus tournée vers le home personnel que répandue dans les lieux collectifs.« (Winock 1985: 27)

lxxx »continuistes de la culture« (1971: 185); »les pièges du langage«; »Entre les difficultés de jadis et les difficultés du présent, il y a une totale discontinuité«; »Le langage de la science est en état de révolution sémantique permanente«; » Une constante transposition du langage rompt alors la continuité de la pensée commune et de la pensée scientifique« (1971: 192)

lxxxi »La question que pose l'analyse de la langue, à propos d'un fait de discours quelconque, est toujours : selon quelles règles tel énoncé a-t-il été construit, et par conséquent selon quelles règles d'autres énoncés semblables pourraient-ils être construits ? La description des événements du discours pose une tout autre question : comment se fait-il que tel énoncé soit apparu et nul autre à sa place ? [...] il s'agit de saisir l'énoncé dans l'étroitesse et la singularité de son événement ; de déterminer les conditions de son existence, d'en fixer au plus juste les limites, d'établir ses corrélations aux autres énoncés qui peuvent lui être liés, de montrer quelles autres formes d'énonciation il exclut.« (Foucault 1969: 39f.[42f.])

lxxxii »l'instance de l'événement énonciatif« (Foucault 1969: 41[44])

lxxxiii »l'énoncé est bien l'unité élémentaire du discours.« (Foucault 1969: 107[117])

lxxxiv »Un énoncé existe en dehors de toute possibilité de réapparaître ; et le rapport qu'il entretient avec ce qu'il énonce n'est pas identique à un ensemble de règles d'utilisation. Il s'agit d'un rapport singulier : et si dans ces conditions une formulation identique réapparaît – ce sont bien substantiellement les mêmes noms, c'est au total la même phrase, mais ce n'est pas forcément le même énoncé.« (Foucault 1969: 118[130])

lxxxv »sur quel mode elles existent, ce que c'est pour elles d'avoir été manifestées, d'avoir laissé des traces et peut-être de demeurer là, pour une réutilisation éventuelle ; ce que c'est pour elles d'être apparues – et nulle autre à leur place.« (Foucault 1969: 143[159])

lxxxvi »singularité«, »matérialité répétable« (Foucault 1969: 133, 134[148f.])

lxxxvii »Le couple énoncé/énonciation fonctionne différemment dans l'Archéologie et dans la tradition linguistique que reprend l'AD : si la notion d'énonciation utilisée par Foucault est proche de celle dont se sert l'AD (activité de production d'un discours par un sujet énonciateur dans une situation d'énonciation), l'énoncé se trouve par contre lié à la notion de répétition.« (Courtine 1981: 45) lxxxviii »un être linguistique abstrait« (Ducrot 1984: 95); »une invention de cette science particulière qu'est la grammaire. [...] Ce que le linguiste peut prendre pour observable, c'est l'énoncé, considéré comme la manifestation particulière, comme l'occurrence *hic et nunc* d'une phrase.« (Ducrot 1984: 95)

lxxxix »Trop répétable pour être entièrement solidaire des coordonnées spatiotemporelles de sa naissance [...], trop lié à ce qui l'entoure et le supporte pour être aussi libre qu'une pure forme [...], il est doté d'une certaine lourdeur modifiable, d'un poids relatif au champ dans lequel il est placé, d'une constance qui permet des utilisations diverses, d'une permanence temporelle qui n'a pas l'inertie d'une simple trace.« (Foucault 1969: 138[152f.])

xc »L'analyse énonciative est donc une analyse historique, mais qui se tient hors de toute interprétation : aux choses dites, elle ne demande pas ce qu'elles cachent, ce qui s'était dit en elles et malgré elles le non-dit qu'elles recouvrent, le foisonnement de pensées, d'images ou de fantasmes qui les habitent ; mais au contraire sur quel mode elles existent, ce que c'est pour elles d'avoir été manifestées, d'avoir laissé des traces et peut-être de demeurer là, pour une réutilisation éventuelle ; ce que c'est pour elles d'être apparues – et nulle autre à leur place.« (Foucault 1969: 143[159])

xci »représente le rapport imaginaire des individus à leurs conditions réelles d'existence« (Althusser 1995: 216)

xcii »l'existence ›d'idées‹ sans support réel et matériel« (Althusser 1995: 108)

xciii »Nous suggérons alors que l'idéologie ›agit‹ ou ›fonctionne‹ de telle sorte qu'elle ›recrute‹ des sujets parmi les individus (elle les recrute tous), ou ›transforme‹ les individus en sujets (elle les transforme tous) par cette opération très précise que nous appelons *l'interpellation*, qu'on peut se représenter sur le type même de la plus banale interpellation policière (ou non) de tous les jours : ›hé, vous là-bas.‹« (Althusser 1995: 226)

xciv »une ou plusieurs *formations discursives* interreliées, qui déterminent *ce qui peut et doit être dit* (articulé sous la forme d'une harangue, d'un sermon, d'un pamphlet, d'un exposé, d'un programme etc.) à partir d'une position donnée dans une conjoncture donnée : le point essentiel ici est qu'*il ne s'agit pas seulement de la nature des mots employés, mais aussi (et surtout) des constructions dans lesquelles ces mots se combinent*, dans la mesure où elles déterminent la signification que prennent ces mots: comme nous l'indiquions en commençant, les mots changent de sens selon les positions tenues par ceux qui les emploient; on peut préciser maintenant: les mots ›changent de sens‹ en passant d'une formation discursive à une autre.« (Haroche/Henry/Pêcheux 1971: 201f.)

xcv »un champ de régularité pour diverses positions de subjectivité« (Foucault 1969: 74[82])

xcvi »théorie non subjectiviste du sujet« (Pêcheux 1975: 122[91f.])

xcvii »il est question du sujet comme procès (de représentation) intérieur au non-sujet que constitue le réseau des signifiants, au sens que lui donne J. Lacan : le sujet est ›pris‹ dans ce réseau – ›noms communs‹ et ›noms propres‹, effets de ›shifting‹, constructions syntaxiques, etc. – de sorte qu'il en résulte comme ›cause de soi‹, au sens spinoziste de l'expression.« (Pêcheux 1975: 141[108]) xcviii »il y a le procès de l'interpellation-identification qui produit le sujet à la place laissée vide.« (Pêcheux 1975: 143[110])

xcix »La psychanalyse traite donc le sujet comme un effet. Plus précisément, le sujet dont elle fait sa matière première est effet du langage. C'est en fin de compte cette mise en place du sujet par rapport au langage qui met la psychanalyse en position de rompre avec l'idéologie de la transparence. En outre poser le sujet comme effet exclut de le tenir pour centre, source, unité d'une intériorité, etc...« (Henry 1977: 21)

c »Or justement, en liant présupposition et acte de langage, on remet en place un sujet, en tant que source de cet acte, même si l'on considère que ce sujet intériorise un sujet universel qui en règle l'activité ou si l'on fait de la société une instance qui régit juridiquement pour ce sujet les significations.« (Henry 1977: 82)

ci »Chez Foucault, au niveau énonciatif, il n'y a en effet pas de sujet mais une position de sujet susceptible d'être occupée par des individus divers.« (Henry 1977: 84)

cii »Nous considérons ainsi une FD comme hétérogène à elle-même : la clôture d'une FD est fondamentalement instable, elle ne consiste pas en une limite tracée une fois pour toutes séparant un intérieur et un extérieur, mais s'inscrit entre diverses FD comme une frontière qui se déplace en fonction des enjeux de la lutte idéologique.« (Courtine/Marandin 1981: 24)

ciii »gommer les aspérités discursives, à suturer les failles qui béent dans tout discours, à raboter d'un côté, à combler et colmater de l'autre; à faire de tout discours un corps plein et une surface plane.« (Courtine/Marandin 1981: 23)

civ »Le représentant fait réflexion sur lui-même en même temps qu'il représente le représenté.« (Récanati 1979a: 21)

cv »la compréhension comme cas particulier du malentendu« (Culioli 2002: 28)

cvi »cette mise en fonctionnement de la langue par un acte individuel d'utilisation« (Benveniste 1974: 80)

cvii »la recherche des procédés linguistiques (*shifters*, modalisateurs, termes évaluatifs, etc.) par lesquels le locuteur imprime sa marque à l'énoncé, s'inscrit dans le message (implicitement ou explicitement) et se situe par rapport à lui (problème de la ›distance énonciative‹). C'est une tentative de repérage et de description des unités, de quelque nature et de quelque niveau qu'elles soient, qui fonctionnent comme indices de l'inscription dans l'énoncé du sujet d'énonciation.« (Kerbrat-Orecchioni 1980: 26)

cviii »un être linguistique abstrait, identique à lui-même à travers ses diverses occurrences [...] occurrence particulière, la réalisation *hic et nunc* de la phrase« (Ducrot 1984: 95)

cix »[b]ouleverser le langage pour que ses éléments obéissent aux règles auxquelles ils sont soumis dans les formules du logicien« (Ducrot 1989: 76)

cx »Là l'enchaînement des énoncés a une origine interne, il est fondé sur la nature même de l'énoncé, ou, si l'on préfère, sur son sens [qui] contient une allusion à son éventuelle continuation.« (Ducrot 1980b: 11)

cxi »à qui l'on doit imputer la responsabilité de cet énoncé« (Ducrot 1984: 193)

cxii »Parler de façon ironique, cela revient, pour un locuteur L, à présenter l'énonciation comme exprimant la position d'un énonciateur E, position dont on sait par ailleurs que le locuteur L n'en prend pas la responsabilité et, bien plus, qu'il la tient pour absurde.« (Ducrot 1984: 211)

cxiii »c'est que cette incitation à agir ou cette obligation de répondre sont données comme des effets de l'énonciation.« (Ducrot 1984: 174)

cxiv »Le concept d'énonciation dont je vais me servir n'a rien de psychologique, il n'implique pas que l'énoncé est produit par un sujet parlant.« (Ducrot 1989: 76)

cxv »je pense que l'on peut intégrer un très grand nombre de phénomènes énonciatifs à la structure linguistique elle-même. Il s'agit d'un élargissement du structuralisme, qui respecte l'idée fondamentale de ce structuralisme.« (Ducrot 1992: 64f.)

cxvi »*Le discours rapporté est la mise en rapport de discours dont l'un crée un espace énonciatif particulier tandis que l'autre est mis à distance et attribué à une autre source, de manière univoque ou non.*« (Rosier 1999: 125)

cxvii »la syntaxe et la sémantique étudient le langage en tant que tel, c'est-à-dire en tant que constitué par un système de règles ou de conventions, alors que la pragmatique l'étudie d'un point de vue en quelque sorte extérieur : elle étudie non le langage lui-même, mais l'usage qui en est fait.« (Récanati 1979b: 8)

cxviii »La pragmatique étudie la parole ou, mieux, le discours, mais elle n'étudie pas ce qu'il y a de particulier et d'individuel dans l'utilisation du langage.« (Récanati 1981: 20[10])

cxix »chaque occurrence du mot ›je‹ réfléchit le fait de sa propre énonciation« (Récanati 1979a: 9)

cxx »des cas de contradiction entre ce que dit un énoncé et ce que montre son énonciation« (Récanati 1979a: 206)

cxxi »Il se suffit à lui-même et l'interprétation d'une phrase consiste à la décoder, c'est-à-dire à utiliser le code constitué par la langue dans laquelle elle est exprimée, pour restituer le message.« (Reboul/Moeschler 1998a: 17f.)

cxxii »une unité linguistique supérieure à la phrase« (Reboul/Moeschler 1998b: 8).

cxxiii »Le discours ne fait qu'un avec la manière dont il gère sa propre émergence, l'événement de parole qu'il institue ; il représente un monde dont son énonciation est partie prenante.« (Maingueneau 1995: 40)

cxxiv »seul un discours qui se constitue en thématisant sa propre constitution peut jouer un rôle constituant à l'égard d'autres discours. On peut étudier cette constitution selon trois dimensions :

- La constitution comme action d'établir légalement, comme processus par lequel le discours s'instaure en construisant sa propre émergence dans l'interdiscours ;
- Les modes d'organisation, de cohésion discursive, la constitution au sens d'un agencement d'éléments formant une totalité textuelle ;
- La constitution au sens juridico-politique, l'établissement d'un discours qui serve de norme et de garant aux comportements d'une collectivité.« (Maingueneau/Cossutta 1995: 113)

cxxv »c'est à travers ses non-coïncidences – tout ce qui marque le non-un de la communication: incompréhension, inquiétude, manque, malentendu, ambiguïté, – que ›le langage se rappelle‹, dans sa réalité, à l'énonciateur; et dès lors que, comme dans les énoncés évoqués, l'énonciateur ›rappelle le langage‹, son énonciation apparaît, en ces points, comme creusée par l'écart d'une distance – celle de l'observateur à l'objet observé – établissant l'énonciateur, qui ne fait plus ›un‹ avec ses mots, dans une non-coïncidence aux mots qu'il énonce.« (Authier-Revuz 1995: iif.)

cxxvi »Un marqueur, si vous voulez, c'est une espèce de résumé, de concentré de procédures qui déclenchent et activent des représentations.« (Culioli 2002: 172)

cxxvii »Le langage est un système, mais un système ouvert.« (Culioli 1999: 48)

cxxviii »Un texte n'est pas un représentant stable d'une réalité prédécoupée, stable pour tous les locuteurs – Quand on a un énoncé ou une suite textuelle, on a affaire à un agencement de marqueurs. [...] Les marqueurs sont des représentants de représentations.« (Culioli 1985: 16)

cxxix »l'activité de langage, le niveau des opérations, qui n'est pas directement accessible ; les énoncés, c'est-à-dire la matérialité du texte, qui est directement accessible ; l'activité métalinguistique, le travail du linguiste qui va simuler le niveau des opérations.« (Culioli 2002: 185)

cxxx »on ›plonge‹ donc, un objet en voie de constitution dans un système de références, un système de repérage avec des coordonnées espace-temps et intersubjectives.« (Culioli 2002: 36)

cxxxi »énoncer, c'est construire un espace, orienter, déterminer, établir un réseau de valeurs référentielles, bref un système de repérage. Tout énoncé est repéré par rapport à une situation d'énonciation, qui est définie par rapport à un sujet énonciateur S_0 (ou pour être exact, un premier sujet énonciateur), à un temps d'énonciation T_0 pour ne considérer que ces deux repères.« (Culioli 1999: 49)

cxxxii »Avec la découverte de l'énoncé, apparaissait le problème des relations inter-sujets et le problème fondamental de la non-symétrie entre production et reconnaissance.« (Culioli 1999: 11)

cxxxiii »Le sens, c'est d'abord de déclencher chez autrui une représentation.« (Culioli 2002: 32)

cxxxiv »ça n'est pas symétrique entre deux sujets, ça va pouvoir nous donner l'illusion de la symétrisation, puisque nous avons parfois l'illusion d'avoir été parfaitement compris, l'illusion donc de la transparence, de la ›communication‹.« (Culioli 2002: 28)

cxxxv »vivre avec des ratés permanents, des approximations, et, malgré tout, à nous tirer plus ou moins d'affaire.« (Culioli 2002: 221)

cxxxvi »on arrive à *conquérir* la clarté.« (Culioli 1985: 2)

cxxxvii »la compréhension comme cas particulier du malentendu« (Culioli 2002: 28)

cxxxviii »au fur et à mesure que nous parlons, le langage sert à nous réguler, à nous réguler par rapport à autrui et par rapport à nous-mêmes.« (Culioli 2002: 196)

cxxxix »fonde sur cet ajustement plus ou moins réussi, plus ou moins souhaité, des systèmes de repérages des deux énonciateurs« (Culioli 1999: 48)

cxl »positivisme heureux« (Foucault 1971: 72)

cxli »Le langage est ainsi organisé qu'il permet à chaque locuteur de *s'approprier* la langue entière en se désignant comme *je*.« (Benveniste 1966: 262[292]) cxlii »dans lequel l'énonciateur s'avoue explicitement (›je trouve ça moche‹) ou se pose implicitement (›c'est moche‹) comme la source évaluative de l'assertation.« (1980: 71)

cxliii »qui s'efforce de gommer toute trace de l'existence d'un énonciateur individuel« (1980: 71)

cxliv »impliquent un engagement affectif de l'énonciateur« (1980: 81)

cxlv »l'usage d'un adjectif évaluatif est relatif à l'idée que le locuteur se fait de la norme d'évaluation pour une catégorie d'objets donnée« (1980: 86)

cxlvi »leur usage varie [...] avec la nature particulière du sujet d'énonciation dont ils reflètent la compétence idéologique, [...2)] ils manifestent de la part de L une prise de position en faveur, ou à l'encontre, de l'objet donné.« (1980: 91)

cxlvii »sont des entités sémantiques porteuses d'une source qui est dite avoir le pdv«, »sont des entités sémantiques susceptibles de saturer les sources, les liens énonciatifs relient les ê-d aux pdv« (Nølke/Fløttum/Norén 2004: 30)

cxlviii »Le pdv simple prend la forme d'une prédication comme par exemple Pierre se promène ou il fait beau. Il est constitué d'un contenu sémantique et d'un jugement porté sur ce contenu, par défaut ›il est vrai que‹. La source du pdv reste indéterminée. Chaque énoncé contient au moins un pdv simple dont le contenu sémantique est posé.« (Nølke/Fløttum/Norén 2004: 33)

cxlix »chaque énoncé constitue un drame. L'auteur du drame, c'est LOC. C'est lui qui construit le jeu polyphonique, mais il n'y participe pas (directement) lui-même. Les acteurs du drame sont les ê-d. LOC crée leurs rôles et il peut créer des rôles pour des images de lui-même ; tout comme il peut créer des rôles pour d'autres personnages – notamment l'allocutaire – qui sont présents dans le monde dont fait partie le théâtre.« (Nølke/Fløttum/Norén 2004: 55)

cl »En tant que telle, l'énoncé renferme donc des indications concernant les protagonistes, la situation énonciative, etc. Ces informations sont à la disposition de l'interprète lorsqu'il applique les stratégies interprétatives, dont le principe le plus important sera ›Chercher à saturer, dans la mesure du possible, toutes les variables véhiculées par la signification!‹« (Nølke/Fløttum/Norén 2004: 24)

cli »il faut poser la question: ›qui en est responsable?‹« (Nølke/Fløttum/Norén 2004: 56)

clii »on constate que les mots peuvent changer de sens selon les positions tenues par ceux qui les emploient.« (Haroche/Henry/Pêcheux 1971: 97)

cliii »Ce qui est important ici est que l'énoncé nominalisé est *préconstruit*, c'est-à-dire qu'il n'est pas pris en charge par le sujet énonciateur, mais se trouve comme un objet du monde ›déjà là‹, préexistant au discours [...] : ses conditions de production ont été effacées.« (Seriot 1985: 248)

cliv »Dans ces énoncés sans sujet ni cause, l'énonciateur n'est qu'un témoin : il ›voit‹ des objets, des processus dont il n'est pas l'Agent, son *dire* s'efface derrière son *voir.*« (Seriot 1985: 259)

clv »il [l'énoncé] ne fait que *mettre en relation* deux préconstruits, que *constater une relation* entre des ›objets du monde‹ qui sont en réalité des objets préassertés dans un ailleurs du discours.« (Seriot 1985: 254)

clvi »une véritable laboratoire de recherche.« (Roudinesco 1993: 343[391]) clvii »Je suis tout au plus l'enfant de chœur du structuralisme.« (Foucault 1994d: 581[744])

clviii »entre le représenté et le représentant en général, le signifié et le signifiant, la présence simple et sa reproduction, la présentation comme *Vorstellung* et la re-présentation comme *Vergegenwärtigung*.« (Derrida 1967c: 58[72])

clix »Un signe qui n'aurait lieu ›qu'une fois‹ ne serait pas un signe.« (Derrida 1967c: 55[69])

clx »désir obstiné de sauver la présence et de réduire ou de dériver le signe« (Derrida 1967c: 57[71])

clxi »Nous avons éprouvé la solidarité systématique des concepts de sens, d'idéalité, d'objectivité, de vérité, d'intuition, de perception, d'expression. Leur matrice commune est l'être comme *présence*.« (Derrida 1967c: 111[133])

clxii »le dispositif d'énonciation qui lie une organisation textuelle et un lieu social déterminés« (Maingueneau 1996: 6)